以台湾档案管理机构近年公布的

"**戴笠史料**"和"**军情局档案**"为蓝本

CONFIDENTIAL RECORDS

爬梳剔抉，抽丝剥茧，

破解戴笠及军统**不为人知**的历史谜案，

揭开国民党情报工作的**重重迷团**

戴笠与军统 秘档解读

孙潇潇　著

团结出版社

UNITY PRESS

© 团结出版社，2025 年

图书在版编目（CIP）数据

戴笠与军统秘档解读 / 孙潇潇著 . -- 北京：团结
出版社 , 2025.6. -- ISBN 978-7-5234-1375-3

Ⅰ . K827=6

中国国家版本馆 CIP 数据核字第 20241NX831 号

责任编辑：韩　旭
封面设计：谭　浩

出　　版：团结出版社
　　　　　（北京市东城区东皇城根南街 84 号　邮编：100006）
电　　话：（010）65228880　65244790（出版社）
　　　　　（010）65238766　85113874　65133603（发行部）
　　　　　（010）65133603（邮购）
网　　址：http://www.tjpress.com
电子邮箱：zb65244790@vip.163.com
经　　销：全国新华书店
印　　装：天津盛辉印刷有限公司

开　　本：170mm×240mm　16 开
印　　张：21.5　　　　　　　　字　　数：333 千字
版　　次：2025 年 6 月　第 1 版　　印　　次：2025 年 6 月　第 1 次印刷

书　　号：978-7-5234-1375-3
定　　价：78.00 元
　　　　　（版权所属，盗版必究）

序

杨天石

　　军统，国民政府军事委员会调查统计局的简称，中华民国政府的重要情报机构之一。

　　"九一八"事变后，蒋介石以军人为主体成立力行社（或称蓝衣社），其中设有特务处，专门进行情报活动，以黄埔军校第六期学生、浙江江山人戴笠为处长。1935年，国民政府成立军事委员会调查统计局，国民党中央调查科隶属该局为第一处，力行社特务处隶属该局为第二处。1938年8月该局重组，第一处改名为中央执行委员会调查统计局，简称中统，以中央秘书长朱家骅为局长，徐恩曾为副局长。第二处改名为军事委员会调查统计局，简称军统，戴笠为副局长，直接向蒋介石负责。1946年8月，军事委员会改组为国防部，军统局的公开特务武装与军委会军令部第二厅合并为国防部第二厅，郑介民任厅长；秘密核心部分组成国防部保密局，毛人凤为局长。

　　抗战期间，军统的主要任务为刺杀投降日本的原国民党系统的军政人员，搜集敌方情报。除此之外，其忠义救国军则在苏、浙一带展开游击活动。少数人则投日，成为替日方效劳的特务头子。解放战争期间，军统的主要任务转变为对付中共，侦探其地下活动，逮捕与监禁中共党员及有关人士。军统最多时有近5万成员，秘密分布于国民党的军政部门、警察、交通机构甚至驻外使领馆中，进行监视、盯梢、绑架、逮捕、暗杀等各类活动。

关于军统及其主要领导人戴笠的历史，说法多歧，讹误不少。潇潇先生多年来广泛阅览各种资料，参稽近年台湾方面开放的有关档案，爬梳剔抉，去伪存真，释疑解难，终于扫清云雾，从纷纭复杂的诸说中展现出历史真相。军统和戴笠的历史距今不远，似乎不算是一个很大、很复杂的难题，但读潇潇先生的书，却使我感到，他仿佛"狮子搏兔，亦用全力"，其用功之深、用力之巨以及辨析之精，都使我敬佩。

历史学的基本要求是真实，最高要求也是真实，成为信史。它不会唾手可得，有时，它仿佛在云端的高山，也仿佛在深邃的海底，需要探求者艰苦的努力。为了追求历史的真实，探求者在爬山、涉海时当然要永远保持"狮子搏兔"的精神和力气。

杨天石

2022 年 5 月于北京东城

序

刘维开

孙潇潇来信，告知所作《戴笠与军统秘档解读》将要出版，希望我写一个推荐语。

孙潇潇自大学开始对戴笠与军统的历史就非常有兴趣，广泛搜集各种资料，也出版过两本与戴笠相关的书籍，这本《戴笠与军统秘档解读》与之前两书不同者，均系对官方记载及坊间流传之戴笠与军统相关史事进行考证，提出个人的意见。考证必须建立在坚实的史料基础上，据我的了解，孙潇潇应该具备这方面的条件。

我认识孙潇潇，来源于侄女刘思彤的介绍。几年前，我接到住在北京的侄女来讯，提到她有一位朋友的女婿对于民国史很有兴趣，知道我研究民国史，能不能请他和我联络。于是通过微信，潇潇和我开始互动，知道他的兴趣十分特别，研究戴笠与军统。2019 年 7 月，我赴北京开会，会后停留数日探访亲友，潇潇由思彤处得知讯息，专程搭车至我下榻的中关新园晤面。谈话中，他除了出示所收藏书籍照片，其中不乏外界罕见资料，并告知他正在整理相关资料，撰写戴笠年谱，想听听我的意见。我十分赞成，希望他早点完成。

2020 年 12 月，收到孙潇潇来信，说资料越搜集越多，想根据以前读过的部分，写一些文章，年谱的进度稍微延后。同时告知他已经完成一本关于戴笠与军统的书稿。大概又过了半年，收到潇潇已经完成的年谱长编 1897—1936 年部分，以及戴笠与军统两份书稿。我看了之后，建议潇潇将年谱长编续编至戴笠逝世，成为一本完整的年谱长编，我知道这件事有些困难，但是希望他能完成；后书则建议他在台湾出版，他接受了。

《戴笠与军统秘档解读》共收录 16 篇文章，内容集中在戴笠早年事迹及军统在抗战前发展的考证，而这也是关于戴笠与军统较不为外界理解的部分。笔者在两年前曾对"法务部调查局"前身——中国国民党中央调查统计局（中统）的发展进行过研究，深感抗战发生后的中统资料较战前容易搜集，战前情报机构的人事与组织演变相对复杂，特别是徐恩曾与戴笠所负责两个单位之间的关系，其间潇潇亦曾提供他的一些意见，与收录本书《国民政府军事委员会调查统计局前身——情报局之研究》一文参考，厘清了一些问题。

《戴笠与军统秘档解读》虽然重点在考证，但是实可视为戴笠与军统在抗战前活动的相关研究，对戴笠与军统有兴趣的读者应可由其中获得若干启发。在本书出版的同时，亦希望孙潇潇能早日完成戴笠年谱长编的编纂工作，相信不只能充实戴笠与军统的研究，也能对近代中国情报工作的研究有所帮助。

刘维开（台湾政治大学历史学系兼任教授）

2022 年 5 月

自序

　　戴笠，字雨农，浙江江山人，黄埔军校六期骑兵科出身。1927年开始从事情报活动。1928年任国民革命军总司令部联络参谋，因在北伐战争、蒋唐战争中迭有表现，逐渐获得蒋介石的信任。1932年后，历任三民主义力行社特务处处长及国民政府军事委员会调查统计局第二处处长、副局长、代局长，兼任南昌行营调查课课长、忠义救国军总指挥、运输统制局监察处处长、财政部缉私署署长、战时货运管理局局长、中美合作所主任等职，成为近代中国叱咤风云的特工首脑。

　　戴笠在蒋介石的授意与支持下，一手建立了军统特务组织，此组织先后经历了特务处、军统局、保密局等历史阶段，其沿革情形是：1932年4月，特务处成立，隶属三民主义力行社，以戴笠为处长；同年9月，豫鄂皖三省"剿匪"总部成立情报局，以戴笠兼任该局第二处副处长；1933年2月，特务处隶属情报局为第二处，以戴笠为处长；1935年2月，豫鄂皖三省总部结束，情报局于4月改隶军事委员会，改称调查统计局，特务处与该局隶属关系不变；1938年5月，力行社结束，同年8月，调查统计局改组，第一处升级为中国国民党中央执行委员会调查统计局，简称中统局，第二处升级为国民政府军事委员会调查统计局，简称军统局；军统局局长由军事委员会办公厅主任兼任，戴笠以副局长名义负实际责任；1946年3月，戴笠身亡。同年，军事委员会结束，军统局于10月改组为国防部保密局。

自特务处、军统局到保密局，名称虽有变更，精神实则一贯，故后人习惯统称其为"军统"。军统对国民政府的内政外交活动产生过重要影响，在很多重大事件中扮演过重要角色，而戴笠自 1932 年至 1946 年的 14 年间一直实际负责该组织的运作，几乎与蒋介石担任军事委员会委员长时间一致，其进退荣辱与军统兴衰密不可分，其生平事迹亦渐与军统活动融为一体。

戴笠与军统以其特有的神秘色彩，素来受到人们的关注，自 20 世纪 60 年代以来，海峡两岸出版了大量相关书籍，据不完全统计，仅书名中包含"戴笠"或"军统"字样的即不下百种，而内容与此相关者更是不胜枚举。然而现有出版物多是军统中人的忆述之作，亦不乏好事之徒编撰的野史杂谈，严肃认真的学术作品则屈指可数。以历史学的眼光来看，忆述之作属于史料范畴，其意义毕竟与学术著作不同；至于层出不穷的所谓纪实文学作品，往往捕影系风，向壁虚构，除混淆视听外，根本无助于人们了解历史真相。这样的出版现状，无疑反映了相关研究的迟滞。

造成学术研究进展缓慢的首要原因，是基础史料缺乏，具体而言，则有以下三方面的因素：

一、档案留存有限。特务工作讲求绝对保密，因此戴笠与军统的很多活动在当时并没有留下文字证据。军统存在的十几年间，虽然和一般政府机关一样，产生了大量档案，但因事涉机密，很多关键文书随办随毁或事后湮灭，其内容已成为永远的历史之谜。时至今日，很多最具价值的原始文献已难得见，比如戴笠亲书的电稿、函件、手令、批示等，已经公布的只占一小部分；再如记载军统组织沿革、人事变迁及活动情况的历年工作总报告，已经公布的只有少数年份及残存草稿；又如记载军统人员出身、履历、事迹的人事卡片、考绩名册，等等，公布者更少。这些史料存毁情况如何？存世者分别收藏何处？有无全面公开的可能？史学界尚难知其详。

二、官书印量稀少。军统官方自 1946 年起，曾就历年积存档案及资深人员忆述编印若干史书，如《先烈史略稿》《戴雨农将军荣哀录》《戴先生遗训》《"国防部情报局"史要汇编》《本局殉职殉难先烈事迹汇编》《忠义救国军志》《中美合作所志》《交通警察总局志》《戴雨农先生年谱》《戴雨农先生讲词与遗墨选辑》《戴雨农先生传》《戴雨农先生全集》等。在原始档案存毁不明的情况下，这类档案汇编性质的作品无疑具有较高的史料价值，但因均系内部阅读的"非卖品"，印量稀少，故外界对其尚未充分利用。

三、忆述史料不足。戴笠与军统档案散佚既多，则需要忆述史料进行补充。然而戴笠生前并未留下自传之类回忆文字，其他军统中人也大多狃于守口如瓶的工作习惯，不愿谈及往事，担任过重要职务的高级特务，尤其对个人经历讳莫如深。另外值得注意的是，军统作为一个庞大的特务机关，其内部单位纷杂、人员众多，军统中人往往只了解本人或本单位经办之事，对其他事件则所知甚少，这和一般机关的情形不同。因此，不少军统中人撰写的回忆文字，不有瞻前顾后、言辞闪烁之讥，即有道听途说、夸张附会之弊，能畅所欲言而又实事求是的作品并不多见。

造成相关研究进展缓慢的次要原因是档案公布较晚。戴笠与军统档案大多收藏于海峡两岸的史政机构中，因内容较为敏感，长期未对外界开放，学界只能以忆述史料为主，对相关历史进行诠释，此种情形直至 10 年前才发生改观。2012 年 4 月 1 日，台湾"国史馆"首次公布"戴笠史料"与"军情局档案"两大全宗，供外界使用，此后台湾"档案管理局"亦将陆续征集之"军情局档案"开放查阅，这两大机构公布档案后，学界始有大量准确可靠的原始史料可供研究。

此外还有档案解读困难的问题。以"国史馆"藏戴笠史料为例，这批档案原名《戴公遗墨》，共计 59 卷 4624 件，均为戴笠亲书之电稿、函件、手令、批示等，极具史料价值，无疑是研究戴笠的核心文献。然而这些遗墨是由军统工作人员从不同卷宗中抽离、重新分类汇编而成，这样一来便打乱了这些档案原有的时间脉络与相互关系，由于戴笠手迹往往只注韵目代日，不注年月，加以多用化名、隐语，遂使学者无法轻易判定其确切时间与内容，造成使用上的不便。

基于上述原因，现有学术著作大多以忆述史料作为立论的基础，而未全面深入地运用原始文献，且辗转抄引，随意取舍，既没有针对过去的不实记载提出质疑，也没有针对异说进行必要的考证与解释。而在戴笠与军统档案公布后的 10 年间，虽然已有学者运用新史料重构了一些叙述，刷新了一些观点，但仍有许多基础史实没有厘清，许多基本概念未能建立，总体而言相关研究还处在起步阶段，和那段丰富复杂的历史相比，学界的工作仍然任重道远。

笔者自大学时代起即对戴笠与军统产生兴趣，平日留心搜集相关史料，十余年来颇有所获。自 2012 年起，开始对"国史馆"公布的档案进行整理考证，参照个人积累的罕见文献，得以破解诸多不为人知的历史谜案。笔者在研究的过程中深切地感受到，诚如军统旧人邓葆光所说："军统整个活动情况和大部分重要计划由戴笠自己掌握，有时连秘书室和主办单位都不甚明了，今天研究戴笠与军统的历史，很难找到一个了解全面情况的人。"因此，笔者无意撰写一部全面反映这段历史的著作，现在仅以军统档案及官书等原始文献为主要依据，重新探讨一些过去争讼不休、众说纷纭的问题，希望能抛砖引玉，为推进相关研究略尽绵薄之力。笔者学术荒疏，见识浅陋，错误之处在所难免，切盼能得到学界前辈与广大读者的批评指正。是为序。

孙潇潇

2020 年 6 月 15 日

目 录

壹　戴笠与黄埔军校 ··· 1

贰　戴笠如何走上情报之路 ·· 15

叁　戴笠在二次北伐期间的工作名义 ······················· 39

肆　戴笠何时受知于蒋介石 ·· 48

伍　蒋唐战争期间戴笠活动情形考述 ······················· 59

陆　中原大战前后戴笠活动情形拾遗 ······················· 67

柒　戴笠与联络组 ··· 76

捌　戴笠何时出任力行社特务处处长 ······················· 90

玖　国民政府军事委员会调查统计局前身——情报局之研究 ··· 98

拾　　戴笠与上海南市太平里红丸机关案始末 ················· 136

拾壹　北平德胜门外七圣祠"箱尸案"始末 ················· 151

拾贰　戴笠策反粤舰事件之考证 ················· 172

拾叁　戴笠、张学良买卖房屋趣史 ················· 187

拾肆　孤岛弹痕录：戴笠、周伟龙与军统上海区的抗日活动 ······· 194

拾伍　戴笠运用"高等淌白"谋刺丁默邨之谜 ················· 300

拾陆　章士钊挽戴笠联的两种版本 ················· 310

参考文献 ················· 313

后记 ················· 328

壹　戴笠与黄埔军校

戴笠出身黄埔六期骑兵科，关于他求学黄埔的历史，尚有若干众说纷纭的问题，值得历史学者辨正。

一、戴笠是否考取黄埔六期骑兵科？

戴笠于 1926 年投考黄埔军校，是其人生最重要的抉择之一，在此有一个问题需要稍加说明，即戴笠是否考取黄埔六期骑兵科。

戴笠在黄埔的求学情形，最早见于徐亮《纪念戴雨农先生》一文，据称：戴笠于 1926 年 9 月考取黄埔六期，编入入伍生第一团，1927 年入选军校骑兵营。[1] 徐亮是戴笠黄埔六期的同学，与戴笠先后同隶入伍生第一团与骑兵营，并日后追随戴笠从事特种工作，他的忆述足资参考。

徐亮的纪念文字系于 1947 年即戴笠身亡一年后发表于国防部保密局编印的《戴雨农将军荣哀录》上，可见他的说法一度得到了军统官方的认可。然而 1966 年军统官方编印《戴雨农先生年谱》（以下简称《年谱》）时，似乎忘记了徐亮的文字，而记载称："先生考取黄埔军校第六期骑兵科为入伍生。"[2]《年谱》系由戴笠旧属费云文执笔，经军统元老唐纵、张炎元、潘其武、任建鹏、杨震裔、马志超、王孔安、刘启瑞、毛万里、周念行、张扬明等人参阅校订，自有其权威性，于

1　徐亮：《纪念戴雨农先生》，《戴雨农将军荣哀录》，南京，国防部保密局，1947 年。

2　"国防部情报局"编印：《戴雨农先生年谱》初版，台北，1966 年，第 9 页。

是便有相关著作采用了这种说法。[1]

1972 年，另一位军统元老乔家才针对《年谱》的记载提出订正，略谓："黄埔军校不像现在大学，报考的时候就决定考甚么科系……入校后必须经过入伍阶段。入伍生并不分科，入伍生就叫入伍生，并不是步兵科入伍生、骑兵科入伍生、炮兵科入伍生等等。入伍期满后，才分为步、炮、骑、工、辎、政治等科。黄埔军校在广州长堤天字码头设有入伍生部，专管入伍生，和校本部是分开的。入伍生部长由教育长方鼎英将军兼任。所以'考取黄埔军校第六期骑兵科为入伍生'的说法是欠妥当的。"[2]

乔家才与戴笠亦为黄埔六期同学，彼此相知甚深，他晚年在台致力于戴笠与军统史事的搜集、整理、考证、编纂工作，为后世留下了很多可靠资料，他还参与《年谱》的增订，对戴笠考取黄埔的经历进行修正。[3] 1976 年《年谱》再版，记载如下：

民国十五年（岁次丙寅，公元一九二六年），先生卅岁。

九月，先生考取黄埔军校第六期。十月七日入伍，编入入伍生第一团第十七连，与徐亮、东方白、王孔安、何峨芳、乔家才、劳建白、吴毅安等同隶一团。教育长兼入伍生部部长方鼎英中将，团长郭大荣上校。……

民国十六年（岁次丁卯，公元一九二七年），先生卅一岁。

……国民革命军自上年由广东北伐，分路挺进，相继光复湘鄂赣闽浙苏皖等省。蒋总司令鉴于北方平原作战，有成立骑兵部队之必要，乃电饬黄埔军校校本部就第六期入伍生中选拔学生三百名，成立骑兵营，指派沈振亚为营长，主其事。先生被选入营，隶第一连。……旋黄埔特别党部改组，先生当选为骑兵营营党部执行委员。秋，骑兵营由广东开驻苏州。[4]

---

1 章君毅：《戴笠的故事（一）》，《传记文学》第 14 卷第 1 期（1969 年 1 月），第 17 页。军统元老郑修元撰有《戴雨农其人其事》，于 1971 年在《中华日报》连载，亦采纳此说。

2 乔家才：《订正有关戴先生的史料》，《健行月刊》第 176 期，第 102 页。

3 "国防部情报局"编印：《戴雨农先生年谱》再版，台北，1976 年，第 389—390 页。

4 "国防部情报局"编印：《戴雨农先生年谱》再版，第 11—15 页。

乔家才结合自身经历，比较清楚地说明了戴笠考取的是"黄埔军校第六期"，而非"黄埔军校第六期骑兵科"，故而《年谱》再版时听从了他的意见。不过乔家才的校订刊载于军统内部刊物，外界所知不多，《年谱》再版虽然对过去的错误说法予以修正，却未专门解释原因，以致日后仍有若干人士认为戴笠"投考黄埔军校第六期骑兵科"。[1] 对于这一问题，迄无著作予以辨正，因此仍有再加说明的必要。

兹以《中央陆军军官学校史稿》为依据，印证徐亮、乔家才说之可信：查黄埔军校自第二期起，将学生分为步兵、炮兵、工兵、辎重、宪兵等科；[2] 自第三期起，创始入伍生制度，即学生考入军校后，暂不决定所学科系，须实施 3 个月入伍生教育期满，再行升学分科；[3] 至第四期时，入伍生教育时间增至 6 个月；[4] 第六期教育情形与第四期略同，新生仍须接受 6 个月入伍教育再行升学分科。[5] 因此"投考黄埔军校第六期骑兵科"这类表述与黄埔的实际教育情形并不相符。准确的表述只能是：戴笠于 1926 年考取黄埔六期，编入入伍生第一团，1927 年入选军校骑兵营。

二、戴笠在"清党"过程中扮演了什么角色？

戴笠在黄埔求学时，正值第一次国共合作。1927 年 4 月 12 日，黄埔军校校长、国民革命军总司令蒋介石在上海发动"四一二"反革命政变，以武力清除、屠杀国民党内的共产党员，国共合作破裂。政变后，戴笠露出了反共的真面目，积极参与黄埔军校内的"清党"运动。

1　郑孝颖稿，刘绍唐主编：《民国人物小传：戴笠》，《传记文学》第 28 卷第 3 期（1976 年 3 月），第 116 页；郭寿华：《向戴先生学习》，《健行月刊》第 236 期（1977 年 3 月），第 113 页；章微寒：《戴笠与军统局》，《浙江文史资料选辑》第 23 辑（1982 年 12 月），第 81 页。

2　中央陆军军官学校编印：《中央陆军军官学校史稿》，1936 年，第 4 篇第 6 页。

3　中央陆军军官学校编印：《中央陆军军官学校史稿》，第 4 篇第 18—26 页。

4　中央陆军军官学校编印：《中央陆军军官学校史稿》，第 4 篇第 34—42 页。

5　中央陆军军官学校编印：《中央陆军军官学校史稿》，第 4 篇第 94 页。

关于戴笠在"清党"过程中的所作所为，军统方面颇有夸大之词。按军统元老王蒲臣于 1961 年的说法，当黄埔军校宣布"清党"当晚，由于戴笠"一个人的力量"，校方"肃清"了骑兵营中的二十几名共产党籍同学：

戴先生沉默寡言，两颊多髭，在军校第六期同学中年龄比较大，他的经验、他的智慧也较一般同学为高。因此一般同学都不喜欢与之接近，而他时常往来于黄埔、沙河之间，对于学术两科常常缺席。有一次，戴先生因逾假未返，致被罚禁闭两天，同学们多嘲笑之，而戴先生处之泰然。实则戴先生这时已经负有极秘密的任务，而为本党在军校学生对共党斗争中之一个极重要的秘密活跃分子。

第六期入伍生一共有两个团和一个骑兵营，戴先生初入伍在第一团，以后选入骑兵营，因他的领导才能和丰富经验，无形中在骑兵营起了很大的作用，成为这一部分同学的有力中心，因此共产党在这方面的发展受到极大的阻挠……

骑兵营正式成立于民国十六年三月下旬……四月十二日，营党部忽然奉到上级密令，指出学生中有二十余人为共党分子，令速逮捕。营长沈振亚乃紧急处置，于当晚上课时全营戒严，学生中二十几名共党分子遂悉数就捕，无一漏网。数月之后，同学们才知道这事的发动与完成，完全是戴先生一个人的力量……[1]

戴笠协助"清党"这件事并无原始文献可凭，于是《"国防部情报局"史要汇编》便以王蒲臣的回忆为根据记载道："民国十六（1927）年，戴先生肄业于黄埔军校，辄尝于课余注意共产党籍同学之活动。其后中国国民党中央成立'清党'委员会，各地开始'清党'，黄埔军校骑兵营中二十余名共产党籍之同学悉被清除，戴先生之贡献为多。"[2]

《年谱》亦有如下记载：

国民革命军自上年由广东北伐，分路挺进，相继光复湘鄂赣闽浙苏皖等省。四月九日，国民政府奠都南京。蒋总司令鉴于北方平原作战，有成立骑兵部队之必

1　王蒲臣：《戴先生在军校时期的一页对共斗争史》，《健行月刊》第 44 期（1961 年 3 月），第 18—19 页。

2　"国防部情报局"编印：《"国防部情报局"史要汇编》上册（1962 年 3 月），第 1 页。

要，乃电饬黄埔军校校本部，就第六期入伍生中选拔优秀学生三百名，成立骑兵营，指派沈振亚为营长主其事。先生被选入营，隶第一连，得便密察营内共党籍同学之动态，课余时间，常请假往来广州、沙河间，详查共党在该地区之活动。四月十五日，中央成立清党委员会，宣布共产党为非法组织，各地开始清党。骑兵营同学中廿余名共产党徒，均因先生事先详尽之调查而被"一网肃清"。[1]

此说既得到军统官方的认可，遂被若干坊间著作援引。[2]事实上，王蒲臣并非黄埔学生，对戴笠在黄埔的经历并无直接了解，所述必是日后听闻而来，因而对此事的细节叙述有误。与戴笠同在黄埔六期求学的乔家才曾就此事提出质疑，略谓骑兵营成立几乎与黄埔宣布"清党"同时，"骑兵营同学来自入伍生各连，彼此不相认识，戴先生有什么神通，能够在短短几天当中，于新集合的三百同学中指出二十多名共产党？"而且当时校长蒋介石在北伐前线，校务由军校教育长方鼎英负责，方鼎英一向同情共产党，在"清党"最初3天内允许校内的共产党员"自由离校"，"把共产党统统放走"，不加逮捕、杀害，因此骑兵营不可能在宣布"清党"当天接到上级紧急处置共产党的密令，更谈不上一夜之间仅凭戴笠"一个人的力量"就将营内的共产党员"肃清"了。[3]

再据与戴笠同在入伍生第一团第十七连的劳建白回忆，黄埔宣布"清党"时，戴笠尚在十七连，而未入选骑兵营，"由于他的建议，致使本连'清党'工作进行得十分顺利"。[4]另据乔家才转引入伍生第一团第三连学生姚黎天的回忆称，"清党"时，该连连长为共产党员，"我们的连长得到清党消息就逃走了，第二天我到燕塘骑兵营报到"。按劳建白、姚黎天的说法，骑兵营很有可能是在"清党"之后

---

1 "国防部情报局"编印：《戴雨农先生年谱》初版（1966年3月），第10—11页。

2 章君毅：《戴笠的故事（一）》，《传记文学》第14卷第1期（1969年1月），第17页；万墨林：《沪上往事》，《中外杂志》第11卷第2期（1972年2月）；杨明堂：《从无名英雄到有名英雄——戴雨农先生的奋斗历程》（1977年1月），第20页；等等。

3 乔家才：《辩诬》，《健行月刊》236期（1977年3月），第103页。参见方鼎英：《我的一生》，《湖南文史资料选辑》第22辑（1986年6月），第51页。

4 劳建白：《以平凡的事记伟大的人》，《健行月刊》第200期（1974年3月），第26页。

左：同情共产党的方鼎英
右：《方教育长言论集》书影

才成立的。[1] 笔者还查到一条原始史料，可以佐证劳、姚所言不虚：黄埔军校曾于
1927 年 9 月编印《方教育长言论集》，列为《黄埔丛书》第十一种，内收方鼎英
在入伍生部骑兵营成立典礼中之演说词，时间是 4 月 23 日。[2] 由此可知，骑兵营确
是在黄埔宣布"清党"之后成立的，王蒲臣所谓骑兵营成立于 1927 年 3 月以及戴
笠在宣布"清党"当天肃清骑兵营中二十几名共产党员云云，均是误记。

　　乔家才对王蒲臣说法的质疑发表在军统内部刊物上，显然是得到了官方的认
可，因此 1976 年《年谱》再版时改称："先生将同学中廿余名共产党徒予以揭发
'肃清'。"未再提及"骑兵营"。[3] 1979 年军统官方出版之《戴雨农先生传》则
明言戴笠是在协助校方逮捕二十几名共产党员之后，才入选了骑兵营。[4] 受此影响，
日后有关戴笠的著作，大都谓戴笠参与了入伍生第一团第十七连的"清党"，或笼
统说明戴笠协助校方"清党"，而不再提及戴笠参与骑兵营"清党"的情形。

1　乔家才：《订正有关戴先生的史料》，《健行月刊》第 176 期（1972 年 3 月），第 99—100 页。

2　中央军事政治学校编印：《方教育长言论集》，1927 年，演说训词类第 86 页。

3　"国防部情报局"编印：《戴雨农先生年谱》再版（1976 年 5 月），第 14—15 页。

4　"国防部情报局"编印：《戴雨农先生传》（1979 年 10 月），第 12 页。

事实上，王蒲臣的说法固然有夸大的地方，但也并非毫无依据，因为戴笠入选骑兵营后确曾协助入伍生部政治部主任胡靖安逮捕营内的共产党员。此事可参考骑兵营学生粟鼎的回忆：

他（笔者按，指戴笠）到黄埔六期入伍，期满分科入骑兵营当学生，驻扎广州郊区之沙河燕塘。正值蒋介石叛变革命"四一二清党"，当时胡靖安任六期入伍生部的政治部主任，为清除进步同学，戴笠向胡靖安告密，陷害了不少同学，都是用小汽车架走的。[1]

除粟鼎外，姚黎天也回忆：

骑兵营成立后，戴先生曾协助胡靖安清查过有问题的分子。[2]

另据张霈芝说：

民国十六年，校长蒋总司令鉴于在北方平原作战，部队需要骑兵，乃命令黄埔军校第六期入伍生挑选三百人，成立骑兵营，以沈振亚为营长，戴笠和徐亮皆获选入骑兵营。筹备中，四月十二日南京"清党"，四月十四日，广州亦"清党"。戴笠平时好像置身事外，其实早与陈超、胡靖安有所联系和交往，暗中调查共党分子活动的事实，作成详细记录。学校"清党"时，戴笠秘密获选为"清党"委员，此时他才将其记录取出，捕获不少共产党徒。

第六期学生超过四千人，故需分批分期"清党"，到"清党"末期，骑兵营成立，共有三个连，戴笠在第二连，由于第三连的学生未经"清党"，故骑兵营再"清党"。"清党"后，军校的政治部主要工作改由中国国民党的忠贞党员担任：政治部主任邓文仪，入伍生政治部主任胡靖安，秘书周复，宣传科长叶维。而此时戴笠亦因尽力"清党"工作，获选为骑兵营营党部执行委员。[3]

1　粟鼎：《戴笠之离开黄埔》，《文史资料选辑》第 22 辑（1962 年 2 月），第 170 页。查中央陆军军官学校第六期同学录，粟鼎系骑兵队毕业生，案骑兵队系由前骑兵营学生组成，由此可知粟鼎与戴笠当系骑兵营同学。

2　乔家才：《订正有关戴先生的史料》，《健行月刊》第 176 期（1972 年 3 月），第 99—100 页。

3　张霈芝著：《戴笠与抗战》（1999 年 3 月），台北，"国史馆"，1999 年，第 23—24 页。

这是一段极为难得的记载,尤其有关骑兵营的筹备、成立以及"清党"等细节,为他书所未见,可证明戴笠积极参与了骑兵营的"清党"。可惜的是,张霈芝在军统资历低,这段话显然不是他的亲历,而是另有所本,但他并未注明出处,给历史学者留下运用上的顾虑。唯从张霈芝在参考文献中所列访问军统元老之记录来看,这段话极有可能是出自胡天秋的口述,胡天秋为戴笠骑兵营同连同学,应是最了解骑兵营情形的人。

综合考察粟鼎、姚黎天、劳建白、乔家才、张霈芝等人的说法,当可大致确定:当4月15日黄埔宣布"清党"后,戴笠先在十七连参与逮捕共产党员,不久他入选骑兵营,又把调查到的共产党员活动情形向胡靖安密报。戴笠在"清党"中的所作所为,为其日后追随胡靖安走上特务之路埋下了伏笔。[1]

回头再来看王蒲臣的回忆文字,他叙述的内容自有相当根据,但他把戴笠在"清党"期间的一系列举动浓缩为一天之内将骑兵营内的共产党员"肃清",显然是把戴笠"神化"了。王蒲臣文字的失实并非个别现象,而是反映了相当一批去台军统元老在追忆戴笠事迹时普遍存在的心理,这种下意识地夸大,是学者在运用这类文字时需要特别注意的问题。

三、戴笠为何离开黄埔军校?

1927年6月,骑兵营由广州先后开往南京、苏州等地训练。戴笠随营北上不久,未能卒业即提前离营,军统官书对此语焉不详,[2]知情者则有3种不同说法。

第一种说法,戴笠因被指控"贪污"而不得不离营,持此说者有王蒲臣、粟

---

1 据军统旧人张盛吉说,胡靖安曾告诉他,"我任政治部主任时,有几个学生总队,人数众多。戴笠在骑兵科,我很少去那里,我没有单独接见过他,也许他知道我,我们很难说是相识。新中国成立后,有人传说戴笠常向我送情报,实则没有这么一回事"。见张盛吉:《胡靖安的浮沉录》,《江西文史资料》第26辑(1987年11月),第154页。对照粟鼎、姚黎天的回忆,可知张盛吉之说不足为凭。

2 军统官书仅叙述戴笠随骑兵营北上后开始追随胡靖安活动,而未强调其离开黄埔军校,见《戴雨农先生年谱》再版(1976年5月),第15—16页;《戴雨农先生传》(1979年10月),第12页。

鼎。据王蒲臣回忆：骑兵营驻南京训练期间，戴笠被同学朱某等人控告浮报邮电费十余元，一度遭到禁闭，虽然营长沈振亚了解事情原委后将其开释，戴笠仍请假退学，结束军校生活。

再据粟鼎回忆：1927 年 6 月，由沈振亚率领骑兵营迁驻南京军校，以后又往苏州驻扎，一日戴笠轮充伙食采买，贪污 3 元多钱，被同学发觉，群情愤极……从此他离营投奔胡靖安处……[1]

此外，黄埔六期步科学生居亦侨声称"曾听骑兵科同学讲过"戴笠"贪污"之事，略谓戴笠随骑兵营驻扎苏州期间，曾代表该营同学赴沪采办向蒋介石致贺之礼品，结果将礼品费数百元尽行挥霍，因此被"骑兵的带队官陈继承"禁闭数日。[2]

现就上述 3 人之回忆略作分析：王蒲臣不仅是军统元老，还是戴笠的同乡和小学同学，他于 1927 年底与戴笠常相过从，故其回忆颇具价值；[3]粟鼎与戴笠是骑兵营同学，他对戴笠被控贪污事件的原因、细节、结果均有不同说法，但他与王蒲臣的回忆都显示，戴笠是因与骑兵营内若干同学相处不睦而被迫离营的；至于居亦侨的说法，因其并非骑兵营学生，所述内容是基于传说，且夸张失实，[4]因此并不值得重视，不过他对戴笠被控贪污一事的模糊印象是与王蒲臣、粟鼎的回忆一致的。从另一个角度看，王蒲臣、粟鼎于 1949 年后分别留居台湾和大陆，二人基于不同的政治立场而有类似的回忆，可见戴笠因被控贪污而离开骑兵营之说实有相当的可信度。遗憾的是，这一最可征信的说法却少有学术著作引用。[5]

第二种说法，戴笠系因骑兵营无人照顾而主动离营，据乔家才说："骑兵营奉

1　粟鼎：《戴笠之离开黄埔》，《文史资料选辑》第 22 辑（1962 年 2 月），第 170 页。

2　居亦侨：《跟随蒋介石十二年》，长沙，湖南人民出版社，1988 年，第 126—127 页。

3　王蒲臣：《凡我同志，不可不知》，《健行月刊》第 224 期（1976 年 3 月），第 34 页。

4　如居亦侨声称戴笠挥霍数百，这与粟鼎所称戴笠贪污三元多钱的说法相比实在太过夸张；再如陈继承仅在黄埔军校成立初期担任过教官及第三期入伍生营长，1925 年后即历任团长、师长等职，随军在北伐前线，从未担任居亦侨所谓的"骑兵带队官"，参见朱敬恒：《大树将军：陈继承先生传》之有关记载。

5　魏斐德：《特工教父：戴笠和他的秘勤组织》，台北，时英出版社，2004 年，第 63 页。曾引用粟鼎、居亦侨之说，唯未解释采用此说的原因，且未就居亦侨所述不实处予以辨析。

命开到苏州，正赶上校长蒋公为促成宁汉合作，于八月十三日辞去本兼各职，回到奉化。……因为校长下野，骑兵营在苏州无人照顾，连吃饭的买菜钱都没有着落。沈营长的太太变卖首饰来维持他们的伙食，好些同学不忍心再留在骑兵营吃饭，各自去谋生，戴笠就是其中之一。"[1] 结合当时的历史背景，乔家才的说法自有其根据，因而现有著作几乎无一例外采用了这种说法，[2] 但这种说法实际上和王蒲臣、粟鼎的说法并不冲突，而乔家才只谈"骑兵营无人照顾"却不提戴笠被控贪污一事，似有回护戴笠之嫌。[3]

第三种说法，戴笠系被黄埔开除，持此说者有军统旧人张严佛、章微寒、张盛吉。张严佛称"戴笠不过是军校六期被开除的学生"，章微寒称戴笠"文则初中未毕业，武则黄埔被开除"，[4] 张盛吉亦称戴笠"不遵守校规"被开除。案张严佛、章微寒虽系军统要员，但他们认识戴笠均在 1932 年以后，对戴笠早年经历的了解当系以耳代目。张盛吉则在军统资历较低，他承认自己的说法完全源自胡靖安的谈话：

据胡靖安说："戴笠在骑兵科桀骜不驯，常与同学吵闹，竟至动手打人，经教育长方鼎英决定，以不遵守校规为名，开除学籍。"[5]

张盛吉在另一篇文章中更吐露，胡靖安只是听说"一个姓戴的学生"被开除，至于此人是否为戴笠则不能确定：

---

1 乔家才：《铁血精忠传（二）》，《中外杂志》第 24 卷第 3 期（1978 年 9 月），第 66 页。

2 唐良雄：《戴笠传》，台北，传记文学出版社，1980 年，第 34 页；张霈芝：《戴笠与抗战》（1999 年 3 月），第 24 页；江绍贞：《戴笠和军统》，北京，团结出版社，2009 年，第 16 页；马振犊、邢烨：《戴笠传》，杭州，浙江大学出版社，2013 年，第 21 页；黄康永等口述笔记、朱文楚采访整理：《军统兴衰实录》，杭州，浙江大学出版社，2014 年，第 333 页；马振犊、邢烨：《军统特务活动史》，北京，金城出版社，2016 年，第 11 页。

3 乔家才曾指责王蒲臣所述戴笠被控贪污事件"全属捏造"，但并未就此提出有力的反驳证据，见《健行月刊》第 236 期（1977 年 3 月），第 97—99 页。

4 张严佛：《抗战前后军统特务在西北的活动》，《文史资料选辑》第 64 辑（1979 年 7 月），第 86 页；章微寒：《戴笠与军统局》，《浙江文史资料选辑》第 23 辑（1985 年 6 月），第 81 页。

5 张盛吉：《戴笠早年佚闻二则》，《文史资料存稿选编》第 14 册（2002 年 8 月），第 617 页。

左：王蒲臣
右：黄埔时期的乔家才

　　我过去与胡靖安并不相识，只是解放后同在一块学习，前后将近二十年，课余之暇，他常同我谈他的过去……我再问戴笠为何被开除？他说："戴笠被开除一事，我事先不知道，后来听说骑兵科有一个姓戴的学生被开除，可能就是戴笠。开除的原因，是他殴打同学，违犯校规。"[1]

　　戴笠离开黄埔军校是在蒋介石下野亦即1927年8月以后，而胡靖安仅在1927年4月至6月间短暂担任过黄埔军校入伍生部政治部主任，此后他对军校校务无从过问，对戴笠被开除一事也只能道听途说。对照王蒲臣、粟鼎正反两种感情色彩的说法，均谓戴笠系因被指控贪污而被迫离开骑兵营，他们的回忆显然比胡靖安、张严佛、章微寒等人的辗转听闻更可信。

四、戴笠是否为黄埔军校毕业生？

　　戴笠既提前离开骑兵营，则他是否为黄埔军校毕业生便产生了争议。有些军统旧人强调戴笠没有毕业，给人的印象是戴笠没有黄埔军校毕业生资格。如沈醉说："戴笠是黄埔军校第六期骑兵科没有毕业的学生。"[2] 程一鸣说："北伐军打到南京

1　张盛吉：《胡靖安的浮沉录》，《江西文史资料选辑》第26辑（1987年11月），第153—154页。

2　沈醉：《我所知道的戴笠》，《文史资料选辑》第22辑（1962年2月），第64页。

后，黄埔军校从广州市迁往南京，戴笠没有毕业。"[1]文强说："（戴笠）编入第六期骑兵科，虽然没有毕业，总算是取得了黄埔学生的学籍。"[2]郭旭说："戴笠去黄埔军校第六期骑兵科混了一个时期，没有毕业。"[3]最重要的一条证词，是骑兵营第二连学生胡天秋的口述："骑兵营于民国十七年开赴南京升学，民国十八年一月提前毕业，随即成立国民革命骑兵部队，戴笠始终没有回营升学及参加毕业典礼。"[4]

乔家才则称，戴笠因在国民革命军总司令部工作，确实未能返校升学，但他的黄埔学籍仍由蒋介石核准取得，而且他是黄埔六期毕业生，只因工作重要，未克参加毕业典礼。"民国十七年，蒋中正校长复任国民革命军总司令原职，才将第六期骑兵营纳入军官团，十七年底毕业。戴笠已负责担任总司令部密查组的任务，工作重要，没有参加毕业典礼，因此好多人误（认）为他没有毕业，而章微寒说成中途又被开除。"[5]唐良雄亦有类似说法："（戴笠）自广州入伍至离开骑兵营，大约不出一年，据他自己说：'在黄埔只受过十个月训练。'以后军校迁南京，他并未报到，第六期毕业礼亦未参加，故有人说戴笠并未正式毕业。惟军校仍保有他的学籍，并承认他是骑兵科毕业。"[6]

另有军统旧人披露，戴笠没有正式毕业，但蒋介石于日后追认了他的毕业生资格。如黄康永说："（戴笠）在军校六期骑兵科是没有毕业的，直到1939年兼任国民党中央训练团警卫组组长时，蒋介石问到他，才知他……没有在黄埔军校第六期正式毕业。蒋介石乃下手令追认戴笠为黄埔军校第六期正式毕业生……戴笠的学历也就是在这一情况下取得的。"[7]张盛吉也有类似说法："1929年，由胡靖安介

1　程一鸣：《程一鸣回忆录》，北京，群众出版社，1979年，第27—28页。

2　沈醉、文强：《戴笠其人》，北京，文史资料出版社，1980年，第185页。

3　郭旭：《杜月笙与戴笠及军统的关系》，《上海文史资料选辑》第54辑（1986年8月），第322页。

4　张霈芝：《戴笠与抗战》（1999年3月），第25页。

5　乔家才：《辩诬》，《健行月刊》第236期（1977年3月），第104页；乔家才：《再谈戴笠之三》，《中外杂志》第46卷第4期（1989年10月），第82页。

6　唐良雄：《戴笠传》（1980年7月），第34页。

7　黄康永：《我所知道的戴笠》，《浙江文史资料选辑》第23辑（1982年12月），第154页。

绍，戴笠充任蒋介石的随从副官。事前，蒋介石曾问胡靖安：'戴笠军校没有毕业，充任随从副官能行吗？'胡靖安说：'我看没有关系，没有毕业，可以追补毕业证书。'蒋介石点头首肯。"[1]

由于原始档案缺乏，黄埔军校是否保有戴笠学籍以及蒋介石是否追认其毕业生资格尚难以确定，因而现有著作对于戴笠是否为黄埔军校毕业生的问题大多予以回避。[2]不过依据现存间接史料，仍可对上述各类说法略加考证、分析：

案黄埔校史：1927年5月，蒋介石在南京筹设中央军事政治学校，拟以南京本校专施入伍生升学后之教育，黄埔本校则专施入伍生教育，于是决定俟南京本校筹备妥当，第六期入伍生即迁往南京升学肄业，旋因蒋介石下野，校务陷于停顿；10月10日，国民政府军事委员会令中央军事政治学校改名为中央陆军军官学校；1928年1月，蒋介石复职，中央军校加紧筹备，于3月6日正式开学，学生编为步兵、炮兵、工兵、交通等队，而无骑兵队；与此同时，蒋介石为增进黄埔军校各期毕业生之军事知识及政治能力，特设国民革命军军官团于南京，军官团下设两营，并以流散在苏州的黄埔六期骑兵营编为军官团骑兵队，驻南京马标训练；同年10月，军官团并入中央军校；1929年1月，骑兵队毕业，是为黄埔六期仅有的骑兵编队，故世称"黄埔六期骑兵科""中央军校六期骑科"均指此一中央军校附设之军官团骑兵队而言。[3]查黄埔六期同学录收有骑兵队同学二百五十余人姓名，而无戴笠，可知他在当时确未正式毕业，他的毕业生资格必是日后取得，而非像乔家才、唐良雄所说只是没有参加毕业典礼。[4]沈醉、程一鸣、文强、郭旭、胡天秋等

1　张盛吉：《胡靖安的浮沉录》，《江西文史资料选辑》第26辑（1987年11月），第155页。

2　江绍贞谓戴笠"没有毕业"，见《戴笠和军统》，第18页；魏斐德谓戴笠"没有正式毕业"，见《特工教父：戴笠和他的秘勤组织》，台北，时英出版社，2004年，第65页；马振犊、邢烨则采用了唐良雄的说法，见《戴笠传》第21页。

3　中央陆军军官学校编印：《中央陆军军官学校史稿》第4篇第453页；乔家才：《中央陆军军官学校第六期简史》，《海隅丛谈》，台北，中外图书出版社，1985年，第25页；乔家才：《黄埔建校简史补正》，《中外杂志》第38卷第1期，第82—84页。

4　中央陆军军官学校编印：《陆军军官学校第二十一期同学录（皇城区）》，先期同学名录，第41—42页。

曾负责军统局人事工作的黄康永

人之所以强调戴笠没有毕业，原因在此。

另外，戴笠虽然没有正式毕业，但并不等于他没有黄埔毕业生资格，这从乔家才、唐良雄、黄康永、张盛吉等人的说法中可以得知。值得注意的是，黄康永、张盛吉忆述的细节虽有不同，但都指出蒋介石于日后追认了戴笠的毕业生资格，黄康永曾任军统局人事处行政科科长，对军统人事情况了解较多，他的说法尤其值得重视。

此外，黄康永、张盛吉的说法完全可以得到档案与官书的印证。这方面的记载有：抗战时期，国民政府军事委员会委员长侍从室的人事登记片上注明戴笠的学历是"中央军校六期骑科毕业"；[1] 戴笠身亡后，国民政府公布的戴笠略历称其"中央军校六期毕业"；[2]《"国防部情报局"史要汇编》记载，戴笠"中央陆军军官学校六期毕业"；[3]《陆军军官学校校史》记载，戴笠为"本校六期毕业"；[4] 等等。由此可以确定，戴笠在黄埔军校没有正式毕业，但他的毕业生资格得到了追认。

---

1 军事委员会委员长侍从室人事登记卷（戴笠），军事委员会委员长侍从室档案，129-200000-3707。

2 "戴笠坠机遇难详情"，天津《大公报》，1946 年 4 月 2 日。

3 "国防部情报局"编印：《"国防部情报局"史要汇编》下册（1962 年 3 月），第 5 页。

4 陆军军官学校编印：《陆军军官学校校史》（1969 年 6 月），第 8 篇第 133 页。

贰　戴笠如何走上情报之路

关于戴笠最初从事情报工作的情形，有 3 个悬而未决的问题：一是戴笠何时开始从事情报工作？二是他最初的情报工作名义是什么？三是他在蒋介石第一次下野期间从事了哪些活动？

一、戴笠何时开始从事情报工作？

按军统官方记载，戴笠是 1927 年夏随骑兵营北上后受胡靖安之邀参加情报工作的。胡靖安又名胡静安，字茂全，江西靖安人，黄埔军校二期生；自军校毕业后，曾任黄埔同学会监察委员会常务委员，代理监察委员会主席，颇获蒋介石信任；[1] 1927 年 4 月，任军校入伍生部政治部主任；[2] 国共合作破裂后，曾由戴笠协助，"清查"校内的共产党员；6 月，因与军校教育长方鼎英不睦，离粤北上；[3] 抵京后，改任蒋介石的侍从参谋。[4]

据《戴雨农先生年谱》（以下简称《年谱》）记载，戴笠随骑兵营北上后，与胡靖安在京沪一带重逢，受邀参加情报工作：

> 胡靖安……任军校入伍生部政治部主任，与先生（笔者按，戴笠）往来密切。

1　胡靖安：《奋斗三十七年的我》，《息烽训练集》，中央警官学校息烽特种警察训练班，1941 年，第15 页；唐良雄：《戴笠传》，第 36 页。

2　方鼎英函蒋介石（1927 年 5 月 7 日），蒋介石档案，002-080200-00023-023。

3　方鼎英电蒋介石（1927 年 6 月 9 日），蒋介石档案，002-080200-00025-025。

4　胡靖安：《奋斗三十七年的我》，《息烽训练集》，第 19 页。

后离粤，任职国民革命军总司令部，负责卫护蒋总司令之安全，需将各地军政情况，探报蒋公参考，因与先生素有往还……遂邀其参与其事，担任搜集情报工作。是为先生从事情报之始。[1]

军统元老乔家才曾于 1927 年底与戴笠一同追随胡靖安活动，据称："胡靖安离粤抵京后，组织侦查组，组员有王兆槐、东方白、廖武郎和戴笠。"他虽未明言这是戴笠最初从事情报工作的情形，但实际上是认可了《年谱》的说法。[2]此外，留在大陆的军统旧人程一鸣虽未亲历其事，但对这段历史也有所了解，他说："离开黄埔军校后，他（戴笠）没有任过军职，自动去搞谍报，以学生的身份向蒋介石递送军事情报。……胡靖安是蒋介石身边的侍从，戴笠想把军事情报递给蒋介石，必须由胡靖安转给蒋，戴笠为了讨好胡靖安，常常到胡家去为胡靖安抱孩子。"[3]程一鸣谓戴笠"自动去搞谍报"，这与《年谱》的记载不同，但他强调戴笠的情报需由胡靖安转呈蒋介石，则与《年谱》是一致的。

与军统官方记载截然不同的是军统旧人沈醉、文强的说法，据沈醉称，戴笠"没有进黄埔之前，早就替蒋介石充当特务"；[4]文强也称，戴笠于民国初年在沪杭流浪时期就认识蒋介石，进入黄埔后，遂在蒋介石的直接授意下搜集情报：

戴笠谈到他打流生活中的幸遇时，每每喜欢谈到他认识蒋介石、戴季陶、陈果夫等人的经过。他说民初他在上海打流，天造地设的机会，在交易所中鬼混，认识了校长、戴院长和陈果夫等人。他们开始时，视戴笠为小瘪三一样，不过是差使跑跑腿、送茶递水而已。后来戴季陶知道他姓戴，又是浙江同乡，便问他读过书没有，青年人想干些什么的一类关心的话。戴笠那时感到这伙人不像商人，一天到晚来往的光棍不少，十有八九是革命党，可又不敢说出来，便答复说："有饭吃就行。"他趁机又说："青年人要干，就要像陈英士、徐锡麟一样干的轰轰烈烈。我

1　"国防部情报局"编印：《戴雨农先生年谱》再版（1976 年 5 月），第 15—17 页。

2　乔家才：《铁血精忠传（二）》，《中外杂志》第 24 卷第 3 期（1978 年 9 月），第 66 页。

3　程一鸣：《程一鸣回忆录》（1979 年 7 月），第 27—28 页。

4　沈醉：《我所知道的戴笠》，《文史资料选辑》第 22 辑（1961 年 10 月），第 65 页。

受过中学教育，当过团丁当过兵，现在打流打到上海来了。"从那以后，戴季陶对戴笠改变了态度，对他关心起来。戴笠便改口称戴季陶做叔叔。蒋介石见戴季陶器重戴笠，凡属是跑腿出街的事，便叫他去干。……

……以后我又从胡宗南、胡靖安两人的口中了解到有关戴笠入黄埔军校的一些情况，大致如下：戴于1926年春到广东去见蒋介石时，首先到广东大学去找校长戴季陶作引荐，然后才见到蒋介石，被收容在黄埔军校第五期入伍生去学习。这时他表示要在蒋介石身边当差，而且很坚决，蒋一听非常高兴，要他当当勤务兵再说。戴笠当了多久的勤务兵不清楚，他是一个天生的鸡鸣狗盗之徒，包打听，整天东奔西跑，将蒋介石身边内内外外的情况都收得有，简简单单地列出条条来，送到蒋介石的案前。起初蒋介石不以为意，当做字纸丢到字纸篓里了。戴笠知道没有看，便又从字纸篓里拾起抹平，用压纸条压好置之原处，这样引起蒋的注意，渐渐感到这可补耳目之不足，于是耳提面命亲授机宜，而且不久即令其下连队去学骑兵。蒋规定戴笠要密报的有两大类：第一是注意同学中的思想情况，矛头指向共产党员的活动，革命军人青年联合会左派分子的活动；第二是监视在校官佐的思想活动及生活是否腐化等情况。胡宗南说："我之知道这些情况，是雨农亲自夸口说出来的。"胡靖安说："我当年在入伍生部搞政工，又是孙文主义学会的负责人，戴笠的密报许多都是交给我处理的。"

胡宗南与戴笠在西湖奇遇而成为知交朋友以后，他得风气之先，入了黄埔第一期，北伐前夕胡已递升到营长的地位，是经常为戴笠提供情报资料的一人。1926年3月12日中山舰事变前，胡为戴提供的有关共产党员及国民党左派分子活动的材料很多……

胡靖安在中山舰事变和"四一六"广东大屠杀血案中，他都曾向戴笠提供黑名单，对进步学生和官佐们极尽诬告迫害之能事。……戴笠与胡靖安勾结起来所干的罪恶活动，每每从胡靖安的牢骚中反映出来。有一次军统局宴请高级干部聚会时，忘记发请帖给胡靖安，被他知道而来到宴会厅，暴跳如雷，破口大骂，指责戴笠看不起他，闹得参加宴会的人不欢而散。记得他咬牙切齿地骂道："戴笠狗婆养的，翻脸无情，如果没有当年我在广东提拔他一手，介绍与孙文主义学会的大头杨引

戴笠早年照

之、贺衷寒、潘佑强等人见面谈过话，谁知道他是老几？老子毫不自私将名单开给他，否则他又哪里去找报功请赏的材料。"以上我略述两胡的二三事，也就可以窥知戴笠的底细了。……

1926 年 7 月 1 日，广东国民政府发布了北伐宣言。戴笠自己说，从那天起得校长手谕离校，随东路军北上，入闽浙转入沪宁。他赶在部队前头，潜入敌境打探虚实，有闻必报。他进入江浙境内，打流的朋友很多，米汤写的情报也就多了，这为他取得蒋介石的重用奠定了基础。[1]

文强的忆述生动详细，流传颇广，然而他的说法严重失真，实有加以澄清的必要。首先需要说明的是，文强是黄埔军校四期学生，在校时与戴笠并无交集，他参加军统工作则是 1935 年，因此他对戴笠早年经历无法直接了解。按他的说法，他是听戴笠本人及胡宗南、胡靖安两人谈起过这些故事，然而无论依据为何，他忆述的内容都存在很多漏洞。[2] 乔家才看完文强的忆述，就曾指出以下问题：

1. 叙事不清与前后矛盾。戴笠如果在上海打流时就认识蒋介石和戴季陶，为什

1　沈醉、文强著：《戴笠其人》，北京，文史资料出版社，1980 年，第 181—187 页。

2　文强参加特务处工作之时间，见特务处二十四年年终总考绩拟请增薪人员名册，文强条，国民政府档案，001-023330-00002-005。

么不就此追随他们，而要等到 1926 年才南下广州？戴笠既然认识蒋介石，到了广州为什么不直接见蒋，而要找戴引荐？

2. 历史背景不符。戴笠南下广州是去投考黄埔，绝无当勤务兵之理。"那个时代，当勤务兵的多半是小孩，年龄不够入伍。戴笠已经 30 岁，会要他当勤务兵吗？当一个勤务兵还要戴季陶那样的大人物引荐吗？"

3. 大量史实错误。首先，戴笠是黄埔六期入伍生，而非五期，第六期入伍生于 1926 年 10 月入伍，而蒋介石已先于 7 月誓师北伐，离开广州，因此第六期入伍生根本没见过蒋介石的面，乔家才说："我们聆听校长训话，还是民国十七年入南京中央陆军军官学校以后的事。"戴笠怎么可能一进军校，就有机会"在蒋介石身边当差"呢？其次，青年军人联合会和孙文主义学会均于 1925 年成立，至 1926 年 6 月奉蒋介石命令取消，戴笠进黄埔以前，一直在沪杭一带流浪，也在老家江山活动，唯独没有去过广州，他考入军校时，两会早已不复存在，他如何向蒋介石密报"革命军人青年联合会左派分子的活动"呢？与此同理，"中山舰事件"、国民革命军誓师北伐也是戴笠入校前发生的事，他又如何在事件发生时从胡宗南、胡靖安处取得"共产党员及国民党左派分子活动的材料"和"黑名单"？如何在北伐誓师时"得校长手谕离校，随东路军北上"呢？[1]

乔家才的辨正，足以证明文强所谓戴笠早在民国初年就结识蒋介石、在黄埔入伍期间担任蒋的勤务兵、在"中山舰事件"时为蒋密报共产党及国民党左派活动、在北伐初期奉蒋手谕参加东路军搜集情报等一系列说法，完全是子虚乌有。

除文强外，军统元老毛钟新也有戴笠参加北伐东路军之说，他于 1974 年忆述称："戴先生十五年参加国民革命，到了广州，在进入黄埔之前，即自动协助东路军在闽浙地区做侦查敌情工作。"[2] 不过他于 1982 年撰写《戴笠别传》时，又改称戴笠是在黄埔受训期间参加东路军的，并指出此说系根据戴笠故乡巡防队队员的谈话：

1　乔家才：《为戴笠辩诬（下）》，《中外杂志》第 32 卷第 1 期（1982 年 7 月），第 70—72 页。

2　毛钟新：《戴先生的忠义精神》，《健行月刊》第 200 期（1974 年 3 月），第 32 页。

戴先生在黄埔六期受训的时候，即奉派自福建之延平、建瓯，越仙霞岭山路入浙，走在东路军的前头，侦察敌情，用密写函件邮递报告⋯⋯当年保安驻有巡防队⋯⋯有巡防队队员参加重庆时代的军统工作，如今尚住在芝山岩，已经八十五岁了。他确凿记得，戴先生去了黄埔以后，当年冬天曾从福建回来，经过保安，和他们见了面，并说国民革命军就要来，纪律严，不骚扰地方，不像"北佬"部队，叫大家不要怕，照常安居，照常做生意。[1]

乔家才就此指出，毛钟新提到的保安村巡防队队员名叫王华，"王华人很老实，不会说假话"，"他和我没有谈过戴笠参加东路军的问题"，进而推测：也许戴笠去黄埔以前，告诉过他，国民革命军纪律好，不骚扰地方，王华记错了时间，说成是年冬天从黄埔回来，因为事隔五十多年，个人的记忆容易错误。

乔家才还进一步辨正：1926 年 7 月国民革命军誓师北伐后，广东崔苻不靖，土匪猖獗，遂由第六期入伍生留驻后方，维持安定，"没有听说同学有被征调参加北伐工作"。此外，东路军自同年 10 月进军福建，至 1927 年 3 月始攻克上海，戴笠如果"随东路军北上，入闽浙转入沪宁"，则离校半年之久，他身边的同学必有印象。戴笠隶属入伍生十七连，乔家才曾访问其同连同学劳建白、何亚云，询以戴笠入伍期间有无离开十七连，而且离开的时间多长？劳建白答以毫无此种印象，何亚云所答亦然。此二人整日与戴笠一同出操、上课、生活，尤其劳建白与戴笠同桌，关系密切，他们的答复足以证明，戴笠决无参加东路军的可能。[2]

---

1 毛钟新：《九州兵革浩茫茫——戴笠别传之九》，《中外杂志》第 32 卷第 2 期（1982 年 8 月），第 51 页。

2 乔家才：《为历史作见证——戴笠未参加北伐东路军》，《中外杂志》第 32 卷第 6 期（1982 年 12 月），第 141—144 页。乔家才还曾指出毛钟新所述戴笠活动路线与东路军行进路线不合，戴笠断无脱离部队、单独行动之理，略谓北伐军以何应钦为东路军总指挥，率部由闽入浙，另以白崇禧为东路军前敌总指挥，率部由赣入浙，白崇禧部先于何应钦部入浙，系由江西直趋浙江衢州，而非由福建延平、建瓯越仙霞岭。案北伐战史，1927 年 1 月下旬，白崇禧部入浙后，何应钦以浙西战局日趋紧张，曾以东路军在闽各纵队分三路向浙江江山、处州、温州进兵，复于 2 月 6 日由南平经建瓯、浦城、仙霞关、江山进抵衢州，可知东路军一部确由建瓯越仙霞岭入浙，故乔家才此说有误。参见《东路军北伐作战纪实》，台北，"国防部史政编译局"，1981 年，第 65 页；《何应钦将军九五纪事长编》，台北，黎明文化事业公司，1984 年，第 132 页。

左：劳建白
右：何亚云

通过乔家才的一系列考证，可知《年谱》的记载可信，沈醉、文强、毛钟新的说法则不足为凭，亦即戴笠最初从事情报工作是受胡靖安之邀，而非奉蒋介石之命参加北伐东路军，更没有在北伐之前"就替蒋介石充当特务"。据此可以确定，戴笠最初从事情报工作是在 1927 年夏随黄埔军校骑兵营北上以后，而非 1927 年 4 月北伐东路军攻克上海之前，更非 1926 年 10 月考入黄埔以前。遗憾的是，乔家才的说明文字似乎并未引起学界应有的重视，日后一些学术著作仍然随意援引文强等人的错误说法。[1] 因此笔者不避繁冗，再将诸说之异同、正误缕述如上。

至于戴笠开始从事情报工作的具体时间，仍可进一步考察。首先来看戴笠随骑兵营北上的时间，据乔家才说是在 6 月以后：

有一件事情，我记得非常清楚。十六年六月三日，黄埔特别党部筹备委员会在俱乐部召开全校代表大会，选举执监委员……新黄埔特别党部成立以后，接着举行第一次执监委员联席会议，刘凤龙、刁本卿和我三个人当选为常务委员，谢灵石当选为常务监察委员。我们四个人经常住在特别党部，办理全校的党务工作。戴先生是骑兵营营党部的执行委员，曾来特别党部接洽党务，我们才第一次见面，确实的

1　引用文强之说的有：汪新、刘红编：《南京国民政府军政要员录》，北京，中共党史出版社，1988年，第 258 页；魏斐德：《特工教父：戴笠和他的秘勤组织》，第 42—63 页；杨牧、袁伟良主编：《黄埔军校名人传》，郑州，河南人民出版社，2005 年版，第 1738 页；黄康永等口述笔记、朱文楚采访整理：《军统兴衰实录》，杭州，浙江大学出版社，2014 年，第 12—13 页；等书。

时间我已记不清楚，可能是六月下旬。以此推算，骑兵营开拔的时间应该是六月以后，那么戴先生到上海不会在七月以前。[1]

乔家才的叙述颇能得到原始文献的印证。查黄埔校史，6月16日，开党员大会，庆祝特别党部改选成功。改选后之特别党部，下辖入伍生骑兵营党部，有执行委员5人、候补委员3人、监察委员2人。[2]再查当时报载，黄埔军校骑兵营由广州北上，于6月30日下午抵上海，乘沪宁专车转往南京，驻小营训练。[3]

戴笠北上的时间虽然确定，但他追随胡靖安从事情报工作的时间却有两种说法。第一种是戴笠自述，在1927年7月至8月间，亦即他尚未离开骑兵营之时：

回忆民国十六年七八月的时候，我是在×××部底下做事情，但究竟做的甚么事？没有几个人知道！有不有名义？没有！有不有薪饷？也没有！当时如果有人到×××部去会我，恐怕连名字都找不到！[4]

第二种是乔家才、唐良雄的说法，他们认为戴笠追随胡靖安是在8月13日蒋介石下野以及他离开骑兵营以后。乔家才说：

……我记得胡（靖安）主任和叶科长参加过黄埔特别党部第一次执监委员联席会议以后，没有几天功夫，就匆匆忙忙离粤北上，大概是六月下旬。胡靖安先生到达南京，领袖还没有辞去国民革命军总司令的职务，可能交付他若干任务，搜集情报，就是主要任务之一。

戴先生随骑兵营北上不久，领袖辞职，骑兵营开到苏州，没有人管，经费没有着落，营长沈振亚的夫人拿出她的全部首饰变卖了，才能维持骑兵营的伙食。有些同学不忍加重沈营长的负担，跑到上海自谋生活，戴先生就是其中的一个，他到上海后，就帮助胡靖安先生搜集情报。[5]

1　乔家才：《订正有关戴先生的史料》，《健行月刊》第176期，第100—101页。

2　中央陆军军官学校编：《中央陆军军官学校史稿》，第4篇，第64—65页。

3　"南京快信"，《申报》，1927年7月2日。

4　"国防部保密局"编印，《戴先生遗训》第1辑，第99页。此段被隐去之两处文字均系"总司令"。

5　乔家才：《订正有关戴先生的史料》，《健行月刊》第176期，第103—104页。

唐良雄说：

据一位曾在军校入伍生部与戴氏同寝室之黄汉英说："骑兵营驻防苏州时，我正在上海，不久戴笠亦自苏州来，有一段时间我们同住在一起。他白天甚少在家，看似十分忙碌，回家以后，常在深夜伏案写作，问他所作何事，总是笑而不答。以后，我才知道他是在作情报工作。"这一段话证明戴氏到上海即与胡靖安已取得联络，负有工作任务……

胡靖安任职政治部主任不久，因与方鼎英不睦，仍回总司令部供职，一度充任侍从武官。蒋公下野，他到上海，联络军校同学，搜集各种情况，以学生名义提供蒋公参考。最早应胡靖安之邀参加工作的，戴氏之外，有蔡劲军、成希超、许宗〔忠〕武〔五〕、王兆槐、东方白、廖武郎等，稍后又有乔家才等参加，均为黄埔学生。[1]

上述两种说法，被若干著作采用，唯各著作均未说明史料取舍的根据，因此笔者拟就此问题再作分析。

乔家才、唐良雄的说法有其合理性，因为按照戴笠自述，他七八月间就去总司令部工作了。可是这样一来便引发一个问题，他当时尚未离开骑兵营，如何能一面在营中受训、一面为胡靖安搜集情报呢？不过文强曾转述骑兵营营长沈振亚的一段谈话，恰可证明戴笠所述无误，据称：

一九四二年春，我在兰州会到当年在黄埔六期骑兵科当过骑术教官的许〔沈〕振亚，……我们谈到戴笠当年在骑兵科学习和生活情况。许〔沈〕振亚说："这位比烈马还难驯服的学生，他学骑兵，是三天打鱼两天晒网，高兴就请假往上跑，自习时就写信，大家很怀疑他，怎么那么多信要写？以后才了解他是跑上头，通天到校长（指蒋介石）那里，写信也是送校长，来头大，谁敢惹？"[2]

查当年《申报》刊登的两则启事，又可佐证戴笠、文强的说法。一是1927年7月8日骑兵营刊登的寻人启事："江山戴春风鉴：假满回连。如有戴君好友知其

---

1 唐良雄：《戴笠传》，第35—36页。

2 沈醉、文强：《戴笠其人》，第185—186页。

行踪者，即恳转知，以免各同志悬念。宁入伍生骑兵营启。"[1] 二是次日戴笠在《申报》《新闻报》刊登的启事："笠因事留沪已周日矣，致劳本营同志之盼悬，除于本日赴宁销假、照常操课外，特登申新两报，谨告远道亲友，勿以为念。"[2] 由此可知，戴笠早在骑兵营受训时亦即 1927 年 7 月间，就已心不在焉，常常离营去上海为胡靖安搜集情报了。

二、戴笠最初的情报工作名义是什么？

戴笠追随胡靖安之初，是以何种名义从事情报工作呢？按他自己的说法，是在国民革命军总司令部工作，但并无职位，而且他也没有提到胡靖安和他的上下级关系。其他军统中人的说法更五花八门：赵龙文说，胡靖安是总司令部机要秘书兼特务组长，戴笠是特务组员；[3] 费云文说，胡靖安是蒋介石的侍从副官，戴笠是情报员；乔家才说，胡靖安是侦查组组长，戴笠是侦查组组员；程一鸣说，胡靖安是蒋介石的侍从，戴笠"以学生的身份向蒋介石递送军事情报"；魏大铭说："克复京沪后，胡靖安先生在上海邀戴先生参与总司令部密查组工作。"唐良雄说，胡靖安领导联络组，戴笠应邀参加工作；毛钟新说，胡靖安是密查组长，戴笠是胡"最得力的帮手"；黄康永说，胡靖安是侍从室情报小组组长，戴笠是组员，[4] 种种说法，

1　"江山戴春风鉴"，《申报》，1927 年 7 月 8 日。

2　"戴笠启事"，《申报》，1927 年 7 月 9 日。

3　赵龙文：《戴雨农先生》，《中外杂志》第 1 卷第 3 期（1967 年 5 月），第 12 页。军统元老王孔安亦称胡靖安为总司令部特务组组长，见郑修元：《黄埔同学中最杰出的两位将军——胡宗南与戴雨农》，《春秋》第 4 卷第 2 期（1966 年 2 月），第 29 页。

4　诸说分别见于费云文：《戴雨农其人其事（一）》，《中外杂志》第 19 卷第 3 期（1976 年 3 月），第 10 页；乔家才：《铁血精忠传（二）》，《中外杂志》第 24 卷第 3 期（1978 年 9 月），第 66 页；程一鸣：《程一鸣回忆录》（1979 年 7 月），第 27—28 页；魏大铭：《评述戴雨农先生的事功》，《传记文学》第 38 卷第 4 期（1981 年 4 月），第 95 页；唐良雄：《戴笠传》（1980 年 7 月），第 36—37 页；毛钟新：《漂泊西南天地间——戴笠别传之八》，《中外杂志》第 32 卷第 1 期（1982 年 7 月），第 130 页；黄康永：《我所知道的戴笠》，《浙江文史资料选辑》第 23 辑（1982 年 12 月），第 154 页。

不一而足。对此问题，相关著作多予回避，唯张霈芝、魏斐德明言戴笠参加的是"密查组"，却未注明原始出处。[1]

此一问题之所以众说纷纭，是因这段历史太过久远，了解其内情者极少，赵龙文等人虽是军统元老，却与当时的戴笠毫无交集，算不得亲历者。而戴笠演讲时自称当时没有名义，或系公开场合顾忌较多之故。事实上，关于戴笠最初的工作名义，有四位重要知情者的说法最值得参考，即胡靖安、徐铸成、郭旭和萧烈。

首先是胡靖安本人曾说明，他北上后担任国民革命军总司令部密查组组长："国民政府奠都南京之后，一般反动分子尚未彻底肃清，还不断作种种非法活动，为防范未然计，有继续加以清除之必要，遂在国民革命军总司令部设立密查组，专负此种责任。校长因为我做事认真，对党忠实，派我兼任密查组组长。"[2]

其次是老报人徐铸成曾转引一位对戴笠很熟识的人士撰写的材料，称胡靖安当时是密查组组长，戴笠被选为组员之一："北伐时，蒋在黄埔的亲信中，挑选了一批心狠手辣的人，在总司令部内，成立了一个密查组，专门侦察思想左倾或不忠于他的人，派他的侍从秘书胡某兼任组长，戴被选为组员之一。一九二七年秋，宁汉合流后，蒋第一次下野前夕，把这个组撤销，发了一笔遣散费。"[3]

另据军统旧人郭旭回忆：

戴笠去黄埔军校第六期骑兵科混了一个时期，没有毕业，便离开去给蒋介石作搜集情报的特务活动，以后蒋在国民革命军……总司令部成立一个密查组，派侍从副官胡靖安为组长，戴笠、许忠五、成希超和东方白等为该组组员。这时即初步建立了小型的特务机构，为蒋调查异己分子的活动和所属部队各部队长对他是否忠实及一般军风纪的情况。不久蒋第一次下野，赴日本前夕，将这个密查组撤销，并发给该组三个月维持费。[4]

1　张霈芝：《戴笠与抗战》，第26页；魏斐德：《特工教父：戴笠和他的秘勤组织》，第63页。

2　胡靖安：《奋斗三十七年的我》，《息烽训练集》（1941年1月），第19页。

3　徐铸成：《杜月笙正传》，杭州，浙江人民出版社，1982年，第96—98页。

4　郭旭：《杜月笙与戴笠及军统的关系》，《上海文史资料选辑》第54辑（1986年8月），第322页。

据查郭旭是 1935 年 1 月参加特务处工作的，他固然不是密查组的亲历者，但他在下文曾交代这段话是源自戴笠的亲口讲述，这就很值得重视了。再将郭旭与徐铸成、张霈芝、魏斐德等人的文字对照，可知徐铸成等人的说法均是源自郭旭。[1]

最后是曾任密查组副组长萧烈的回忆，萧烈撰有专文，详述密查组概况，略谓：1927 年 6 月，国民革命军总司令部成立密查组，由蒋介石亲自掌握指挥，以胡靖安为组长，萧烈为副组长，下辖总务、侦缉、审讯 3 股，分别以徐自强、张介臣、张晴舫为股长，各股辖组员若干人，主要人员有：总务股组员黄安禄，侦缉股组员且司典、许忠五、董达夫、卢耀峻、戴笠、东方白，审讯股组员许子斌、简锡恩等。[2]

萧烈所述密查组之成立时间及人事情形，颇有佐证：查萧烈本人于 1939 年 4 月在中央训练团党政训练班毕业生调查表上填写：1927 年 6 月至 7 月，任国民革命军总司令部密查组副组长；同年 7 月至 8 月，任组长。[3] 再查东方白自述云："民国十六年三月清党，六月奉派国民革命军总司令部密查组，随总司令蒋工作。"[4] 又查《且司典将军革命事迹暨传略》云："民十六三月，将军在武昌军校兵工科，适宁汉分裂……六月脱险到南京，即派充总司令部密查组组员。八月总司令下野，调黄埔同学会服务。"[5]

根据上述各条记载，完全可以确定，戴笠最初的工作名义是国民革命军总司令部密查组组员，该组成立于 1927 年 6 月，以胡靖安为组长。另由郭旭、萧烈、且司典等人的说法可知，密查组至蒋介石下野时亦即 8 月中旬就结束了，总计存在时间两个月。由于存在时间短，参加人数少，遂使这段历史湮没不彰。在此有必要指

1　1949 年后，徐铸成与郭旭均居上海，两人熟识，曾一同参加政协会议，见《徐铸成日记》，北京，三联书店，2013 年，第 367 页。

2　萧烈：《国民革命军司令部密查组概况》，《文史资料存稿选编》，第 15 册，北京，中国文史出版社，2002 年，第 68—69 页。

3　军事委员会委员长侍从室人事登记卷（萧烈），侍从室档案，129-010000-0599。

4　军事委员会委员长侍从室人事登记卷（东方白），侍从室档案，129-070000-1401。

5　"行政院国军退除役官兵辅导委员会计划委员会"编印：《生命的光辉》，1968 年，第 71 页。

《息烽训练集》书影

出，若干军统官书认为密查组延续到 1931 年 12 月甚至 1932 年 3 月，[1] 有些军统中人再据此认为密查组是军统特务组织的前身，[2] 都是错误的。

　　另需补充说明的是：胡靖安曾于 1940 年前后担任军统息烽训练班副主任，他的自述刊载于该班内部传阅之小册《息烽训练集》上，流传极罕，迄未被人注意；徐铸成并非军统中人，他是在撰写《杜月笙正传》时偶尔提及这段历史，因为不是专记戴笠与军统史事的书，亦未被人注意；郭旭的回忆刊在《上海文史资料选辑》上，流传较广，但读者如果没有看到他的说法源自戴笠自述，也不会引起重视；萧烈的回忆则撰写于 1989 年，至 2002 年始刊载于《文史资料存稿选编》上。这 4 条关键记载，或不易被人注意，或公开时间较晚，这也是造成密查组历史鲜为人知的原因之一。

1　"国防部情报局"编印：《"国防部情报局"史要汇编》上册（1962 年 3 月），第 1 页；《戴雨农先生传》，台北，国防部情报局，1979 年，第 20 页。

2　沈醉：《军统内幕》前言；魏大铭：《评述戴雨农先生的事功（上）》，《传记文学》第 38 卷第 2 期（1981 年 2 月），第 41 页。

密查组组长胡靖安　　　　密查组副组长萧烈　　　侦缉股股长张介臣（原名张个臣）

审讯股股长张晴舫　　　　总务股组员黄安禄　　　　侦缉股组员且司典

侦缉股组员董达夫　　　　侦缉股组员卢耀峻　　　　审讯股组员简锡恩

密查组部分成员照片

三、戴笠在蒋介石第一次下野期间从事了什么活动？

1927年8月蒋介石因宁汉分裂而下野，至1928年1月复任国民革命军总司令。关于戴笠在蒋介石第一次下野五个多月期间的活动情形，历来讹传不少，相关著作亦多语焉不详，现拟综合考察若干知情者的忆述，对相关说法进行考辨，期能为这段隐秘的历史补充若干可信的材料。

蒋介石下野之初，密查组人员遣散，戴笠则离开骑兵营，往上海继续追随胡靖安活动。[1]9月22日，蒋介石决定出国考察，遂离乡赴沪，旋于9月28日东渡日本，停留月余，至11月10日返沪。在蒋介石赴日期间戴笠的活动情形，过去军统方面有不少夸大的记载。如《年谱》称，戴笠为蒋介石搜集情报，并联络黄埔学生电恳蒋介石返国复职：

八月十五日，蒋公为促成宁汉团结，辞去本兼各职，回乡扫墓，旋即东渡日本。在此期间，时局动荡，关系党国前途至大。先生（笔者按，指戴笠）一面继续调查搜集军政情报，密报蒋公，一面联络黄埔同学现任团长以上者十二人，电恳蒋公返国复职。[2]

军统元老郑修元撰写《戴雨农其人其事》长文时，曾照抄《年谱》的记载。[3]另一军统元老赵龙文则在《年谱》的基础上加以发挥，他说戴笠作为特务组（笔者按，实为密查组）组员，曾在蒋介石赴日前夕单独谒蒋，奉蒋发给密码本，此后为蒋提供各方情报，使蒋决心返国：

总司令因宁汉分裂，引咎下野，特务组之十位组员，每人发一支手枪，负保卫总司令坐火车到上海高昌庙上船。到了轮船码头，大家认为任务达成了，都回去南京。只有戴先生一个人登上了轮船，去见总司令。"报告校长，我是黄埔六期学生

1　郭旭：《杜月笙与戴笠及军统的关系》，《上海文史资料选辑》第54辑（1986年8月），第322页。

2　"国防部情报局"编印：《戴雨农先生年谱》初版（1966年3月），第12页。

3　乔家才：《订正有关戴先生的史料》，《健行月刊》176期（1972年3月），第103页。

赵龙文

戴笠，校长这次去日本，当然准备东山再起的。在日本不可以不明白本国军政实况，请发一本密码给我，以便随时提供情报。"总司令一见他双目炯炯，又听他自动提出此项建议，心里很赞许他的识力和胆量，经过证明身份无误以后，马上给他一本密码。船开了，留给戴先生的是一本密码和伟大的政治使命。

他于是马上回到江山故里，廉价出卖了两块毛竹山，作为此后的川旅费。此后每日一个电报，分析政情和敌我双方的形势，遍走大江南北，深刻地了解各地驻军的心理和带兵官的向背，作了系统的分析。这才使总司令下决心返国。[1]

又有军统人员杨明堂对《年谱》及赵龙文的说法予以援引，并加上戴笠发动京沪舆论的情节：

领袖由奉化转沪，乘轮赴日本。领袖登轮未发时，戴先生请求晋谒，当蒙领袖召见，戴先生乃得当面陈辞谓："国事如此，应作安排，请发密电本一册，以便于领袖离国期间，得随时将国内情况报告，俾作参考。"领袖听了之后，颇为嘉许。……

领袖下野出国，群情惶惑，戴先生乃废寝忘食，奔走各地，每日必将各方情报电达东京，使领袖虽远离祖国，而对国内情状仍能了如指掌。戴先生又奔走联络，

1　赵龙文：《戴雨农先生》，《中外杂志》第 1 卷第 3 期（1967 年 5 月），第 12 页。

以胡宗南为首，联名请求领袖速行返国复职……同时又发动京沪各地的舆论，敦促领袖返国视事。领袖因于民国十七年一月四日返国复职。[1]

上述文字为了凸显戴笠在蒋介石复职过程中扮演的角色，只字未提胡靖安，因而遭到了乔家才的质疑，他说："民国十六年，戴先生不过是一个军校未毕业的学生，阶级是陆军中士。不但没有资格继续搜集情报密陈蒋公，就是联络12位现任团长也还不够格，怎么能领衔电恳蒋公返国复职呢？这一件事情的主角是胡靖安，不是戴先生，胡先生曾亲口告诉过我经过详情，至今记忆犹新。胡靖安先生一生只有这件事情最得意，怎么能把胡先生最得意的事情写在戴先生账上呢？"[2]

乔家才对赵龙文和杨明堂的记述尤其不以为然，痛责道："捧人也得有分寸，捧过了头失其真，就成了造谣吹牛"；"捧离了谱，就会成为笑话"。并具体指出："中央军校编制，入伍生为上等兵，分科后为中士。戴先生不过是一位中央军校骑兵科的中士学生，不但没有资格在蒋公登轮未发时召见他，就是胡靖安在当时恐怕也没有这种资格。戴先生连码头也进不去，更谈不到请求晋谒。蒋公的密电本再乱发，也不会发给一位中士学生，这事近乎天方夜谭，很难令人相信。"还说："蒋公赴日后，联络同学、报告国内情况的是胡靖安，不是戴先生。""至于说戴先生发动京沪各地的舆论，敦促蒋公返国视事，试闭上眼睛想一想，有这种可能吗？戴先生凭什么发动京沪舆论，他自己没有报纸，不是社会上的闻人，有什么力量来发动？"[3]除乔家才外，毛钟新也曾委婉表示："以当年戴笠与赵龙文关系之密切，所

1　杨明堂：《从无名英雄到有名英雄——戴雨农先生的奋斗历程》，台北，正中书局，1976年，第22页。

2　乔家才：《订正有关戴先生的史料》，《健行月刊》第176期（1972年3月），第103—104页。

3　乔家才：《辩诬》，《健行月刊》第236期（1977年3月），第100—101页。

述应当可靠，而事实上却要存疑。"[1]

乔家才之所以强烈质疑赵龙文等人的说法，除因他对黄埔编制十分了解以及曾听胡靖安讲述当时经过外，更与他追随胡靖安活动的亲身经历有关。1927 年 11 月，乔家才因广州局势动荡，与几名黄埔同学逃到上海，不久应胡靖安之邀从事情报活动，与戴笠共事了一个多月，后因对这项工作缺乏兴趣，于 1928 年 1 月回到军校归队。乔家才对这段经历印象深刻，曾有十分详细的回忆。[2]

有了乔家才的质疑，《年谱》再版时虽然仍称"（戴笠）不因蒋公下野而动摇心志，仍继续调查搜集军政情报密报蒋公"，但删去了"联络黄埔同学现任团长以上者十二人电恳蒋公返国复职"等字样。军统官书《戴雨农先生传》（以下简称《传记》）则根据乔家才的回忆，明言戴笠当时是在胡靖安手下从事情报工作：

胡靖安自离开黄埔以后，回到上海担任蒋总司令的侍从副官，并负责搜集情报。因为在广州和戴先生有密切的接触，对他的为人和才干也有比较深刻的认识，

---

1 戈士德：《胡宗南与戴笠（下）》，《中外杂志》第 31 卷第 4 期（1982 年 4 月），第 33 页。戈士德为笔名，就其所述内容观之，颇有外界难知悉的内情，绝非一般人士所能凭空臆造，故其真实身份当系某军统元老，唯《中外杂志》对此并无说明。笔者将戈士德在《中外杂志》发表之文字与同时期毛钟新发表之文字相比对，发现二者不仅写作风格相似，更有若干细节高度重合，而这类细节从未见诸他人之记述。兹举两例，例一，戈云："（戴笠）在总司令侍从室也有名义，职员名牌挂在墙上，戴笠名义是副官，任务是调查，很长一段时间，侍从室中人叫他戴副官。"《中外杂志》第 31 卷第 4 期，第 33 页。毛文："戴笠先生在北伐期间，他的职务是总司令部密查组组员、总司令侍从室副官，那时用人不多，墙上挂块名牌，标明侍从人员的职务和任务，戴先生的任务是调查。有很长一段期间，侍从人员叫戴副官。"《中外杂志》第 32 卷第 2 期，第 52 页。例二，戈文："他（指戴笠）单枪匹马作军事调查时，在徐州住小旅馆，先盛水擦桌子，换几盘水，擦了又擦，再用白纸糊墙壁，等到糊好时，天已亮了。"《中外杂志》第 31 卷第 4 期，第 34 页。毛文："有一次在徐州住小旅馆，房间甚肮脏，他（指戴笠）先盛水擦桌子，再去买白纸糊墙壁，糊天花板，等到糊好，看去合乎整洁要求，天已快亮了。"《中外杂志》第 31 卷第 6 期，第 124 页。可知戈士德当系毛钟新之笔名。毛钟新在同一杂志分别使用真名、笔名之原因，当与各文之主题不同有关，查戈士德发表者为《胡宗南与戴笠》3 篇及《戴笠与周伟龙》3 篇，毛钟新发表者则为《为戴笠先生白谤辩诬》3 篇及《戴笠将军别传》11 篇。关于此点：《中外杂志》尚有类似情形可供查证，如戴笠旧属费云文曾以真名发表《戴雨农其人其事》等九篇关于戴笠史事的文章，另以笔名"孙开运"发表《吴佩孚的一生》等 12 篇其他民国历史人物之传记，参见费云文：《七十杂忆（下）》，《中外杂志》第 41 卷第 2 期，第 79 页。

2 乔家才：《从羊城暴动到西子风波狱》，《中外杂志》第 8 卷第 5 期（1970 年 11 月），第 42—43 页。

于是找他帮忙，担任情报员。乔家才也被罗致为交通（传递情报和公文），是临时性的……乔家才干了一个月，觉得不大合适，就辞掉职务……戴先生则干得相当出色，而也兴致很高，有时为了搜集一件情报，甚至废寝忘餐。[1]

乔家才的质疑影响了官方叙述，官方叙述的调整则影响了历史学者的书写，日后唐良雄、张霈芝、江绍贞、马振犊等人的著作基本沿袭了《传记》的说法，即泛称戴笠在此一时期追随胡靖安从事情报工作，而对戴笠的个人活动着墨甚少。[2]

除上述说法外，戴笠为胡靖安抱孩子之说也有相当影响。军统旧人程一鸣说："胡靖安说过，'戴笠没有什么了不起，他是给我抱孩子的'。戴笠向蒋介石递送军事情报时，胡靖安是蒋介石身边的侍从。戴笠想把军事情报递给蒋介石，必须由胡靖安转给蒋，戴笠为了讨好胡靖安，常常到胡家去为胡靖安抱孩子。"[3] 军统元老毛钟新也说："戴笠在领袖回到上海以后，晋京以前，和胡靖安有联络，搜集上海地区情报，胡靖安那时任侍从副官……据戴母蓝太夫人亲口说：'只是住在胡靖安家里，给胡靖安太太抱孩子。'似乎并未受重用。"[4] 另有军统旧人张盛吉说："1927年，国民党政府迁都南京，胡靖安回到蒋介石的侍从室任随从副官。当时，他的家眷寄居上海法租界。某日，戴笠到胡靖安家，称胡靖安为老师，甜言蜜语，卑躬屈膝，请求胡帮忙找工作。胡靖安告他，军委会的下级军官没有空缺，无法安排工作，戴笠说：'只求一个安身之所，一日三餐，什么工作都行。'打这以后，戴笠经常到胡靖安家，每进门即为之扫地抹桌子，后来干脆把行李搬进胡靖安家，寄居不走，每天为胡家上街买菜、烧饭做菜、带小孩。"[5]

以上3人的说法分别源自胡靖安本人及戴母蓝月喜的口述，自有相当的可信

1　"国防部情报局"编印：《戴雨农先生传》（1979年10月），第12页。

2　唐良雄：《戴笠传》（1980年7月），第36—37页；张霈芝：《戴笠与抗战》（1999年3月），第26—27页；江绍贞：《戴笠和军统》（2009年8月），第16—18页；马振犊、邢烨：《戴笠传》（2016年10月），第25—26页。

3　程一鸣：《程一鸣回忆录》（1979年7月），第29—30页。

4　戈士德：《胡宗南与戴笠（下）》，《中外杂志》第31卷第4期（1982年4月），第32—33页。

5　张盛吉：《胡靖安的浮沉录》，《江西文史资料选辑》第26辑（1987年11月），第155页。

度。胡靖安之所以口述当时经历，缘于他在 1927 年下半年短暂领导戴笠后，不久即赴德国进修，在他出国期间，戴的事业蒸蒸日上，迨他回国，戴的身份地位已今非昔比，而他因为言论不检，长期未获蒋介石的任用。[1]直至抗战期间，胡靖安始奉蒋介石之命助理戴笠工作，他以黄埔二期学长、昔日上级来助理六期学弟、昔日部属，时常大发牢骚，加以心高气傲之个性，[2]遂常向军统中人畅谈他早年领导戴笠的经历。[3]

戴笠追随胡靖安从事情报活动以及为其打理家务这类说法，虽然在一定程度上反映了史实，但其局限也很明显，即对这一时期戴笠所扮演的角色贬抑过甚。具体而言：乔家才只在 1927 年 11 月下旬之后的一个月间追随过胡靖安并与戴笠共事，他对 11 月下旬以前戴笠的活动情形并无直接了解，因此他误认为戴笠投奔胡靖安是 8 月中旬以后的事情，而不清楚戴笠早在 7 月已经加入密查组；又胡靖安是戴笠从事情报工作的领路人，戴笠帮其打理家务是在情理之中的，但这并不意味着戴笠的工作仅仅是"给胡靖安太太抱孩子"，这是显而易见的。

就笔者所见，关于这一时期戴笠的活动情形，尚有 3 段关键记载迄今未得到历史学者的重视。首先是胡靖安自述云："校长下野后，我与 R 同学不避艰苦，终日为着维系黄埔的革命力量而奔走联络"，"我们不顾一切从事于团结同学与欢迎校长返国的工作"。[4]胡靖安提到的"R 同学"是否指戴笠固然不易确定，但至少可以说明当时从事"欢迎校长返国"工作且发挥重要作用的不止胡靖安一人。

其次是军统元老郑修元曾转述另一军统元老王孔安所述称：

民国十六年宁汉分裂，领袖下野时，胡宗南先生任国军第一师旅长，驻地似在河南之开封、郑州等地。由原在总司令部负责特务组之胡靖安先生介绍戴先生密赴

1 戴笠电蒋介石（1937 年 5 月 2 日），蒋介石档案，002-080200-00482-012。

2 此系军统元老黄天迈所转述戴笠对胡靖安之评语。另查军事委员会委员长侍从室人事登记卷，对胡靖安亦有"性骄傲，有目中无人之概"之调查报告，侍从室档案，129-020000-2622。

3 沈醉、文强：《戴笠其人》（1980 年 8 月），第 185 页；黄天迈：《戴笠的生活片段（三）》，《中外杂志》第 43 卷第 1 期（1988 年 1 月），第 75 页。

4 胡靖安：《奋斗三十七年的我》，《息烽训练集》（1941 年 1 月），第 20 页。

胡靖安、戴笠与胡宗南合影

胡宗南先生军次，担任联络任务，并得胡先生之支持协助，从事军事调查工作及暗中广事联络在军中供职之各期黄埔同学，慰勉其应仍各就岗位，团结同学，保持力量，安心继续为党国效忠，不可因为校长之一时下野而灰心馁志。[1]

王孔安与戴笠为黄埔六期同学，彼此相知甚深，他于毕业后奉派第一师见习，对第一师的情况也很了解，故其谈话极可征信，唯细节有若干错误。[2]蒋介石下野期间，胡宗南担任第一师副师长兼第二团团长，而非第一师旅长；其驻地初在杭

---

1 郑修元：《黄埔同学中最杰出的两位将军——胡宗南与戴雨农》，《春秋》第 4 卷第 2 期（1966 年 2 月），第 29 页。

2 "国史馆"编印：《"国史馆"现藏民国人物传记史料汇编》第 7 辑，1992 年，第 11 页。

州，后进军蚌埠、徐州、济南、曲阜等地，至于胡宗南担任第一师第二旅旅长及驻军开封、郑州则是 1928 年 6 月北伐完成以后的事。[1] 虽然有这些细节问题，王孔安所述胡靖安派戴笠联络胡宗南一事仍是相当可靠的。郑修元撰写此文时，胡靖安夫人还曾专门提供当时胡靖安、胡宗南与戴笠的合影一帧，交由郑修元制版，刊出为证。

此外尚有一条史料可证戴笠联络胡宗南之事，据曾在胡宗南部任职的孟丙南说："胡宗南在刘峙部任团长时，戴笠曾充胡团部的中尉副官。"[2] 胡宗南于 1926 年 7 月升任第一军第一师第二团团长，1927 年 5 月升任第一师副师长仍兼第二团团长，11 月升任二十二师师长。[3] 刘峙则于 1927 年 9 月升任第一军军长，所谓"胡宗南在刘峙部当团长时"当指 1927 年 9 月至 11 月间，这正是蒋介石下野、戴笠奉命联络胡宗南之时。[4]

再次是张盛吉曾转述胡靖安之谈话，谓戴笠曾衔胡靖安之命联络卫立煌：

1927 年 8—12 月，蒋介石第一次下野，赴日本同宋美龄结婚。这一段时间，胡靖安以随从副官身份跟随蒋介石赴日本，负责保卫工作。戴笠则留在胡靖安家料理家务，竭尽忠诚，把胡家弄得井井有条。胡靖安回家后，对戴笠大加赞赏。

蒋介石第一次下野，不是出自真诚……他离开南京去日本前夕，他的亲信刘峙、卫立煌等高级将领赶到溪口送行。蒋介石到日本约一月时间，即写信给卫立煌，叫卫立煌通电拥护他东山再起，并派胡靖安回国办理此事。胡靖安只身回到上海，可是处境艰难，南京的何应钦、白崇禧扬言要杀他，因此只能待在法租界家里，一筹莫展，不敢外出。胡靖安急中生智，派戴笠持函去徐州见卫立煌，递交函

1　于达、罗列编纂，叶霞翟、胡为真校订：《胡宗南上将年谱》，台北，台湾商务印书馆，2014 年，第 26—30 页。

2　孟丙南：《西北王胡宗南》，《文史资料选辑》第 18 辑（1961 年 6 月），第 121 页。

3　于达、罗列编纂，叶霞翟、胡为真校订：《胡宗南上将年谱》，第 26—27 页。

4　军统旧人章微寒曾援引孟丙南之说，称戴笠担任胡宗南团部中尉副官在 1928 年，与胡宗南的任职情况不符，见章微寒：《戴笠与军统局》，《浙江文史资料选辑》第 23 辑（1982 年 12 月），第 82—83 页。

件和传告蒋介石的意图。戴笠充分施展自己的才干，徐州之行，马到成功，卫立煌立即通电拥护蒋介石东山再起，重掌大权。大江南北亲近蒋介石的军事首脑也纷纷回应卫立煌的通电，吁请蒋介石回南京复职。何应钦、白崇禧等无可奈何，蒋介石顺利返回南京，独揽党政军大权。事后胡靖安将戴笠的功绩向蒋介石作了汇报，为戴笠后来的发迹树了阶梯。[1]

蒋介石下野之初，卫立煌担任第九军第十四师师长，率部驻镇江，10月底率部北进。[2]北伐军攻克徐州是在12月中旬，斯时蒋介石早已回国，因此张盛吉所谓蒋介石赴日期间卫立煌在徐州云云，必是错误，不过戴笠受命联络卫立煌并发挥重要作用等主要情节应该不会有错。

以上3段记载虽不能勾勒此一时期戴笠活动的全貌，但足以证明戴笠确曾奉胡靖安之命联络胡宗南、卫立煌等军事将领拥护蒋介石，《年谱》初版所谓"联络黄埔同学现任团长以上者十二人电恳蒋公返国复职"以及赵龙文、杨明堂等人的文字虽有夸大的意味，但也绝非毫无根据。

1927年8月至1928年1月5个月间，戴笠不因蒋介石一时下野而动摇心志，不因无名义、无薪饷而怠忽工作，一直留在胡靖安身边为蒋介石搜集情报、联络各方。戴笠这一人生抉择，对他而言至关重要，他对胡靖安的不离不弃，为他日后受知于蒋介石创造了条件。起初军统官方追述这段历史时，只谈戴笠的活动，而绝口不提胡靖安的作用，甚至为了凸显戴笠的地位而虚构了若干事实，使历史真相遭到扭曲。此后由于乔家才的强烈质疑，军统官方对之前的记载进行了修正，改称戴笠是追随胡靖安从事情报活动，此一说法极大地影响了相关著作的书写，此外有多位军统旧人声称戴笠当时未受重用、只是"为胡靖安抱孩子"，更对戴笠扮演的角色进行了贬抑。事实上，戴笠追随胡靖安并为其打理家务的说法固然反映了历史的片段与侧面，但此一说法也使戴笠在这一时期所发挥的作用遭到弱化，同样妨碍了后人的客观认知，需要历史学者予以辨正。

1　张盛吉：《胡靖安的浮沉录》，《江西文史资料选辑》第26辑（1987年11月），第154—155页。

2　卫立煌的职务、驻地，参见"卫立煌病体渐痊"，《新闻报》，1927年10月9日。

最后略谈乔家才著作的局限。乔家才本是戴笠的黄埔六期同学，又是军统的重要干部，他晚年在台湾致力于戴笠与军统史事的搜集、整理、考证与编纂工作，访问过众多军统元老，为后世留下了大量珍贵可靠的资料，这些资料几经出版，广为发行，在相关档案未经公布的漫长岁月中，成为人们了解军统内幕的主要途径之一。此外，乔家才处事认真，下笔谨严，他的著作即便与日后新开放的档案相印证，其错误之处也比同类文字少很多。不过正是由于这些优点，也在一定程度上造成了人们对乔家才著作的偏信。

事实上，凡是忆述性质的文字，往往作者对自己亲历之事印象较深，对其他事实则只能凭借听闻所得与个人经验去书写，这就不免产生错误，乔家才的著作也不例外。乔家才为说明戴笠"考取黄埔军校第六期骑兵科"说法之不妥，而称黄埔军校入校后必须经过入伍阶段；为反驳王蒲臣对戴笠事迹之夸大，而未采用戴笠参与骑兵营"清党"的说法；为阐述戴笠离开黄埔之原因，声称戴笠被控贪污事件"全属捏造"；为说明戴笠为黄埔军校毕业生，而回避戴笠并未正式毕业之事实；因对戴笠随骑兵营北上后的经历缺乏了解，而误认为戴笠是在蒋介石下野后始追随胡靖安；又因强调戴笠系追随胡靖安活动，而使戴笠个人之作用遭到弱化，凡此种种，或失之笼统，或有待商榷，或矫枉过正，却无一例外对相关著作的书写造成或多或少的影响。这些问题再次说明，历史学者对任何著作均不宜偏听偏信，唯有兼采多元史料相互印证，才有可能最大限度接近历史真相。

叁 戴笠在二次北伐期间的工作名义

1928 年二次北伐开始后，戴笠随军在前线活动，他常常一人一骑，往返于徐州附近的丰、沛、萧、砀各县之间。¹ 关于这段历史，最大的争议在于戴笠的任职情况，由于国民革命军北伐时期之人事档案留存不多，而刊载人事任命的《国民革命军总司令部公报》又属选刊性质，因此有关这一问题迄今无原始文献可凭，只能任由相关人士各执一词。兹将几类流传较广的说法按照时间顺序列述如下，并对其可信度进行分析。

第一，按军统官书的说法，戴笠是以国民革命军总司令部联络参谋的名义负责"密查组"或"联络组"的工作。这本是两种说法，因同出一系，且内容相似，故一并予以说明。据《"国防部情报局"史要汇编》（以下简称《史要汇编》）记载：

次年（一九二八）一月，领袖蒋公应举国之请，回京复任国民革命军总司令。戴先生奉命以国民革命军总司令部联络参谋名义，肩负隶属该部之"密查组"工作，专司北伐前线军事情报之调查搜集，此为党国情报组织之滥觞。²

此外，《史要汇编》还附有该局组织递嬗表，以补充说明密查组的沿革情形：

起讫年月：十七年一月至廿一年三月。番号：密查组。成立缘起：革命军北伐需要，刺探军情。地点：南京。拨编单位或兵源：军校学生志愿参加。上级：革命

---

1 徐亮：《纪念戴雨农先生》，《戴雨农将军荣哀录》，无页码。

2 "国防部情报局"编印：《"国防部情报局"史要汇编》上册（1962 年 3 月），第 1 页。

军总司令部。编制：临时组织，无固定编制。备考：戴笠主持工作。[1]

再据《年谱》记载：

民国十七年（岁次戊辰，公元一九二八年）先生卅二岁，任国民革命军总司令部联络参谋，主持情报工作。

一月四日，蒋公应全国仰望，返京复任国民革命军总司令，继续北伐。当时，北洋军阀张作霖、孙传芳、张宗昌等，勾结英日帝国主义，尚图负隅顽抗，如何迅予敉平，以减少人民因战祸而遭受之损害，有赖于确切而灵活之军政情报。总司令部因设立联络组，先生奉命以联络参谋名义负责主持之。当结合各方忠贞军事干部十人，分赴各军事要地，侦查各方情况，此为党国有情报组织之嚆矢。[2]

另一官书《戴雨农先生传》除摘抄《年谱》之文字外，并补充道：

在总司令部内，恢复并加强原来的情报工作为密查组。胡靖安奉派赴德国学习军事，蒋总司令命令戴先生以上尉联络参谋名义，负责主持。[3]

以上是有关戴笠在二次北伐期间任职情况的最早记载，因其出自军统官书，被视作权威说法，影响甚广，日后杨明堂、毛钟新、毛作元、张霈芝等人均曾援引"密查组"之说，[4]章君榖、费云文、王蒲臣、魏斐德等人则援引"联络组"之说。[5]

1　"国防部情报局"编印：《"国防部情报局"史要汇编》上册（1962年3月），第6页。

2　"国防部情报局"编印：《戴雨农先生年谱》（1966年3月），第12—13页。《年谱》初版改《史要汇编》密查组之说为联络组，但未说明原因，再版又改联络组为密查组，亦不知何据。

3　"国防部情报局"编印：《戴雨农先生传》（1979年10月），第13页。

4　杨明堂：《从无名英雄到有名英雄——戴雨农先生的奋斗历程》（1976年8月），第23页；戈士德：《胡宗南与戴笠（下）》，《中外杂志》第31卷第4期（1982年4月），第33页；申元：《戴笠年谱及其生平事略校勘》，《衢州文史资料》第1辑（1986年5月），第239—240页；张霈芝：《戴笠与抗战》（1999年3月），第28页；萧李居：《戴笠与特务处情报工作组织的开展》，《不可忽视的战场——抗战时期的军统局》，台北，"国史馆"，2012年，第5页；孙潇潇：《军统对日战揭秘》，北京，团结出版社，2016年，第2页。

5　章君榖：《戴笠的故事（一）》，《传记文学》第14卷第1期（1969年1月），第17页；费云文：《戴雨农其人其事（一）》，《中外杂志》第19卷第3期（1976年3月），第11页；王蒲臣：《一代奇人戴笠将军》（2003年3月），第16页；魏斐德：《特工教父：戴笠和他的秘勤组织》（2004年1月），第82页；马振犊、邢烨：《戴笠传》（2013年8月），第24页；马振犊、邢烨：《军统特务活动史》（2016年10月），第11页。

然而详稽史料，不难发现这两种说法均有问题。

查密查组成立于 1927 年 6 月，至 8 月中旬蒋介石下野后即裁撤，具见郭旭、萧烈等人之文字，《史要汇编》所载密查组之起讫时间并无根据，不足采信。且胡靖安于 1928 年 3 月 30 日被委任为国民革命军总司令部少校侍从参谋，北伐完成后始赴德国留学，所谓因胡靖安出国遂由戴笠主持密查组之说，并非事实。[1]

再查联络组成立于 1931 年 12 月，而非 1928 年 1 月，已有原始档案可证。[2] 另查戴笠自述云："记得我们在民国二十年十二月……以前，只有一个人，或者说一个半人，就是贾 ×× 和毛（我）。"[3] 又说："从民国十六年起，我们的工作是我一个人做，民国二十一年我们才开始有秘密工作的组织。"[4] 还说："我们的工作发轫于民国十七年，而正式成立组织则在民国二十一年。"[5] 戴笠明言在联络组成立以前，随他活动的只有贾金南一人，且贾金南系勤务兵，只负责照顾戴笠的生活起居，并非正式情报工作人员，故戴笠又有"一个半人"之说，如果戴笠早在北伐时期就已掌握某一情报单位，他又何出此言呢？此外徐亮回忆："在联络组以前，所有一切工作都是戴先生一个人做的。"[6] 又据张炎元回忆："戴先生创造我们的工作，最初一个人匹马单枪往来于中原陇海、津浦之间，搜集战地情报，真有筚路蓝缕以启山林之慨。九一八事变以后，虽然有了小规模的组织，但也不过在南京鸡鹅巷的公馆门口打扫了两间小房子，住上三个人。"[7] 徐亮、张炎元在军统资历甚老，

1　国民革命军总司令部编印：《国民革命军总司令部公报》第 3 期，第 87 页；胡靖安：《奋斗三十七年的我》，《息烽训练集》（1941 年 1 月），第 24—25 页。

2　参见本书《戴笠与联络组》一文。

3　"国防部保密局"编印，《戴先生遗训》第 1 辑（1948 年 3 月），第 98 页。此书根据戴笠训话整理而成，难免误听误记之处，且匆匆付印，错漏殊多，本篇"毛"当系"我"之误，唐良雄强为解释，谓指"缮写情报的毛某"，如此则语法不通，且所谓"毛某"亦闻所未闻，殊不足凭，见唐良雄著：《戴笠传》，第 38 页。

4　"国防部保密局"编印，《戴先生遗训》第 1 辑，第 126—127 页。

5　"国防部保密局"编印，《戴先生遗训》第 1 辑，第 206 页。

6　徐有威：《从徐亮的〈十年前〉看戴笠之早期活动》，《档案与史学》1999 年第 1 期，第 63 页。

7　张炎元：《伟大坚强与我们的工作》，《健行月刊》第 56 期，第 23 页。

尤其徐亮在二次北伐时期曾与戴笠数次相值于前线，他们的证言均足说明，戴笠在北伐期间绝没有主持过"密查组"或"联络组"。

第二，据王兆槐口述，戴笠是国民革命军总司令部参谋处的职员：

> 我从民国十六年起，就跟随戴先生在一起工作，委员长率领革命军第二次北伐的时候，负责情报处的是胡靖安先生，戴先生与我都是情报处的职员，当时，戴先生所负责的地区是陇海路的军事情报与地方情报工作，我负责的是津浦路及平汉路的情报工作。[1]

查 1928 年 1 月制定的"国民革命军总司令部组织编制表"，国民革命军总司令部辖有参谋、副官、经理、军法、政治训练等处，而无"情报处"，所谓"情报处职员"，当系王兆槐记忆不清，遂临时提出这一名词，权且说明他和戴笠的工作情况。另查参谋处之工作，系承总司令、参谋长之命处理国防、作战一切事宜，包括办理统计、谍报、调查、联络等事务，[2] 又王兆槐曾于是年 2 月 14 日被委任为参谋处上尉参谋，可知他所谓"情报处"实为参谋处之误。[3] 此外，参谋处以葛敬恩、林蔚文为正副处长，[4] 王兆槐所谓"负责情报处的是胡靖安"云云，可能是与此前胡靖安负责密查组的情形混淆了。因此王兆槐日后接受乔家才访问时，对前说予以大幅纠正，改称戴笠是以"上尉联络参谋"名义负责情报工作，乔家才曾记其谈话称：

> 王兆槐记得很清楚，十七年第二次北伐时，国民革命军北伐总司令部设在徐州……参谋处长是林蔚文，他是上尉参谋，主要的任务是递送重要作战命令，写写通报。戴笠先生也是上尉联络参谋，在陇海路、津浦路上从事情报搜集工作。……
>
> 那时戴先生的经济情况十分恶劣，做情报是要花钱的，但没有特别费，只靠上尉薪饷哪里够用？所以戴老太太每月从江山寄钱给他，维持生活，维持工作。徐州

---

1 王兆槐访问纪录，《健行月刊》第 152 期（1970 年 3 月），第 188—189 页。

2 国民革命军总司令部组织编制表，国民政府档案，001-012071-00328-011。

3 国民革命军总司令部编印：《国民革命军总司令部公报》第 2 期（1928 年 2 月），第 29 页。

4 国民革命军总司令部编印：《国民革命军总司令部公报》第 1 期（1928 年 1 月），第 41—42 页。

是军事重镇，他在徐州连个落脚的地方都没有，住旅馆太费钱，住不起，往往在车站打开行军床来睡觉。王兆槐十分同情，过意不去，给他介绍了一家印刷店，才算解决了住的问题。[1]

王兆槐是为数不多的亲历者之一，他的回忆价值很高，最值得重视的一点，是他在谈话中只提到戴笠是参谋处的一名联络参谋，从未提及戴笠是某一情报单位的负责人，这从侧面证明戴笠此时没有主持"密查组"或"联络组"。

第三，据若干相关人士说，戴笠是总司令部侍从参谋或侍从副官，这两种说法也是大同小异，故一并说明。毛钟新说：

戴笠先生在北伐期间，他的职务是……总司令侍从室副官，那时用人不多，墙上挂块名牌，标明侍从人员的职务和任务，戴先生的任务是调查。有很长一段期间，侍从人员叫他戴副官。[2]

黄康永说：

蒋介石认为戴笠有情报才干，并且十分"忠贞"，就交由侍从室情报小组当组员。当时是由胡靖安担任组长，胡是黄埔军校二期毕业生，由于性情暴戾，蒋介石逐渐不加重视，就派戴笠为侍从室参谋，每月拨给他三千元活动经费，要他负责搜集和反映各方面对蒋的言论和活动的情报。从此戴笠就得到蒋介石宠信，蒋认为他是独特的情报干才。[3]

又据时任侍从参谋的康泽回忆：

4月下旬的一个早上，我到了徐州，当天见到蒋介石……他就下了派我做少校侍从参谋的手令。我在徐州总部侍从室报到以后，知道侍从室里有侍从参谋四五人，在我的记忆中是：宋思一（黄埔一期）、万全策（黄埔一期）、朱鹏飞（黄埔二期）、胡静安（黄埔二期）等。侍从副官六七人，是：李铣（黄埔一期）、胡栋

1　乔家才：《抗日情报战（十）》，《中外杂志》第22卷第4期（1977年10月），第42页。

2　毛钟新：《九州兵革浩茫茫——戴笠别传之九》，《中外杂志》第32卷第2期（1982年8月），第52页。

3　黄康永：《我所知道的戴笠》，《浙江文史资料选辑》第23辑（1982年12月），第154—155页。

臣（黄埔一期）、陈援诗（黄埔一期）、刘光汉（黄埔四期）、蔡劲军（黄埔二期）、戴笠（黄埔六期）等。[1]

所谓"侍从参谋"或"侍从副官"，顾名思义，是随侍总司令蒋介石活动的，据康泽说，这两种职位虽然名称不同，但实际上区别不大，他们的任务是"在蒋介石的办公室外面一间房间轮流值日，记录蒋介石的行动，传递来客名片"，"蒋介石出入，轮流随从担任警卫，以及临时派遣外，别的无事可做"。不过康泽还说，戴笠的工作与一般的侍从参谋或侍从副官不同，他并不在蒋介石身边办公，而是经常外出活动：

> 1928 年 5 月，我被调任蒋介石侍从参谋后，才认识他（笔者按，指戴笠），那时他是一个侍从副官的名义，经常穿便衣跑来跑去，没有在侍从室住过，他究竟是在做什么事情，我也没有去过问。[2]

康泽作为亲历者，所述戴笠担任总司令部侍从副官一节值得采信。虽然这种说法与王兆槐的"联络参谋"之说不同，但二者并不冲突，查王兆槐系于 2 月被委任，康泽则于 4 月被委任，[3] 有可能戴笠先于 2 月前后担任参谋处联络参谋，再于 4 月前后调任总司令部侍从副官。乔家才就曾指出，起初戴笠接替胡靖安的情报工作，名义是联络参谋，因其搜集之情报获得蒋介石的重视，得以调到总司令部工作。[4] 另外，康泽提到戴笠经常外出活动的情节，正与"联络参谋"担任战时联络的任务相合，也有可能戴笠在 5 月前后仍在担任联络参谋，同时兼有侍从副官的名义。[5]

第四，据邓展谟回忆，戴笠是徐州戒严司令部副官：

> 我认识戴先生，是在民国十七年，北伐军克复徐州，卫立煌膺任徐州戒严司

1 潘嘉钊等编：《康泽与蒋介石父子》，北京，群众出版社，1994 年，第 19 页。

2 潘嘉钊等编：《康泽与蒋介石父子》（1994 年 12 月），第 257 页。

3 蒋介石电陈诚（1928 年 4 月 4 日），蒋介石档案，002-010100-00011-019。

4 乔家才：《铁血精忠传（二）——戴笠史事汇编》，《中外杂志》第 24 卷第 3 期（1978 年 9 月），第 67 页。

5 联络参谋即担任战时联络之参谋，见《军用辞典》，汉口，武汉印书馆，1931 年，第 128 页。

令，我奉派充司令部副官处上尉副官，戴先生暨军校三期高长发学长，均先我来此出任少校副官。下车伊始，即承戴先生殷切垂询，当告以出身五期炮科，于十五年入伍生时受命随师北伐，历经湖南汀泗桥、湖北武昌、江西牛行车站之役……戴先生于频频点首之余，并抚肩予以嘉慰，遂邀我与其同住一室，叙齿则戴先生长我八岁，朝夕相处，情同手足。……每当我午夜觉醒之际，辄见戴先生于孤灯之下振笔直书，劝其早睡而不纳，问何事忙，曰情书，日久疑窦不解，出以拂晓突检，所获无一情书，全属情报，且惊且喜，明告以故，戴先生未加责怪，谓此早在意料中，唯嘱严守秘密，且不可外泄。之后，我就成了戴先生之私人助手。戴先生经常公差外出，随带小皮箱一只，藤提包一个，分别装置文书及衣物，另备行军床一架，则由江山籍王姓勤务兵携带，因其最讨厌臭虫，故外出必自备行军床，兼顾经济简便。而每次公差大都十天半月始返，其所经办之副官业务，固定由我代表……有一次叙谈中，我以为何来任此职相质询，戴先生谓徐州乃古战场，军事地位非常重要，津浦、陇海两路沿线各种状况，亟须调查明白，然后施为有本。……

迨北伐完成，徐州戒严司令部奉令撤销，当晚戴先生自外归来，默坐不语，试忖度其心事，可能因毛夫人预定汇款日期未届，急欲前往南京需要旅费而踌躇，我即将余薪及编遣费连同镌有"侃如"二字之金戒一并奉赠，戴先生颇为惊奇，赞誉有加，旋即束装冒夜兼程赴京，嘱于办完结束事宜后立即前往南京吉兆营公馆相见，后承戴先生之介绍，我去整编一师二旅服务。[1]

邓展谟的回忆并非孤证，据张盛吉称：

胡靖安随蒋介石回到南京后，再转徐州，与卫立煌军长商定，将戴笠以上尉副官名义安排在卫的军部，薪饷由军部发给，工作则不必过问。[2]

徐州戒严司令部成立于 1928 年 4 月，卫立煌于 4 月 8 日兼任徐州戒严司令，[3]

1　邓展谟：《一代伟人》，《健行月刊》第 176 期（1972 年 3 月），第 26—27 页。

2　张盛吉：《胡靖安的浮沉录》，《江西文史资料选辑》第 26 辑（1987 年 11 月），第 155 页。

3　"徐州军次要讯"，《新闻报》，1928 年 4 月 10 日；董献吉总纂：《徐州市志》，北京，中华书局，1994 年，第 1554 页。

1928 年 6 月 17 日，戴笠（左一）、胡宗南、赵龙文合影于杭州西
湖大佛寺

邓展谟提到的高长发则于 4 月 18 日被委任为徐州戒严司令部少校副官，[1] 故戴笠担任少校副官大致也在 4 月。由邓展谟、张盛吉提到的大量细节，比如戴笠奉派调查津浦及陇海两路情形、午夜编写情报、经常公差外出、不对卫立煌负责等，可知在 1928 年 4 月至 6 月这段时间，戴笠虽然名义上是徐州戒严司令部的副官，但他的实际任务仍是为总司令部搜集情报，这对康泽提到的戴笠不在蒋介石身边工作、经常外出活动等情节是一个很好的解释与补充，双方的说法恰可相互印证。

另据毛钟新说，戴笠当时还是第一师中校副官：

十七年六月，戴先生回籍省亲……到江山保安，携有名片，上署国民革命军第一师中校副官。这是黄埔毕业后第一次回家，携龙井茶叶、西湖藕粉甚多，对宗族亲友均有馈赠。[2]

戴笠担任"第一师中校副官"可以有两种解释：1. 二次北伐期间，第一师是蒋介石的基本部队，戴笠为便开展情报工作，遂在第一师担任副官。2. 胡宗南曾于 1927 年 9 月至 11 月担任第一师副师长，当时戴笠奉胡靖安之命联络胡宗南，即取得此一名义，至二次北伐期间仍借此种名义开展工作。值得注意的是，毛钟新这段文字是在戴笠担任"侍从副官"的前提下进行叙述的，这说明无论采用何种解释，

1　《国民革命军总司令部公报》第 4 期（1928 年 4 月），第 49 页、第 81 页。

2　毛钟新：《九州兵革浩茫茫——戴笠别传之九》，《中外杂志》第 32 卷第 2 期（1982 年 8 月），第 52 页。

"第一师副官"均与"徐州戒严司令部副官"的性质一样，系戴笠为配合总司令部方面的工作而担任的兼职。

在对以上 4 类说法进行综合考证分析后，可以基本确定：戴笠在二次北伐期间不再追随胡靖安工作，而是"单枪匹马"从事军事情报活动，他起初担任国民革命军总司令部参谋处联络参谋，后来担任总司令部侍从副官，为便于开展情报活动，还曾任徐州戒严司令部副官、第一师副官的职务。不过想要完全厘清戴笠在这段时间的任职情况，仍有待于更多原始文献尤其是直接证据的发掘。

肆　戴笠何时受知于蒋介石

戴笠一生事业均随蒋介石之意旨为转移，故其何时受知于蒋介石无疑是一个值得探究的问题。然而军统官书对此问题的记载颇有不实之处，其他著作的叙述也语焉不详，笔者有鉴于此，拟以若干当事人的可靠说法为主要依据，同时发掘若干原始史料，对这段历史重新进行梳理。

一、戴笠何时受知于蒋介石？

按军统官方最初的记载，戴笠早在黄埔求学时期即被蒋介石看重选拔，《戴雨农将军行状》云："民国十五年，入黄埔军官学校，以锐敏机智，为今主席蒋公所识拔。"[1]《"国防部情报局"史要汇编》亦云："骑兵营中二十余名共产党籍之同学悉被清除，戴先生之贡献为多，乃得入侍领袖蒋公。"[2]这类说法显系夸大之词，戴笠作为军校普通学生，虽有协助"清党"之功，但尚不足以获得蒋介石的青睐，实则以他当时的身份，他只能把自己了解的情况向入伍生部政治部主任胡靖安进行报告。

据可靠记载，戴笠第一次见到蒋介石是在1927年8月中旬蒋介石下野后不久。据乔家才转引黄埔六期骑兵营学生赖云章的回忆称，当时戴笠曾代表骑兵营同学前往奉化："蒋公辞职回到奉化，戴先生、刘艺舟、赖云章三个人代表骑兵营同学去

1　"国防部保密局"编印：《戴雨农将军荣哀录》（1947年），无页码。

2　"国防部情报局"编印：《"国防部情报局"史要汇编》上册（1962年3月），第1页。

晋谒蒋公，戴先生态度雄壮，口齿清楚，说话很有条理，蒋公对他留下深刻印象，慰勉有加。"[1]

　　另据密查组组长萧烈回忆，蒋介石下野后，密查组随国民革命军总司令部结束，密查组人员中的黄埔学生前往杭州受黄埔同学会指挥，而由张介臣、戴笠两人随蒋回到奉化原籍。[2]萧烈虽与赖云章的说法不同，但同样指明戴笠在蒋介石下野之后曾往见蒋。不过戴见到蒋，不等于他已受知于蒋，他直到 1927 年底 1928 年初仍是通过胡靖安向蒋间接提供情报，而无直接与蒋接触的机会。凡此均足证明《戴雨农将军行状》与《史要汇编》记载之不实。

　　与军统官方说法不同的是，戴笠故旧姜超岳称其是在二次北伐开始后受到蒋介石重视的，"民国十七年，南都既定，总司令蒋公重张北伐之师，先生（笔者按，戴笠）衔命驰驱军中，于情报之侦察，亿则屡中，深得蒋公之器重"。[3]日后军统官方编纂戴笠年谱及传记时，或是受到姜超岳的影响，未再沿袭《史要汇编》的说法，而称戴笠在 1928 年 1 月二次北伐开始后奉命以联络参谋身份主持了国民革命军总司令部"密查组"或"联络组"之工作，似乎是想说明戴笠在二次北伐开始后已经受到蒋介石的重视。

　　诚然，戴笠在二次北伐期间得以直接向蒋介石提供军事情报，"这对他而言，可说已向前迈进一大步。"[4]但事实上，戴笠在当时虽然是总司令部的联络参谋，却并未主持密查组或联络组，此事具见前文之考证；而众多戴笠故旧有关"拦车投书"及"代转报告"的回忆，更证明戴笠向蒋介石提供情报的过程并不顺利。

　　乔家才说：

1　乔家才：《辩诬》，《健行月刊》第 236 期，第 99 页；戈士德：《胡宗南与戴笠（下）》，《中外杂志》第 31 卷第 4 期，第 32—33 页；乔家才：《为历史作见证——戴笠未参加北伐东路军》，《中外杂志》第 32 卷第 6 期，第 144 页。

2　萧烈：《国民革命军司令部密查组概况》，《文史资料存稿选编》第 15 册，第 70 页。

3　江山异生（姜超岳）：《戴先生雨农传》（1962 年 1 月），《我生鸿雪集》，自印本，1994 年，第 77 页。

4　唐良雄：《戴笠传》（1980 年 7 月），第 38 页。

不知道什么缘故，总司令的侍卫长王世和看见戴笠很不顺眼，不但阻止他晋见总司令，连报告也不给他转呈，并且告诉他，如再有所要求，就把他赶了出去。但是戴笠有很重要的报告，又不能不呈送总司令。他那百折不回、不屈不挠的奋斗精神，绝不会被王世和所折服的。他调查清楚总司令将要到某一个地方，预先藏在下汽车的附近，等到总司令一下汽车，跑步过去呈上报告。这么一来，王世和对他更气更恨了，认定他有意捣乱，只要捉住他，非结实揍他一顿不可。可是总司令看过戴笠的报告，不等他请求晋谒，总司令自动召见他。王世和虽然气上加气，却无可奈何，不但再不能阻挠他晋谒总司令，还得派人去请他。戴笠成了总司令部的上尉参谋，重要的情报人员。[1]

唐良雄说：

在最初一段时间，戴氏似无固定工作任务，而是视实际需要，临时派遣。譬如当津浦路战局紧张时，他便被派往徐州工作。虽然他是总司令部之一员，并不到部办公。……因此总司令部人员认识戴氏的人不多，知道他负有情报任务的人更少。

有一故事，为戴氏故旧所津津乐道的，是"拦车投书"。他有几次获得重要情报，时机迫促，又恐泄露，乃径往总司令部，求见蒋公。当时侍从人员，并不知戴笠为何许人，所以屡次请求，屡被拒绝。他知请亦无益，乃决定伺机当面呈递报告。

所谓"拦车投书"，实际上，是先到总司令部守候，俟蒋公座车到停车地点，正步出汽车时，跑步上前，将报告面呈蒋公。这是要冒危险的，因为侍从人员并不知他目的何在，如误以为他谋刺，就可能当场射杀。他幸而未被误杀，却因此曾被殴打。当时任侍卫长的王世和并曾声言："如戴笠敢再捣乱，即拿送宪兵部惩办。"殴辱、恐吓，并未能阻止一个有决心的人，他认为有必要时，仍然前去守候。有时守候竟日，而不相值，则翌日再去。他的决心，使他终于突破层层禁阻，并使禁卫人员感到惊讶！因为蒋公忽然召见他，慰勉有加。并嘱侍从官："如戴笠有事面报，准其随时来见。"至此，他始拨云见日，受知于蒋公。此一故事之真实

1　乔家才：《铁血精忠传（二）——戴笠史事汇编》，《中外杂志》第 24 卷第 3 期（1978 年 9 月），第67 页。

性，毋庸置疑。[1]

毛钟新说：

他（笔者按，指戴笠）在侍从室工作时，某侍卫长的娘舅任庶务，盗卖侍从室的汽油牟利，他查获事证，据实检举。其人被开革了，某侍卫长并受呵责。于是下令不准戴先生进总司令部大门，连呈总司令的报告亦不准给他转递，他搜集到情报资料必须呈报时，只好守候在官邸或总司令部大门口，拦截座车，呈递上去。[2]

另据曾在蒋介石官邸担任医官的熊丸披露：

戴笠当初受到总统赏识，乃因有一回他亲笔写了一份情报呈给蒋委员长，那时侍卫长是王世和，王世和看戴先生只不过是个小小参谋，哪有资格呈报委员长，便把戴先生写的报告丢在一旁。戴先生没办法，只好另外想法子，和副官们打交道，请副官帮忙把报告呈给委员长。然而副官们哪敢把东西随便呈上，只有一位施副官是个老好人，他帮戴先生把东西放在委员长办公室。不料委员长看到那份报告后大吃一惊，便要左右找出写报告的人，事发之后，施副官先交代戴先生，要他一定要认罪，戴先生也应允。结果戴先生进去后，委员长便要他日后随时供应情报，且无需通报即可进入委员长办公室。[3]

此外，沈醉说，戴笠"到处搜集一些情报，但只能在蒋介石出门时拦住汽车递上一份报告"。[4]黄康永说，戴笠"经常在南京蒋介石总司令部门口附近守候，等到蒋的汽车到达时，他就将这些秘密材料亲自递交蒋介石。时间长了，蒋介石也就对他逐渐信任，蒋的汽车每到了总司令部门口也就停车接收戴笠的秘密情报"。[5]章微寒说，戴笠"通过蒋的警卫、厨司，代转报告，蒋私自给他一点活动经费。在

1　唐良雄：《戴笠传》（1980 年 7 月），第 38—39 页。

2　戈士德：《胡宗南与戴笠（下）》，《中外杂志》第 31 卷第 4 期（1982 年 4 月），第 33 页；毛钟新：《九州兵革浩茫茫——戴笠别传之九》，《中外杂志》第 32 卷第 2 期（1982 年 8 月），第 53 页。

3　陈三井访问，李郁青纪录：《熊丸先生访问纪录》，台北，"中央研究院近代史研究所"，1998 年，第 76—77 页。

4　沈醉：《我所知道的戴笠》，《文史资料选辑》第 22 辑（1962 年 2 月），第 65 页。

5　黄康永：《我所知道的戴笠》，《浙江文史资料选辑》第 23 辑（1982 年 12 月），第 154—155 页。

逐渐取得信任后，蒋才准经其机要秘书毛庆祥转送情报"。[1]

以上说法细节虽有不同，但足以证明戴笠在二次北伐、担任联络参谋之初并未受到蒋介石的重视。那么戴笠"拦车投书"或请副官"代转报告"的下限是何时呢？据唐良雄说是在1928年6月，"因为六月以后，蒋公赴华北视察，以及往北平祭告国父，戴氏均曾随行，显然是经核定的随行人员"。[2]唐良雄的说法不知有何根据，因就笔者所见，并无史料显示戴笠曾于1928年6月以后随蒋介石赴北平视察，他随蒋介石赴北平应是1929年6月的事，唐良雄很有可能把年份写错了。

不过，如谓1928年6月以后戴笠已受知于蒋介石，则仍是可信的，因为此一时期戴笠出现在蒋介石身边的频率逐渐增加了。据康泽回忆，戴笠于1928年下半年已在侍从室频繁出入：

> 1928年下半年，我在侍从室已经比较熟悉，知道侍从室里还有个秘密的特务组，是蔡劲军（黄埔二期，广东人）在做头子，他的房间装有专用的电话，门上贴有"非请勿入"的字样。我看到戴颂仪、郑介民、戴笠等常在他那个房间出入，我估计这几个都是参加特务组工作的人。戴笠当时的军阶颇低，只是一个中尉或上尉，但是他除了在蔡劲军的房间出入之外，又常单独去见蒋介石报告事情。以后我又略微听说，他们那个组受王柏龄的领导，他们还要时常到王柏龄那里去开会。[3]

康泽提到戴笠是蔡劲军特务组的成员以及特务组受王柏龄领导等情节，尚无相关史料可以印证，尤其王柏龄于1928年的职务是中央军校教授部主任、江苏省政府委员兼建设厅厅长，并不在蒋介石身边工作，如谓由他负责侍从室的特务组，实在令人怀疑。[4]不过康泽对戴笠密晤蔡劲军以及单独面见蒋介石这些印象，应当是可信的。

另据乔家才称，戴笠在二次北伐结束后，已直接受蒋介石派遣，从事情报工作：

---

1 章微寒：《戴笠与军统局》，《浙江文史资料选辑》第23辑（1982年12月），第83页。

2 唐良雄：《戴笠传》（1980年7月），第39页。

3 潘嘉钊等编：《康泽与蒋介石父子》（1994年12月），第257页。

4 王柏龄：《黄埔开创之回忆》（1988年6月），第10页。

左：蔡劲军
右：康泽

北伐军克复北京后，姜超岳是总司令部前方机要科长，住在北平。按照总司令部的规定，由机要科代发密电，必须附有原稿。一天，戴笠找姜超岳，请他代发几封电报，姜超岳说："按照总司令部的规定，一定要附原稿。""那就不要了。"戴笠说完，密电没有让他拍发。没有过几天，姜超岳接到秘书长高凌白的电报："奉总座谕，以后戴笠拍发电报，不必按照规定办理。"姜超岳心里才明白，戴笠神通广大，一定是他报告总司令，才会有这个通知。[1]

由此可见，当北伐完成后，戴笠凭借在北伐期间的工作表现，已经初获蒋介石的信任，故戴笠身亡后，国民政府颁布之褒扬令中亦有"北伐之役，勠力戎行，厥功甚伟"之语。[2]

二、戴笠随侍蒋介石的最早原始记载

关于戴笠随侍蒋介石的最早原始记载，有两个标志性的事件迄未被人注意，分别是戴笠赴安徽活动及代表蒋介石慰问北平电车公司，兹按时间顺序分述如下。

1928 年底，发生安徽大学文学院学生捣毁省立第一女子中学、殴伤女生的事

1　乔家才：《铁血精忠传（二）——戴笠史事汇编》，《中外杂志》第 24 卷第 3 期（1978 年 9 月），第 67 页。

2　国民政府文官处印铸局编印：《国民政府公报》，1946 年 6 月 11 日。

件，当时蒋介石巡视安徽，对此案甚为关注。12 月 3 日，上海《新闻报》刊出了一篇题为《蒋主席处办皖学潮》的消息，内称蒋介石曾派戴笠密查此案：

> 安徽大学文学院学生杨璘、周光宇、侯地芬率领学生百余人捣毁一女中学校，殴伤学生钟来仪一案，前经省府委员孙棨、张鼎勋、韩安等、省党指委贺扬灵与安大文学院主任刘文典、一女中校长程勉晤商办法，解除纠纷，已详上次通讯。不料二十七日晚间，刘氏既未至一女中正式道歉，而二十八日清晨，安大学生代表数人，复至省政府谒蒋主席请愿，要求撤惩程勉。蒋派秘书陈立夫向学生代表宣布自有办法，比即派总部机要科科员戴笠，会同安庆市公安局督察员饶吉甫，往一女中实地调查。据戴对人言："蒋主席经过凤阳、芜湖等处，深悉皖省学风之嚣张、教育之腐败，颇为不满。迨抵安庆，又询知此案之始末，尤为愤慨，主张澈底解决，以挽颓风"云云。
>
> 前日晚间，一女中学生闻安大主任既不履行条件，学生又突然请愿，大为愤愤，乃于前日晚间全体排队至省政府，请谒蒋主席。蒋传见其代表，询问当日情形甚详，嘱回校安心上课，静候解决。同时复据戴笠报告，即据以问孙棨，何以不办。孙答，此事内容复杂，若从严办理，恐引起绝大学潮，适总座驾临，自当尊示办理云。蒋氏乃点首无言。……[1]

戴笠见报后，于次日立即致函该报负责人，请更正此篇消息，函称：

主笔先生大鉴：

> 昨日（三日）贵报第三张教育新闻栏内，载有"蒋主席处办皖学潮"消息一则，其中有称"比即派总部机要科科员戴笠会同安庆市公安局督察员饶吉甫，往一女中实地调查"，又"同时复据戴笠报告，即据以问孙棨，斥以不办"云云。此次蒋主席莅皖，笠虽适在安庆，但本身既非总部机要科员，当日又未奉任何方面之使命前往一女中调查。务请于贵报来件栏内，迅予更正。戴笠手启，十二月四日。[2]

1 《蒋主席处办皖学潮》，《新闻报》，1928 年 12 月 3 日。同日《申报》亦有"蒋主席严斥安大生捣乱女中"之报道，内称蒋介石已委随员戴笠会同公安督察员饶吉甫彻查。

2 《戴笠为皖女中案来沪》，《新闻报》，1928 年 12 月 4 日。

这两则史料是笔者所见戴笠与蒋介石同时出现在报端的最早原始记录，此时戴笠担任何种职务以及是否负有调查皖省学潮之责，皆难判定，但大致可以推测，他于北伐完成后仍为蒋介石从事特务活动，因而并不愿看到自己的名字和言行被公开。

1929 年 3 月，国民革命军总司令部撤销，改设陆海空军总司令部，由国民政府主席蒋介石兼任总司令，总司令部内设办公厅、机要室及参谋、副官、军法、军医、交通、经理 6 处。戴笠仍为蒋介石从事特务活动。[1] 这年 6 月，蒋介石曾由南京往北平巡视，戴笠"以参谋名义随行"。[2]

6 月 28 日，蒋介石卫队的两辆军用汽车在北平缸瓦市与一辆公共电车相撞，汽车被撞翻，卫兵受伤数人，电车车窗也全被震毁。卫队方面怒不可遏，即将电车司机及卖票生逮捕，五花大绑，随行随打，当时观者如堵，警察不敢作声。北平电车工会闻讯，由全体执监委员偕同总工会代表前往肇事地点调查，并派人向卫队交涉，同时请总工会转请蒋介石下令卫队放人。工会拟具呈文时，被捕司机与卖票生已由卫队释放，但因伤重送入首善医院，事仍未了，故呈文照旧送出，并定明早谒见蒋介石面陈。[3]

蒋介石于 6 月 29 日接获总工会之呈文后，始知卫队汽车与电车相撞之事，他当即下令释放工友，后知已经释放，乃于下午 1 时余派戴笠为代表，偕同卫兵连连长李曙文，赴电车公司及工会慰问，并致歉意。戴笠对电车公司方面表示："蒋主席卫兵绝不压迫工友，双方均无过。"并请对方原谅卫队之行为。[4] 与此前戴笠在安徽极力否认自己与蒋介石有关的态度不同，这次他是作为蒋介石的代表公开活动，当时平津各报对此事均有报道，这成为戴笠随侍蒋介石的最早原始记载。

1　潘嘉钊等编：《康泽与蒋介石父子》（1994 年 12 月），第 257—258 页。

2　"国防部情报局"编印：《戴雨农先生年谱》（1976 年 5 月），第 19 页。

3　"蒋卫队汽车与电车相撞"，《大公报》天津版，1929 年 6 月 29 日。

4　"蒋卫兵撞车事"，《大公报》天津版，1929 年 6 月 30 日。

三、戴笠从事情报活动的最早原始记载

自 1929 年起，有关戴笠的记录逐渐多了起来。据《年谱》记载，是年 12 月唐生智举兵反蒋之际，戴笠曾往洛阳、郑州及平汉铁路沿线从事情报活动：

民国十八年（岁次己巳，公元一九二九年）先生卅三岁。

北伐完成后，蒋公召集全国军政首要，协议编遣庞大而纷杂之军队……不料当时若干统兵将领，狃于拥兵割据之积习，阳奉阴违，加以政客之煽惑拨弄，因而常有叛乱情事。十月，冯玉祥部叛变，中央下令讨伐。十二月，战局粗定，而任前敌总指挥重任之唐生智，突在平汉线称变，捏造附和人名，通电全国。先生（笔者按，指戴笠）为明事实真相，并求瓦解之方，乃自潼关东返洛阳、郑州及平汉线一带，从事调查活动。[1]

关于戴笠在洛阳活动一节，有原始档案可证，查戴笠曾于 12 月 5 日、7 日自洛阳连致南京蒋介石两电，云：

亲，急，南京，总司令蒋钧鉴，○密。（1）杨耿光微午回洛，曾与方伯雄、王湘汀、徐克成等会商，王、徐均表示始终拥护钧座。（2）杨等复公电孺〔孟〕潇，请其来洛，闻唐代表刻正在途。（3）飞机无一留洛，请即调数架来，以便侦察及送讯。（4）据路局恰〔讯〕，本日偃师有兵车开郑，开封亦有兵车开郑，但未下车。（5）杨、徐等决俟飞机到时，即令生送书回京面呈。生戴笠叩，微戌印。[2]

万急，南京，总司令蒋钧鉴，□密。微戌奉电，计当送呈。兹有奉陈如下：（一）杨军长自回洛，迭与四四、四七、四八各师长会议，据云，各师长对于中央均表示始终拥护，刻各部正在调动中，惟四七、四八大宗粮秣今早用列车运郑，查唐冬电原有上官与徐列名，敢请钧注。（二）西北之铁甲车六列已由蒋司令与该王司令统率到洛，杨军长已令徐师长全权处置，惟蒋之态度可疑，幸在洛之中山第一大队至必要时决不听乱命。（三）刻据兵站由郑徒步回洛人云，唐部集中郑州，商

1　"国防部情报局"编印：《戴雨农先生年谱》，第 14—15 页。

2　戴笠电蒋介石（1929 年 12 月 5 日），蒋介石档案，002-090300-00003-134。

店均闭市，十一路留郑部队尽被缴械，俞总监于支离郑往津。查我在洛方各部队给养勉可维持二十天。（四）杨军长原拟派生回京面陈一切，因无飞机，郑州不能通过。生戴笠叩，虞巳印。[1]

这两则电文是迄今所见戴笠最早搜集的军事情报，其内容有 4 项：

首先是前方将领的立场。唐生智起兵反蒋，颇出蒋介石的意料，因此蒋对前方将领的态度极为关切，尤其担心那些与中央关系疏远的军人趁机附和唐生智。戴笠对此报称，第十军军长杨杰曾与四十四师师长方鼎英（伯雄）、四十七师师长王金钰（湘汀）、四十八师师长徐源泉（克成）等人在洛阳会商，"各师长对于中央均表示始终拥护"，与此同时，杨杰等人致电唐生智（孟潇），请其派代表来洛阳，似有劝唐罢兵言和之意。不过戴笠也指出，唐生智于 12 月 2 日发表反蒋通电时，徐源泉与四十七师一四一旅旅长上官云相曾名列其中，而且四十七师、四十八师有大宗粮秣运往唐生智控制下的郑州，因此这两个师的真实态度值得怀疑。至于铁甲车队方面，司令蒋锄欧"态度可疑"，该队所辖中山第一大队则对蒋忠实，"决不听乱命"。

其次是收编冯玉祥部铁甲车的情形。当 1929 年 11 月底冯部反蒋失败、撤往潼关以西时，该部"民生""民用""山东""泰安""北平""河南"6 列铁甲车留在陕州，不欲随冯部西退，而"愿服从中央，听候收编"，据戴笠称，此 6 列铁甲车已由蒋锄欧与曾任冯部钢甲车司令王恩普率之来洛阳，由杨杰令徐源泉全权处置。[2]

再次是敌我双方的军情。据戴笠称，"唐部集中郑州，商店均闭市"，"偃师有兵车开郑，开封亦有兵车开郑，但未下车"，"我在洛方各部队给养勉可维持二十天"。先是冯玉祥部在豫西反蒋时，唐生智被中央委任为讨逆军第五路军总指挥，及冯部溃退，唐部驻洛阳、郑州附近。时有十一路军总指挥部亦驻郑州，且有部

---

1 戴笠电蒋介石（1929 年 12 月 7 日），蒋介石档案，002-090300-00003-137。

2 蒋锄欧电蒋介石（1929 年 11 月 29 日），阎锡山档案，116-010103-0027-047；刘茂恩口述、程玉凤撰著：《刘茂恩回忆录》，台北，学生书局，1996 年，第 269 页。

队留郑州，唐生智反蒋后，十一路军留郑部队不愿附和，尽被唐部缴械。[1] 此外尚有兵站总监俞飞鹏在前方办理军粮、弹药事宜，他因唐部兵变，于 12 月 4 日"离郑往津"。

最后是戴笠的个人活动情形。据戴笠报告称，杨杰、徐源泉等人托其回京带信，因郑州为唐部控制，"不能通过"，只能由洛阳乘飞机回南京，但"飞机无一留洛"，因请蒋"调数架来"，"以便侦察及送讯"，并"回京面陈一切"。由此可见，此时戴笠的特务工作是直接向蒋介石负责的。另查蒋介石曾于 12 月 8 日电令航空署副署长黄秉衡由汉口派一架飞机往洛阳传达命令，这极有可能是针对戴笠来电作出的指示，由此可见戴笠受蒋介石重视程度。[2]

四、结语

戴笠首次见到蒋介石，大概是 1927 年 8 月中旬蒋介石第一次下野之际。1928年 2 月二次北伐开始后，戴笠得以直接向蒋介石提供情报，但一度受到侍卫长王世和的刁难，不得不"拦车投书"或通过副官"代转报告"。迨北伐完成，戴笠凭借此前的工作表现，逐渐获得蒋介石的重视，开始频繁出入总司令部，并奉蒋介石之命从事情报活动。同年 12 月，戴笠与蒋介石的名字首次同时出现在报端。1929 年夏，戴笠已成为蒋介石的亲信，开始奉命查办地方案件、处理军民纠纷。至同年底蒋唐战争爆发，戴笠的情报才能终于获得充分展露的机会，开始在重大军政活动中扮演角色。

---

1 孙楚电阎锡山（1929 年 12 月 9 日），阎锡山档案，116-010101-0075-049；刘茂恩口述、程玉凤撰著：《刘茂恩回忆录》，第 282 页。

2 陈训正：《国民革命军战史初稿》第 2 辑，台北，出版社不详，1952 年，第 1 篇第 258 页。

伍　蒋唐战争期间戴笠活动情形考述

1929 年 12 月，蒋唐之役爆发。战争期间，戴笠曾深入前线策反唐生智部营长周伟龙，这是戴笠亲自从事策反活动的最早详细记录，颇为军统中人及后世史家津津乐道。然而细核原始文献，不难发现此一故事的若干关键情节存在记述不实或值得存疑之处，现以档案、战史为基础，对一些流传颇广的错误说法进行辨正。

一、关于戴笠"信阳遇险"之考证

此一时期最值得辨正的问题，是戴笠遇险及策反周伟龙的经过，此事在军统内部"几乎人人知道"，但其发生在何地却颇有不同说法。[1]

影响最大的是"信阳遇险"说，此说最早见于王孔安的回忆。王孔安是戴笠的黄埔同学、军统要员，就其资历而言，所述本应具有较大的参考价值，然而他以武昌师范大学外国文学系出身，在回忆文字中以类似小说之笔触掺入了大量绘声绘色的细节与对话，如以史学眼光观之，这种文学加工实属过分渲染，反失其真。兹仅节录其要点如下：1929 年 7 月，戴笠化名"江汉清"，在唐生智总部驻地信阳搜集情报，遭唐部悬赏缉拿，遂冒险往见唐部特务营长周伟龙，以黄埔同学关系将其策反，并承周伟龙相助，顺利脱险。[2]

1　乔家才：《为历史作证》，台北，中外图书出版社，1985 年，第 241 页。

2　王敬宣：《临事而惧好谋而成——戴先生外纪之一》，《健行月刊》第 80 期，第 13—17 页。

军统官方编纂《戴雨农先生年谱》（以下简称《年谱》）时，即以王孔安的回忆为根据进行撰述，但以 1929 年 7 月唐生智尚未反蒋，改 7 月为 12 月，复加入悬赏 10 万之细节，有以下记载：

> ……先生（笔者按，戴笠）……东返洛阳、郑州及平汉线一带，从事调查活动，为唐侦知，下令通缉，并以十万元重赏悬取先生头颅。先生至信阳，事益急，自分无法安然脱去，乃突生急智，径诣唐之特务营长时兼军警督察处长之周伟龙处，密白周曰："我即戴笠，知君亦黄埔生，愿以头颅奉赠。"一面向周陈述革命大势与春秋大义。周受其感动，掩护先生脱险，己亦弃暗投明，离唐参加工作。[1]

另一官书《戴雨农先生传》（以下简称《传记》）亦大部照搬王孔安之文字，唯以戴笠当时尚未化名"江汉清"，遂删去这一细节。[2] 此后，军统元老赵龙文、郑修元、乔家才、唐良雄等人均对王孔安或《年谱》《传记》之文字信用不疑，后世学者复对军统诸元老之记载大加引述，于是"信阳遇险"之说越传越广，几乎成为不刊之论。[3]

1　"国防部情报局"编印：《戴雨农先生年谱》再版，第 14—15 页。

2　"国防部情报局"编印：《戴雨农先生传》，第 15—16 页。查 1933 年 8 月 31 日戴笠致电蒋介石，略谓："本处报告署名拟自九月一日起改署'江汉清'。"自此始有江汉清之化名，见蒋介石档案，002-080200-00430-036。唐良雄云："传说戴氏当时化名江汉清，叛军曾悬赏十万元购求其人头。此说显与情理不合。如叛军已早知江汉清为戴笠，则他的工作已无秘密可言。何况当时的戴笠并非重要人物，叛军亦无以重金购求其人头之理。唯叛军当时已经戒严，正搜查可疑之人，如查获中央谍报人员，并有赏金，则属实情。另据可信资料，戴氏化名江汉清，是在九一八事变后。"见唐良雄著《戴笠传》，第 41 页。

3　赵龙文：《戴雨农先生》，《中外杂志》第 1 卷第 3 期（1967 年 5 月），第 11 页；乔家才：《订正有关戴先生的史料》，《健行月刊》第 176 期（1972 年 3 月），第 105 页；乔家才：《铁血精忠传（二）——戴笠史事汇编》，《中外杂志》第 24 卷第 3 期（1978 年 9 月），第 68 页；唐良雄：《戴笠传》（1980 年 7 月），第 40—41 页；张霈芝：《戴笠与抗战》（1999 年 3 月），第 29—30 页。有关戴笠与军统的学术著作亦多采用此说，申元：《戴笠年谱及其生平事略校勘》，《衢州文史资料》第 1 辑（1986 年 5 月），第 240 页；江绍贞：《戴笠和军统》（2009 年 8 月），第 20—21 页；刘会军主编：《寻找真实的戴笠》（2011 年 1 月），第 43 页；马振犊、邢烨：《戴笠传》（2013 年 8 月），第 28 页；黄康永等口述笔记、朱文楚采访整理：《军统兴衰实录》（2014 年 7 月），第 334 页；孙雨声：《乱世行春秋事：戴笠与中国特工（1897—1936）》，台北，秀威信息科技股份有限公司，2019 年，第 64—65 页。

　　另外 5 种说法的影响均不及信阳说广泛：王业鸿持漯河说；[1] 何芝园持长沙说；[2] 毛钟新、章君榖持驻马店说；[3] 文强持武汉说；[4] 杨明堂、章微寒、魏斐德持郑州说。[5] 此外费云文、何志浩认为此事发生之地点不易确定，遂各书戴笠在"平汉线某一要地"及"唐部驻地"遇险，而未明言地名。[6]

　　如欲辨清戴笠究竟在何处遇险，须详稽战史，考察唐生智部驻地及其进退情形。查唐生智于 1929 年 4 月 5 日在北平就任讨逆军第五路总指挥，所部五十一师、五十三师驻唐山、开平一带。旋冯玉祥在河南酝酿反蒋，五路军总指挥部及五十一师、五十三师奉蒋介石之命开驻郑州、洛阳。[7] 唐部在郑州、洛阳整训数月，至 10 月冯玉祥部在豫西反蒋后，唐部参加讨冯战争，五十一师集中在孝义、巩县、芝田镇一带，师部在巩县；五十三师之大部集结郑州，其一部则在荥阳、汜水、黄河桥一带，该师第五团在巩县协助五十一师作战，师部位于郑州。[8] 豫西之役经登封、临汝间激烈会战后，战事告一段落，唐部五十一师、五十三师及骑一旅仍在郑州、洛阳附近。概言之，当唐部反蒋之前，其驻地在豫中地区。至于地处豫南的信阳，则由夏斗寅的十三师一部驻守。[9]

　　12 月 5 日唐生智反蒋后，集中其基干部队五十一师、五十三师、独立第十七

1　王业鸿：《戴笠的起家》（1962 年）：《文史资料存稿选编》（2002 年 8 月）第 14 册，第 619 页。

2　何芝园访问纪录，《健行月刊》第 176 期（1972 年 3 月），第 128 页。

3　毛钟新：《戴雨农先生二三事》，《情报知识》第 7 卷第 9 期（1966 年 3 月），第 6 页；章君榖：《戴笠的故事（一）》，《传记文学》第 14 卷第 1 期（1969 年 1 月），第 17 页。

4　沈醉、文强：《戴笠其人》（1980 年 8 月），第 187—188 页。

5　杨明堂：《从无名英雄到有名英雄——戴雨农先生的奋斗历程》（1976 年 8 月），第 23—24 页；章微寒：《戴笠与军统局》，《浙江文史资料选辑》第 23 辑（1982 年 12 月），第 83 页；魏斐德：《特工教父——戴笠和他的秘勤组织》（2004 年 1 月），第 82—83 页。

6　费云文：《戴雨农其人其事（一）》，《中外杂志》第 19 卷第 3 期（1976 年 3 月），第 11 页；何志浩：《中外名人传（二十六）：戴笠》，《中外杂志》第 61 卷第 5 期（1997 年 5 月），第 91 页。

7　刘兴：《回忆国民革命军第八军》，《湖南文史资料》第 6 辑，第 94 页。

8　陈训正：《国民革命军战史初稿》第 2 辑，第 1 篇第 147 页。

9　陈训正：《国民革命军战史初稿》第 2 辑，第 1 篇第 221—222 页。

旅及骑兵旅于许昌、郾城间，其前进部队占领黄山坡、确山、驻马店一带，有沿平汉铁路南下、直取武汉之意。蒋介石的讨逆军方面，则以刘峙为第二路军总指挥，阎锡山为北路军总指挥，第二路军又以夏斗寅为右翼军指挥官，辖第九、第十一、第十三师，杨虎城为左翼军指挥官，辖新编第十四师，另以第一、第二、第六师为预备队。[1] 右翼军的作战计划是：十三师主力集中在武胜关、广水一带，鄂北各师限 12 月 15 日以前集中在安陆附近，与十三师联系，占领阵地，攻击开始后，十三师即沿平汉线向北进攻，第二路军一部沿平汉线策应十三师，主力由安陆出应山，向信阳前进。[2]

此后，第二路军各部按照限期陆续集中信阳，兹摘录《国民革命军战史初稿》有关各条如下：

十二月八日，奉总司令命令……派员赴信阳勘辟机场。

十二月上旬，总司令任夏师长兼十三军军长……奉令后，一面以两团兵力扼守武胜、平靖、九里诸关，一面檄调襄樊所属部队依限集中。至十五日，其先头部队到达长台关部署警备，在平靖关之两团同日亦到信阳。十六日，达长台、平昌两关之线。是晚，明港铁桥修复，夏军长进驻信阳。

十五日，（第九师）第二十五旅开到信阳。第二十六旅一团已到新店，余在输送中，续向明港、确山前进。

十七日，刘总指挥亲率指挥部官佐自汉出发，十九日车抵东双河，因铁桥尚未修复，不能通车，乃先赴信阳视察。

第一师任务为总预备队，奉令于十二月十六日由汉口出发，依铁道输送，集中信阳附近。旋因战况之展进，奉令集中于黄山坡以北地区。[3]

1　中国第二历史档案馆编：《中华民国史档案资料汇编》第 5 辑第 1 编军事类第 2 册，南京，江苏古籍出版社，1994 年，第 145 页。

2　陈训正：《国民革命军战史初稿》第 2 辑，第 1 篇第 242 页。原书有"在鄂北各师限本月十五日以前集中德安附近，与十三师联系占领阵地"等语，案德安在赣北，此记载显然有误，兹据刘峙《我的回忆》，台北，荣泰印书馆，1966 年，第 77 页，改德安为安陆。

3　陈训正：《国民革命军战史初稿》第 2 辑，第 1 篇第 253—258 页。

12 月 23 日，讨逆军第九师二十五旅首先在驻马店以南、信阳以北之确山与唐部接触，将其击退。12 月 25 日，第二路军各部已在确山以北三里店附近展开。此后双方在确山、驻马店一带激战，至 1930 年 1 月 3 日，唐部精锐损失大半，唐生智不得不放弃进取武汉之计划，作退却之计，收容其残部于西平、郾城及遂平以北地区。经第二路军各师分路追击，北路军一部复沿平汉线南下夹击，豫西王均、徐源泉、杨胜治各师亦向许昌、临颍、襄城、叶县、武阳、舞阳分途进发。于是唐部节节败退，毫无斗志，唐生智遂于 1 月 6 日通电下野，所部全被俘获资遣。[1]

由上述唐部驻地及其进退情形可知，无论在唐反蒋之前或之后，唐部均未进驻信阳，信阳始终控制在南京方面的讨逆军手里。唐部虽有进驻信阳、攻取武汉之计划，但并未实现。王孔安说信阳"大军云集，警戒森严"，这话本是不错的，但他没有辨明的是，所谓大军不是唐生智军，而是讨逆军。由此可见，戴笠"信阳遇险"之说虽流传最广，但在事实上绝难成立。

相比之下，王业鸿的漯河说及章君榖、毛钟新的驻马店说则有迹可循，查《国民革命军战史初稿》载：1929 年 12 月初唐生智反蒋后，集中其基干部队于许昌、郾城间，漯河属郾城县；同月下旬讨逆军占领确山后，传闻唐生智已到驻马店主持军事；又 1930 年 1 月 1 日双方激战之际，唐部有步兵一团、宪兵两营在驻马店，其时宪兵第一营营长为周伟龙，唐生智本人住在车站天主堂。[2] 漯河、驻马店均为唐部控制，驻马店且为两军对峙前线，还一度是唐生智总部及周伟龙宪兵营驻地，如谓戴笠冒险进入该地搜集敌情及策反周伟龙，是符合情理的。章君榖的说法尤其值得重视，虽然他只是文史作者，与军统并无渊源，但他指出："悬赏令下，戴笠正好在驻马店活动，由于侦骑密布，探索日急，他的行踪终告泄露，当下他往信阳逃跑。"[3] 此一说法不仅与当时实际情形相符，而且也能解释信阳说的成因。

---

1 中国第二历史档案馆编：《中华民国史档案资料汇编》第 5 辑第 1 编军事类第 2 册，第 147—149 页；陈训正：《国民革命军战史初稿》第 2 辑，第 1 篇第 241 页。

2 陈训正：《国民革命军战史初稿》第 2 辑，第 1 篇第 250 页、第 266 页。

3 章君榖：《戴笠的故事（一）》，《传记文学》第 14 卷第 1 期（1969 年 1 月），第 17 页。

至于郑州说也有可能，据唐生智回忆："1929 年冬蒋冯战争结束后，有一次，我在郑州接到蒋介石一个密电，大意是：据报韩复榘不稳，他到郑州来会你时，希予以扣留，所遗河南省政府主席一职，由你兼代。当时我正在酝酿再度反蒋，不打算执行他这个密令。……我现在想起，戴笠那时虽然还没有搞起军统特务组织，却已在郑州做工作，我放走了韩复榘，很可能就是他向蒋介石告密的。"[1] 果如唐生智所言，他当时发现蒋介石派戴笠在郑州活动，则他反蒋前后，自然要设法缉拿戴笠。

综上，通过对原始史料的梳理，可以发现流传最广的信阳说不足为凭；长沙、武汉两说明显与事实不合，毋庸细考；至于漯河、驻马店及郑州三说则有其可能，章君榖的说法尤其合于情理，唯因史料有限，戴笠究在何处遇险尚不易确定。

二、关于戴笠"策反唐部"之考证

另一个值得辨正的问题，与戴笠授意周伟龙策反唐生智某部有关。此说源自第一师第二旅连长邓展谟的回忆，据称：

民国十八年冬，冯、唐叛变，中央下令讨伐。天降大雪，两军战于河南境内平汉铁路线。整编一师二旅驻在漯河车站，由我率领第一连担任旅部警卫。忽有一着长唐装操湖南口音者，自称军校四期周伟龙，现任唐生智总指挥部宪兵营长，因践戴先生之密约，有紧要事，求见第一旅胡宗南旅长。其时胡旅长不在此地，当即引见徐副师长兼二旅旅长庭瑶，按照戴先生预定计划，策动反正，里应外合，叛乱迅即敉平。[2]

《年谱》以邓展谟的回忆为蓝本，又加入驻马店之战的情节，云：

唐生智叛军受中央大军大举讨伐压力，退至许昌集中，内部不稳。周伟龙以时机成熟，乃先与某师约妥反正办法，随即依照先生（笔者按，指戴笠）计划，脱离

1　唐生智：《关于北伐前后几件事的回忆》，《湖南文史资料》第 6 辑，第 107 页。

2　邓展谟：《一代伟人》，《健行月刊》第 176 期，第 27 页。

唐部，赴漯河访胡宗南，不遇，再访邓展谟，告以先生嘱其策反唐部某师成功之经过。时邓为整编第一师第二旅徐庭瑶部连长，乃为引见旅长徐庭瑶，接纳某师之秘密效顺。

民国十九年一月十四日，唐生智反攻驻马店，中央军遂在里应外合之有利情况下，一举反击成功，讨唐战事结束。[1]

这一片段曾为若干著作引用，实则邓展谟仅说周伟龙策反唐生智某部并对战局产生重大影响，却对反正部队之番号及影响战局之过程语焉不详，颇难轻易采信。[2]且第一师第二旅于 1930 年 1 月 10 日进占平汉铁路漯河车站，此时讨唐战事进入尾声，唐生智各部已主动派代表向第一师副师长兼第二旅旅长徐庭瑶接洽投诚，嗣后并无战事发生。[3]在这种情形下，周伟龙到漯河车站请徐庭瑶接纳唐生智某部"秘密效顺"是有可能的，至于说周伟龙见徐庭瑶后，"按照戴先生预定计划，策动反正，里应外合，叛乱迅即敉平"云云，就显得夸大其词了。《年谱》以邓展谟叙事不详，又误以为 1 月 14 日有驻马店之战，遂称周伟龙到漯河后，讨逆军"里应外合"反攻驻马店，实则讨逆军系于 1 月 1 日攻克驻马店，唐部则于 1 月 2 日及 3 日反攻驻马店失败，如谓第一师第二旅进驻漯河后有驻马店之战，显系时序错乱了。[4]当然，也可能确有驻马店之战"里应外合"的情节，而是邓展谟误将该部驻地记为漯河，以至时间上发生矛盾。由于史料有限，这个问题已不易厘清了。

1 "国防部情报局"编印：《戴雨农先生年谱》，第 20—21 页。

2 费云文：《戴雨农其人其事（一）》，《中外杂志》第 19 卷第 3 期（1976 年 3 月），第 12 页；"国防部情报局"编印：《戴雨农先生传》（1979 年 10 月），第 17 页。另有若干著作误以徐庭瑶为"唐部第一师副师长兼第二旅旅长"，见江绍贞：《戴笠和军统》（2009 年 8 月），第 21 页；刘会军主编：《寻找真实的戴笠》，北京，团结出版社，2011 年，第 44 页。

3 孙建中：《国民革命军陆军第一军军史》，第 260 页。

4 陈训正：《国民革命军战史初稿》第 2 辑，第 1 篇第 266—267 页。

三、结语

  有关戴笠早年活动的历史，原始档案固已不易寻觅，而为数不多的亲历者也大多没有留下可靠的文字说明，有些故事得以流传，全凭亲历者在世时之口谈，再经相关人士之演绎，遂由军统内部散播于外，逐渐为人所知。今人看不到原始记载，往往选择听信这些辗转而来的"耳食"，然而口耳相传的史料越到后来越不免掺入各种不实情节，戴笠"信阳遇险"及派周伟龙"策反唐部"之说即其例证。在这种情况下，唯有尽力挖掘一些间接原始史料，才有可能去伪存真，最大限度还原历史真相。

陆　中原大战前后戴笠活动情形拾遗

关于中原大战前后戴笠的活动情形，由于档案缺乏，忆述史料亦极有限，历来著作中少有提及。本文拟运用近些年公布的原始档案，配合军统官书及相关人士之记载，挖掘戴笠在这一时期的若干事迹，期能以小见大。

一、大战前夕　追踪铁甲车队

蒋唐战争结束后，戴笠于 1930 年 1 月 22 日自郑州致电某人，告以将赴北平，请其代向蒋介石申请 1 月份费用，由北平行营发给：

……戴密……原拟待平汉车通，经汉回京，现为中山铁甲车事，准今日赴北平，但弟一月份用费未领，现旅费待尽，且回京尚须时日，刻已电请校座电令北平行营发洋四百元，又发电纸卅张，弟当向领，但恐校〔座〕事冗，故特电请兄代为申请，迅予电令北平行营，并乞兄电覆平行营转知为祷。弟戴笠……[1]

1 月 24 日，戴笠已到北平，又致该人一电，重申前请：

……代〔戴〕密。郑发养午电谅达。弟于昨夜到平，今晨向行营机要科查信，

1　戴笠电张镇（1930 年 1 月 22 日），蒋介石档案，002-080200-00041-020。此电原件无年份、月份及日期，由其内容谈及中山铁甲车事，可知系 1930 年 1 月作，再据戴笠 1 月 24 日电内有"郑发养午电谅达"等语，可知此电日期为 1 月 22 日。

闻尚无复电到平，甚念。刻因旅费台〔殆〕清，而回京尚须时日，故今日复电请校座，乞即电令平行营代发一月份费四百，以便活动，尚且〔乞〕兄就近〔代〕为申请，并祈电复为祷。长安饭店。弟代〔戴〕笠……[1]

这两件电报漏译错译之字较多，且略去前后衔款，唯检索相关史料，可知收电人是陆海空军总司令部侍从副官张镇。张镇接阅戴笠来电后，即向蒋介石呈报：

迭接戴笠由郑州、北平来电，称以工作一时不拟回京，去年十二月份旅费已罄，恳钧座准电平行营就近拨发一月份洋四百元、电报纸卅张。谨请敬乞钧核。职张镇代呈，一月廿六日。[2]

蒋介石对张镇的请示当即批示"照准"，并致电北平行营代主任方本仁，告以"戴笠来平时，请发洋四百元、电报纸卅张可也"。[3] 这是蒋介石发给戴笠活动经费的最早可靠记载，由此可见，有传闻说戴笠在 1930 年前后即月支经费 1000 元甚至 3000 元，恐怕是不可信的。[4]

戴笠到北平后，分别于 1 月 24 日及 26 日致电南京蒋介石，报告北方军情：

北平戴笠致南京蒋介石迴午电　十九年一月

生于梗夜抵平，兹有奉陈者：一、驻荥泽、巩县一带之晋军杨耀芳部已于养开始撤回石家庄、保定一带，均由火车输送。二、中山大队铁甲车全部在长辛店，请速电阎归还建制，生已与该第二队队长曹同锜〔琦〕密行接洽矣。三、对于中山

1　戴笠电张镇（1930 年 1 月 24 日），蒋介石档案，002-080200-00041-020。此电原件无年份、月份及日期，案 1930 年 1 月 24 日戴笠致蒋介石迴午电，内有"生于梗夜抵平"等语，此电云"昨夜到平"，则其日期为 24 日。

2　张镇呈蒋介石报告（1930 年 1 月 26 日），蒋介石档案，002-080200-00041-028。

3　蒋介石电方本仁（1930 年 1 月 27 日），蒋介石档案，002-080200-00041-020。此系张镇遵照蒋介石批示代拟之电稿，原件有译电员用铅笔注明之译电时间"17/1"，按蒋介石批示时间为 1 月 26 日，则此 17 日当系 27 日之误。

4　如黄康永谓，戴笠 1928 年任侍从参谋时，蒋介石"每月拨给他三千元活动经费"，见《我所知道的戴笠》，《浙江文史资料选辑》第 23 辑（1982 年 12 月），第 155 页。再如干国勋谓，戴笠 1930 年任侍从副官时，"月支经费一千元"，见《驳斥"中国国民党法西斯组织蓝衣社"》，《蓝衣社复兴社力行社》，台北，传记文学出版社，1984 年，第 194 页。

队铁甲车如有谕旨，乞电平行营转下。[1]

　　北平戴笠致南京蒋介石寝午电　十九年一月

　　迥午电言太原第一大队之铁甲车中山一、二队自听阎命开至长辛店后，已扩充为三队，阎任该第一大队长沈桂五为陆海空军副司令行营第二铁甲车司令，生详稽其所以愿听命于阎者，既与蒋司令锄欧不洽，且为图自身之升官耳。现沈闻该队将归建制，异常恐慌，查该官兵多籍隶北方，对沈均甚信仰，将来奉命归还时，诚恐其有纵令部属损坏机械之举动，为保存实力计，生拟请祈钧座即电嘉许沈，以安其心，并乞迅电阎转令速归还建制。是否有当，伏乞钧裁。倘荷采纳，致沈电请由平行营译转为妥。[2]

　　戴笠之所以由郑州北上，是为了"中山铁甲车事"，因此这两件电报除略谈晋军杨耀芳部之输送情形外，几乎全在报告"中山铁甲车"的去向及现状。"中山铁甲车"即蒋军铁甲车队中山大队，下辖中山一队及中山二队，当唐生智反蒋时，被唐部扣留利用。[3] 1930 年 1 月唐部溃败后，铁甲车多被蒋军夺回，唯中山一、二两队及"北平""泰山"两列被附和唐生智的孙殿英部抢去，运往临颍。[4]蒋介石对此极为关心，曾于 1 月 12 日分别电令第二路军总指挥刘峙、第二军军长蒋鼎文、第三军军长王均、第七军军长杨虎城、第十军军长徐源泉、铁甲车队司令蒋锄欧等人，从速派兵至临颍，将孙殿英部抢走之铁甲车截回。他在给刘峙、蒋鼎文的电文中特别嘱咐道："北平、泰山为最有力之铁甲车，与中山一、二两队万不可落于其他部队之手，务设法收回，或先用飞机轰炸铁路，使其难以行动，并速派少数步兵与铁甲车追到临颍，协同驻临颍之徐部向前捕获之，万不可待王治平等南下收回

―――――――――

1　戴笠电蒋介石（1930 年 1 月 24 日），阎锡山档案，116-010103-0040-034。

2　戴笠电蒋介石（1930 年 1 月 26 日），阎锡山档案，116-010103-0040-063。

3　何应钦、刘峙通电（1930 年 1 月 11 日），蒋介石档案，002-090101-00010-169。

4　刘峙电蒋介石（1930 年 1 月 11 日），蒋介石档案，002-090101-00010-125。

也。"其内心之焦急，跃然纸上。[1]

这时唐生智部已纷纷向蒋军缴械，孙殿英自知不容于蒋介石，遂逼铁甲车向北开，投靠正在郑州督师的陆海空军副司令阎锡山。[2] 阎锡山收到铁甲车这份厚礼，不禁大喜过望，特于1月13日致电孙殿英称许道："铁甲车北归，多赖执事尽心办理，殊堪嘉慰。"[3] 不久阎锡山返回太原，蒋介石致电仍在郑州的阎部参谋长辜仁发，告以"中山第一、第二队铁甲车请即交还原属官长"。辜仁发则以"中山号铁甲车在许昌与泰山号相碰，炮车头部损伤甚重，现已拆卸从事修理，刻下尚不能运动"为由，予以拖延。[4] 其后阎锡山竟未听从蒋介石的命令，而将中山铁甲车调往他控制下的北平、长辛店一带。

由戴笠的电报可知，阎锡山已将铁甲车视作己有，他私自将中山大队扩充，并委任大队长沈桂五为"陆海空军副司令行营第二铁甲车司令"。沈桂五因与铁甲车队司令蒋锄欧不睦，且"图自身之升官"，也乐于留在阎锡山手下，他听说蒋介石要求该队归建后，不仅无意听命，反而"异常恐慌"，而该队官兵"多籍隶北方，对沈均甚信仰"，越使该队归建变得棘手。不过戴笠也提到出身黄埔二期的中山二队队长曹琦似与沈桂五意见相左，正与他密行接洽。戴笠据此建议蒋介石，一面"即电嘉许沈，以安其心"，一面"迅电阎转令速归还建制"，可知戴笠此时除搜集情报外，也可向蒋介石提供若干决策参考，这是他进一步获得蒋介石信任的证明。

蒋介石接阅戴笠来电后，是否接纳其建议不得而知，但他曾于2月1日派铁甲车队第二队队长王橹前往太原与阎锡山商议归还铁甲车事，阎锡山则虚与委蛇，借

1 蒋介石电刘峙、蒋鼎文（1930年1月12日），蒋介石档案，002-090101-00010-143；蒋介石电王治平（1930年1月12日），蒋介石档案，002-080200-00403-142；蒋介石电杨虎城（1930年1月12日），蒋介石档案，002-080200-00403-139；蒋介石电徐源泉（1930年1月12日），蒋介石档案，002-010200-00020-038；蒋介石电蒋锄欧（1930年1月12日），蒋介石档案，002-110200-00001-117。

2 孙殿英电阎锡山（1930年1月11日），阎锡山档案，116-010101-0077-051。

3 阎锡山电孙殿英（1930年1月13日），阎锡山档案，116-010101-0077-087。

4 辜仁发电阎锡山（1930年1月19日），阎锡山档案，116-010101-0077-127。

曹琦

词不交，王櫜只得无功而返。[1] 事实上，阎锡山正在紧锣密鼓酝酿反蒋，招兵买马犹恐不及，岂有将铁甲车交还之理？尤其铁甲车是当时最先进的武器之一，为各方所重视，阎部原本只有"山西"号铁甲车一队，自截夺"中山"号铁甲车后，实力大增为4队，阎锡山是绝不肯主动放弃这支重要武力的。[2] 2月10日，阎锡山自太原发出"蒸电"，表明反蒋态度，由此揭开中原大战的序幕，铁甲车事乃不了了之。

由戴笠追踪铁甲车队的事件，不难看出阎锡山在蒋唐战争中的拥蒋立场纯是表面文章，其名为陆海空军副司令，实则早蓄反蒋之志。戴笠在这一时期发出的几封电报，记录了一段鲜为人知的历史，既呈现了戴笠早年从事情报、策反活动的若干实况，也反映了中原大战前夕蒋、阎明争暗斗的一个侧面。

二、大战期间　策反冯部失败

戴笠在中原大战期间的活动情形，颇乏原始文献可凭。因此《戴雨农先生年谱》（以下简称《年谱》）初版只说他"调查敌情，策动反正，屡入敌后，冒险犯难，仆仆风尘，甚至废寝忘餐，而料敌多中，策反有成，关系整个战局之转捩者甚

1　王櫜电蒋介石（1930年2月21日），阎锡山档案，116-010103-0045-040。

2　陈训正：《国民革命军战史初稿》第2辑，第2篇第3页。

大"。全系泛泛之谈，而无具体事实。[1]《年谱》再版则稍有增益，略谓戴笠曾派王孔安密赴北平参加反蒋派召开的"扩大会议"，以侦察其内情，唯此事亦缺乏原始文献的印证。[2]

乔家才对戴笠在中原大战期间的策反活动也有两段记载：一是对《年谱》再版的内容进行补充："（戴笠）派王孔安加入反中央组织，到达北平参加会议，了解扩大会议的一切活动。王孔安又介绍李丹符给戴笠，派去策反邓宝珊，柯玉珊去策反冯玉祥部赵冠英，都发生了相当效力。"[3]乔家才这条记载应当源自王孔安的回忆，亦属孤证之例，其可靠性如何，尚有待于相关史料的发掘。

二是援引马志超的谈话，谓戴笠曾派其赴开封，试图策反阎锡山、冯玉祥委任之代理河南省省长李纯如（筱兰）及代理第六路军总指挥石振清：

十九年中原大战，冯玉祥的第六路总指挥兼河南省政府主席万选才被中央军俘虏，押在南京军法处。戴先生认定可以拿上万选才干一件惊天动地的大事，但是需要一位勇敢而又机警的人去进行，戴先生认为只有马志超具备这种条件，于是同他商量，他毫不犹豫承担下来。

万选才是河南人，马志超以亲近同乡关系，到军法处给他送些食物、用品，最后两人见了面，万选才非常感激他多日来的接济照顾。他乘机说以利害，要万选才给李筱兰和石振清写信，劝他们反正起义，好搭救他自己的性命。万被俘后，开封方面的政治由李筱兰负责，军事由石振清负责。万选才给他们两人写信，要他们活捉冯玉祥或鹿钟麟……

马志超赴开封递送这封策反的信件，如果成功，固然是一鸣惊人的壮举。不成功，被叛军捉住，非杀头不可。马志超……拿上万选才的信，秘密进了开封城，住在河南大旅社，先找政务委员会的主席魏少尤，要他把万选才的信转给李筱兰和石振清……

1　"国防部情报局"编印：《戴雨农先生年谱》（1966年3月），第16页。

2　"国防部情报局"编印：《戴雨农先生年谱》（1976年5月），第22页。

3　乔家才：《铁血精忠传（二）——戴笠史事汇编》，《中外杂志》第24卷第3期，第68—69页。

马志超等了两天，魏少尤要他在夜里两点钟到省政府见面。原来李、石两人正召集团长以上的军官在开会，当场向大家介绍他是从南京来为万主席送信的，征询大家的意见。好几位团长态度很积极，主张接受万主席的命令，搭救他的性命，可是石振清一句话也不说，不表明态度，一时作不了决定。马志超看见情形不妙，要求他先退席，好让他们仔细研究。第二天清早，河南大旅社门口有一辆汽车，预备开往郑州，他付了车钱，赶紧上车逃往郑州。原来石振清不赞成万选才的主张，等到下午派人捉拿马志超，已经逃得无影无踪……[1]

马志超，以字行，陕西华阴人。西安民立中学、黄埔军校一期毕业。1927年4月国民政府奠都南京后，奉派为长江要塞总司令部特务营营长兼京沪区稽查处处长。蒋介石引退后，所部为桂系收编，遂辞职，旋与戴笠结识，竟夕晤谈，欢逾平生。1928年初，奉调国民革命军总司令部侍从官，随侍蒋介石，得与戴笠朝夕相对，订为至交。[2]

万选才之被捕实与马志超有相当关系，据《马代表志超传略》记载：

十八年初，西北十三将领通电反对中央，冯、阎相约谋叛，代表受命为何成浚随员，往晋南查报阎冯动态，知冯玉祥进入山西，乃急电呈报，蒋总司令即赴北平会晤张学良，西北局势因冯他去，遂告平息。未几，阎、冯态度复趋暧昧，西北局势又告紧张，代表奉派为陕西军事副特派员，与驻在山西之豫军刘镇华部联络成功。十九年初，遂与刘策定，由刘茂恩于邀宴中扣留冯部驻河南之第六路总指挥兼河南省主席万选才。

至于戴笠密派马志超运用万选才策反叛军事，在原始档案中亦有迹可循。万选才于5月20日被俘后，即被押往南京。[3] 6月15日，正在前线的蒋介石接到侍从副官蔡劲军自南京来电，略称："志超同学由郑来京报告，万选才部各高级官长，

1　乔家才：《抗日情报战（十三）——戴笠将军和他的同志》，《中外杂志》第23卷第1期，第27页。

2　国民大会秘书处编印：《第一届国民大会逝世代表传略》第1辑，1979年，第254页。

3　万殿尊、宋天才、石振清、李廷辅电阎锡山（1930年5月22日），阎锡山档案，116-010101-0088-236。

万选才

金以中央倘能对万宽予优容，愿率全部服从中央，举义开封，直捣敌后，以赎前愆，特公举王文宣偕马来京，晋谒钧座请示。"即复电云："马志超、王文宣两人今日尚未来见，如仍在京，可令即来。"[1] 这两则来往电报的内容和乔家才文字所反映的情况刚好是相反的，不过这一矛盾并不影响戴笠策反失败的结果。

6月26日，蒋介石电令参谋总长朱培德解万选才往驻马店、武汉一带管押，以便影响其旧部石振清、宋天才等反正。然而万选才赴汉后并未发生效力，他曾在武汉对其弟万云阁说："我的死敌是石振清，他经我一手成全，今竟装聋作哑，见死不救。"[2] 此后直至中原大战结束，石振清终未投蒋，蒋遂于10月循刘茂恩之请，将万选才枪决。戴笠这次失败的策反活动与《年谱》所谓"策反有成"恰是一个相反的记载，此为《年谱》词多溢美之一证。

三、大战结束　调查贪污案件

据戴笠故旧姜超岳谈，戴笠于中原大战结束后，曾在南京调查他是否贪污：

1　周琇环编注：《事略稿本》第8册，台北，"国史馆"，2003年，第241—242页。

2　周琇环编注：《事略稿本》第8册，第275页；张钫：《国民二军与镇嵩军之战》，《洛阳文史资料》第7辑，第54页。

我于民国十九年十一月由韩复榘推荐，出任国民政府参事，由韩出钱，在南京盖了一幢私人洋房。戴笠怀疑我有贪污行为。我闻讯在一气之下，将我的上级、周围的同事以及下属人员的名单，统统开具交给戴笠，请调查我是否有贪污行为。为此我们两人断绝来往。[1]

姜超岳这段谈话属于孤证，迄未被人注意。唯笔者查到军统元老、戴笠表亲张冠夫的一段文字，可佐证此事。案姜超岳晚年在台湾撰有《戴先生雨农传》，风行一时，内称："先生稍长，豪放不羁，曾浪迹异乡，经年不归……多以有遗行疑之。"查"遗行"谓行为失检者，由此引起张冠夫的不满。张冠夫曾致信姜超岳说："你们两人在南京时，戴先生为某事虽责问过你，发生争论，造成误会，但至今时过境迁，戴先生且已谢世，不应在其死无辩白之形势下，为其写传，留下不雅之疑窦，为后世子孙所误解"云云。[2]张冠夫所谓"某事"，当指戴笠调查姜超岳贪污之事。

众所周知，日后戴笠主持特种工作，除进行情报、逮捕、暗杀、策反等活动外，还负有检举政府官员贪污之责，由姜超岳的谈话可知，早在戴笠个人活动时期，检举贪污就是他的基本任务之一了。

1　申元：《姜超岳先生访谈录》，《衢州文史资料》第 15 辑，第 179 页。

2　张冠夫访问纪录，《健行月刊》第 236 期，第 224 页。

柒　戴笠与联络组

　　1931 年 12 月 15 日，蒋介石因宁粤分裂及"九一八"事变，内忧外患交相侵迫，再次下野。据军统官书《戴雨农先生年谱》（以下简称《年谱》）记载，蒋介石辞职返乡前夕，令戴笠成立联络组，"主要任务为团结以黄埔学生为中心之革命力量，侦察敌情，镇压反动"，"于是在京、沪、杭、平、津、汉、港、穗、赣等地建立组织，积极活动"。[1] 至此，戴笠"单枪匹马的军事调查生涯才算告一段落"。[2]

一、关于联络组之名称与成立时间

　　戴笠担任联络组组长，是其由个人活动变为组织活动的开端。1932 年 4 月，他以联络组为基础成立特务处，更成为其一生事业的重要转折点。因此，联络组虽然存在时间不足 4 个月，但这一组织是特务处与军统局的前身，在军统沿革史上占有非常重要的地位。

　　过去由于原始史料缺乏，有人认为联络组早在 1931 年 12 月以前就成立了，如章君毅、费云文认为联络组成立于 1928 年 1 月二次北伐开始时；[3] 也有人把联络组、密查组混淆，如唐良雄认为，联络组是 1927 年 8 月蒋介石第一次下野后成立的，

1　"国防部情报局"编印：《戴雨农先生年谱》，第 24 页。

2　毛钟新：《九州兵革浩茫茫——戴笠别传之九》，《中外杂志》第 32 卷第 2 期，第 54 页。

3　章君毅：《戴笠的故事（一）》，《传记文学》第 14 卷第 1 期（1969 年 1 月），第 17 页；费云文：《戴雨农其人其事（一）》，《中外杂志》第 19 卷第 3 期（1976 年 3 月），第 11 页。

密查组则是 1931 年 12 月蒋介石第二次下野后成立的，这种说法刚好和实际情况相反；[1] 还有人并不清楚联络组的名称，称之为"调查通讯小组"。[2]

当原始史料陆续公布后，可知《年谱》记载无误，其他异说则不足为凭了，兹举三条关键证据：

1. 戴笠奉命成立联络组后，曾邀黄埔同学唐纵等人参加工作，据唐纵 1931 年 12 月 26 日日记："晚上到戴笠家里，谈及时局转变的问题，大家都是疾首蹙额。戴仍然还在作秘密工作，而且要扩大的努力，他要我也参加。在蒋总司令下野的时候，已得了总司令的允许，成立一组，十个人，分布各地，联络与考核各同学的行动与态度。"[3] 此条可证联络组之成立时间。

2. 联络组成员徐亮曾于 1942 年撰写《十年前》一文，指出该组主要任务之一"是向各部队传达中央意旨"，"因此名为联络组"。[4] 此条可证联络组之名称。

3. 据《事略稿本》记载，蒋介石宣布下野时，戴笠的好友、第一师师长胡宗南率部驻郑州，曾于 12 月 17 日致电蒋介石云："一、钧座辞电到郑州，全军彷徨，立请指示方针，以慰众望。二、请迅令戴笠同志急组联络组，以联络各地忠勇同志为目的，为在野时间的领袖与干部联络的唯一机关，每月经费约二千至三千元之数，请指定的款，按月拨发。"蒋介石接阅来电后，于 12 月 19 日复电云："筱电悉，第二项当照办。"[5] 此条为直接原始档案，价值最大。

1　唐良雄：《戴笠传》（1980 年 7 月），第 42 页。刘会军主编：《寻找真实的戴笠》（2011 年 1 月）即采纳此说，见该书第 45 页。

2　章微寒：《戴笠与军统局》，《浙江文史资料选辑》第 23 辑（1982 年 12 月），第 83 页。

3　公安部档案馆编注：《在蒋介石身边八年——侍从室高级幕僚唐纵日记》，北京，群众出版社，1991年，第 28 页。

4　徐有威：《从徐亮的〈十年前〉看戴笠之早期活动》，《档案与史学》1999 年第 1 期，第 62 页。

5　周美华编注：《事略稿本》第 12 辑，台北，"国史馆"，2006 年，第 474 页。

二、"十人团"名单考

联络组的工作人员被视为军统特务组织的创始元老，有"十人团"之称。关于"十人团"的名单，除戴笠本人外，其余参加者历来众说纷纭，就笔者所见，主要说法即有 14 种：

1. 徐亮说：徐亮、张炎元、胡天秋、黄雍、周伟龙、唐纵、郑锡麟、曹恢先、王天木。后曹恢先退出，马策、赖申补入。[1]

2. 黄雍说：唐纵、吴乃宪、张炎元、黄雍、徐亮、王天木、马志超、梁干乔、余洒度。[2]

3. 沈醉说：张炎元、黄雍、周伟龙、徐亮、马策、胡天秋、郑锡麟、梁干乔、王天木。[3]

4. 费云文及《戴雨农先生年谱》再版（以下简称《年谱》）说：唐纵、张炎元、王兆槐、东方白、徐亮、赵世瑞、张冠夫、胡天秋。[4]

5. 《戴雨农先生传》（以下简称《传记》）说：周伟龙、唐纵、张炎元、徐亮、赵世瑞、张冠夫、胡天秋、马策、郑锡麟、王天木、王兆槐。[5]

6. 唐良雄说：马策、胡天秋、徐亮、赵世瑞、郑锡麟、张炎元、方超、唐纵、吴乃宪、王天木。一说有周伟龙、张筱嵩，无赵世瑞、吴乃宪、方超。[6]

7. 文强说：张炎元、周伟龙、唐纵、徐亮、马策、胡天秋、梁干乔、王天木、郑锡麟、许某某。[7]

1　徐有威：《从徐亮的〈十年前〉看戴笠之早期活动》，《档案与史学》1999 年第 1 期，第 63 页。

2　黄雍：《黄埔学生的政治组织及其演变》，《文史资料选辑》第 11 辑（1960 年 11 月），第 17 页。

3　沈醉：《我所知道的戴笠》，《文史资料选辑》第 22 辑（1962 年 2 月），第 65 页。

4　费云文：《戴雨农其人其事（一）》，《中外杂志》第 19 卷第 3 期（1976 年 3 月），第 12 页；"国防部情报局"编印：《戴雨农先生年谱》再版（1976 年 5 月），第 25 页。

5　"国防部情报局"编印：《戴雨农先生传》（1979 年 10 月），第 17 页。

6　唐良雄：《戴笠传》（1980 年 7 月），第 42 页。

7　沈醉、文强：《戴笠其人》（1980 年 8 月），第 194 页。

8. 程一鸣说：郑介民、张炎元、黄雍、徐亮、唐纵、郑锡麟、马策、胡天秋、刘培初。[1]

9. 乔家才说：张炎元、徐亮、周伟龙、张筱高、王天木、马策、唐纵、胡天秋、郑锡麟。[2]

10. 章微寒说：王天木、唐纵、张炎元、徐亮、胡天秋、周伟龙、马策、黄雍、郑锡麟。后马策、郑锡麟申明退出，由刘恢先、裴西度补入。[3]

11. 张炎元说：张炎元、王天木、陈恭澍、郑锡麟、胡天秋、黄雍、赵世瑞、周伟龙、马策。[4]

12. 徐远举、郭旭、文强、廖宗泽、岳烛远、章微寒、邢森洲等人说：张炎元、周伟龙、梁干乔、胡天秋、马策、徐亮、郑锡麟、黄雍、王天木。一说无黄雍、王天木，有唐纵、郑介民。[5]

13. 黄康永说：张炎元、黄雍、周伟龙、马策、郑锡麟、梁干乔、徐亮、胡天秋、王天木。[6]

14. 王业鸿说：唐纵、徐亮、胡天秋、马策、周伟龙、郑锡麟、胡国振、王天木、黄雍。[7]

以上 14 份名单几乎全由军统元老、旧人提出，仅黄雍一人不是军统中人，但

1　程一鸣：《军统特务组织的真象》，《广东文史资料》第 29 辑（1980 年 11 月），第 191 页。

2　乔家才：《十人团中的胡天秋》，《中外杂志》第 30 卷第 4 期（1981 年 10 月），第 73 页。

3　章微寒：《戴笠与军统局》，《浙江文史资料选辑》第 23 辑（1982 年 12 月），第 83 页。

4　张炎元：《工作回忆琐记》，《张炎元先生集续编》，自印本，1993 年，第 165 页。

5　徐远举、郭旭、文强、廖宗泽、岳烛远、章微寒、邢森洲：《军统局、保密局、中美特种技术合作所内幕》，《文史资料存稿选编》第 13 册（2002 年 8 月），第 465—466 页。该文若干作者在另外两篇文字中继续援引该文说法，见文强、廖宗泽、邢森洲、岳烛远、徐远举等：《中华复兴社的内幕》，《文史资料存稿选编》第 13 册，第 325 页，此文编辑时，又将原稿"黄雍"误作"黄维"；郭旭：《我所知道的唐纵》，《上海文史资料存稿汇编》第 2 册，上海，上海古籍出版社，2001 年，第 400 页。

6　黄康永：《军统特务组织的发展和演变》，《文史资料存稿选编》第 13 册（2002 年 8 月），第 656 页。

7　王业鸿：《戴笠的起家》，《文史资料存稿选编》第 14 册（2002 年 8 月），第 622 页。

他是联络组的一员，所述亦值得重视，相关人士及后世学者演绎的众多"十人团"版本，大抵不出这 14 份名单的范围。如再对 14 份名单进行筛选，则徐亮、黄雍、张炎元 3 人均曾亲与联络组之事，他们提出的名单最为可信；另据沈醉自述，他在 1942 年军统成立 10 周年纪念大会上曾亲自听到戴笠宣读这 10 个人的名单，且在 1961 年、1975 年先后由黄雍、郑锡麟对此份名单进行过核对，故其所述亦值得重视。[1] 至于其他人则不是联络组时期的亲历者，提出的名单必是辗转听闻而来，只可作为备考之说。

关于联络组的历史，过去殊乏原始史料可供参考，只有唐纵日记中的寥寥数语，因此想要确定"十人团"的名单极为困难。曾有学者指出，徐亮、黄雍、张炎元、唐纵 4 人作为"十人团"的成员，他们的回忆或日记最为可信，遂对他们提出的名单进行整理，凡重复者计入，最后得出结论如下：除戴笠外，黄雍、徐亮、张炎元、唐纵、郑锡麟、王天木 6 人可以确定是"十人团"的成员，其余 3 人待考。[2] 在缺乏原始史料可凭的情况下，这样考证不失为一种可行的方法，不过随着近年来若干军统人事档案的公布，现在有必要根据档案记载，对这 14 份名单中的相关人员再进行具体验证。

笔者所见军统人事档案，包括记有军统工作人员到差年月的几种名册：

1. 1936 年，特务处编制的《二十四年年终总考绩拟请增薪人员名册》。此系迄今所见最早的军统工作人员名册，其中注明各相关人员之到差年月为：张衮甫即张冠夫，1932 年 4 月；胡天秋，1932 年 9 月；赵世瑞，1932 年 1 月。[3]

2. 1938 年，特务处编制的《二十六年份内外勤工作人员总考绩名册》。其中注明各相关人员之到差年月为：梁干乔，1932 年 4 月；刘培初，1932 年 5 月；赵世瑞，1932 年 4 月；张衮甫，1932 年 4 月；周伟龙，1932 年 2 月；王道成即王天

1　沈醉：《军统内幕》（1985 年 2 月），前言第 7 页。

2　徐有威：《从徐亮的〈十年前〉看戴笠之早期活动》，《档案与史学》1999 年第 1 期，第 63 页。

3　特务处二十四年年终总考绩拟请增薪人员名册，国民政府档案，001-023330-00002-005。

木，1937 年 8 月；陈一新即陈恭澍，1932 年 2 月。[1]

　　3. 1938 年 5 月，戴笠呈蒋介石特务处"最有能力与成绩者"10 人名单。[2] 其中注明各相关人员参加工作之年月为：王天木，1932 年 2 月；陈恭澍，1932 年 2 月；周伟龙，1932 年 1 月；唐纵，1932 年 4 月。[3]

　　4. 1940 年，军统局编制的《军事委员会调查统计局民国二十八年工作总报告》。其中注明各相关人员参加工作之年月为：郑介民，1932 年 4 月；赵世瑞，1932 年 3 月；郑锡麟，1932 年 7 月；王兆槐，1933 年 5 月，徐为彬即徐亮，1932 年 1 月；唐纵，1932 年 1 月；陈恭澍，1932 年 2 月；马志超，1935 年 4 月；张炎元，1932 年 1 月；吴乃宪，1934 年 4 月；胡国振，1933 年 3 月。[4]

　　5. 1941 年，军统局编制的《工作会议内外勤出席人员名册》。其中注明各相关人员参加工作之年月为：张衮甫，1932 年 4 月；张炎元，1932 年 1 月；刘培初，1932 年 5 月；胡天秋，1932 年 5 月；徐为彬，1931 年 1 月；赵世瑞，1932 年 3 月；郑锡龄即郑锡麟，1932 年 4 月；马策，1931 年 7 月；郑介民，1931 年 4 月。[5]

　　这 5 种名册固然是难得一见的绝密史料，其准确性也较一般记载为佳，不过任何史料均有其局限，军统人事档案也不例外。兹举一例：军统人事单位曾分别于 1938 年 5 月及 1940 年 1 月向蒋介石呈报工作得力者名单，两份名单中均有赵理君，前者填写其参加工作年月为 1931 年，[6] 后者则为 1935 年。然而这两种记载均有问题，戴笠曾就此指出，赵理君是 1932 年参加工作的，并手令代理秘书主任毛人凤、人事科长李肖白，指示此后对于上行与对外文件必须亲自审核，"以免错误而昭慎重"。[7]

1　特务处二十六年份内外勤工作人员总考绩名册，蒋介石档案，002-110702-00030-001。

2　蒋介石手令戴笠（1938 年 5 月 7 日），蒋介石档案，002-010300-00012-011。

3　戴笠呈蒋介石报告（1938 年 5 月），蒋介石档案，002-080102-00034-005。

4　军事委员会调查统计局民国二十八年工作总报告，蒋介石档案，002-080200-00612-001。

5　军事委员会调查统计局工作会议内外勤出席人员名册，蒋介石档案，002-080102-00036-003。

6　蒋介石手令戴笠（1938 年 5 月 7 日），蒋介石档案，002-010300-00012-011。

7　戴笠手令毛人凤、李肖白（1940 年 1 月 27 日），《戴先生遗训》第 3 辑，第 30—31 页。

简言之，军统人事档案的记载较为准确，但其内容也不可尽信。有鉴于此，笔者拟以这 5 种名册记载之到差年月为基础，同时辅以相关史料，尽可能对其到差年月之准确性进行考察，进而对 14 份名单中提到的 28 名相关人员的身份进行分析：

张冠夫，1932 年 4 月到差。据此，张冠夫是在特务处成立后参加工作的。但据徐亮回忆，张冠夫曾担任联络组的会计和庶务事宜，只不过他并不是"十人团"的一员。而张冠夫晚年接受学者徐有威访问时亦有同样说法，即他在联络组工作期间，"没有名义，只是替戴笠接待和管家"。[1] 由此观之，联络组编制 10 人，但其实际工作人数或不止 10 人，有些参加工作的人并非编制内人员，亦即不是所谓"十人团"的成员。

胡天秋，有 1932 年 5 月及 1932 年 9 月到差两种记载。这两种记载均不可信，因据胡天秋向乔家才谈话称，他是"十人团"的成员，而联络组中的徐亮、张炎元亦持同样说法。[2]

赵世瑞，有 1932 年 1 月、1932 年 3 月及 1932 年 4 月到差 3 种记载。据此，赵世瑞是否参加联络组尚在疑似之间。不过张炎元曾指出，赵世瑞是"十人团"的一员。毛钟新亦回忆："戴先生自以为曾包庇贪污，三十三年在建阳扣押浙江缉私处处长某先生（为联络组十人之一，为特务处之开山干部）。"[3] 赵世瑞于抗战期间曾任浙江缉私处处长，1944 年 5 月奉令辞职交卸。[4] 军统旧人邓葆光回忆，抗战期间赵世瑞因贪污被戴笠扣押，至戴笠死后始释出。[5] 可知毛钟新所谓"某先生"即指赵世瑞。因此，赵世瑞当系"十人团"的一员。

梁干乔，1932 年 4 月到差。据此，梁干乔也是特务处成立后加入的。值得注

1 徐有威：《从徐亮的〈十年前〉看戴笠之早期活动》，《档案与史学》1999 年第 1 期，第 64 页。

2 乔华塘：《十人团中的胡天秋》，《中外杂志》第 30 卷第 4 期，第 73 页。

3 毛钟新：《为戴笠先生白谤辩诬——质魏大铭先生》，《中外杂志》第 30 卷第 4 期，第 15 页。

4 戴笠批示赵世瑞报告（1944 年 5 月 26 日），戴笠史料，144-010112-0001-002。

5 邓葆光：《我所知道的戴笠和军统》，《上海文史资料选辑》第 55 辑，第 158 页。

意的是，最早提出梁干乔为"十人团"成员的是黄雍，其后又有沈醉、文强、黄康永等人持同样说法，这些人的回忆文字均发表于《文史资料选辑》及《文史资料存稿选编》，由于沈醉等人未曾亲与联络组之事，他们很有可能是转引了黄雍的说法。不过黄雍对梁干乔的回忆并不准确，比如他说特务处成立后梁干乔没有参加，实则梁干乔不仅在特务处成立之初就参加了，还担任了"甲室"书记。[1]此外，黄雍对联络组的回忆也不尽准确，比如他提出的"十人团"名单中没有周伟龙、胡天秋、郑锡麟，然而此3人均可确定是联络组的成员。由此可见，黄雍的说法不足为凭。

刘培初，1932年5月到差。案刘培初仅见于程一鸣提出的名单，而程一鸣系于1934年6月始参加军统的，他的说法不足为凭。[2]且刘培初撰有回忆录及多篇回忆文字，缕述其追随戴笠之经历，均未提及参加联络组之事，又称其于武汉经邓文仪介绍而结识戴笠，旋即参加军统工作，[3]查联络组时期邓文仪并不在武汉，而在溪口随侍蒋介石，凡此均足证刘培初不是"十人团"的一员。

周伟龙，有1932年1月、1932年2月到差两种记载。无论何种记载，均显示周伟龙参加了联络组的工作。另据乔家才转述邱开基的谈话称，戴笠曾亲口说过周伟龙是"十个人中间的一个"。[4]且徐亮、张炎元也有同样说法。据此，周伟龙无疑是"十人团"的一员。

王天木，有1932年2月、1937年8月到差两种记载。案王天木与戴笠相识甚早，毛钟新说他们在讨唐战争期间已有交情。[5]陈恭澍也说王天木"在戴先生尚未出任特务处之前，早已合作多时"。[6]王天木日后担任特务处天津站站长，于1934

1 梁干乔担任甲室书记一节，参见孙雨声：《乱世行春秋事：戴笠与中国特工（1897—1936）》，第106页。

2 特务处二十四年年终总考绩拟请增薪人员名册，国民政府档案，001-023330-00002-005。

3 刘培初：《浮生掠影集》，台北，正中书局，1968年，第53—54页。

4 乔家才：《抗日情报战（九）——戴笠将军和他的同志》，《中外杂志》第22卷第3期，第46页。

5 戈士德：《戴笠与周伟龙上》，《中外杂志》第31卷第5期，第136页。

6 陈恭澍：《北国锄奸》，台北，传记文学出版社，1981年，第41—42页。

年因"箱尸案"被判监禁，1936 年 12 月西安事变后获释，重新工作。人事档案中所记 1937 年 8 月到差，大概与王天木被监禁的经历有关。[1] 若论实际情形，则 1932 年 2 月才是王天木参加军统的准确时间。且徐亮、黄雍、张炎元的名单中均有王天木，可见王天木无疑也是"十人团"的一员。

陈恭澍，1932 年 2 月到差。张炎元提出的名单中有陈恭澍，陈恭澍自己也说，他于 1932 年 2 月"一·二八事变"期间，曾受戴笠之托往徐州传递密信，可见他当时确是为联络组工作。不过他并不了解联络组的名义，还说自己只是"客串"情报活动，则其在联络组中的身份或与张冠夫类似，即仅居于协助地位，而非正式成员。[2]

唐纵，有 1932 年 1 月、1932 年 4 月到差两种记载。案唐纵日记，他于 1931 年 12 月底联络组成立之初即加入了，1932 年 1 月这一记载是正确的。且徐亮、黄雍的名单均提及唐纵，可知唐纵也无疑是"十人团"的一员。

郑介民，有 1931 年 4 月、1932 年 4 月参加工作两种记载。郑介民从事特务活动甚早，1931 年 4 月这一记载如果无误，则应当是他开始担任某种特务工作的时间，此后直至 1932 年 4 月特务处成立前，他虽然不是为戴笠工作，但他的工作经历日后仍然得到军统方面的承认。至于 1932 年 4 月这一记载，则众所周知是郑介民参加特务处的时间。另据乔家才称，他曾访问特务处元老邱开基，询以："特务处的工作开始时，连同戴先生在内一共有十个人，你既然是最初的执行科长，我想一定是十个人中间的一个人？"邱开基对此予以否认，说："我同郑介民先生是奉派协助戴先生工作的，郑先生担任侦查科长，我担任执行科长，所说的最初工作的十个人，系指戴先生自己找来参加工作的同志而言，我同郑先生并不包括在十个人之内。"[3] 据此，郑介民资历虽老，但他并不是"十人团"的成员。

郑锡麟，有 1932 年 4 月、1932 年 7 月到差两种记载。案此两种记载均有问题。

---

1 孙雨声：《乱世行春秋事——戴笠与中国特工（1897—1936）》，第 211—212 页。

2 陈恭澍：《北国锄奸》，第 41—42 页。

3 乔家才：《抗日情报战（九）——戴笠将军和他的同志》，《中外杂志》第 22 卷第 3 期，第 46 页。

查唐纵1931年12月28日日记云："上午十时在戴笠家里，弄妥工作程序，经过宣誓郑重的仪式。与走开了的朋友锡麟，现在又在这个圆桌子上见面，不期然的又走在一条道路上来了。"[1] 再据徐亮、张炎元的名单中均有郑锡麟。军统元老邓葆光曾指出："郑锡麟是戴笠早期特务组织十人团成员之一。"[2] 可知郑锡麟无疑是"十人团"的一员。

王兆槐，1933年5月参加工作。案费云文及《年谱》《传记》提出的名单中均有王兆槐，唯《年谱》《传记》均由费云文执笔编纂，故此3种名单实可视为费云文一人的说法。费云文误以为联络组成立于1928年1月，而王兆槐曾于彼时协助戴笠工作，遂称王兆槐是联络组的一员，这显然是错误的。[3]

徐亮，有1931年1月、1932年1月到差两种记载。徐亮与戴笠是黄埔六期入伍生团及骑兵营同学，"交谊最久"[4]，他是否在1931年1月即追随戴笠从事特务活动，囿于资料不得而知，不过他在1932年1月参加联络组确是没有问题的，这从他本人的回忆及黄雍提出的名单中可以得知。据此，徐亮当系"十人团"的一员。

张炎元，1932年1月参加工作。张炎元为14份名单中出现频率最高者，除王业鸿外，其他人均有提及，可谓众所公认的"十人团"成员。此外陈恭澍回忆录对张炎元在联络组时期的活动情形记载颇详，故张炎元之身份无可异议。

马志超，1935年4月参加工作。案徐亮、张炎元的名单均无马志超在内，仅有黄雍的名单提及，不知有何根据。毛钟新曾说："戴笠接任特务处与浙江警校政治特派员，重要干部如赵龙文、史铭、马志超、魏大铭均来自第一师。"据此，马志超系在1932年4月以后加入军统的，他并没有参与联络组的工作。[5]

1　公安部档案馆编注：《在蒋介石身边八年——侍从室高级幕僚唐纵日记》，第29页。

2　邓葆光：《我所知道的戴笠和军统》，《上海文史资料选辑》第55辑，第153页。

3　费云文编纂《年谱》《传记》一节，见《年谱》再版第389—392页、《传记》序言第2页。

4　公安部档案馆编注：《在蒋介石身边八年——侍从室高级幕僚唐纵日记》，第33页。

5　戈士德：《胡宗南与戴笠（上）》，《中外杂志》第31卷第2期，第11页。

　　吴乃宪，1934 年 4 月参加工作。黄雍提出的名单中有吴乃宪，此点值得重视，盖因黄雍与吴乃宪是黄埔一期及"特别研究班"同学，彼此较为熟悉。另据陈恭澍回忆，吴乃宪在 1932 年 3 月即奉戴笠之命，与张炎元前往港粤活动。唯吴乃宪于同年 9 月被港英当局逮捕，被判监禁一年后始重新工作，故人事档案中有 1934 年 4 月到差这样的记载。[1] 如果黄雍和陈恭澍记忆无误，则吴乃宪应当是"十人团"的一员，然而张炎元提出的名单中没有吴乃宪，这又足以启人疑窦，张炎元在赴粤之前曾与黄雍、陈恭澍同居，何以他们对吴乃宪的回忆不一致呢？据此，吴乃宪是否为"十人团"的一员，尚须存疑。

　　胡国振，1933 年 3 月参加工作。案胡国振仅见于王业鸿提出的名单，王业鸿系于 1933 年 3 月参加军统，和胡国振均在浙江警校任职，对胡了解较多。[2] 不过军统要员王惠民曾指出，戴笠担任浙江省警官学校特派员时，聘胡国振为指导员，胡国振直到被戴笠罗致，"始离开新闻界。"[3] 戴笠系于 1932 年 5 月担任浙江警校政治训练特派员，则胡国振追随戴笠工作显然在此之后，此其未曾参加联络组之明证。[4]

　　马策，1931 年 7 月到差。案马策之史料极少，笔者仅查到其于抗战时期填写之军事委员会委员长侍从室人事登记片稿，内载 1931 年 7 月担任武汉要塞步兵第一团营长，1932 年 1 月调任第一师补充团营长，并未提及参加联络组之事，不过军统中人对外填写履历时，常不提及特务工作经历，因此这样的记载也不足为异。[5] 且徐亮、张炎元均曾提及马策，可知马策当系"十人团"的一员，考虑到戴笠担任联络组组长时的另一个名义是第一师驻京办事处处长，马策有可能是通过第一师的关系追随戴笠活动的。[6] 只是马策的到差年月何以在联络组成立以前，这还有待相

1　陈恭澍：《北国锄奸》，第 13 页。

2　"国防部情报局"编印：《本局殉职殉难先烈事迹汇编》，1965 年，第 755 页。

3　王惠民：《胡国振先生的家世与青年时期事业》，《胡国振先生纪念集》，1970 年，第 11 页。

4　蒋介石电鲁涤平、吕芯筹、许绍棣（1932 年 5 月 22 日），蒋介石档案，002-010200-00066-048。

5　军事委员会委员长侍从室人事登记卷（马策），侍从室档案，129-010000-3404。

6　蔡孟坚：《我与戴笠将军》，《中外杂志》第 24 卷第 3 期，第 78 页。

关史料的发掘。

此外，14 份名单内尚有 10 人在军统人事档案中未见记载，他们是：多人提及的黄雍；徐亮提到的曹恢先、赖申；黄雍提到的余洒度；费云文提到的东方白；唐良雄提到的方超、张筱嵩；文强提到的许某某；章微寒提到的刘恢先、裴西度。

黄雍系"十人团"的一员，无可异议，有其本人及徐亮、张炎元的回忆可证，陈恭澍回忆录中亦有佐证。[1]

曹恢先与黄雍的情形类似，他曾一度参加联络组，但中途又退出，日后也未加入军统。其事除有徐亮的回忆可证外，尚有唐纵 1932 年 2 月 15 日日记云："恢先来信，说我与他的任务是由雨农转来力行社的，他现在已经告退了。"[2]

赖申仅见于徐亮的名单，不知何人，查 1932 年 4 月特务处成立之初，曾以赖云山为译电，此赖申或即赖云山，唯赖云山之生平亦不详。[3]

余洒度、东方白、方超均系军统元老，许某某或指许忠五，参加军统亦甚早，唯此 4 人与联络组之关系皆乏史料可证。

张筱嵩，仅见于唐良雄及乔家才之名单，而乔家才的名单后出，有可能是引自唐良雄的说法。[4]案张筱嵩不知何人，当系张晓崧之误。张晓崧，字旭野（有的文献中写作叔夜），浙江温岭人，中央军校政训研究班出身，毕业后曾在浙江省保安处、陆军第五十八师、第十集团军副司令部、委员长侍从室任职，抗战胜利后曾任上海市政府民政处处长。[5]查张晓崧并非军统中人，不知唐说有何根据。

刘恢先、裴西度亦不知何人，刘恢先或系曹恢先之误。

综上所述，通行的 14 份"十人团"名单中，除去大量重复者，合计 28 人。其中黄雍、王天木、张炎元、赵世瑞、周伟龙、马策、唐纵、郑锡麟、胡天秋、徐

1　陈恭澍：《北国锄奸》，第 13 页。

2　公安部档案馆编注：《在蒋介石身边八年——侍从室高级幕僚唐纵日记》，第 30 页。

3　"国防部情报局"编印：《"国防部情报局"史要汇编》上册，第 13 页。

4　唐良雄原作"张筱嵩"，乔家才误作"张筱高"。张霈芝又据乔家才说，称"张筱高，字筱嵩"，不知何据，见张霈芝：《戴笠与抗战》，第 37 页。

5　屠诗聘主编：《上海市大观》，上海，中国图书编译馆，1948 年，中篇第 10 页。

黄埔一期黄雍　　　　　黄埔二期张炎元　　　　　黄埔四期赵世瑞

黄埔四期周伟龙　　　　　黄埔四期马策　　　　　黄埔四期唐纵

黄埔六期郑锡麟　　　　　黄埔六期胡天秋　　　　　黄埔六期徐亮

"十人团"部分成员照片

亮 10 人可以确定是"十人团"的成员,唯黄雍中途退出;张冠夫曾参加联络组的工作,但可以确定他不是"十人团"的成员;陈恭澍、吴乃宪、曹恢先 3 人亦曾参加联络组的工作,但没有证据显示他们是"十人团"的成员;梁干乔、刘培初、郑介民、王兆槐、马志超、胡国振 6 人虽是军统元老,但可以确定没有参加联络组的工作;余洒度、东方白、方超、张晓崧 4 人与联络组之关系,囿于史料不得而知;赖申、许某某、裴西度、刘恢先 4 人身份待考,赖申或系赖云山,许某某或指许忠五,刘恢先或系曹恢先之误。经过此番考证,虽有若干细节尚不易判明,但"十人团"的名单当可大定,不至于众说纷纭了。

捌 戴笠何时出任力行社 特务处处长

1932 年 3 月，蒋介石重新上台，就任国民政府军事委员会委员长兼参谋本部参谋总长，他鉴于国民党的组织松弛涣散，遂以黄埔毕业生为骨干，成立了一个意志统一、纪律森严、责任分明、行动敏捷而绝对效忠于他的国民党秘密组织"三民主义力行社"，不久又成立"革命青年同志会""革命军人同志会"及"中华复兴社"，作为力行社的外围组织。戴笠以黄埔六期学生，积极参加了力行社的筹备，在力行社成立后，他当选为干事会候补干事，他领导的联络组也奉命自 4 月 1 日起扩大改组为力行社特务处，由蒋介石任命他为处长。

此前戴笠虽是联络组组长，领导了一个初具雏形的小型特务组织，但当时蒋介石还是在野之身，所谓联络组亦只是一种工作名义，而非官方认可的正式单位。戴笠担任特务处处长后，情况就完全不同了，特务处虽然是一个秘密政治组织所辖的部门，但此一部门是在蒋介石的全力支持下建立和发展起来的，戴笠凭借蒋介石的长期信任，得以招纳人员，正式开展特务工作，此后他担任特务处处长以及改组后的军统局负责人将近 14 年，几乎与蒋介石担任军事委员会委员长相始终。因此对戴笠而言，执掌特务处是其一生事业最重要的转折点。

戴笠是何时被蒋介石任命为特务处长的？按戴笠本人最初的说法，是 1932 年 1 月 26 日，他曾在 1941 年的一次演讲时说：

当九一八事变发生后，日本帝国主义者逞其凶焰，占我东北，领袖这时深深觉得我们革命的高潮有渐趋没落的危险，非加强新的力量不可，于是便有民族复兴运动的产生，我不过是当时的一个工作同志而已！二十一年一月二十三日，我在杭州忽然接到领袖的电报，要我马上回京。二十六日晚上，领袖在中山陵园召见，说团体××处要我负责，征求我的意见。因为领袖对民族复兴运动所抱的希望很大，所以对后进同志的期望也就很切。我当时报告领袖，说："这件事我不能做，因为团体里的人都是我的老大哥，以我这样的后辈来负责这样大的责任，决计做不好。"领袖考虑了一下，最后说："还是你做好！只要有决心就行，其他不必顾虑！"在这种情形之下，我不能再辞，只有说："是的！报告校长，你是我的校长，我是你的学生，你是我的领袖，我是你的部下，一个革命团体的细胞，当然是绝对听命组织，听命领袖。既然校长命令我做，我只有尽自己的能力来做！"[1]

戴笠还在 1943 年的一次演讲中重复了这一说法：

记得民国二十一年元月二十六日，我接到领袖的电报，由杭州回到南京。下午八点钟，领袖在召见。先是关系方面一共保举了六个人，领袖认为只有我比较适宜，能够做这个工作，要我担负这个责任。我因为团体当中许多人都是我的老大哥，并且这种事情本身就不容易做好，当时就向领袖报告，说我不能做这个工作。领袖问："为甚样？"我就把这个意思说了。领袖说："这不要紧，一切有我，不必顾虑，现在就是你有没有决心的问题，只要有决心，事情一定可以做的！"在这种情形之下，我不能再辞，当时就说："报告校长，就黄埔的关系讲，你是校长，我是你的学生，就革命的关系讲，你是领袖，我是你的部下。既然如此，我当然只有绝对服从命令，尽我自己的能力来做。"于是，不到一刻工夫，领袖就下了正式的命令，叫我组织××处，当时我向领袖表示："从今天接受了命令之日起，我的这个头就拿下来了。"领袖问我为什么？我说："这个工作做得好，头一定要给敌人杀掉，做不好当然要给领袖杀。"这便是我当年受命的时候对这个工作的认识与决心，这种认识与决心，到现在想起来，还是十二年如一日。[2]

1　戴笠：《团体即是革命家庭》（1941 年 4 月 1 日），《戴先生遗训》第 1 辑，南京，国防部保密局，1948 年，第 97—98 页。

2　戴笠：《我们的态度与决心》（1943 年 8 月 30 日），《戴先生遗训》第 1 辑，第 69 页。

然而戴笠在 1946 年 3 月演讲时，又改 1 月 26 日为 2 月 26 日，他说：

民国二十一年二月二十六日下午八时在南京中山陵园，我接受领袖成立特务处的命令，领袖支持我，固然绝对要负责，但是次日上午有一位同志，现已出国，名字我不便说了，来要打倒我，他说关于特务处的人事经费，校长叫他负责。次日，我就报告领袖辞职，结果没有准。[1]

在原始档案阙如的情况下，戴笠的回忆本应具有较大的参考价值，然而他自己即有两种不同说法，就使问题变得棘手了。因此相关著作述及这段历史时，多会提及蒋介石复职后与戴笠之间的这次重要对话，并指出戴笠由此担任特务处处长，却鲜少提及这次重要对话的时间。《"国防部情报局"史要汇编》根据戴笠 1946 年之演讲，记载："民国廿一年二月，戴先生奉命组织特务处。"却未解释采用此说的原因。[2]

军统元老毛钟书曾对《史要汇编》的记载提出质疑，他根据戴笠 3 次自述，指出 1 月 26 日较为可靠，理由是："蒋公 1 月 21 日重返南京，百事待举，即电召进见，及笠处事迅速精神，兼杭州至南京之距离，应当日即达，如 23 日到，延至 26 日召见，稍欠合理。26 日当天到，晚上召见，应较可取。及所述 1 月 26 日晋见情形最详尽。据此，受命创设特务处时间应为 21 年 1 月 26 日。"[3] 实则毛钟书的考证全凭情理推断，而未顾及史实。如以史实为根据，则 1 月 26 日和 2 月 26 日这两种说法恐怕均不准确，盖因力行社系于 2 月 29 日成立，而蒋介石决定特务处处长的人选又在力行社成立之后。

关于力行社的成立日期，一度有过争议，及蒋介石日记公布后，查其 1932 年 2 月 29 日日记云："上午到励志社，力行社成立礼，训话一时余。"[4] 由此即能确定力行社成立于 2 月 29 日。

1　戴笠：《牺牲的决心》（1946 年 3 月 10 日），《戴先生遗训》第 1 辑，第 110 页。

2　"国防部情报局"编印：《"国防部情报局"史要汇编》上册，第 13 页。

3　毛钟书：《戴笠传（再修正稿）》（1997 年 2 月），《忠义会讯》第 10 期（1997 年 5 月），第 23—24 页。

4　《蒋介石日记》，1932 年 2 月 29 日。

关于特务处处长的委任时间问题，则有力行社骨干康泽、干国勋、滕杰等人忆述可资参考。据康泽回忆，力行社成立一两个星期后，戴笠被任命为特务处处长：

在复兴社成立，各处负责人均已派定，并分别开始工作一两个星期以后，特务处的负责人仍是虚悬。有一天晚上，蒋介石召集大家谈话，在开始前，蒋介石单独叫我去说："你来负特务处的责任怎样？"我当时思想中把特务视为畏途，因此答复说："我的性情不相宜。"蒋介石说："好，那你还是负宣传处的责任好了。"然后蒋介石到会议室和大家谈话，蒋介石首先说："特务处的负责人，我考虑了很久，我想以戴笠来做处长，郑介民做副处长，你们觉得怎样？"

戴笠，黄埔六期，名义上一段时间做侍从副官，实际上是做秘密工作，先后受胡靖安和蔡劲军的指挥。他在当时那一批人中，地位很低，但大家都知道他一下在这里，一下又跑到那里，是一个额头上刻了字的"包打听"。蒋介石提出他来做特务处的处长，大家虽然感到惊异，但都不好表示异议。[1]

康泽在另一篇回忆文字中的说法稍有不同，略谓力行社成立会结束当天，进行干事选举，当晚由社长蒋介石指定了常务干事、常务监察及各处处长人选，特务处处长未指定，直至3月下旬始由戴笠担任：

选举完毕以后，大会就闭幕了。……大会的选举，大会的决定，还要经过社长的批准才能算数。因此这次（第一次大会）选举的结果当天呈报社长批示，当晚他就批准了，并指定了：（1）常务干事三人：贺衷寒、酆悌、滕杰，以滕杰为书记。（2）常务监察一人：田载龙。（3）各处处长：组织处处长周复，宣传处处长康泽，训练处处长桂永清。

特务处处长这时还空着，没有指定人。直到3月下旬的一天晚上，蒋介石在他陵园别墅召集原来那十来个人开会。在他没有出来开会以前，叫我和桂永清两人到里面房间去，对我说："特务处的职务很重要，现在还没有适当的人。他们对我说你很相宜，你担任这个职务怎么样？"我事前一点不知道，没有思想准备，感到很

1　潘家钊等编：《康泽与蒋介石父子》，第35页。此书为康泽被俘后，在改造时撰写之回忆材料，原题《我的再清算》，完稿于1952年12月。

突然，因此我答复："不相宜，性情不相宜。"他没有再说什么，就叫我们出来了。他跟着出来开会，首先就宣布："特务处长就是戴笠好了，郑介民去做副处长，大家的意见怎么样？"领袖的话谁敢不同意？个个都忍耐着说："同意。"其实大家都不大满意戴笠……[1]

康泽对戴笠的"不大满意"，可以由戴笠讲词中得到印证，查戴笠 1946 年讲话时，自述担任特务处处长次日，"有一位同志，现已出国，名字我不便说了，来要打倒我"。乔家才谓此一反对戴笠之同志为康泽，[2] 毛钟书则以为贺衷寒。[3] 查力行社内反对戴笠者甚多，而以康泽反对最烈，且查贺衷寒于抗战胜利后担任三民主义青年团中央组织处书记长，并未出国，康泽则因政治失意，奉派赴欧洲考察。[4]以贺衷寒、康泽在抗战胜利后之行止与处境言，戴笠提及之同志当为康泽。康泽既因特务处处长的人选问题与戴笠发生争执，则他对此事发生的时间、经过想必印象深刻，因此 3 月下旬这个时间值得重视。

再据干国勋回忆，力行社成立次日，开全体干部会议，研讨组织分工及人选，决定由桂永清担任特务处长，戴笠助理，此后"桂永清仅任职一周，因他筹办军校附设军官干部训练班事繁，不能兼顾请辞，由书记滕杰转报领袖，准予辞职，并以助理戴笠升任，同时任郑介民为该处助理"。[5] 不过干国勋在此后的一篇文字中改称，戴笠是在力行社成立一个多月后担任特务处处长的：

当力行社成立之始，所有其干部二十余人，以桂永清为领队——因他留德刚回国——在南京中央军校左侧的炮标营房之一栋的二楼作教室，受了德国籍顾问某中校教授情报知识一个月，结业后于蒋先生按例召集力社干部会报后说：……力行社除了设总务、组织、训练、宣传等处之外，也要设立一个特处，办理情报及特殊

1　康泽：《复兴社的缘起》，《文史资料选辑》第 37 辑（1963 年 9 月），第 139 页。

2　乔家才：《情报珍闻》，《中外杂志》第 47 卷第 6 期，第 142 页。

3　毛钟书：《戴笠传（再修正稿）》，《忠义会讯》第 10 期，第 24 页。

4　潘嘉钊等编：《康泽与蒋介石》，第 153 页。

5　干国勋：《关于所谓复兴社的真情实况（上）》，《传记文学》第 35 卷第 3 期（1979 年 9 月），第 37 页。

而不能以一般法律处理的肃奸肃反工作。他说明了上述力行社须建立一个特务处的意义后，便提名桂永清为处长，邱开基为助干即副处长，征求大家是否同意，当即无异议通过了。桂永清任此职一周后，因其所主持之军校附设军官训练班……在当时实极重要，他不能兼任力行〔社〕特务处长，请辞，力行社常干会通过了，于是由书记滕杰向蒋先生报告，并请指派继任人选。蒋先生说："我看戴笠有特工天才，你们试用看看。"滕杰说："领袖既提名戴笠同志，那就以他接任。"蒋先生还是说："你们试用试用。"待滕杰向常干会报告经过后，大家以戴笠同志在筹备期间忠勤情形，便通过了，这是戴笠将军被任为力行社特务处长的经过。[1]

又据力行社第一任书记滕杰回忆，各处处长人选是在力行社成立两天后决定的，特务处处长一职先由桂永清担任，再由戴笠接任：

二十一年三月一日在南京励志社总社举行选举会，选举力行社干事会干事……

在选举之后，领袖根据一月来的考察以及各人所写文章的思想见解，配合在选举会获得的票数，经过两天的审查考虑，才对力行社的常务干事及各处负责人，作了初步决定，并于三月二日第一次干事会中，将其考虑的名单提出会议，征得了大家的同意……

特务处长初由常务干事桂永清担任，桂以非其所长，辞不就任，由领袖提名候补干事戴笠担任，桂永清改任军事处长。[2]

滕杰还说，力行社成立之初，并未考虑由戴笠负责力行社的日常工作，直至桂永清辞职后，蒋介石始多次向他推荐戴笠：

进入民国二十一年初，领袖开始领导力行社的筹备工作。自元月底到二月二十九日力行社正式创立为止，这一个多月当中，领袖几乎每天晚上都在南京中山陵丛林中的一栋房子里召开秘密会议，详细听取大家的意见。每次开会，戴笠都负责会议事务性工作，也参加座谈，所以他成为四十多位发起人之一。但因为他在领袖身边工作，所以自始没有考虑到请他来力行社担任实际的日常工作。

1　干国勋：《力行社与军统局》，《中外杂志》第31卷第1期（1982年1月），第70页。
2　蒋京访问纪录、李云汉校阅：《滕杰先生访问纪录》，台北，近代中国出版社，1993年，第21—22页。

左：康泽
中：干国勋
右：滕杰

......

力行社成立之初，特务处长是由桂永清担任的。他不久辞职，领袖三次向我婉言推荐戴笠，才终于任命了戴笠为特务处长。我原先对戴笠这个人没有什么认识，领袖三次见到我，都说："戴笠这个人可能适合这个职务，你不妨考虑考虑！"[1]

综合康泽、干国勋、滕杰 3 人的回忆来看，他们叙述的角度和细节虽有不同，但均指出戴笠是在力行社成立一段时间后担任特务处处长的，由此可知戴笠所谓 1 月 26 日或 2 月 26 日晋谒蒋介石并被委任一节，必是记忆有误。

不过康泽和干国勋的不同说法引发了一个新的问题：康泽称戴笠担任特务处处长是在 3 月间；干国勋则称力行社成立一个月后始设立特务处，且由桂永清先任处长一星期，照此说法，戴笠接任特务处处长已是 4 月上旬了。众所周知，军统特务组织以 4 月 1 日为成立纪念日，康泽和干国勋的不同说法，不仅关系戴笠任职的时间问题，还牵涉到桂永清在军统官方历史叙述中的地位问题，换言之，如果戴笠是 3 月就任的，则桂永清短暂担任处长的经历并未得到认可，如果戴笠是 4 月上旬就任的，则说明桂永清首任处长的地位是被承认的。

这一疑问，可由 3 种关键史料中找到答案：一是唐纵日记，查其 1932 年 3 月 24 日日记云："戴笠来电'可即回京'。"4 月 1 日日记云："戴笠要我在京做书记

1 劳政武编撰：《从抗日到反独——滕杰口述历史》（2015 年 9 月），桃园，净明文化中心，2015 年，第 127 页、第 142 页。

的事务。我本来打算辞职，见他这么推重，我已允许这机械的生活了。"[1] 案唐纵担任联络组组员时，被派赴南昌活动，他于 3 月 24 日接到戴笠令其回京之电，很可能是戴笠已被蒋介石委任为特务处处长，遂邀其回京，筹备特务处的工作。且唐纵于 4 月 1 日已被戴笠委任为特务处之书记，说明此时戴笠必已是特务处处长了。二是戴笠于 1940 年 3 月 29 日亦即军统成立 8 周年前夕呈给蒋介石的一个报告，内云："窃自二十一年三月奉命设立特务处，于四月一日呈报成立，并开始工作以来，迄今已届八周年矣。"[2] 三是毛人凤曾追述："我们的工作创造人戴先生是在民国十五年参加黄埔军校受训的，毕业之后，他追随在我们的领袖左右，从事情报调查工作，在这个时候他是一个人在奋斗，没有组织，到民国廿一年三月奉到领袖的命令，来创造我们的工作，在同年四月一日，开始作了组织的活动。"[3] 据此，戴笠当系 1932 年 3 月被委任为特务处长，桂永清则未能在军统官方历史中占有一席之地，当无疑义。

1　公安部档案馆编注：《在蒋介石身边八年——侍从室高级幕僚唐纵日记》，第 30—31 页。

2　戴笠呈蒋介石报告（1940 年 3 月 29 日），蒋介石档案，002-080102-00035-002。

3　毛人凤讲词，《健行月刊》第 3 期，第 8 页。

玖　国民政府军事委员会调查统计局前身
——情报局之研究

1932 年 3 月，蒋介石就任国民政府军事委员会委员长兼参谋本部参谋总长后，为统一指挥中国国民党中央调查科及力行社特务处等情报组织，提高情报工作效能，于同年 9 月成立情报局。情报局对外高度保密，1935 年 4 月改称军事委员会调查统计局，存在时间仅两年七个月，遗留至今的原始档案极为有限，且因事涉隐秘，了解其内情者极少，而相关人士常以军事委员会调查统计局代称情报局，愈使其历史不为人知。

过去由于史料缺乏，无论通史著作，或是研究特工史的专书，几乎众口一词，谓 1932 年 9 月成立军事委员会调查统计局，国民党中央调查科及力行社特务处分别隶属该局为第一、第二处，实则 1932 年 9 月成立者为情报局，遍检 1935 年以前之原始文献，并无只字提及"军事委员会调查统计局"者，而调查科与特务处也并非自始即与该局为隶属关系。近年来，随着蒋介石档案及军统局档案的公布，有关情报局历史的真相逐渐浮出水面，日本学者岩谷将、中国台湾学者范育诚均曾就国民政府情报组织的发展演变撰写相关论文，但因侧重点不同，对情报局的历史尚未进行全面而深入的考察。[1]

笔者鉴于情报局这一重要机构的来龙去脉亟待厘清，拟根据原始档案，并参考重要当事人之回忆史料，对其成立经过、人事更迭、组织沿革、工作概况以及派系纠纷等情形进行初步研究，并梳理不同文献对于情报局历史的叙述脉络，以说明相关历史湮没不彰的原因。

一、情报局的成立经过

1931 年 12 月，蒋介石因宁粤分裂以及"九一八"事变的内忧外患，被迫下野。他于辞职返乡后，曾自省此次政争失败之原因，在于"不能自主"，且"无干部、无组织、无情报"，以致"陷于内外挟攻之境"，故"此后如欲成功，非重起炉灶，根本解决，不足以言革命也"。[2]当他于 1932 年 1 月重新上台后，即在所属干部及党外知识分子中留意选拔政治、经济、外交、教育、军事、党务等方面的人才，以解决"无干部"的问题，同时成立了一个以黄埔学生为骨干且绝对效忠于他的秘密组织"三民主义力行社"，以改变"无组织"的现状，[3]而针对"无情报"的窘况，他决定成立"情报局"。

情报局由酝酿到成立，经历了大概半年时间。先是蒋介石返回南京后，即有组织侦探队的设想，其 2 月 17 日日记云："组织政党，澈底政策，必先组织侦探队，防止内部叛乱，制裁一切反动，监督党员腐化，宣传领袖主张，强制社会执行，此侦探队之任务，而侦探队之训练与组织、指挥、运用则须别订也。"[4]蒋之秘书孙

---

1 岩谷将：《蒋介石、共产党、日本军——二十世纪前半叶中国国民党情报组织的成立与展开》，《蒋介石与现代中国的形塑》，台北，"中央研究院近代史研究所"，2013 年，第 2 册，第 13 页。范育诚：《国民政府情报组织的诞生与分化（1928—1938）》，《薪传：刘维开教授荣退论文集》，新北，喆闳人文工作室，2020 年，第 103—104 页。

2 《蒋介石日记》，1932 年 1 月 8 日。

3 金以林：《蒋介石的 1932 年》，《蒋介石的人际网络》，北京，社会科学文献出版社，2011 年，第 210—211 页。

4 《蒋介石日记》，1932 年 2 月 17 日。

怡解释此条日记称："公之特别重视侦探队自此始。夫侦探者，揭发阴私，窥察秘密，乃其本务。"[1]

　　3月18日，蒋介石就任军事委员会委员长兼参谋本部参谋总长，重掌大权。此后一段时间，他对情报与特工的兴趣越发浓厚，其日记中有多处研究情报学及特务组织的记录：4月3日，"《国际情报学》非速看不可也。"4月9日，"各地特务组织亦有研究。"4月21日，"定情报课程"，"定情报组织法"，"看《各国情报活动之内幕》，阅之手难释卷，甚恨看之不早"。4月22日，"穷一日之力，将《各国情报之内幕》看完，为近今最爱最要之书，此为董显光先生所订，从政者非知此不可也，得益非浅。"4月25日，"五时起床，看《情报学》。"[2]

　　当时蒋介石掌握的主要情报单位有3个：参谋本部第二厅、中国国民党中央调查科及力行社特务处。参谋本部直隶于国民政府，掌理国防及用兵事宜，下设四厅，其中第二厅负责谍报、调查工作。[3]调查科隶属于国民党中央组织委员会，其工作"侧重于中共地下组织活动的侦察与防制及其党徒的策反与制裁"。[4]特务处隶属力行社，其工作内容及任务是："秉承干事会之意旨、社长之命令，以严密之计划、严厉之手段，办理一切侦察及执行事宜"，简言之，即针对国内外一切反蒋势力进行特务活动。[5]

　　参谋本部第二厅是国民政府最高军事情报机关，国民党中央调查科、力行社特务处则分别是中统、军统两大特务组织的前身，然而这3个重要单位在当时均有其自身的局限，并不能因应"九一八"事变后国民政府面临的内忧外患。参谋本部暮气沉沉，人员作风懒散，不能主动推进工作，蒋介石曾于4月18日赴该部各厅

1　孙怡著，陈新林、吕芳上总编辑：《复兴赘笔：蒋介石事略稿本补遗》，台北，民国历史文化学社，2020年，第170—171页。

2　《蒋介石日记》，1932年4月3日、4月9日、4月21日、4月22日、4月25日各条。

3　陈长河：《国民党政府参谋本部组织沿革概述》，《历史档案》1988年第1期，第110页。

4　王禹廷：《中国调统机构之创始及其经过——专访中国调统机构创始人陈立夫先生》，《传记文学》第60卷第6期，第32页。

5　特务处组织大纲，军统局档案，148-010200-0007。

巡察，记曰："观其人员与情形，乃为一养老院、养病院，直可谓之养懒院，岂军事唯一首脑机关之参谋本部哉？言之可恨！思之可痛！鸣呼！如此军谋，何以抗日！"[1]国民党中央调查科专注于对付中共，对其他反蒋派的情报活动则用力较少，对蒋介石急于开展的抗日工作更是缺乏经验。力行社特务处则因成立不久，尚处在招兵买马、组训干部阶段，短时间内也难以担任艰巨任务。蒋介石由此感慨道："情报组织与人员皆无进步，焦急之至。"[2]

在这种情势下，蒋介石一面根据国防情势的急剧变化，对参谋本部原有组织斟酌变更，在第二厅下设6处，分掌国内外情报、参谋教育及战史编纂等事宜。[3]一面决定召集特务及军警干部成立新的情报机构，使情报工作尽快形成规模，他曾于4月13日考虑新情报组织之人事，"以徐恩曾、陈希曾、戴笠、郑介民、竺鸣涛为干部，蔡劲军亦可入选。"[4]上述诸人均系现任或前任特务、军警单位的负责人。[5]由此可见，蒋介石正在酝酿的新组织是一个级别甚高的情报机构，现有军警、特务单位负责人只可作为这一机构的干部，而非领袖之才。此一时期，蒋介石不断感慨："期得一人为情报领袖，与之商决情报组织，总未得其人也"，"情报精巧与重要实为治国惟一之要件，但选人甚难，梦寐求之，未易得也。以后以情报机关组织法与情报网之组织最为重要，当精思之。"[6]

5月14日，蒋介石考虑军事计划，有"国防则以设计局与情报局为先务"之语，是为"情报局"这一名词出现的最早记录。[7]5月24日，国民政府特派蒋介石

---

1 吴淑凤编注：《事略稿本》第14册，第93页。

2 《蒋介石日记》，1932年4月26日。

3 蒋介石呈国民政府（1932年6月27日），国民政府档案，001-012071-00119-003；陈长河：《国民党政府参谋本部组织沿革概述》，《历史档案》1988年第1期，第110页。

4 《蒋介石日记》，1932年4月13日。

5 徐恩曾时任国民党中央调查科主任，陈希曾曾任上海市公安局局长，戴笠、郑介民分别时任力行社特务处正、副处长，竺鸣涛时任浙江保安处处长，蔡劲军则长期为蒋介石从事情报活动。

6 《蒋介石日记》，1932年4月19日、4月21日。

7 吴淑凤编注：《事略稿本》第14册，第287页。

为豫鄂皖三省"剿匪"总司令，蒋介石随即于 6 月 28 日在汉口设立总司令部，筹划"剿共"事宜，组织情报局之事乃暂时搁置。[1] 至 8 月下旬，蒋介石开始重新考虑此事，于 22 日、23 日电召前调查科主任陈立夫、参谋本部第二厅副厅长陈焯以及特务处方面的戴笠、郑介民、梁干乔、余洒度等人来汉密谈情报组织事宜。[2] 经过这番密谈，蒋介石基本确定了情报局的人事及职责，遂于 8 月 31 日手谕参谋本部第二厅厅长林蔚，告以总司令部将成立总情报局，令其代理局长主持其事：

蔚文吾兄勋鉴：

总部设立总情报局，下分三处一室，以朱绍良为局长，林蔚为副局长兼第一处（情报处）长，陈焯为第一处副处长；刘健群为第二处（训练处）长，戴笠为副处长；徐恩曾为第三处（总务处）长，段剑岷（暂缓发表）为副处长；又化学室主任委顾顺章。朱局长未在京时，请兄代理局长主持之。此项任务为今日革命惟一重要工作，而尤以情报处接收审察情报虚实、批示惩奖为尤要，而其惟一要素乃为承上启下。时间之迅速灵敏与办事组织之紧张切实，固在于各处主持者专心一志、严厉监察与切实指导，以求进步。务望兄等悉心进行，期收实效。至于组织办法以及其余人选，请与各处长副等妥商，并望于十日内开始工作也。经费几何，核算后电告可也。中正，八月卅一日。[3]

此为迄今所见关于情报局成立的唯一原始档案，对情报局的人事安排以及办事原则均有详细说明，足可纠正若干影响颇广的错误记载。如过去一般认为，1932 年 9 月，国民政府军事委员会成立调查统计局，国民党中央调查科隶属该局为第一处，力行社特务处隶属该局为第二处。据此函可知，当时成立的机构名称为情报

1　吴淑凤编注：《事略稿本》第 14 册，第 481 页。

2　蒋介石电滕杰（1932 年 8 月 22 日），蒋介石档案，002-010200-00070-082；吴淑凤编注：《事略稿本》第 16 册，第 196 页、第 203 页。陈焯之任职情况，参见军事委员会委员长侍从室人事登记卷（陈焯），侍从室档案，129-210000-1442。

3　蒋介石函林蔚（1932 年 8 月 31 日），蒋介石档案，002-010200-00070-101。

局，而非调查统计局，[1] 且调查科与特务处并非自始即隶属该局，而是仅由负责人徐恩曾、戴笠分别兼任该局总务处处长与训练处副处长。[2]

人事安排方面，情报局高级负责人来自军事情报单位、国民党中央调查科、力行社特务处及军事政训单位 4 个系统。军事情报单位系统有朱绍良、林蔚、陈焯 3 人：朱绍良时任豫鄂皖三省总部总参议，一度是蒋介石心中的参谋本部二厅厅长人选；[3] 林蔚、陈焯分别时任参谋本部二厅正厅长、副厅长，对军事情报工作亦有相当经验。调查科系统有徐恩曾、段剑岷、顾顺章 3 人：徐恩曾时任调查科主任；顾顺章在该科担任训练工作；[4] 段剑岷亦为该科工作人员，曾任河南党务特派员。[5] 特务处系统为戴笠。政训系统为刘健群，刘健群时任军事委员会政训处处长兼中央军校政训研究班主任，他的加入，当与蒋介石要求特务组织"宣传领袖主张，强制社会执行"的设想有关。

办事原则方面，情报局系以第一处亦即情报处为核心部门，该处以接收情报、"审查情报虚实"及"批示奖惩"为工作重心。从情报处正处长、副处长分别由参谋本部二厅正厅长、副厅长兼任来看，情报处接收、审查情报及奖惩的对象有可能

1　查 1936 年 2 月徐恩曾呈蒋介石报告，内有"调查统计局于二十四年四月正式成立开始办公后，曾编制经费预算，并蒙核准每月拨发二万伍仟圆，计先后领到四五六三个月经费共七万伍仟圆，并奉批准调查统计局经费仍在原有经职以情报局名义具领经费内拨支，将所领款项存储作开展事业之用"等语，国民政府档案，001-023330-00011-009。再查特务处工作人员李邦勋回忆云："1935 年，蒋介石把情报局改称为军事委员会调查统计局。"可知此时之情报局即日后之军事委员会调查统计局，见李邦勋：《情报局和中统军统前身的错综隶属关系》，《文史资料存稿选编》第 13 册，第 22 页。

2　力行社骨干邓文仪曾在一篇回忆文字中，提出与通行著作不同的说法，略谓特务成立半年后，"戴雨农兼任了国民政府军事委员会调查统计局第二处副处长。"邓文仪虽以军事委员会调查统计局代称情报局，但明确指出戴笠当时是副处长，这一记载与流俗之说迥然不同，在某种程度上佐证了特务处并非自始即隶属情报局为第二处，颇为难得，见邓文仪：《我的同志好友戴笠（一）》，《中外杂志》第 19 卷第 5 期，第 37 页。

3　《蒋介石日记》，1932 年 4 月 19 日。

4　张文：《中统二十年》，《中统内幕》，第 13 页；王思诚：《瞻园忆旧》，台北，展望与探索杂志社，2003 年，第 33 页。

5　"国史馆"编印：《"国史馆"现藏民国人物传记史料汇编》第 10 辑，第 213 页；郑大纶：《中统向司法部门渗透点滴》，《文史资料存稿选编》第 13 册，第 58 页。

包括二厅所辖各处。此外，调查科与特务处也须将所获情报交付情报处审查，蒋介石曾于 9 月 5 日指示林蔚："总务处以及此外如戴笠等所得情报，亦皆交第一处收转，并由总局正、副局长随时考核，以求进步。每星期止少须有二次以上召集各处长、副讨论过去及现在、将来工作之缺点与批评为要。"[1] 事实上，情报局成立后不久，其权限已不限于接收、审查情报及批示奖惩，蒋介石曾于 9 月 19 日致电林蔚，转令徐恩曾、戴笠详报德州至临城一带布置情形并全力活动，这说明情报局对调查科与特务处有指挥之权，已俨然成为两大特务组织的上级机关。[2]

由情报局的人事安排及办事原则可知，蒋介石成立该局的初衷，在于集中力量、统一领导情报工作，接收、审查参谋本部第二厅、国民党中央调查科及力行社特务处等情报单位搜集的情报资料，并考核其质量之优劣，据以奖惩，以发挥"承上启下"的作用。[3]

二、情报局的人事更迭与组织沿革

情报局正式成立并开始工作后，其组织人事情形曾发生较大变化，囿于史料不足，此种变化过程尚难深入探析。兹据蒋介石与该局人员往来函电中透露的只言片语，简要勾勒该局隶属关系之争议、局长人选之更迭及内部组织之沿革情形。

1. 情报局的隶属关系

按蒋介石指示，情报局隶属"总部"亦即豫鄂皖三省"剿匪"总司令部，该总部直辖国民政府，与军事委员会为平行机关。[4] 但就现存档案来看，情报局相关人员从未提及该局上级机关为总部，行文中亦从无"豫鄂皖三省剿匪总司令部情报局"或"总部情报局"之类字样出现，且总部收支报告表中也没有发给情报局之款

---

1 蒋介石电林蔚，（1932 年 9 月 5 日），蒋介石档案，002-010200-00071-006。徐恩曾兼任情报局总务处处长，此电所谓总务处之情报即指调查科所获情报。

2 蒋介石电林蔚（1932 年 9 月 19 日），蒋介石档案，002-010200-00071-037。

3 王思诚：《瞻园忆旧》，第 36—37 页。

4 钱端升等著：《民国政制史》上册，重庆，商务印书馆，1944 年，第 288 页。

项记录。[1] 情报局改称军事委员会调查统计局后，徐恩曾呈蒋介石报告中有"调查统计局经费仍在原有经职以情报局名义具领经费内拨支"等语，[2] 详味其意，似乎指出当初情报局虽然存在，但并未成为任何机关的建制单位，仅在申领款项时才会出现该局名义。凡此均足使人怀疑情报局与总部的隶属关系。

此外有人认为情报局的上级机关是军事委员会。[3] 此说法自有其根据：如情报局办公处所并不设于总部所在地武汉，而设于军委会所在地南京；[4] 再如情报局处置所获情报，系以军委会办公厅名义令行相关上级政府进行查覆；[5] 又如情报局于1935年4月改称调查统计局后，其上级机关即为军委会。然而上述事实究属间接记载，并不能证明情报局的隶属情形。与此相反的是，1935年4月调查统计局成立后，局长陈立夫、副局长陈焯曾致电蒋介石请示将各省军政机关管理之邮电检查工作划归该局办理，电文中有"调查统计局既为采访情报、制裁反动之正式机关，而在军事委员会之地位亦经确定"等语，由此可知，在调查统计局成立以前，情报局在军委会之地位尚未确定。[6]

总之，情报局是否隶属豫鄂皖三省"剿匪"总部固然值得怀疑，唯该局究竟隶属何种机关，甚至有无隶属机关，仍有待于相关史料的发掘。

2. 情报局的局长人选

蒋介石最初拟以豫鄂皖三省总部总参议朱绍良兼任情报局局长，唯朱绍良军务倥偬，根本无暇参与情报局的运作，蒋介石遂以军事委员会办公厅副主任兼参谋本部二厅厅长林蔚代理局长。事实上，林蔚事繁任重之程度并不亚于朱绍良，而情报

1　豫鄂皖三省"剿匪"总司令部经理处二十四年一月份收支报告表及出纳计算书（1935年3月5日），国民政府档案，001-023330-00001-002。

2　徐恩曾呈蒋介石报告（1936年2月），国民政府档案，001-023330-00011-009。

3　胡性阶：《中统在鄂汉的概述》，《武汉文史资料》第11辑，第91页；柴夫：《中统兴亡录》，北京，中国文史出版社，1989年，第12页。

4　李邦勋：《情报局和中统军统前身的错综隶属关系》，《文史资料存稿选编》第13册，第22页。

5　戴笠呈蒋介石报告（1933年7月7日），军统局档案，148-010200-0007；情报局三月中旬情报处置报告表（1935年3月22日），国民政府档案，001-050000-00019-004。

6　陈立夫、陈焯电蒋介石（1935年8月12日），国民政府档案，001-050000-00011-001。

局草创伊始，非投入大量精力不可，因此林蔚在情报局成立之初，即向蒋介石表示不适宜担任此职，蒋介石则以其主持二厅、具有情报工作经验，坚持让其负责。[1]然而不久之后，林蔚因须专负军事委员会办公厅之责，不再兼任二厅工作。[2]林蔚既与情报业务脱节，自然不宜继续担任情报局负责人。于是蒋介石决定改任陈立夫，他于 1933 年 2 月 1 日电告林蔚："关于情报局正、副主任事，准照中正在京时手条，由立夫任副主任，代理局主任速接事，以免延误。"[3]

陈立夫为国民党特务组织创始人，熟悉情报业务，尤其值得注意的是，陈立夫虽然只在 1928 年短暂担任过中央调查科主任，但因"此一工作是新创的"，"不能完全不管"，当他离开调查科后，仍是调查科的实际负责人，调查科"从小到大的各种活动，都是在他的指导下进行的"。[4]因此，蒋介石早在 1932 年 4 月筹划成立情报局之初，即与陈立夫多次商谈过相关事宜。[5]同年 8 月情报局成立前夕，蒋介石又召陈立夫到武汉密谈。[6]就能力、经验与资望而言，陈立夫确是接任此职的合适人选，但他在当时正担任国民党中央组织委员会主任委员，"办理党务，日夜工作犹无补"，而情报局关系重大，非有人专力主持不可，因于 2 月 3 日向蒋介石表示难以胜任。蒋介石则坚持此一任命，电令陈立夫"切实负责接办，不可推诿"。[7]陈立夫代理情报局主任后，林蔚逐渐淡出。[8]至迟在同年 9 月间，陈立夫已正式接

1　蒋介石函林蔚（1932 年 9 月 5 日），蒋介石档案，002-010200-00071-006。

2　参谋本部二厅之人事递嬗情形，参见该部任免官员名册，国民政府档案，001-032142-00002-001；国民政府文官处印铸局编印：《国民政府公报》洛字第 21 号，第 62 页。

3　蒋介石电林蔚、陈立夫，蒋介石档案，002-010200-00076-010。

4　陈立夫：《成败之鉴》，第 106 页；陶蔚然：《中统概况》，《文史资料存稿选编》第 13 册，第 1 页。

5　《蒋介石日记》，1932 年 4 月 20 日、1932 年 4 月 24 日。

6　吴淑凤编注：《事略稿本》第 16 册，第 196 页。

7　陈立夫电蒋介石（1933 年 2 月 3 日），蒋介石档案，002-070100-00030-044；高明芳编注：《事略稿本》第 18 册，第 306—307 页。

8　林蔚于 1933 年下半年奉命修改《特务处考绩奖惩条例》，是其参与情报局事务的最晚记录，见蒋介石档案，002-080102-00034-002。

任情报局局长。[1]

3. 情报局的组织沿革

起初，蒋介石拟在情报局内以职能划分各处室，其工作重心无疑是第一处亦即情报处，训练处、总务处、化学室当居于辅助地位。且就人事安排来看，参谋本部二厅在情报局的业务中居于主导地位，国民党中央调查科与力行社特务处在局内的作用并不突出。但当林蔚逐渐淡出情报局事务后，参谋本部二厅与该局脱离关系，该局工作重心势必要转移至调查科及特务处方面，因此情报局对内部组织进行了调整，以调查科隶属该局为第一处，特务处隶属该局为第二处，由徐恩曾、戴笠分任处长。[2]

情报局这次改组的关键在于，调查科、特务处在形式上隶属该局的同时，仍分别隶属于国民党中央组织委员会及力行社干事会，继续以原有名义开展工作，情报局一、二处两处仅作为其掩护工作、申领经费的机关。至此，情报局一、二处两处不再是专负情报与训练之责的职能部门，而转化为两个组织健全且具有高度独立性的特务部门。此外，调整后情报局第三处的基本情况尚乏原始档案可证，唯 1935 年后军事委员会调查统计局之第三处系掌理统计、登记、编纂及不属他处事宜，似可作为情报局第三处职掌之参考。[3]

关于情报局此次改组的时间，众说纷纭。据军统官书记载，早在 1932 年 9 月情报局成立之初，调查科、特务处即隶属该局为一、二两处，去台军统、中统旧人

---

1 陈立夫于 1933 年 9 月 13 日致电蒋介石，请示发给戴笠经费，内有 "戴笠同志在林蔚文兄任内，批准每月向情报局领支浙江省警官学校附设乙丙两种特警训练班经费" 等语，可知此时林蔚当已正式卸任，由陈立夫继任情报局局长。见蒋介石档案，002-080200-00121-005。

2 "国防部情报局" 编印：《"国防部情报局" 史要汇编》上册，第 13 页；李邦勋：《情报局和中统、军统前身的错综隶属关系》，《文史资料存稿选编》第 13 册，第 22 页。

3 国民政府军事委员会调查统计局组织条例（1935 年 4 月 18 日），"档案管理局" 藏 "国防部" 史政编译局档案，B5018230601/0024/029/0762。

多援引此说，[1] 留在大陆的两统旧人则有 1932 年、1933 年、1934 年、1935 年等不同说法。[2] 由于缺乏直接证据，笔者拟根据若干间接记载略窥此一变化的蛛丝马迹：

查 1932 年 9 月 26 日林蔚致蒋介石电，内称"据第三处转据马绍武报告，谓在二十三日上午破获共党军委李必刚等"云云。案马绍武即史济美，为调查科工作人员。据此，1932 年 9 月底，徐恩曾仍任第三处亦即总务处处长，与蒋介石最初之拟议并无区别，这说明调查科与特务处并非自始即隶属情报局。[3]

再查陈立夫负责情报局后，曾与徐恩曾重新制定该局预算，确定自 1933 年 3 月起，每月经费 7 万元，其中包括调查科与特务处在京沪等处行动经费、各地机关经费、电台经费、交通经费、杭州特务警察训练班经费以及戴笠之特别费。此外，原由军需署发给戴笠之经费 24560 元亦改由情报局具领转发。[4] 这标志着特务处与情报局关系的日趋紧密，特务处隶属情报局极有可能就在此时。

另有 3 条值得重视的忆述史料。一是中统元老王思诚回忆，他于 1933 年二三月间自武汉回南京调查科任职时，调查科主任徐恩曾正好开始兼任"军事委员会调查统计局"第一处处长，遂决定将调查科作为对外办公机构，而将该科秘密机关

1　军统官书之相关记载，见"国防部情报局"编印：《"国防部情报局"史要汇编》上册（1962 年 3 月），第 13 页；《戴雨农先生年谱》（1976 年 5 月），第 26—27 页；《戴雨农先生传》（1979 年 10 月），第 21 页。去台军统、中统旧人之相关记载，见杨明堂：《从无名英雄到有名英雄——戴雨农先生的奋斗历程》（1977 年 1 月），第 27 页；费云文：《戴笠的一生》（1980 年 6 月），第 12 页；唐良雄：《戴笠传》（1980 年 7 月），第 54 页；陈恭澍：《北国锄奸》（1981 年 11 月），第 35 页；乔家才：《铁血精忠传》（1985 年 3 月），第 157 页；张霈芝：《戴笠与抗战》（1999 年 3 月），第 57 页；王蒲臣：《一代奇人戴笠将军》（2003 年 3 月），第 259 页；王思诚：《瞻园忆旧》（2003 年 12 月），第 36—37 页；等等。

2　1932 年说，见张文：《中统二十年》，《中统内幕》（1987 年 8 月），第 1 页。1933 年说，见李邦勋：《情报局和中统、军统前身的错综隶属关系》，《文史资料存稿选编》第 13 册（2002 年 8 月），第 22 页。1934 年说，见沈醉、文强：《戴笠其人》（1980 年 8 月），第 200 页；章微寒：《戴笠与军统局》，《浙江文史资料选辑》第 23 辑（1982 年 12 月），第 95 页。1935 年说，见胡性阶：《中统沿革》（1979 年）：《文史资料存稿选编》第 13 册，第 18 页。

3　林蔚电蒋介石（1932 年 9 月 26 日），蒋介石档案，002-080200-00057-060。

4　徐恩曾电蒋介石（1933 年 7 月 29 日），蒋介石档案，002-080200-00110-067。

"正元实业社"与第一处合并为"特工总部",作为内部秘密机构。[1]

二是军统元老王孔安回忆:"二十二年春节,我同徐为彬兄到鸡鹅巷戴公馆给戴老太太拜年,恰巧与梁干乔兄及乃建兄相遇,戴先生留我们午餐,闲话间,戴先生忽然说:'最近我们可能有个公开名义(军委会调统局第二处),今后乃建兄的担子更要加重了……'"[2]王思诚、王孔安分别是调查科、特务处成立初期最受徐恩曾、戴笠倚重的干部,他们对两个机构内情的了解远非一般工作人员可比,他们虽然错称情报局为"军事委员会调查统计局",但对调查科与特务处隶属该局时间的看法却出奇地一致。

三是军统旧人李邦勋回忆:"蒋介石看到徐恩曾和戴笠分别各掌握一个特务组织,互相摩擦,不能协作共事,分散了特务的力量,不利于他的反动统治,而陈立夫更忌戴笠深得蒋的信任,羽翼日益丰满,就力图把戴笠置于自己的掌握之中,以便加以控制。于是约在 1933 年间,蒋介石就成立了一个统一的特务机关——情报局,以陈立夫为局长。"[3]李邦勋的回忆文字风格严谨,少有舛误,但他却误记情报局成立于 1933 年,且只知该局局长为陈立夫,而不知林蔚,其故安在?其实这恰恰能够说明特务处是在陈立夫出任局长后亦即 1933 年 2、3 月间隶属情报局的,故而李邦勋有此与众不同的特殊印象。

调查科、特务处分别隶属情报局为一、二两处后,此后直至情报局改称军事委员会调查统计局,这种隶属关系未再变化。关于此点,有两条关键史料可证明:

一是情报局于 1935 年 3 月编制的该月中旬情报处置报告表,其中分列第一处、第二处呈送之情报及处置办法,据此,一、二两处显系各自独立的情报部门。[4]二是徐恩曾呈给蒋介石的"军事委员会调查统计局二十四年各月份经费收支计算书"中显示,1935 年 1 月情报局发给第一处的经费包括处本部经费、各地补助费、行

1　王思诚:《旷世风雷一梦痕》,第 115—116 页。

2　王孔安:《魂兮千古》,《唐乃建先生纪念集》,1982 年,第 252—253 页。

3　李邦勋:《情报局和中统、军统前身的错综隶属关系》,《文史资料存稿选编》第 13 册,第 22 页。

4　情报局三月中旬情报处置报告表(1935 年 3 月 22 日),国民政府档案,001-050000-00019-004。

动区经费、情报区经费、电讯交通费、训练经费、事业经费等项，第二处经费包括第二处经常费、戴笠经领经费、戴笠经领调查费、戴笠特别费、杭乙班经费、杭丙班经费等项。[1] 此外、2、3 月两月经费支出情况亦与 1 月略同。在这里可以清楚地看出，第一处所领经费项目已经包括一个特务组织维持运转的各项基本费用，其中"行动区"一项更是调查科独有的单位；[2] 第二处经费则几乎全由戴笠经领，其中杭乙班、杭丙班专指特务处设在浙江警官学校的特务警察训练班，可知此时的第一、二两处即为调查科、特务处。[3]

1935 年 2 月，豫鄂皖三省总部撤销，[4] 情报局隶属机关不复存在。3 月中旬，蒋介石决定将情报局改称军事委员会调查统计局，并与军事委员会办公厅主任朱培德商定，仍以陈立夫为该局局长。[5] 不久，陈立夫奉军事委员会秘训字第 1497 号训令："兹任命陈立夫为本会调查统计局局长，陈焯为本会调查统计局副局长。"随即积极筹备，暂设局址于南京四条巷菲园，于 4 月 1 日开始办公，[6] 其内部组织一切照旧，各项开支亦照常在原有情报局项下拨发。[7] 5 月 4 日，国民政府明令发表陈立夫、陈焯之人事任命。[8] 至此，"情报局"这一名词正式走入历史，取而代之的"调查统计局"因系半公开政府机关，遂逐渐为人所知。

---

1 军事委员会调查统计局各月份经费收支计算书，国民政府档案，001-023330-00011-009。此件为1936 年 2 月徐恩曾呈蒋介石之报告，此时调查统计局已正式成立，徐恩曾为行文便利，故对 1935年 4 月以前情报局之部分亦径称军事委员会调查统计局。

2 张文：《中统二十年》，《中统内幕》，南京，江苏古籍出版社，1987 年，第 15 页。

3 "国防部情报局"编印：《"国防部情报局"史要汇编》中册，第 16—19 页。

4 吕芳上主编：《蒋中正先生年谱长编》第四册，台北，"国史馆"，2014 年，第 543 页。

5 朱培德电蒋介石（1935 年 3 月 19 日），原电未见，其节略见于军事委员会各厅组处室去电登记簿，蒋介石档案，002-110601-00004-003。

6 陈立夫、陈焯呈蒋介石报告（1935 年 3 月），"档案管理局"藏"国防部"史政编译局档案，调查统计局组织执掌编制案。

7 徐恩曾呈蒋介石报告（1936 年 2 月），国民政府档案，001-023330-00011-009；李邦勋：《情报局和中统、军统前身的错综隶属关系》，《文史资料存稿选编》第 13 册，第 23 页。

8 国民政府文官处印铸局：《国民政府公报》第 1733 号，第 6 页。

三、情报局的运作方式

1932 年 9 月 19 日，蒋介石电令林蔚转令徐恩曾、戴笠派员在山东全力活动，[1] 侦查山东省政府主席韩复榘与二十一师师长刘珍年武装冲突情形，显示至迟在 9 月中旬，情报局已正式开始工作。唯此后三个月间，情报局或因组织人事未定、工作方法未熟之故，除向调查科与特务处转达蒋介石之指示外，并未开展情报之接收、审查工作，调查科与特务处亦仍循旧例，将各自搜集之情报径呈蒋介石批核。

这一时期，特务处搜集之情报仍然质量不佳。10 月 20 日，戴笠呈报新国民党在天津之活动情形，其内容不符合事实，遭蒋介石复电申斥："此电调查员何人，不确之至，应记过。"[2] 11 月 23 日，蒋介石电告林蔚、戴笠，"以后对于报告者须警戒"，必须"各方内容实情确能证明，方得呈报"，"否则应照惩罚条例处罚，该处亦应详审来报虚实，分别优劣为要。"[3] 在这种情形下，蒋介石亟须情报局尽快履行接收、审查情报之职能，代其先行分别各处情报之真伪、优劣，以提高工作效能。

自 12 月中旬起，情报局开始汇集各方呈送之情报，根据其内容分为共产党、第三党、本党党务、军事情形、北方要闻、平津情报、西南近况、胡派行动、日方行动、三中全会要闻等类，并将"情报摘由"呈送蒋介石，[4] 这标志着情报局的工作渐入正轨。兹将现存"情报摘由"之号次、时间、内容摘要及报告者整理如下表：

1　蒋介石电林蔚（1932 年 9 月 19 日），蒋介石档案，002-010200-00071-037。

2　蒋介石批示戴笠来电（1932 年 10 月 21 日），蒋介石档案，002-080200-00060-107。

3　蒋介石电林蔚、戴笠（1932 年 11 月 23 日），蒋介石档案，002-010200-00073-053。

4　蒋介石档案中现存"情报摘由"十余份，就其报告人包括徐恩曾、戴笠来看，其编写者当系情报局。各号"情报摘由"之典藏号如下：第五号，002-080300-00056-015；第六号，002-080300-00056-016；第七号，002-080300-00056-017；第八号，002-080300-00056-018；第十号，002-080300-00056-019；第十一号，002-080300-00056-020；第十二号，002-080300-00056-021；第十三号，002-080300-00056-022；第二十九号，002-080200-00050-012；第三十二号，002-080200-00050-019；第三十三号，002-080200-00050-024；第三十四号，002-080200-00050-029；第三十五号，002-080200-00050-029；第三十六号，002-080200-00050-033；第三十七号，002-080200-00050-036；第三十九号，002-080200-00050-043；第四十号，002-080200-00050-045；第四十一号，002-080200-00050-047。

号次	时间	内容摘要	报告者
第 5 号	1932 年 12 月 15 日	三中全会要闻八则 军事情形六则 日方情形一则 共产党情报二则 改组派情报二则 本党党务情报一则 北方要闻二则	临时特务处、沪市府 戴笠 沪市府 徐恩曾 戴笠 徐恩曾 徐恩曾
第 6 号	1932 年 12 月 16 日	三中全会要闻六则 共产党情报三则 西南近况五则 上海、重庆要闻二则 军事情形二则 日方行动二则 其他情报	临时特务处 徐恩曾、戴笠 徐恩曾 戴笠、沪市府 戴笠、徐恩曾 徐恩曾 戴笠
第 7 号	1932 年 12 月 17 日	共产党情报一则 国家主义派情报一则 各地要闻三则 军事情形五则 日军情报三则 三中全会要闻二则	徐恩曾 戴笠 徐恩曾、戴笠 戴笠 戴笠 临时特务处
第 8 号	1932 年 12 月 18 日	共产党情报六则 胡（汉民）派行动情报三则 粤港、北方要闻三则 日军情报一则 军事情报四则 三中全会要闻七则	徐恩曾、沪市府 徐恩曾 戴笠 徐恩曾 沪市府、戴笠 临时特务处
第 11 号	1932 年 12 月 21 日	社会民主党情报一则 西南近况三则 福建要闻三则 三中全会要闻十五则	戴笠 徐恩曾、沪市府 徐恩曾 戴笠、徐恩曾、临时特务处
第 13 号	1932 年 12 月 23 日	共产党情报二则 第三党情报一则 各地要闻七则 军事情形七则 日军情报三则 三中全会要闻五则	徐恩曾 徐恩曾 徐恩曾、戴笠 徐恩曾、戴笠 戴笠 临时特务处
第 29 号	1933 年 1 月 8 日	西南近况一则 军事情报二则	徐恩曾 戴笠

号次	时间	内容摘要	报告者
第 32 号	1933 年 1 月 11 日	西南近况三则 平津情报三则 日方行动五则 军事情形一则 山西要闻一则	徐恩曾 戴笠、徐恩曾 戴笠、徐恩曾 戴笠 戴笠
第 33 号	1933 年 1 月 12 日	军事情形三则 日方行动一则	戴笠 戴笠
第 34 号	1933 年 1 月 13 日	军事情形四则 平津情形三则 日方行动二则 其他情报二则	戴笠、徐恩曾 徐恩曾、戴笠 徐恩曾、戴笠 戴笠
第 35 号	1933 年 1 月 14 日	粤方要闻一则 军事情形二则 平津情形二则	徐恩曾 戴笠 徐恩曾
第 36 号	1933 年 1 月 15 日	军事情形一则 西南要闻二则	戴笠 徐恩曾
第 37 号	1933 年 1 月 16 日	共产党情报一则 西南近况二则 福建、北方要闻三则 军事情形八则 日方行动二则	沪市府 徐恩曾 徐恩曾 戴笠、徐恩曾 戴笠
第 39 号	1933 年 1 月 18 日	平津情报三则 西南近况四则 日方行动一则 共产党、日方要闻三则	徐恩曾 徐恩曾、沪市府
第 40 号	1933 年 1 月 19 日	共产党情报三则 西南近况三则 日方行动二则 上海要闻二则	徐恩曾、戴笠 徐恩曾 徐恩曾 戴笠
第 41 号	1933 年 1 月 20 日	各地要闻三则 军事情形一则 日方行动六则	徐恩曾、戴笠 戴笠 徐恩曾、沪市府

兹就此表之内容，结合相关史料，分析如下：

1. 现存最早的情报摘由是 1932 年 12 月 15 日编写的第 5 号，最晚的是 1933 年 1 月 20 日编写的第 41 号，就各情报摘由之日期及号次来看，情报摘由大致始于 1932 年 12 月 11 日，每日编写一号，至少持续了 41 天。1933 年 1 月下旬以后之情报摘由未见，当系林蔚去职后，情报局改变工作方式，遂中断编写。[1]

2. 情报局职司情报之接收、审查、考核，故将各情报进行摘由列表时，并注明各情报之报告者，以明责任。由报告者一栏可知，情报局之情报来源除调查科及特务处外，尚有临时特务处与上海市政府等单位。

临时特务处供给之情报仅有"三中全会要闻"一类，且在 1932 年 12 月 23 日以后即未再出现。国民党于 1932 年 12 月 15 日至 22 日在南京召开四届三中全会，临时特务处当系专为探查三中全会内幕而临时组设的情报单位，故全会结束后，该处亦即裁撤，关于该处的成立经过、组织人事等基本情形，尚无相关史料可证。

上海市政府供给之情报包括三中全会要闻、共产党情报、日方情形、西南近况、军事情报等类，其内容之广泛几乎与特务组织不相上下，此种情形，无疑与上海特殊的政治地位有关。上海是中国第一大都市，是国际列强及国内各派人物从事政治活动的中心，上海市政府作为国民政府管辖该地的最高机构，自然成为蒋介石了解国内外各方情报的重要窗口。上海市市长吴铁城为国民党粤籍元老，对粤方情形颇为熟悉，他长期向蒋介石报告两广当局以及胡汉民派在沪活动情形，颇受蒋之重视。[2] 此外，上海保安处处长杨虎亦受吴铁城领导，探查各方内部情形；上海市社会局局长吴醒亚则受陈果夫、陈立夫领导，从事特务活动。他们都是蒋介石获取沪上情报的重要来源。[3]

3. 蒋介石接阅情报摘由后，通常仅批"知"字，表示已阅，唯对个别亟待处置

1 戴笠电蒋介石（1933 年 2 月 3 日），蒋介石档案，002-080200-00067-087。

2 吴淑凤编注：《事略稿本》第 15 册，第 542—543 页。

3 王正华编注：《事略稿本》第 16 册，第 117—118 页。陈蔚如：《我的特务生涯》，《中统内幕》，第 147 页。

之情报亦批示查复，如 12 月 17 日戴笠报告"三十师前征收民间稻谷数千担"等情形，奉蒋介石批示"电该师长查复"。[1]

　　4. 自情报局按日编写情报摘由后，陈立夫、徐恩曾、吴铁城、吴醒亚等人几乎不再直接向蒋介石呈送情报，唯戴笠之特务处仍化名"柴之坚"，自 1932 年 12 月底至 1933 年 1 月底向蒋介石迭有报告。[2] 由此观之，情报局正式开始运作后，调查科与上海市政府即将情报基本交由局方转呈，而特务处似对此种工作方式不以为然，仍采用较为隐秘的办法将情报径呈蒋介石。特务处绕过局方之举，无疑是在戴笠指示下进行的，戴笠这样做的原因，有可能是担心传递手续增多，有泄密之虞，也有可能怀疑局方对情报任意剪裁，使下情不能完全上达。这样一来，自然与蒋介石统一情报单位之意旨背道而驰，不过现存"柴之坚"呈送之报告上无一例外均有蒋介石之批示，显示蒋介石对戴笠的做法不仅未加制止，反而是默许的。

　　1933 年 2 月陈立夫接管情报局后，该局工作方式发生较大变化：凡事关重大、时间紧急之情报，如日本方面及各反蒋派之高级活动等，均以陈立夫、戴笠个人名义呈报蒋介石，而不再以"情报摘由"等方式由局方转呈。至于不甚紧要之情报，则由情报局以军事委员会办公厅名义转令相关上级政府查覆。兹以 1935 年 3 月中旬情报局之情报处置表为例，该表列举 3 月 14 日至 3 月 19 日接收之情报 29 条，其中局本部报告 2 条，第一处报告 6 条，第二处报告 18 条，一、二两处共同报告者 2 条，沪市府报告 1 条，内容包括贪污案件、各地驻军情形、军风纪调查或是层级较低的日本方面、共产党及各反蒋派之一般活动等类，由情报局分别致函湖北省政府、宪兵司令部、驻闽绥靖公署等机关查照。[3] 情报局的工作方式之所以发生

1　情报摘由第 7 号（1932 年 12 月 17 日），蒋介石档案，002-080300-00056-017。

2　"柴之坚"系特务处之化名，理由如下：查 1932 年 12 月 28 日柴之坚呈蒋介石报告，注明地址为"鸡鹅巷五三号"，此为特务处"甲室"亦即处长戴笠办公室之地址；再查报告详列情报十则，其来源分别为汉口周伟龙、青岛姚公凯、山东李郁文、北平陈恭澍、天津王天木、蚌埠蔡慎初、南昌柯建安、厦门连谋、京沪路赵世瑞、香港邢森洲，此 10 人均系特务处成立初期各地之负责人；见蒋介石档案，002-080300-00055-005。另查戴笠曾请示蒋介石，准许特务处以柴之坚名义在全国各电报局发报，此系特务处化名"柴之坚"之确证，见军统局档案，148-010200-0007。

3　情报局三月中旬情报处置报告表（1935 年 3 月 22 日），国民政府档案，001-050000-00019-004。

上述变化，系因戴笠与局方积怨渐深，且一向坚持特务工作只对蒋介石一人负责，遂使情报局沦为一个低级情报的汇报机构。关于戴笠与局方对立之原因，下文将详述。

四、情报局的人事纠纷

情报局自成立之日起，内部即产生调查科与特务处的派系斗争，并由此引发严重的人事纠纷，使该局工作效能大受影响。事实上，调查科与特务处的矛盾由来已久，双方早在情报局成立以前即严重对立，兹按时间顺序对此种矛盾产生的历史根源进行梳理：

1928 年 3 月 10 日，国民党第二届中央执行委员会第 121 次常务会议通过"中央组织部组织条例"，下设调查科。[1] 3 月 22 日，召开第 123 次常务会议，通过派定陈立夫为调查科主任，调查科正式成立。[2] 同年，戴笠逐渐受到蒋介石的重视，开始以国民革命军总司令部侍从副官身份为蒋介石从事情报活动。据陈立夫回忆，当调查科人员发现戴笠也在做调查工作时，咸愤愤不平，说："蒋公是否对我们不信任而另派戴笠去做？"陈立夫为此曾亲自向蒋介石查问："有一位名叫戴笠者，在外声称是蒋公要他做调查工作，有无此事？"经蒋介石本人承认，并由陈立夫向调查科人员劝解后，众意始平息下来，但双方自此埋下相互竞争的种子。[3]

1931 年，陈立夫与蒋介石歧见不断。是年初，蒋介石与立法院长胡汉民发生"约法之争"，于 3 月 1 日将胡移往汤山幽禁。陈立夫对蒋的做法颇持异议，在事件发生之初即力劝蒋"就此罢手，千万不要走极端"，[4] 此后他又代转国民党元老

1　中国第二历史档案馆编：《中国国民党中央执行委员会常务委员会会议录》第 3 册，第 397 页。

2　中国第二历史档案馆编：《中国国民党中央执行委员会常务委员会会议录》第 3 册，第 429 页。

3　陈立夫：《成败之鉴：陈立夫回忆录》（1994 年 6 月），台北，正中书局，1996 年，第 106 页。

4　陈立夫：《成败之鉴：陈立夫回忆录》（1994 年 6 月），第 174 页。

张继来电，请蒋、胡"及早恢复感情"。[1]"九一八"事变后，蒋介石分配中央军校特别研究班毕业学员向国民党中央党部报到，陈立夫时任中央组织部长，乃拒绝接收，致使毕业学员面临失业。[2]戴笠对陈立夫与蒋介石的歧见当有所知，对陈颇有微词，查唐纵10月29日日记有云："下午在戴笠家里谈颇久，戴亦恨陈立夫之卖蒋总司令。"[3]同年底，蒋介石下野，陈立夫身为蒋之亲信，却未能与蒋共进退，"仍留京供职"。[4]反观戴笠虽无薪饷名义，仍组织"联络组"，为蒋联络各方、搜集情报，以蒋介石下野期间陈、戴二人的进退情形来看，戴笠难免认为陈立夫对蒋未能尽忠，因而对其心存偏见。

1932年，蒋介石鉴于国民党组织涣散，成立了力行社，在这样的背景下，力行社成员或多或少会存在一些心理上的优越感，这种优越感体现在用语方面，即习称国民党党务系统为"党方"，以示区别。[5]唯力行社本就脱胎于国民党，双方具有相似的政治目标，工作内容也不乏重叠之处，彼此在发展组织与抢占政治资源的过程中难免产生摩擦。蒋介石为此曾令党部方面陈果夫、陈立夫、周佛海、曾养甫、张道藩等人与力行社方面滕杰、贺衷寒、康泽等人每月定期召开临时会，解决双方争议。据滕杰回忆，此一党社联席会议召开期间，"每次的讨论，结论都很好，但实施起来，却与预期的效果颇有距离。"由于成效不彰，联席会议召开一年后即未再进行，而党、社之间的矛盾也渐至不能调和，"以后双方相处很不愉快"。[6]在党、社相争的大前提下，戴笠与陈立夫的矛盾、特务处与调查科的矛盾只会有增无减。

此外，特务工作性质特殊，凡事需要高度保密，而戴笠个性强烈，一贯坚持特务工作只对蒋介石一人负责，不愿让他人插手。特务处在戴笠的领导下，虽然名义

1　陈立夫电蒋介石（1931年8月23日），蒋介石档案，002-020200-00010-052。
2　李士珍编校：《张炎元先生集》，1987年，第31—32页。
3　公安部档案馆编注：《在蒋介石身边八年——侍从室高级幕僚唐纵日记》，第27页。
4　陈立夫：《成败之鉴——陈立夫回忆录》，第182页。
5　金以林：《蒋介石的1932年》，《蒋介石的人际网络》，第215页。
6　蒋京访问纪录、李云汉校阅：《滕杰先生访问纪录》，第41—42页。

上隶属力行社，实际上是一个直隶于蒋介石的特务组织，其办事机关设于鸡鹅巷和徐府巷，而不在明瓦廊总社机关内。力行社常务干事贺衷寒对特务处在社内的半独立状态深为不满，曾向滕杰提议改组该处，"滕乃约贺与戴三人见面，贺直问戴其故，戴不悦，拍桌要走，经滕婉劝后，大家乃同意特务处对领袖交代的事，应直接向领袖负责，对团体决定的事则须向团体负责。"[1] 这次争执以后，戴笠对力行社的态度并无太多改变，特务处的一切计划和行动都直接向蒋介石报告请示，力行社干事会和书记长都不能与闻。特务处在各省市设有特务站，各站站长照例也是复兴社省市分社干事会的干事之一，但分社干事会和书记同样完全不能与闻其任何活动，"特务站无论什么事都绝不向分社请示汇报"，"担任分社干事的特务站长对分社干事会的会议也极少参加，即使参加也绝不谈特务站的工作情况"。总之，"从组织形式的表面关系来说，特务处与复兴社简直是各成系统"，甚至特务处在各省市之工作人员"只知道他们的上级机关在南京，上司是戴笠，连复兴社总社都未必知道"。[2] 戴笠对社方尚且如此态度，更遑论对待"党方"了。

值得一提的是，特务处与调查科也曾有过合作的经历，但此一经历不仅未能弥合双方的裂痕，反而加剧了双方的龃龉。缘于1932年4月特务处成立之初，因人员、经费等因素的限制，未能设立无线电通信单位与设备，其各地组织搜集之情报只能借用调查科及军政部电台代为拍发，但调查科电台例须先发本单位情报，再代特务处发报，且特务处各地组织与调查科电台地址不同，如在太原搜集的情报，须交给调查科交通人员带到石家庄转交铁路党部电台拍发，凡此均使情报时效大打折扣。戴笠为此曾向蒋介石诉苦："查中央调查科无线电因机器甚少，不能多量收发，加以该科各地党务与特务之情报亦复不少"，"必俟其本台时间有空，方能为我发报，否则其报必为搁浅"。[3] 戴笠在报告中的措辞很含蓄，他在下属面前则要直接

1 邓元忠：《国民党核心组织真相——力行社、复兴社暨所谓"蓝衣社"的演变与成长》，台北，联经出版事业公司，2000年，第245—246页。

2 萧作霖：《复兴社述略》，《文史资料选辑》第11辑，第27页。

3 戴笠呈蒋介石报告（1933年7月7日），军统局档案，148-010200-0007。

许多，当 1933 年 3 月他延聘无线电专家魏大铭来特务处自行建立电台后，曾对该处工作人员说："我已请到中国两个半无线电好手中的一位，来建立我们自己的无线电通信网，不必再仰人鼻息了！"由此不难体会，他与调查科的合作经历并不愉快。[1]

1932 年 9 月情报局成立后，调查科与特务处由于任务接近，双方由竞争而衍生的矛盾越来越多。当月中旬，山东爆发韩复榘、刘珍年之战，蒋介石电令情报局转令徐恩曾、戴笠在德州至临城一带全力活动。[2]戴笠奉命后，一面复电遵命办理，一面不忘揭徐恩曾之短，谓："徐恩曾同志赴杭省亲未回，渠处又无人员负责，生当就商立夫先生。"其字里行间流露出的鄙夷之情，颇能反映他对徐恩曾工作能力的不以为然。[3]

戴笠对"党方"特务工作的恶感，无疑与双方争功夺利有关。当时最令戴笠无可忍受的，是特务处的某些干部一面领取该处经费，一面却为调查科工作，而调查科对特务处干部之主动投效并不拒绝。据 1933 年 7 月戴笠呈蒋介石报告，该处上海通讯组组长翁光辉曾于 1932 年 12 月逮捕共青团江苏省委书记袁炳辉及反帝大同盟组织部长朱爱华，未将二人押往特务处，反而"解送中央党部，领取赏金三千元"，且事前事后，对戴笠"毫无报告"。[4]嗣后翁光辉又逮捕共产党员林素琴，仍"径送中央党部"，事经特务处闻悉并去函查询后，翁光辉"始具报说明"。戴笠对此大为不满，但他无法向调查科方面直接发泄，只得向蒋介石告发翁光辉"卖

---

1 乔家才：《戴笠和他的同志》第 1 集，台北，中外图书出版社，1985 年，第 75 页。

2 蒋介石电林蔚（1932 年 9 月 19 日），蒋介石档案，002-010200-00071-037。

3 戴笠电蒋介石（1932 年 9 月 20 日），蒋介石档案，002-080200-00056-067。

4 时任调查科干事王思诚在回忆录中，将袁炳辉、朱爱华被捕视作该科"破案纪录"，可知翁光辉将二人逮捕后，必是解往调查科，戴笠仅称"中央党部"，当系未便明言。见王思诚：《旷世风雷一梦痕》，台北，立华出版有限公司，1995 年，第 136 页。

上图利，破坏组织，殊为特务工作前途之一障碍"，将其撤职察看。[1]

　　1933 年 2 月陈立夫接管情报局后，戴笠始终不为其所用。据军统旧人沈醉回忆，当陈立夫接事后，"他（戴笠）去见陈，陈对他很为藐视，使他永久怀恨在心，多年不忘。以后军统与中统一直闹摩擦，这也是一个最重要的原因"。[2]此说固然值得参考，但解释此一时期的戴、陈矛盾更应以情报局之运作方式为切入点进行考查。先是情报局成立以前，调查科之情报即由科主任徐恩曾呈送陈立夫，再由陈立夫转呈蒋介石，特务处之重要情报则直接呈送蒋介石，并不呈送力行社干事会，此即一些中统旧人所指："一开始戴笠便和蒋介石有直接关系，徐恩曾仅与二陈有直接关系，同蒋介石隔着一层。"[3]此后调查科及特务处隶属情报局，徐恩曾仍将情报呈送陈立夫，其工作地位一无变化，但对戴笠而言，却要将原本"直达天听"的情报经过陈立夫之手转呈，将他与蒋介石直接联络的管道阻断，如果抛开情报局的组织与名义来看，此举简直无异于特务处被调查科吞并，这自然是戴笠无法接受的。

　　不过特务处划归情报局指挥毕竟是蒋介石的决定，戴笠在表面上不得不尊重情报局的地位，于是他将事关重要之"紧急情报"仍以有线电径呈蒋介石，而以一般情报敷衍局方。[4]戴笠除在情报方面对局方有所保留外，对于特务处从事的逮捕、暗杀等行动工作更不允许局方过问，戴笠并严诫特务处工作人员不可向外泄露本处秘密，否则定要予以严厉的纪律处分，于是陈立夫不仅对特务处的组织人事、活动情况难窥究竟，即对特务处的办公地址亦了解有限。[5]

1　戴笠呈蒋介石报告（1933 年 7 月 7 日），军统局档案，148-010200-0007。时任特务处上海通讯组工作人员沈醉晚年回忆称，"翁光辉任（上海）区长不久，因他拟将一项重要中共情报不通过戴笠直接送与蒋介石，被戴发觉扣留，撤去区长职务"。据戴笠呈蒋介石之报告可知，翁光辉时任上海通讯组组长，而非区长，其被撤职则与暗通调查科有直接关系，沈醉回忆并不准确。

2　沈醉：《我所知道的戴笠》，《文史资料选辑》第 22 辑，第 66 页。

3　刘介鲁、吴汝成：《我们所知道的徐恩曾》，《中统头子徐恩曾》，北京，中国文史出版社，1989 年，第 93 页。

4　戴笠电邓文仪（1933 年 12 月 9 日），戴笠史料，144-010105-0005-005。

5　李邦勋：《情报局和中统、军统前身的错综隶属关系》，《文史资料存稿选编》第 13 册，第 22 页。

戴笠施展的一系列手段，自然有其简化工作手续、保守情报机密的理由或借口，但在陈立夫及第一处人员眼中，则难免有不服指挥、自立门户之嫌。调查科元老张文即直言："第二处的事完全由戴笠掌握控制，不容陈立夫过问，遇有重大问题，戴笠便直接报请蒋介石核批。对第二处来说，陈立夫这个局长只是徒拥虚名。"[1]

此外，戴笠还极力寻找脱离局方控制的机会，他曾于 1933 年 7 月 7 日报告蒋介石，略称特务处侦查政治及警察机关之贪污案件，例须呈送情报局，以军事委员会名义转令相关上级单位查复，然而相关上级单位与涉嫌贪污之机关本有千丝万缕的联系，难免官官相护，"结果实者皆虚，不惟成效鲜著，亦且打草惊蛇，反索密告之人，使工作人员由失望而灰心"，因而请求蒋介石委任特务处京沪路通讯组组长赵世瑞、杭州通讯站站长胡国振分别为江苏、浙江两省政府视察员，将所有侦悉之贪污案件不再呈送局方，而由视察员会同各该省政府主席办理。[2]唯蒋介石对此并未批准，且告诫戴笠："侦察员绝不许公开或与政府机关有何关系，免为招摇舞弊之阶。"[3]

在戴笠亟思摆脱情报局的同时，陈立夫则在设法加强对特务处的控制，他于同年 11 月召开情报局会议，以配合蒋介石在江西之"剿共"军事为由，决定成立情报局驻赣办事处，由该局第一、第二、第三处 3 处各派遣统计、缮校、译电人员 3 人组成，以便就近襄助南昌行营机要科主任毛庆祥办理徐恩曾、戴笠两方情报之传达事宜，借收情报集中、传达迅速、机密易守之效。[4]然而驻赣办事处的成立，并未达到陈立夫的预期效果，戴笠只将过去呈送情报局之次要情报改送驻赣办事处，紧急情报则仍用有线电径呈蒋介石。[5]

戴笠对情报局和陈立夫的态度，亦为蒋介石所默许。陈立夫晚年曾无奈地表

1　张文：《中统二十年》，《中统内幕》，第 16 页。

2　戴笠呈蒋介石报告（1933 年 7 月 7 日），军统局档案，148-010200-0007。

3　蒋介石批示戴笠来电（1933 年 7 月 31 日），蒋介石档案，002-080200-00110-102。

4　戴笠呈蒋介石报告（1933 年 11 月 17 日），蒋介石档案，002-080102-00038-001。

5　戴笠电邓文仪（1933 年 12 月 9 日），戴笠史料，144-010105-0005-005。

示："讲到戴雨农啊，蒋公太放任他一点！他在蒋公身边，我也没有办法指挥他，他有什么真正好的消息，他就直接报告蒋公，再来通知我。"还说："（戴雨农）表面上是受我指挥，事实上他每天接受蒋公之命行事，我无法指挥他，我想蒋公要我来 check 他一下，所以戴雨农不敢对我无礼，但是我本身如果稍微有一点小毛病，他会马上密报蒋公，那我早就垮掉了，他如果被我抓到了小毛病，我亦不客气会呈报蒋公。所以表面上他对我还是很敷衍很客气的，实际上他如果有了重要的情报，他会直接给蒋公弗经过我啦！"[1]

五、情报局的经费纠纷

情报局成立后，特务处经费除照例由军需署按月发给外，并由情报局承担一部分，经手者为该局总务处处长徐恩曾。戴笠与徐恩曾之间素有隔阂，当特务处的经济命脉被徐恩曾掌握后，戴笠与局方由于沟通不畅、相互疑忌等原因，发生了一系列经费纠纷。

先是 1933 年初林蔚去职后，情报局一度无人主持，特务处应向局方支领之经费也因此受到影响。2 月 3 日，戴笠致电蒋介石，略谓局方发给该处之 1 月份经费系中行支票，可是徐恩曾"竟向该行止付"，此时特务处南京、杭州两特警班学员正在南京等待分发，拟发每人服装费 30 元、旅费 30 元，"共需洋六千元之谱，待用孔亟"，戴笠因请蒋介石电令军需署长朱孔阳发给特别费 6000 元，以解燃眉之急。蒋介石接阅后，复电准予照发，特务处之经费困难始暂时解决。[2]

陈立夫接任局长后，仍令徐恩曾负责经费事宜，他与徐恩曾根据情报局改组后的组织情形，制定了新的预算。不久长城抗战爆发，蒋介石于 3 月 9 日北上保定，陈立夫亦偕徐恩曾随往保定，将新造预算呈报蒋介石批准。3 月 19 日，蒋介

1　张绪心、马若孟编述，卜大中翻译：《拨云雾而见青天：陈立夫英文回忆录》，台北，近代中国出版社，2005 年，第 764—765 页。

2　戴笠电蒋介石（1933 年 2 月 3 日），蒋介石档案，002-080200-00067-087。

石手令军需署长朱孔阳，告以今后情报局经费月发 7 万元，由陈立夫具领，徐恩曾经手。7 万元经费的具体分配情形是：第一、第二、第三 3 处经费 5000 余元，京沪等处行动经费 6000 元，各地机关经费 5000 元，电台及各地交通经费 9000元，戴笠特别费 5560 元，戴笠经费 24560 元，杭州特训班经费 2500 元，每月活动、旅费等临时支出约 5000 元，逐月增设机关电台、创办各种掩护事业之准备金10000 元。[1]

这份新造预算，并没有顾及特务处的用款情形。早在 2 月底，特务处因成立东北情报训练班，加以南京特警班第二期及杭州特警班第一期毕业学员分发各地工作，开支已大为增加，此前特务处每月经费预算为 27120 元，此时激增至 47220元，已超过原有预算 20100 元。当陈立夫、徐恩曾在保定向蒋介石呈报新造预算时，戴笠恰在北平从事秘密工作，未能与陈、徐及时接洽，以致新造预算中虽将特务处原有预算 27120 元纳入，却未加入超过预算的 20100 元。3 月 23 日，戴笠将上述情形及新旧预算对照全份详细呈报蒋介石，获蒋介石批准增加预算，并于 3 月30 日手令军需署长朱孔阳，自 3 月起月发特务处临时费 20100 元，交由戴笠具领。此后数月，特务处之工作得以维持不坠。[2]

然而好景不长，特务处经费很快因为军费审计发生了曲折。6 月 18 日，蒋介石批阅德国驻华军事总顾问佛采尔的条陈，内云："军费无审核，则军与国俱亡。"因决心审计军费，[3]他于 7 月 3 日致电朱孔阳，令即查复情报局每月经费 7 万元系何人所领，何时领起，并称此 7 万元中包括"特务组（处）之二万一百元"，如有"误发双倍"之事，应查明扣还。其实这是蒋介石误记了，情报局每月经费 7 万元包括特务处经常费 27120 元，所谓 20100 元是由军需署发给的临时费，并不包括在7 万元中。[4]

1　朱孔阳电蒋介石（1933 年 7 月 22 日），蒋介石档案，002-080200-00108-079；徐恩曾电蒋介石
　　（1933 年 7 月 29 日），蒋介石档案，002-080200-00110-067。

2　戴笠电蒋介石（1933 年 7 月 23 日），蒋介石档案，002-080200-00108-064。

3　《蒋介石日记》，1933 年 6 月 18 日。

4　蒋介石电朱孔阳（1933 年 7 月 3 日），蒋介石档案，002-010200-00087-023。

　　蒋介石的误记直接造成军需署的混乱。7 月 23 日，军需署出纳科告知戴笠，按照蒋介石电令，特务处每月在该署具领之 20100 元暂缓发给，查明再核等情。为此，戴笠特致电蒋介石，详述特务处每月领取经费情形，并告急："目下时届月底，情报局方面之二万七千一百二十元迄今分文未发，而每月直接向军需署具领之二万另一百元又奉令缓发，现各处工作人员待款孔亟，生实无法应付"，"伏乞迅赐电令军需署朱署长照常发给，以利工作之进行。"蒋介石接阅后，或许意识到了自己的误记，乃批示"照办"，并电令朱孔阳照发戴笠 7 月份临时费。[1]

　　8 月 3 日，戴笠向军需署领到临时费 20100 元，但其 27120 元经常费仍未向情报局领到，此因情报局经费亦由军需署发给，而军需署正遵照蒋介石之电令，须查清情报局 3 至 6 月收支情况后再继续下发，在情报局本身尚未领到经费的情况下，自然无法转发给特务处。然而戴笠对此不以为然，认为问题出在徐恩曾那里，遂于 8 月 10 日再致电蒋介石告急道："现七月份已终了，八月份又届上旬，各处工作人员经费因情报局至今未发分文，催款函电竟如雪片飞来。伏乞钧座迅赐电令情报局徐恩曾先生，即将生处七月份应领经费全数发给，以资维持，临电不胜迫切待命之至！"[2] 先是 7 月 29 日，戴笠、徐恩曾分别致电蒋介石，详报特务处及情报局每月经费数目。[3] 蒋介石接阅上述各电后，鉴于情报局领款情形已经基本查明，遂于 8 月 11 日电告朱孔阳"情报局每月原定之数照付"，并于 8 月 12 日电告徐恩曾照发戴笠经费。徐恩曾接电后，于 8 月 20 日复电蒋介石："俟情报局七月份经费领到后，遵当照付，勿念。"[4] 至此，特务处 7 月份经常费问题始获解决。

　　军费审计束后，情报局拖欠特务处经费之事仍然时有发生，戴笠为此深感

1　戴笠电蒋介石（1933 年 7 月 23 日），蒋介石档案，002-080200-00108-064；朱孔阳电蒋介石（1933 年 8 月 1 日），蒋介石档案，002-080200-00111-057。

2　徐恩曾电蒋介石（1933 年 7 月 29 日），蒋介石档案，002-080200-00110-067；戴笠电蒋介石（1933 年 8 月 10 日），蒋介石档案，002-080200-00113-051。

3　徐恩曾电蒋介石（1933 年 7 月 29 日），蒋介石档案，002-080200-00110-067；戴笠电蒋介石（1933 年 7 月 29 日），蒋介石档案，002-080200-00110-054。

4　蒋介石电朱孔阳（1933 年 8 月 11 日），蒋介石档案，002-010200-00090-013；徐恩曾电蒋介石（1933 年 8 月 20 日），蒋介石档案，002-080200-00115-037。

困扰，向蒋介石迭有陈述。9 月 24 日，戴笠因 8、9 两月经费拖欠，致电蒋介石称："生处应向情报局、军需署具领之经常费，八月份迄今仅领得半数，九月份分文未曾领得，而内外勤工作人员之生活费每月分两次发给，刻不容缓。生除将京杭两特警班之余款尽数移垫，并向第一师通讯处暂借发给外，现已移借俱穷，各地催发九月份经费之函电纷至，生实无法应付。为此电陈困难，伏乞迅电军需署、情报局将生处本月份经费即予发给，并此后须特别通融，准予按月发清为幸。"[1] 唯当时军费开支浩繁，蒋介石接阅此电后，只能暂时不予回复。

10 月 1 日，戴笠再致电蒋介石催款："生处八月份经费，情报局由徐恩曾同志经发者尚有半数计一万三千余元未发，九月份情报局与军需署均迄今分文未发。生除将困难情形迭电奉陈钧座外，并日向局、署请求发给，但均无以给领。""现各地工作人员之生活无法维持，而粤方被捕人员之营救与某种工作之进行均待款甚急，伏乞迅电军需署与情报局即予拨发为幸。"[2] 这次，军需署终于奉蒋介石批示"照办"，并电令朱孔阳缓发国防设计委员会经费，以便速发戴笠各款。[3]

迨至 12 月中旬，情报局应发特务处 11 月份经费又有半数未发，军需署方面亦无分文发给。时值"福建事变"，特务处必须加紧活动，而闽粤等处之工作，"为避免各该地当局之怀疑，每月经费均须作一次汇沪，托商号转汇。""月半已届，远地之本月份经费尚无以汇出，而近地之上月份下半月经费亦无以发清，各地工作人员之生活几濒绝境。"戴笠遂于 12 月 13 日致电蒋介石，告以特务处和调查科相比，经费极感困难。"查徐恩曾先生之调查科既有党部经费可以移垫，复有立夫、恩曾先生在社会之地位与其所经营之数家商店经济可以活动。……惟生既乏公开机关掩护，又无经济权力，且历来因抱定不敢欺骗钧座之宗旨，故每有所知，无不直陈，因是环境日益险恶，办事诸感棘手。而仰体钧座期望之深切与所负使命之重大，受良心之督责，工作复不敢后人，每为增进工作之效能计，对必需之款又不能

1　戴笠致电蒋介石（1933 年 9 月 24 日），蒋介石档案，002-080200-00123-071。

2　戴笠电蒋介石（1933 年 10 月 1 日），蒋介石档案，002-080200-00125-037。

3　蒋介石电朱孔阳（1933 年 10 月 3 日），蒋介石档案，002-010200-00095-014。

不设法给与。但每当晋谒或书面呈报之时，因顾虑中央财政之支绌，尤不敢多事请求，生之困难甚矣！倘蒙召见军需署所派之本处会计股长徐人骥，更必能洞悉生处经济之实在困难情形也。"按一般设想，调查科经费也仰仗情报局发给，当情报局未能领到军需署经费时，徐恩曾应与戴笠站在同一立场，戴笠此电则指出调查科经费来源甚多，并不急于向军需署领款，根本不会设身处地理解特务处的经费困难。

戴笠鉴于情报局每月应发经费常常延后四五十天方能陆续发给，而军需署应发者亦不能按月发清，乃向蒋介石请求三点，以救困难：1. "将情报局每月应发生处之经费统划由军需署直接发给"；2. "电令朱署长对生处之经费特别通融，准予于本月十日以前一次发给，以免与情报局职掌经理之徐恩曾先生为领款而发生误会"；3. 以上如办不到，"请祈赐发周转费五万元，以资应付"。这 3 项请求中，第一项实有脱离情报局之意图，未获蒋介石同意，其余两项则均获批"可"，并电军需署照办。[1] 至此，特务处与局方的经费纠纷告一段落。

综观 1933 年特务处与局方的一系列经费纠纷，1 月经费未发系因情报局人事更迭、无人负责，7 月经费延发系因蒋介石审计军费，8、9、12 月 3 个月经费之延发则因军费开支浩繁，情报局未向军需署领到经费，自然无力转发特务处。徐恩曾曾于 10 月 7 日将情报局缓发戴笠经费之原因及其本身捉襟见肘之情形电告蒋介石："戴笠同志八月份经费已于九月底付，至九月份经费业由职处尽力垫付少许，而军需署对于情报局九月份整个经费未付分文，故戴笠同志九月份全数经费，势难完全由职垫付。"如欲全数发给特务处 9 月份经费，只能"向军需署请求迅予拨给，俾资转发"。[2]

就上述事实来看，特务处经费固然常遭拖欠，唯局方亦有不得已的苦衷，并非故意刁难特务处。另外，虽然陈立夫、徐恩曾没有扣发戴笠经费，但双方显然心存猜忌，隔阂甚深：2 月间陈、徐在没有征询戴笠意见的情形下，就径行造送新预算；

1 戴笠电蒋介石（1933 年 12 月 13 日），蒋介石档案，002-080200-00138-105；戴笠电蒋介石（1933
   年 12 月 23 日），蒋介石档案，002-080200-00140-027。

2 徐恩曾电蒋介石（1933 年 10 月 7 日），蒋介石档案，002-090106-00009-327。

7至9月间情报局未向军需署领到经费，无力转发特务处之款，戴笠既与徐恩曾多次接洽，徐恩曾必将此种情形相告，戴笠却对徐恩曾的解释不以为然，仍迭请蒋介石转令徐恩曾发款，且其措辞之间不乏对局方的不满与怀疑，而对陈、徐"拥有社会之地位与其所经营之数家商店经济可以活动"尤感不平，凡此均显示双方缺乏基本的沟通与信任。

总之，特务处与局方的经费纠纷自有其难以避免的客观因素，唯徐恩曾与戴笠之间早具成见，有些本可通过联络沟通而化解的矛盾，却因意气之争愈演愈烈。由此观之，情报局的经费纠纷未尝不是该局人事矛盾的扩张与延续。

六、有关情报局的历史叙述

情报局为秘密机构，对外对下都不行文，"遇有需要沟通协调问题时，由局举行工作会报或以面授机宜等方式解决之"。[1] 由于有关情报局之一切事宜，少有文字记录，故该局活动情形不仅外界所知甚少，即使很多亲历者也难窥究竟，在相当长的一段时间里，史学界只能通过中统、军统方面的间接史料去建构相关历史。然而这类史料存在一个严重的问题，即以"军事委员会调查统计局"指代"情报局"，使该局在不同历史阶段使用的两个名称混淆不清，笔者鉴于此事讹传已久，认为有必要对其历史叙述的脉络进行仔细梳理，借以探究此一说法的成因。兹就官书记载与忆述史料分别言之：

官书方面，中统自调查科时代直至败退台湾以后，均无官修局史，[2] 因此只能参考军统官书的记载。1946年4月，军统局发表之《戴雨农将军行状》云："北伐告成，党国肇建，敌虞我国趋于统一，将无所施其计，谋我益亟，因有九一八、一·二八之变，公（笔者按，戴笠）奉命主持调查统计局第二处，专负对敌在华之

1　王思诚：《瞻园忆旧》，第36—37页；陈恭澍：《北国锄奸》，第35页。

2　李世杰：《调查局研究》，台北，李敖出版社，1988年，自序第2页。

间谍侦防工作。"[1] 此为军统官书对于该局沿革的最早说明。1962 年 3 月，《"国
防部情报局"史要汇编》云："二十一年四月一日，正式建立首脑部于南京徐府
巷……九月，军事委员会成立调查统计局，特务处奉命划归管辖，改称为该局之第
二处，负情报及训练之责。"此为军统官方编纂的第一部也是唯一一部局史。[2] 以
上两种记载均以后来出现之军事委员会调查统计局代称情报局，奠定了军统方面对
该局沿革史的叙述基调，影响颇为深远。

　　1966 年 3 月，军统编印《戴雨农先生年谱》，内云："先生卅六岁，任军事委
员会调查统计局第二处处长"，"四月一日成立军事情报机构，旋隶军委会调查统
计局为第二处。"[3] 1976 年 5 月，《年谱》增订版云："四月一日成立军事情报机构
特务处，九月隶军委会调查统计局为第二处。"[4] 1979 年 10 月，军统又编印《戴
雨农先生传》，云："联络组奉命自四月一日起即扩大改组为情报处（又称特务处，
暂隶推展民族复兴运动的力行社，先积极部署工作，是年九月，隶军事委员会调查
统计局为第二处），戴先生奉派为处长。"[5] 这 3 部书基本沿袭《史要汇编》的说
法，并无创新，唯《史要汇编》系军统内部流传的机密刊物，印量极少，《年谱》
《传记》虽然也属"非卖品"，但发行较广，成为外界了解军统官方记载的重要途
径，尤为史学界广泛征引。[6]

　　军统官书皆以"军事委员会调查统计局"代称"情报局"之原因至少有两个：

　　1. 当情报局改称调查统计局之初，该局人士在追述过去之工作情形时即习惯以
"调查统计局"代称情报局，如 1936 年 2 月徐恩曾呈蒋介石之"军事委员会调查
统计局二十四年全年经费决算表"，内有 1935 年 1 月至 3 月之经费收支预算书，

1　"国防部保密局"编印：《戴雨农将军荣哀录》，无页码。

2　"国防部情报局"编印：《"国防部情报局"史要汇编》上册，第 1 页。

3　"国防部情报局"编印：《戴雨农先生年谱》初版（1966 年 3 月），第 18—19 页。

4　"国防部情报局"编印：《戴雨农先生年谱》再版（1976 年 5 月），第 26—27 页。

5　"国防部情报局"编印：《戴雨农先生传》，第 21 页。

6　"国防部情报局"另于 1979 年编印《戴雨农先生全集》，系将《戴雨农先生传》《戴雨农先生年谱》
　　及戴笠之讲词等内容合刊，亦为学者早期研究军统历史的重要参考资料。

为行文便利，皆径称调查统计局，而未提及情报局之旧称。[1] 可见调查统计局一经成立，情报局这个在军事委员会地位未定的称呼就被雪藏了。

　　2. 情报局自 1932 年 9 月成立至 1935 年 4 月改称调查统计局，存在时间 2 年 7 个月，调查统计局自 1935 年 4 月成立至 1938 年 8 月拆分改组为国民党中央调查统计局及军事委员会调查统计局，存在时间 3 年 4 个月，而戴笠的特务系统继续沿用此名称，直至 1946 年 8 月始改组为"国防部保密局"。值得注意的是，由情报局到军事委员会调查统计局的过渡系改称而非改组，对于一个内部组织未变仅名称改变的机构而言，知情者自然对其存在时间较长且最后使用的名称印象更深。当十几年甚至几十年后军统方面修纂官书时，编辑人员尚无条件参阅原始档案，只能以亲历者的口述为准，而为数不多的亲历者很有可能已对情报局的印象相当模糊，为叙述简便，遂有"1932 年 9 月成立军事委员会调查统计局，调查科隶属该局为第一处，特务处隶属该局为第二处"之说。[2]

　　忆述史料方面，败退台湾的"两统"旧人皆奉军统官书之记载为圭臬。杨明堂《从无名英雄到有名英雄——戴雨农先生的奋斗历程》、费云文《戴笠的一生》及《戴笠新传》、唐良雄《戴笠传》、陈恭澍《英雄无名》、乔家才《铁血精忠传》、张霈芝《戴笠与抗战》、王蒲臣《一代奇人戴笠将军》、王思诚《旷世风雷一梦痕》及《瞻园忆旧》诸书虽文字略有出入，其实质则略无差异，上述诸书流传甚广，愈使此说影响扩大。[3]

　　留在大陆的"两统"旧人，亦大多只言军事委员会调查统计局，而不提情报

1　徐恩曾呈蒋介石报告（1936 年 2 月），国民政府档案，001-023330-00011-009。

2　军统编纂官书时，因档案不全，而取材口述史料者甚多，参见《"国防部情报局"史要汇编》"凡例"第三条，"本汇编取材于本局民国廿一年起之工作年报与积存档案暨在台诸先进同志之口述"。

3　杨明堂：《从无名英雄到有名英雄——戴雨农先生的奋斗历程》（1977 年 1 月），第 27 页；费云文：《戴笠的一生》（1980 年 6 月），第 12 页；唐良雄：《戴笠传》（1980 年 7 月），第 54 页；陈恭澍：《英雄无名第一部，北国锄奸》（1981 年 11 月），第 35 页；乔家才：《铁血精忠传》（1985 年 3 月），第 157 页；张霈芝：《戴笠与抗战》（1999 年 3 月），第 57 页；王思诚：《旷世风雷一梦痕》（1995 年 12 月），第 115—116 页；王蒲臣：《一代奇人戴笠将军》（2003 年 3 月），第 259 页；王思诚：《瞻园忆旧》（2003 年 12 月），第 36—37 页。

局，且对该局成立时间说法不一。如沈醉说："从十人团慢慢发展起来后，才成立军事委员会特务处。以后军委会调查统计局成立，由陈立夫任局长，特务处改为第二处，戴笠任处长。"[1] 文强说："一九三四年，由陈立夫主持的军事委员会调查统计局成立，戴笠被任命为这个局的第二处长。"[2] 章微寒说："一九三四年四月，蒋介石为了强化法西斯独裁统治，把'御用的'陈立夫和戴笠两个特务体系予以合并，以避免内部勾心斗角，互相抵销力量，成立了军事委员会调查统计局。"[3] 张国栋说："1932 年时，国民政府军事委员会成立调查统计局（这与后来以戴笠为头子的军事委员会调查统计局是两码事），局长陈立夫，副局长陈焯，下设三处，第一处处长徐恩曾，第二处处长戴笠，第三处处长丁默邨（后金斌接任）。"[4]

"两统"旧人皆以"军事委员会调查统计局"代称"情报局"，除前述时过境迁、记忆不清的原因外，还与情报局的机密性质及徐恩曾、戴笠对各自特务组织的掌控有关：

首先，情报局在军事委员会之地位未确定，对外保持机密，直至其改为半公开性质的调查统计局后，始由国民政府明令设立、委任局长并发给关防，这使得调查科与特务处内除极少数曾参与情报局运作的人以外，绝大多数人只在调查统计局出现后始逐渐了解该局早在 1932 年 9 月即已成立，却不知当时的名义是情报局。[5]

其次，徐恩曾与戴笠皆竭力避免处内工作人员了解此一上级机构的存在。调查科方面，徐恩曾并不按照第一处的组织编制行事，而将该处经费用于组建秘密机关"特工总部"，该处工作人员名单只用于向局方领取薪金，"甚至有些人连自己在哪个处、担任什么职务、多少薪金也不知道，而且从不过问，也是不容过问的。向上级领取薪金时，是由徐恩曾最亲信的会计人员带着各人的私章到所属会计室领

---

1 沈醉：《我所知道的戴笠》，《文史资料选辑》第 22 辑（1962 年 2 月），第 65 页。

2 沈醉、文强：《戴笠其人》（1980 年 8 月），第 200 页。

3 章微寒：《戴笠与军统局》，《浙江文史资料选辑》第 23 辑（1982 年 12 月），第 95 页。

4 张文：《中统二十年》，《中统内幕》（1987 年 8 月），第 1 页。

5 参见"国民政府指令第 1108 号"（1935 年 5 月 1 日），《国民政府公报》第 1731 号，第 12 页；"国民政府令"（1935 年 5 月 4 日），《国民政府公报》第 1733 号，第 6 页。

取。"[1]特务处方面，戴笠坚持特务工作只对蒋介石负责，一般工作人员只知该处系由蒋介石直接领导，而不清楚与情报局的上下隶属关系。[2]以上述诸人为例，唐良雄、文强、王蒲臣、杨明堂、费云文、张霈芝 6 人均在 1934 年以后参加军统，对情报局并无直接了解；陈恭澍、沈醉、乔家才虽参加军统较早，但各自在北平、上海、山西担任外勤工作，与南京处本部少有接触，对情报局的内情也不甚了了。[3]张国栋系调查科元老，但自 1931 年至 1936 年留日，这五年间与调查科暂时脱离工作关系，正好错过了情报局的成立与改称。[4]

　　就现存史料来看，真正参与到情报局内部运作的，除前后任局长的林蔚、陈立夫，副局长陈焯外，仅有调查科的徐恩曾、董明炯、孙翼谋、陆志直，特务处的戴笠、余洒度、赵世瑞、曾澈、杨超燧、李邦勋以及南昌行营的毛庆祥、吴嵩庆、吴肇祥等寥寥十数人，[5]其中留下回忆文字的仅有陈立夫、徐恩曾、李邦勋、吴嵩庆 4 人，而在回忆文字中谈及情报组织沿革的只有陈立夫、李邦勋 2 人。[6]

　　陈立夫作为任职时间最久的情报局局长，他的回忆无疑最值得重视，然而他于 1992 年接受专访时，并未提及"情报局"，甚至亦未提及"调查统计局"，而代之以所谓"调统会报"，他说："约在二十四年，蒋公要我主持一个调统会报，属于军事方面的，由陈空如先生协助我。遂正式派徐恩曾为该会报之第一组主任（注重共党在社会之活动），戴笠为第二组主任（注重共党在军事方面之活动），并派

1　张文：《中统二十年》，《中统内幕》（1987 年 8 月），第 15 页。

2　李邦勋：《情报局和中统、军统前身的错综隶属关系》，《文史资料存稿选编》第 13 册，第 22 页。

3　陈恭澍、沈醉、乔家才、唐良雄、文强、王蒲臣分别于 1932 年 2 月、1932 年 6 月、1932 年 9 月、1934 年 9 月、1935 年 3 月、1936 年 1 月参加军统，参见《特务处二十六年份内外勤工作人员总考绩名册》，蒋介石档案，002-110702-00030-001。杨明堂、费云文、张霈芝则于抗战期间参加。

4　张文：《中统二十年》，《中统内幕》（1987 年 8 月），第 13 页。

5　李邦勋：《情报局和中统、军统前身的错综隶属关系》，《文史资料存稿选编》第 13 册（2002 年 8 月），第 23 页。原文曾澈作"曾彻"、杨超燧作"杨朝燧"，据特务处二十四年年终总考绩拟请增薪人员名册改，国民政府档案，001-023330-00002-005。

6　徐恩曾之回忆文字收录于《细说中统军统》，台北，传记文学出版社，1992 年，该文侧重记述国共斗争，未谈及中统沿革史；吴嵩庆曾任情报局驻赣办事处主任，晚年撰有《嵩庆八十自述》，亦无相关内容。

丁默邨为第三组主任（掌理会报方面之总务事宜）。"[1] 其后陈立夫撰写《成败之鉴》及《拨云雾而见青天》，所述内容皆与此次谈话略同。[2] 查陈立夫接受访问及撰写回忆录时已是九十多岁高龄，显然时隔多年，他对情报局乃至调查统计局的成立年份、初始名称都已记不清了。

李邦勋，湖北武穴人，北京畿辅大学铁路管理科毕业。1932 年 12 月，参加特务处工作，历任处本部统计股股员、汉口禁烟密查组组员等职。[3] 他于 1934 年 1 月奉戴笠之命赴南昌参加情报局驻赣办事处工作，对情报局之内情有深切了解，他撰写的《情报局和中统军统前身的错综隶属关系》是迄今所见唯一一篇对情报局沿革史有详确说明的回忆文字。该文指出"约在 1933 年间，蒋介石就成立了一个统一的特务机关——情报局，以陈立夫为局长，陈焯为副局长，局址设在南京四条巷。该局下设一、二、三处：第一处即徐恩曾掌握的中统特工总部；第二处即戴笠掌握的复兴社特务处；新成立的第三处掌握邮电检查，由陈焯兼任处长。……1935 年，蒋介石把情报局改称为军事委员会调查统计局，仍以陈立夫、陈焯为正副局长，内部组织也仍同情报局时一样"。[4]

除李邦勋外，中统旧人陶蔚然、胡性阶也曾提及"情报局"。陶蔚然说，1935 年以后蒋介石成立军事委员会调查统计局，"此前曾一度称情报局"。[5] 胡性阶说，蒋介石于 1935 年成立"军事委员会情报局"，"又称调查统计局"。[6] 然而上述 3 人的文字均刊载于《文史资料存稿选编》，至 2002 年始首次出版，由于公布较晚，

1 王禹廷：《中国调统机构之创始及其经过》，《传记文学》第 60 卷第 6 期（1992 年 6 月），第 31 页。

2 陈立夫：《成败之鉴》（1994 年 6 月），第 106—107 页；张绪心、马若孟编述，卜大中翻译：《拨云雾而见青天》（2005 年 7 月），第 135—136 页。

3 特务处二十六年份内外勤工作人员总考绩名册，李邦勋条，蒋介石档案，002-110702-00030-001；吴正春：《李邦勋（国民党少将）》，《武穴文史资料》第 7 辑（2004 年 12 月），第 273 页。

4 李邦勋：《情报局和中统军统前身的错综隶属关系》，《文史资料存稿选编》第 13 册，第 22 页。

5 陶蔚然：《中统概况》，《文史资料存稿选编》第 13 册（1965 年），第 10 页。陶蔚然曾任中统局本部专员。

6 胡性阶：《中统沿革》（1979 年）：《文史资料存稿选编》第 13 册，第 18 页。胡性阶在抗战中期参加中统组织，曾在局本部党派处做过情报编审工作。

且所述不乏孤证，迄未引起史学界的重视。加以此前军统官书及"两统"旧人的说法流传已久，人们的既有认知根深蒂固，大有众口铄金之势。因此，史学界在叙述这段历史时，大多仍采纳军统官书之旧说。[1]

事实上，情报局与军事委员会调查统计局固然为同一组织，但两者出现的时间一前一后，且其组织名称、隶属机关、秘密程度均不同，且就历史学的观点而言，以后来出现之名词替代先有之名词亦是不严谨的，而对相关研究造成的危害尤大。首先，学者如以"军事委员会调查统计局"作为关键词检索 1935 年以前的原始史料，会一无所获，影响其检索的深度与广度；其次，当学者看到情报局之原始档案后，如不对相关史料进行全面的整理与分析，会认为情报局与调查统计局是该局成立之初拟定的不同名称，甚至误以为这是同时并存的两个机构。[2]因此，有关这一名词混淆的问题亟待厘清，以免造成史实上的混乱与研究上的误区。

七、结语

1932 年，蒋介石就任军事委员会委员长兼参谋本部参谋总长后，面对内忧外

1　专书方面，参见魏斐德著、梁禾译：《特工教父：戴笠和他的秘勤组织》（2004 年 1 月），第 90 页；江绍贞：《戴笠和军统》（2009 年 8 月），第 27 页；马振犊、邢烨：《戴笠传》（2013 年 8 月），第 64 页；萧李居：《戴笠与特务处情报工作组织的开展》，《不可忽视的战场——抗战时期的军统局》（2011 年 12 月），第 1—2 页。通史方面，参见中国社会科学院近代史研究所中华民国史研究室编《中华民国史》第 8 卷，北京，中华书局，2011 年，第 275 页。

2　以岩谷将、范育诚的论文为例。岩谷将在该文注释中说明，根据不同人士的回忆文字，均指出调查统计局与情报局所在地相同，复根据李邦勋之回忆，认为"两者实质上是相同组织的可能性很高"，但该文未能参考原始档案，故对李邦勋之回忆有所保留，正文仍谓："1932 年 9 月，军事委员会与'剿匪'总司令部分别以非公开方式成立了'调查统计局'和'情报局'。"见《蒋介石与现代中国的形塑》第 2 册，第 13 页。范育诚则认为："依照大部分的档案来看，比较可能的解释是'情报局'即调查统计局，而名词混乱所显示的应该是机构改组尚未定型。""根据戴笠在 1938 年 6 月 6 日所呈的档案来看，却又显示情报局与调查统计局是两个不同的拨款科目。就此来看，情报局确实存在过，只不过不管是通过现今留存的档案、各种当事人回忆与研究成果等各方面，都很难察觉且几乎无法分辨它与调查统计局的差别"，"在调查统计局成立的同时，尚有一个难以察觉且几乎无法分辨差异的情报局曾经存在。"见《薪传：刘维开教授荣退论文集》，第 103—104 页、第 113 页。

患不断加深的局面，有意整合、强化情报组织，遂于 9 月在豫鄂皖三省总部内成立情报局。情报局最初由参谋本部第二厅厅长林蔚主持，内部按职能划分三处一室，由林蔚兼任情报处处长，另由国民党中央调查科主任徐恩曾、力行社特务处处长戴笠参与该局训练与总务工作。情报局的工作重心在于接收调查科、特务处等情报组织的调查资料，审查其内容之虚实，分别其质量之优劣，择要转呈蒋介石。同年 12 月，该局工作步入正轨，开始汇集各方情报，仅维持一个多月，即因林蔚去职而中断。

1933 年 2 月，前调查科主任陈立夫接掌情报局，对该局进行改组，参谋本部二厅与该局脱离关系，调查科与特务处则分别隶属该局为第一、第二处，由徐恩曾、戴笠分任处长，至此，情报局的一、二两处由专负情报、训练之责的职能部门转化为两个组织健全的特务部门。此后，情报局虽然内部纠纷不断，但直至 1935 年 4 月改称军事委员会调查统计局，一直维持调查科与特务处在形式上的统一，由此奠定了全面抗战爆发前国民政府情报机构的基本组织形态，对国民政府情报组织的整合与分化产生了深远影响。

情报局的改组本为蒋介石统一情报组织的契机，但在力行社与国民党对抗的深层次背景下，特务处与调查科存在竞争关系，加以戴笠与陈立夫、徐恩曾积怨已久，情报局自成立之日起就存在严重的派系对立。陈立夫接任局长后，戴笠坚持特务工作只对蒋介石负责，并不服从陈立夫的指挥，且将紧要情报仍循旧例径呈蒋介石，而以一般情报敷衍局方，使该局工作效能大大降低，沦为一个低级的"调统会报"机构。此外，情报局常常拖欠特务处经费，也成为戴笠与局方对立的重要因素之一。情报局的一系列人事与经费纠纷，成为日后中统、军统两大特务组织相互摩擦与倾轧的开端。

情报局自 1932 年 9 月成立至 1935 年 4 月改称，存在时间仅有两年七个月。在原始档案公开以前，史学界多依据军统官书之记载以及"两统"旧人之忆述，认为 1932 年 9 月成立军事委员会调查统计局，而不知此机构在当时之名称为情报局。通过对相关历史叙述的梳理，不难发现这种说法的渊源颇深，并非凭空产生：情报局为秘密机构，知情者极少，且习惯以"军事委员会调查统计局"代称，军统官书据以书写，遂使"情报局"这一名词被雪藏，而留下忆述文字之"两统"旧人大多未曾参与情报局的运作，遂奉军统官书之记载为圭臬，愈使这种错误说法积非成是。当原始档案陆续公布后，可知情报局实为调查统计局之旧称，有必要对此前历史叙述中存在的问题及时进行修正，避免因名词混淆妨碍相关研究。

拾　戴笠与上海南市太平里红丸机关案始末

军统旧人沈醉在《我所知道的戴笠》中说：

杜月笙和他的学生顾嘉棠在上海南市太平里大做红丸、吗啡，他（戴笠）知道了，也一直暗中保护。以后被人检举揭发出来，只把警备司令部副官长温建刚拿去枪毙了，而真正的后台老板却安然无事。[1]

沈醉提到的毒品案发生在 1933 年 11 月，是当年轰动一时的新闻，由于此案牵涉众多军政要员，国民政府对其内幕一直秘而不宣，而沈醉的回忆只有寥寥数语，也使人难窥全貌。过去由于史料缺乏，迄无著作对此案进行研究，现拟根据近年公布的原始档案，辅以报刊记载及相关人士之忆述，粗略梳理此案始末，并对沈醉之说法提出质疑。

一、戴笠破获红丸机关

沈醉说，杜月笙和顾嘉棠在太平里制造毒品，一直受到戴笠保护。笔者认为，这句话有两点值得注意：

首先，杜月笙在沪上贩毒牟利，具见各种史料，固然无可疑义，且根据现存档案，顾嘉棠确为太平里制毒机关主犯，他是杜月笙的徒弟，很容易让人联想到杜月

1　沈醉：《我所知道的戴笠》，《文史资料选辑》第 22 辑，第 76 页。

笙与本案有关。不过要证实杜月笙与太平里制毒机关有直接关系，尚有待于原始史料的发掘。

其次，顾嘉棠如要戴笠包庇制毒，应当是在 1932 年以后，因为此前戴笠只是蒋介石身边的一名副官，根本不具备包庇制毒的能力。1932 年 4 月，戴笠被蒋介石委任为力行社特务处处长，开始在上海等地放手发展特务组织，这才有了包庇制毒的可能。然而 1932 年正是蒋介石开始大力禁烟禁毒的年份，这时候包庇制毒意味着不识时务、顶风作案。

行文至此，有必要把近代中国之禁毒史稍作回顾：自清朝末年，中国盛行吸食鸦片之风，积久未能转移，不仅败坏风俗，更以此招致国家民族之奇耻大辱，而为外人所轻侮。民国成立之初，由于国家分裂，时局混乱，非但鸦片未能肃清，反因海洛因、吗啡等新型毒品之制成，使烟毒更为泛滥。1928 年国民政府成立后，曾设立禁烟委员会，掌理禁烟禁毒事宜，然而禁令空疏，办理未善。当时中国各地烟毒泛滥情形，以豫鄂皖赣诸省最为严重，其中湖北汉口为华中运土中心，西南三省之烟土多由此分运他省，国民政府财政部遂于 1929 年在汉口设立清理两湖特税处，采取所谓"寓禁于征"的办法，一面宣传禁烟，一面征收鸦片烟税，实际上是只征不禁，导致烟毒问题日趋严重。

1932 年 5 月，蒋介石来到汉口，目睹毒氛弥漫，始知欲禁绝烟毒，必须改用切实有效的方法，乃采用国民会议议决之 6 年禁绝方案，分年渐禁，先在豫鄂皖赣四省及毗邻地区试办，并颁布了一系列禁烟禁毒的法令。[1] 在这样的背景下，1933 年 4 月颁布了《厉行查禁麻醉毒品取缔土膏行店章程》，其中规定：

凡制造鸦片之代用品，如吗啡、高根、海洛因，及其同类毒性物或化合物之机件工厂，应由各地政府、驻防军队严行查禁。一经发现，除将机件工厂及其制造品分别没收销毁外，并将所获人犯依照军法从严惩处。其私人财产，概行查明没收，照章奖给举发及承办人员。[2]

1　赖淑卿：《国民政府六年禁烟计划及其成效》，台北，"国史馆"，1986 年，第 41—42 页。

2　赖淑卿：《国民政府六年禁烟计划及其成效》，第 404 页。

同年 7 月，戴笠在呈给蒋介石的报告中，称特务处对于苏浙两省工作，自 7 月起拟集中力量检举贪污。蒋介石接阅后，批示："对各省鸦片开灯与特税处弊端须切实侦查。"是为特务处介入禁烟工作之始。[1] 1933 年正是戴笠特务事业的开拓期，而且他一向"忠心耿耿地执行着蒋介石的一贯政策"（沈醉语），以常理而言，他应该借禁毒之机在蒋介石面前立功邀宠才是，如谓其甘冒风险包庇顾嘉棠制毒，实在令人怀疑。

沈醉接着说，顾嘉棠的制毒机关"以后被人检举揭发出来"。沈醉大概不知道，检举揭发制毒机关的不是别人，正是戴笠。查戴笠于 10 月 5 日致电蒋介石报告："现查沪市府所设大制造红丸机关，月得利三百万余元，可否令宪兵团逮捕，乞示。"蒋介石接阅后，复电指示："凡制造红丸机关，不问何属，应一律逮捕也。"[2]

所谓"红丸"，是一种颜色粉红、大小与黄豆类似的毒丸，含有毒性猛烈的海洛因，而美其名曰"戒烟丸"，与当时鸦片的别名"戒烟药膏"一样，都是由毒贩、奸商制造出来的名词。[3] 红丸是明令查禁的麻醉毒品之一，故蒋介石严令戴笠破获此一制毒机关。且由此后大量相关电文可知，戴笠提到的红丸机关正是顾嘉棠所经营的，该机关位于上海南市中华路太平里，受到淞沪警备司令部参谋长蒋群及副官处处长温建刚的包庇，由于蒋、温二人均系上海市长兼淞沪警备司令吴铁城所任用，故戴笠在呈给蒋介石的电文中直言此案与上海市政府有关。[4]

戴笠奉命后，经过了一段时间的准备，最终于 11 月 18 日密派特务处书记唐纵会同驻沪宪兵第一团代团长兼第一营营长彭善后，于凌晨 2 时对红丸机关进行了破获，当场逮捕人犯 20 名，并将房屋、机器、什物等一律封存。[5] 不过这 20 名人犯

1　戴笠呈蒋介石报告（1933 年 7 月 7 日），军统局档案，148-010200-0007。

2　蒋介石批示戴笠来电（1933 年 10 月 6 日），蒋介石档案，002-070100-00032-031。

3　中华国民拒毒会拒毒月刊社编辑：《拒毒月刊》第 81 期，第 40 页。

4　夏咏南：《淞沪警备司令部包庇红丸毒品案纪略》，《上海文史资料存稿汇编》第 12 册，第 264 页。

5　戴笠电蒋介石（1933 年 11 月 26 日），蒋介石档案，002-090300-00063-306；"上海破获制毒机关"，天津《大公报》，1933 年 11 月 30 日。

系以经理陈哲民及职员王志成、朱德胜 3 人为首，幕后老板顾嘉棠并不在内。[1]

二、各界要人纷纷说项

沈醉说，红丸机关被破获后，"只把警备司令部副官长温建刚拿去枪毙了，而真正的后台老板却安然无事。"这句话给人的印象是：1.温建刚是个无关紧要的小人物，最后当了替罪羊；2.后台老板顾嘉棠因有戴笠的包庇而安然无恙。事实上，温建刚是太平里红丸机关的"保护伞"，绝非无关紧要。

温建刚，广东大埔人，云南讲武堂出身，曾任黄埔军校教官、国民革命军船舶运输司令部司令、南浔铁路警备司令、烟台警备司令、南京公安局局长等职。[2] 1933 年 10 月 2 日，吴铁城兼代淞沪警备司令，温建刚出任副官处处长，副官处是淞沪警备司令部内最活跃的一个处，温建刚经常代表吴铁城与各方交接。此外，温建刚与杜月笙也有特殊关系，在公共场所常以杜月笙之老友自居，还不时代表杜月笙对一些失意官僚嘘寒问暖、送钱送物，常做一些别人不敢做的事情。由温建刚之经历观之，他在上海滩可谓是一个交游广泛、呼风唤雨的人物。[3]

关于温建刚包庇制毒的内幕，知情者郑应时曾透露：

1930 年左右，由于美帝国主义在中国大量推销吗啡、海洛因，日本帝国主义推销红丸，这就使一部分鸦片商人竞相效尤。其中四川军阀及鸦片烟商鉴于烟土运输困难，就在宜昌、重庆一带集资设厂，重金聘请日本技师，提炼吗啡……但四川的提炼厂一般都因技术关系，只能制成一种黄吗啡（俗称"粗胚"，大约一千两烟土可提炼一百两"粗胚"），还需要运到上海再度加工，才能制成"白货"（即普通的白吗啡），这样，就为上海鸦片商人开辟了一条发财新路。当时苏州人华清泉（原是潮州土行的会计，积了一笔孳钱）伙同潮州人郑芹初，以原有的"华利土

1　戴笠电蒋介石（1933 年 11 月 20 日），蒋介石档案，002-080200-00133-162。

2　温应奔、温云光：《温建刚》，《大埔文史》第 12 辑（1994 年 10 月），第 40 页。

3　夏咏南：《淞沪警备司令部包庇红丸毒品案纪略》，《上海文史资料存稿汇编》第 12 册，第 263 页。

行"为基础，勾结上海警备司令部副官处长温建刚在上海开设吗啡制炼厂，收买四川的黄吗啡，来提炼白吗啡。温建刚见暴利当前，自以为有恃无恐，也就毅然答应。于是由华清泉拉线，郑芹初出资，温建刚撑腰，在上海南市开设了上海最大的一家吗啡制炼厂。而且一开始就生意兴隆，获利无算。

温建刚所以敢于有恃无恐，是得到吴铁城的同意，更得到杜月笙的支持的。吴铁城为了包庇鸦片毒物有关的事情，还通过各方关说，取得了蒋介石的默许。温建刚见事情已通天，也就更加大胆放手去干了。[1]

郑应时本是上海电影界人士，因从小在上海长大，其先人又在"洋药公所"活动，故对上海鸦片交易情形及温建刚之经历有所耳闻。不过郑应时对红丸机关案的内幕了解有限，其回忆文字中对本案起因、经过之叙述多有错误，其所谓温建刚制毒系得到吴铁城的同意、杜月笙的支持甚至蒋介石的默许云云，尤不知有何根据，其实这很有可能是温建刚为了招摇撞骗而在故作大言，郑应时却信以为真了。

据戴笠调查，除温建刚外，淞沪警备司令部参谋长蒋群也是包庇制毒的要角，关于蒋群之略历，上海《新闻报》曾在其就任参谋长时有所刊载：

蒋氏号君年，赣人，江西武备学堂及保定陆军学校毕业，为人任侠多才，军学湛深，尤善属文，为国民党老同志。辛亥，与林主席及中委李协和、吴司令等起义九江，历任江西军政府帮办、全赣学生军北伐军总司令。民五，在粤任参朱庆澜将军幕，适张勋复辟难作，氏首先建议，主张迎总理及国会海军南下，极为总理所器重，迭任大元帅府参军、大本营参军、建国军宪兵司令等职。民十五，北伐军出赣，孙传芳重兵入浔，氏独身任重要破坏工作，得收奇效，蒋总司令任氏为行营参事，擘画颇多。近年家居休养，学德益进，吴司令钦其所学，特请其出任参谋长。[2]

由此可见，蒋群也是一个不容忽视的大人物，故当蒋群、温建刚因红丸机关案

1　郑应时：《潮籍鸦片烟商在上海的活动及其与蒋介石政权的关系》，《广东文史资料》第21辑，第19—20页。

2　"吴市长昨晨就淞沪警备司令兼职"，上海《新闻报》，1933年10月3日。

被牵出后，国民政府要员及地方有力人士为彼等求情者颇不乏其人。且看下列事实：

蒋介石于 11 月 18 日红丸机关破获当天，正在南昌，他一面电令参与破获本案的上海龙华宪兵第一团代团长彭善后，将全部人犯、物品转交上海市长兼淞沪警备司令吴铁城，由该团会同押解南昌，[1] 一面致电吴铁城，告以："望即将人犯、物品全部负责送解南昌，并将温建刚与蒋群二人由兄负责派专员解来，勿得延误。"[2]

吴铁城接电后，显然对蒋介石的命令颇感意外，他曾复电声称，太平里破获之处所虽然存有烟土，但并非制毒机关。蒋介石则根据特务处搜获之红丸制造机件，反驳了吴铁城的说法，他于 11 月 19 日再电吴铁城，告以："制造红丸机件不能以存土为名搪塞，希即将蒋群、温建刚押解来南昌行营审办，勿得延误。"[3] 与此同时，蒋介石致电南京宪兵司令谷正伦，告以："上海红丸案，请令彭代团长将人犯、物证逐件点交吴司令，并令彭代团长派兵会同其司令部人员押解南昌行营覆审澈办为要。"[4] 稍晚，蒋介石又电嘱谷正伦："上海红丸案人犯如已解京，则可不再交吴市长，即由兄派员负责直接押送南昌审办可也。"[5] 凡此皆足见蒋介石对此案之关注与急切程度。

同日吴铁城接到来电后，仍不愿遵令押解蒋、温二人，且再复蒋介石皓未、皓亥两电，继续声称太平里处所并非红丸机关，请蒋介石重新考虑此事。[6] 这两封电报迟至翌日中午尚未由蒋介石接阅，蒋介石却已等得不耐烦，再电吴铁城质问："昨电饬将制造红丸之机件、人犯与温建刚、蒋群二人解赣，何以迄今未复？"并严令："限五日内解到南昌，勿误！"[7]

接下来两天，吴铁城又发哿西、哿亥、简戌三电，向蒋介石有所陈述，此时正

1 蒋介石电彭善后（1933 年 11 月 18 日），蒋介石档案，002-010200-00098-002。

2 蒋介石电吴铁城（1933 年 11 月 18 日），蒋介石档案，002-010200-00098-001。

3 蒋介石电吴铁城（1933 年 11 月 19 日），蒋介石档案，002-010200-00098-004。

4 蒋介石电谷正伦（1933 年 11 月 19 日），蒋介石档案，002-010200-00098-005。

5 蒋介石电谷正伦（1933 年 11 月 19 日），蒋介石档案，002-010200-00098-003。

6 吴铁城电杨永泰（1933 年 11 月 20 日），蒋介石档案，002-080200-00432-003。

7 蒋介石电吴铁城（1933 年 11 月 20 日），蒋介石档案，002-010200-00098-019。

逢"福建事变"爆发，蒋介石忙于应付变局，无暇对吴铁城来电一一回复。吴铁城未接蒋之复电，乃更加坐立不安，他于 11 月 22 日再电蒋介石解释，声称未将蒋、温解往南昌系因宪兵方面无人接洽："皓未、皓亥、哿酉、哿亥、简戌各电谅邀钧鉴，未奉核示，无任惶悚。前奉号电，饬将破获太平里货件、人犯及蒋群、温建刚于五日〔内〕押解来赣，兹已限期已迫，故于今晨下令执行。因该项货件查抄后，由宪兵营派兵留守保管，故先派员持令饬宪兵营长会同赴太平里查检封存货件，准备起解，乃该营长连日称病，迁不见面，该营营附亦不肯负责接洽，本部派员径往太平里查询，亦为留守该处之宪兵拒却，无法执行。惟职责所在，理合陈明，乞示祗遵。"[1]

宪兵方面拒绝与吴铁城接洽，或与此前蒋介石电告谷正伦不必将人犯转交吴铁城有关。不过蒋介石显然对吴铁城的种种借口不以为然，他于 11 月 22 日发出一则措辞相当严厉的"养申"电，提醒吴铁城别想趁乱蒙混过关，称："命解蒋群、温建刚来赣到案审办，何以置若罔闻？希勿藉闽乱以期逃罪累，重负党国之使命。限于五日内提解到赣，勿误！"[2]

吴铁城在蒋介石迭电催促之下，最终只有遵命照办。11 月 23 日，上海保安处处长杨虎、公安局局长文鸿恩遴派人员，率同干练警队，将蒋群、温建刚押解南昌。[3]红丸机关经理陈哲民及职员王志成、朱德胜 3 名主犯也于 11 月 25 日由特务处会同宪兵押往南昌讯办。[4]吴铁城以此案"办理无状""用人不慎"，曾致电蒋介石恳请辞去本兼各职，"并请从严惩处，以赎罪辜"。蒋介石接电后，批示"慰留"。[5]

蒋群、温建刚混迹官场多年，在国民政府内有着盘根错节的人脉关系，自从二人被解往南昌后，便不断有政府要员向蒋介石说项。

1　吴铁城电蒋介石（1933 年 11 月 22 日），蒋介石档案，002-080200-00432-003。

2　蒋介石电吴铁城（1933 年 11 月 22 日），蒋介石档案，002-010200-00098-031。

3　吴铁城电蒋介石（1933 年 11 月 23 日），蒋介石档案，002-080200-00432-003；"蒋群、温建刚奉蒋密令送京"，天津《大公报》，1933 年 11 月 25 日。

4　戴笠电邓文仪（1933 年 11 月 25 日），戴笠史料，144-010108-0003-033。

5　吴铁城电蒋介石（1933 年 11 月 23 日），蒋介石档案，002-080200-00432-003。

孙科

吴铁城

杨啸天

杜月笙

王晓籁

曾为蒋群、温建刚向蒋介石说项的各要人

　　首先开口的是立法院院长孙科，他于 11 月 24 日致电蒋介石称："顷接蒋群、温建刚电告，近奉严令押解南昌，实为万万不料之冤，请托转恳缓颊，特电转陈。乞先予详查，然后定谳，至所盼祷。"[1] 蒋介石接电后没有答复，孙科乃于次日又发来一电称："关于蒋群、温建刚案，昨已电达，旋晤啸天、醒亚，方悉颠末。查蒋群系总理旧人，而亦颇有功绩之同志，科知之甚深，年来过从尤密，每欲推挈，苦无机会。此次承铁城约，任事淞沪，为时仅五十日，科敢保其必无违法之事，即小有差池之处，请公于训斥之余，加以策励，必能感激奋勉，以图报称。愚见如此，倘荷鉴纳，至所感幸。"由此电可知，原来孙科昨日发电求情时，尚不知蒋、温因何被押，他是 24 日始由上海保安处处长杨虎（啸天）和社会局局长吴醒亚处

1　孙科电蒋介石（1933 年 11 月 24 日），蒋介石档案，002-080200-00134-104。

了解事情原委的。他为了替蒋群求情，不惜把孙中山先生搬了出来，希望蒋介石看在蒋群是"总理旧人"且"颇有功绩"的情分上网开一面。然而蒋介石接电后仍然未予答复，此后即未见孙科再有求情函电。[1]

除孙科外，吴铁城经蒋介石慰留后，也再托蒋的亲信张群、杨永泰为蒋群、温建刚求情。[2] 上海市商会主席王晓籁致电蒋介石，极言"温建刚君生性硬直，对公甚表忠实"，请蒋介石早予释放。[3] 与本案极有关系的杜月笙则致函杨永泰，直接声称："太平里事件，蒋群、温建刚两兄无辜，情殊可悯，恳转陈委座早予省释。又该案内工人均受雇性质，久被羁押，清苦异常，并乞进言，早日开释。"[4] 蒋介石接阅这类来电后，一概未予理睬。

三、戴笠主张严办本案

除沈醉在回忆文字中暗指戴笠包庇杜月笙、顾嘉棠外，另一军统旧人文强也转引戴笠内弟毛宗亮的叙述，对此案有类似说明：

据毛宗亮告诉我说："早在抗日战争前，在上海南市破获一件贩运毒品的巨案，是戴笠手下的人抄查出来的。如果上报，就会使杜赔本百万元并大失面子，而且杜刚被全国禁烟委员会敦请为禁烟委员，就会丢官。处于如此尴尬的情况下，杜托杨虎说情，开了三十万元支票相赠。戴不但将赃物发还，连同支票一同退回。杜摸不透戴的心思，反而增加了顾虑，于是又转请他的法律顾问章士钊先生代邀戴赴宴，借机摸摸底说情。戴又拒不应约，使杜感到十分难堪，准备在租界范围内给点颜色给戴看看。不料正在剑拔弩张的时候，戴突然只身访章，声明不收赠款，不应约赴宴，是为了与杜交知心朋友，保证对此事既不上报，也不泄露。如受款赴宴，则

1　孙科电蒋介石（1933 年 11 月 25 日），蒋介石档案，002-080200-00135-020。

2　张群电杨永泰（1933 年 11 月 30 日），蒋介石档案，002-080200-00135-145。

3　王晓籁电蒋介石（1933 年 12 月 13 日），蒋介石档案，002-080200-00138-074。

4　杜月笙电杨永泰（1933 年 12 月 27 日），蒋介石档案，002-080200-00429-125。

没有不透风的墙，人言可畏，彼此都洗白不清。从此之后，杜认为戴豪侠可交，是一个奇人，结为拜把兄弟。"[1]

文强的叙述至少有两个问题：

1. 戴笠早在 1927 年即经杨虎介绍与杜月笙结识，时相往来。同年夏，戴笠与杜月笙、杨虎在杭州西湖之滨的杜庄结拜为异姓兄弟，杜月笙居长，杨虎居仲，戴笠最小，此事有亲历者万墨林的回忆可证。[2]戴与杜、杨结拜之际，正是他开始单枪匹马从事情报活动之时，他颇欲借重杜、杨 2 人在上海的地位，以开展其特务工作。3 人结拜后，未必即有深交，但彼此一定是熟识的。然而文强对此并不了解，故有所谓 1933 年后杜须托杨向戴说情，甚至转请章士钊邀戴赴宴，而戴、杜由此开始"交知心朋友"云云，这都是与事实不合的。

2. 文强说戴笠对杜月笙与此案的关系"既不上报，也不泄露"，这与沈醉暗指戴笠包庇杜月笙、顾嘉棠是一致的。其实，戴笠向蒋介石检举本案之前，有可能已经通过特务处的侦查得知红丸机关与顾嘉棠有关，如果他有意包庇，又何必检举呢？当然也有另一种可能，即戴笠检举之初仅知红丸机关系由淞沪警备司令部包庇，当破获之后，始知其主持者为顾嘉棠，于是碍于杜月笙的情面，开始亡羊补牢。关于此点，需要全面考察戴笠在案发后之处境，及由此处境所表现出的态度与言行，方能做出判断。

案发后，戴笠非常明白，他作为本案检举人，已骑虎难下，一旦蒋群、温建刚被判无罪，他必将负诬告之责，因此他对包括义兄杨虎在内的政府要员的说项不敢大意。11 月 25 日，杨虎由沪赴赣晋谒蒋介石，为蒋、温求情，戴笠为此分别致电负责审办本案的南昌行营调查课长邓文仪及侍卫长宣铁吾，请他们帮忙留意杨虎的态度与言行。其致邓文仪电称："沪太平里吗啡制造机关经吾人破获后，沪上军政闻人大震，日来大事活动，多方疏解，希图机器发封，主犯释放。今日杨啸天已飞

1　沈醉、文强：《戴笠其人》，第 229 页。

2　万墨林：《谍战上海滩》，台北，秀威科技资讯股份有限公司，2013 年，第 17—25 页。

赣矣，敢乞注意其言行，随时赐示为荷。"[1] 其致宣铁吾电称："杨啸天为沪吗啡制造机关破获案，今日飞赣谒校座，请注意杨之言论，有以电示。"[2]

12 月 6 日，戴笠前往南昌向蒋介石汇报有关福建事变的情报，他趁机向蒋介石报告了自己对红丸机关案的见闻，并请对温建刚处以极刑：

此次钧座命令吴市长，将温建刚、蒋群解来南昌，京、沪、赣一带人心大快，道路歌颂，时有听闻。生前天于南浔车上，听见一商人模样者向其座客云："蒋群在九江、上海无恶不作，唯有蒋委员长才是青天，所以能将其逮捕，听说不久要枪毙咧。"另一座客云："不至枪毙，听说有许多大佬官已经向蒋委员长保释，马上就可放出来了。"彼商人模样者复云："蒋群的老子做人不好，所以没有善终，蒋群的哥哥是蒋群害死的，蒋群在九江有许多地皮，大都是侵占别人家的，他过去在家里聚赌，是有公安局长为他看门的，蒋群不特是贪官，且是土豪"等情。事关民意，谨举以奉闻。至于温建刚素行反动，应即处以极刑。[3]

戴笠这番生动描述似有夸张附会之嫌，但无论其真实性如何，这个报告都再清楚不过地反映了戴笠此时的态度，即对蒋群、温建刚穷追猛打，以坐实彼等包庇制毒之罪。当然戴笠也很清楚，蒋介石不会仅凭他的一面之词尤其是道听途说的"民意"就将蒋、温绳之以法，如欲达到目的，最重要的是确凿的物证、人证。

当制毒机关破获之初，特务处曾搜出制造红丸之原料、器具，但因名目不清楚，作为物证尚有不足。戴笠为此于 12 月 8 日致电特务处华东特派员吴乃宪，令其会同宪兵方面之王公遐"再往检查，将其器具等逐一拍照缴存，并请密饬原报告人将制造情形与销路详行具报，专人送京为要，因总座对此点甚重视也"。[4]

12 月 10 日，戴笠致电邓文仪，告以取证进展，并请严审本案，称："沪太平里制造毒品机关兼制红丸一节已获有物证，该机关原设法界，后迁来太平里，自民

1　戴笠电邓文仪（1933 年 11 月 25 日），戴笠史料，144-010108-0003-033。

2　戴笠电宣铁吾（1933 年 11 月 25 日），戴笠史料，144-010199-0003-065。

3　戴笠呈蒋介石报告（1933 年 12 月 6 日），蒋介石档案，002-080102-00038-002。

4　戴笠电吴乃宪（1933 年 12 月 8 日），戴笠史料，144-010108-0001-054。

国十八年即已开办。此案务请详行质审，因该犯人等甚狡黠也。各种证物准明日专员送上，社会对此案之办理甚为重视，乞注意。"[1]

12月12日，戴笠派特务处干员唐光辉将太平里案证物送往南昌，并于次日再电邓文仪，告以物证、人证之详情，及其对本案之意见：

> 特急，抚州总司令行营，邓秘书雪冰兄，报密。文电奉悉。1.太平里案续获证物已于昨派唐同学光辉送上矣，其中有协丰公司之账簿多种，系自民十九即已开办者，后因法租界当局厉行禁毒，该公司得华界警政当局之入伙，遂迁华界太平里，更名"洽记"，其职工发薪名册明载自本年三月一日为始，所谓开办仅四月者，实欺上之语也。2.该机关三楼确系制造红丸之所，现有淋粉、咖啡精等之制造红丸必需原料及烘盘、筛子等必需器具为凭。且原报告人可到庭作证，则制造红丸之罪亦已成立。3.据查，在前次逮捕之二十人中，尚有公安局经常派驻之便衣警卫三人在内，刻正侦查其真姓名中。各犯均狡黠异常，不肯吐露真姓名与其职掌，弟意非严刑审究不可，乞注意。4.此案据鄙见，应有一般犯罪与特别犯罪之分，制造毒品应归一般犯罪部分议处，至公务人员朋伙制造毒品，甚至有辱没革命领袖之行为，应归特别犯罪部分处置。故对未到案之制造主犯顾嘉棠应严令沪市府缉拿，已到案之陈哲民等罪犯应严刑审究其真姓名与职掌，分别枪毙与监禁。至于蒋、温两人实数罪俱发，应重严惩处，以正官心而肃纪律。吾人站在革命立场，应为领袖表扬功德于民而树立其威信，盖中外对此案均甚重视，吾兄革命健者，谅必表同情也。如何，尚乞电示。弟笠叩，元未。[2]

此为戴笠档案中有关红丸机关案最为重要的一封电报，其中有两点最值得重视：1.戴笠所谓"公务人员制毒，甚至辱没革命领袖"，指的是温建刚。据邓文仪回忆，温建刚平日招摇撞骗，到处信口开河，夸大其词，被捕之前，就曾公开对外宣传，将烟土加工为红丸是"总部高级人员"要办的，对于蒋介石的信誉几近毁

1　戴笠电邓文仪（1933年12月10日），戴笠史料，144-010108-0003-034。

2　戴笠电邓文仪（1933年12月13日），戴笠史料，144-010108-0003-032。

谤。[1]因此，戴笠主张对温建刚从严惩处，"以正官心而肃纪律"。2. 戴笠明白建议"严令沪市府缉拿"制毒主犯顾嘉棠，并对已到案之制毒机关经理陈哲民等人严刑审究，可见并不存在沈醉、文强所指称的戴笠包庇后台老板的问题。

四、戴笠继续补提证物

此后一段时间，戴笠专注于应对福建事变，未再过问红丸机关案。不料福建事变平定后，蒋介石竟于 1934 年 2 月 24 日致电戴笠责问："前次上海吗啡案，你说制造红丸有凭证可呈，为何至今毫无影响？是否别有作用？希秉公澈底详呈，不得含糊，否则当治诬告之罪。"[2] 3 月 7 日，蒋介石再电戴笠，严令 7 日内将红丸案人证、物证详行具报，否则必办诬告之罪。

红丸案已经过去 3 个多月，戴笠也在 1933 年 12 月将人犯与物证解往南昌，如今蒋介石旧事重提，显然戴笠提供的证据并不充分。人证方面，自本案发生以来，因原报告人担心被告报复，一直没有前往南昌参与质审。戴笠遂于 3 月 10 日电告吴乃宪，即令特务处上海工作人员王昌裕"设法将原报告人伴送入京，以便赴南昌对质，万不可使该原报人有畏避情事"。[3] 物证方面显得更为棘手，原有证据既然不足，只能设法寻找新的证据，当时吴乃宪在石炭港北标码头发现大批赃物，或与太平里红丸机关有关，戴笠于同日晚间再电吴乃宪，切嘱："校座对太平里案究竟有无制造红丸一节甚为重视，事关吾人之成败，务请严密设法破获石炭港北标码头地穴中大批之赃物，事若有成，且确与太平里机关有关者，当犒赏，否则原报告人务请转知昌裕兄设法送往南京转往南昌，以便对质一切。"[4]

3 月 11 日，戴笠又电吴乃宪，令其继续搜集该案证据，以免受诬告之罪，电

1　邓文仪：《从军报国记》，台北，正中书局，1979 年，第 202 页。

2　蒋介石电戴笠（1934 年 2 月 24 日），蒋介石档案，002-010200-00106-005。

3　戴笠电吴乃宪（1934 年 3 月 10 日），戴笠史料，144-010108-0001-015。

4　戴笠电吴乃宪（1934 年 3 月 10 日），戴笠史料，144-010108-0001-014。

左：王昌裕
右：红丸机关案主犯顾嘉棠

称："校座近对太平里前案迭电催促补提凭证，以便澈底究办。此事据弟推测，显有人从中攻击吾人做事不尽不实也，吾人对此案应速补提物证、人证，以证明该机关确系兼制红丸者，以免受诬告之罪，并保持吾人既往之信誉。"并再度切嘱："此事应请严密破获石炭港北标码头地穴中之存物，并将前之原报告人送往南昌质审，对原报告人吾人当予以绝大保障，并可予以奖金也。破案时如需要宪兵帮忙，弟可密电凌光亚兄拨兵援助，事须绝对严密，务乞三注意焉。至该石炭港之存物是否与太平里有关，乞即详审示知。"[1]

3月12日，吴乃宪遵照戴笠指示，派王昌裕带本案原报告人赴京转赣，人证问题至此解决。[2]3月14日，吴乃宪致电戴笠报告谓："沪制造红丸机关已查明有数起，或有与前太平里案有关者，拟在日间破案。"[3]次日，吴乃宪再电戴笠报告："现查悉各红丸制造机关多与前太平里吗啡红丸制造机关及上海保安队前在北站所搜获之红丸案有关，拟即用淞沪警备司令部侦察〔查〕队名义负责破案，以资究

1　戴笠电吴乃宪（1934年3月11日），戴笠史料，144-010108-0003-031。

2　戴笠电吴乃宪（1934年3月13日），戴笠史料，144-010108-0001-011。

3　戴笠电蒋介石（1934年3月15日），戴笠史料，144-010108-0003-035。

办。"[1] 戴笠接电后，当即转报蒋介石，并称吴乃宪已由吴铁城委以淞沪警备司令部侦查队长之名义，请示可否以此名义破获。蒋介石接阅后，批示"可"。[2] 至此，有关本案的余波基本结束，此后戴笠档案中未再出现与本案有关的内容。

本案各犯的结果：顾嘉棠未被法办，其原因当与戴笠提供之物证不足有关；蒋群被判徒刑，翌年即被保释；[3] 只有温建刚不免一死，由南昌行营军法处验明身份予以枪决。唯温建刚之死并非完全因为制毒贩毒，据邓文仪回忆，温建刚被捕后，不仅声称制毒贩毒系由高层授意，且在被押行营监狱听候军法机关审办期间，仍然胆大妄为，竟将两位姨太太接到南昌，常在监狱会聚，结果两位如夫人争风吃醋，在监狱内吵闹起来。邓文仪将此事报告蒋介石，蒋介石认为藐视军法莫此为甚，很快核定温建刚之死刑。[4] 1934 年 9 月 4 日，蒋介石电令行营军法处处长陈恩普："温建刚屡犯法规，在监又造谣煽惑，着即枪决。"陈恩普奉令后，于 9 月 5 日晚 10 时将温建刚签提执行。[5]

由于档案有限，本案尚有诸多问题无法解答，如杜月笙是否与此红丸机关有关？顾嘉棠何以未被法办？吴铁城曾致蒋介石为温建刚辩解之电内容如何？王晓籁、杜月笙所谓蒋群、温建刚无罪云云有何凭证？等等。不过可以确定的是，戴笠未曾包庇红丸机关及其后台老板，沈醉、文强的说法与事实有相当差距。

---

1 戴笠电蒋介石（1934 年 3 月 15 日），戴笠史料，144-010108-0003-036。

2 蒋介石批示戴笠来电（1934 年 3 月 16 日），蒋介石档案，002-080200-00154-084。

3 顾祝同电蒋介石（1935 年 10 月 10 日），蒋介石档案，002-080200-00458-239；夏咏南：《淞沪警备司令部包庇红丸毒品案纪略》，《上海文史资料存稿汇编》第 12 册，第 264 页。

4 邓文仪：《从军报国记》，第 202 页。

5 蒋介石电陈恩普（1934 年 9 月 5 日），蒋介石档案，002-010200-00118-019；陈恩普电蒋介石（1934 年 9 月 6 日），蒋介石档案，002-080200-00441-042。

拾壹　北平德胜门外七圣祠
"箱尸案"始末

1981 年，前力行社特务处北平站站长陈恭澍在其回忆录《北国锄奸》中披露了一段鲜为人知的秘史：1934 年春，特务处天津站卷入了一起发生在北平的"箱尸案"，由于案情重大，处长戴笠曾亲自从南方赶来北平秘密处理。陈恭澍回忆：

二十二年秋，北平站扩大编组……正式建立行动单位，增补武器装备……与北平站建立行动组的同时，天津站也成立了行动组，由王天木兼任组长，组员有七八人之多……天津的行动人员大都追随过王大哥，全部是河南省籍的人。就分子的素质而言，显著的与北平站不同，他们对于玩枪这一套，个个都有历练……

据我所知，天津站在天津日本租界曾完成过几件工作，因为职责各有所属，我并未参与其事，故而从略。就在这个时候，北平发生了一桩惊人的事件，还是由于戴雨农先生亲自来北平处理，我才略有所闻，可是戴先生本人并没有正面的对我提起这件事的内情。时间约在二十三年春，天木大哥奉派到张家口办事去了，天津站的行动员在北平闯了大祸，闹得满城风雨，成为最受注目的新闻。不久，北平侦缉队宣称破案，真相乃告大白，一件耸人听闻的奇事，就此风消云散……

至于怎么会把北平的刑事案，和王大哥他们扯在一起，早年在北平出过一本写实的社会小说"箱尸案"，就是影射这件案子……[1]

显然时隔多年，陈恭澍仍然颇有顾虑，他除了承认"箱尸案"是天津站行动员

1　陈恭澍：《北国锄奸》（1981 年 11 月），第 122—126 页。

闯下的大祸外，对其他细节都遮遮掩掩。关于此事，另一军统旧人舒季衡的回忆则要直接许多：

> 天津站的特务们凭借反动势力，肆意妄为，竟于一九三四年在意租界绑架曾任热河省主席汤玉麟的小孙女，讹诈勒索银洋五万元俵分。事发之后，激起天津士绅的愤懑。蒋介石查知后，为缓和舆论的谴责，责令戴笠查处，戴不得不把王天木及有关特务调回南京禁闭，由陈恭澍继任天津站站长。[1]

舒季衡曾在军统天津站工作多年，他虽然没有亲历 1934 年的"箱尸案"，但他的说明仍是值得重视的，唯考诸原始档案与报刊，可知天津站绑架的是前热河都统姜桂题的孙女姜淑英，而非"汤玉麟的小孙女"。关于本案的来龙去脉，尚无著作进行全面梳理，本文拟利用原始史料对其进行发掘，并由此粗略探讨特务处对于纪律案件的处理情形。

一、王天木之特务工作表现

戴笠来北平处理"箱尸案"是由陈恭澍秘密接待的，陈恭澍回忆：

> 当时，我绝不知道此事与天津站有关。过后，戴先生只身来平，事先打了一个亲译的电报给我，嘱我替他开一个房间，谁也不要通知。

> 那天晚上，我陪戴先生在东长安街中央饭店随便吃了点东西，又回到四楼预定的房间里小憩。两人对坐着也没有说话，我预备辞出，好让他一个人休息，可是戴先生总是挽留我多待一会，只见他仍在悄悄出神，突然间，又自言自语地说道："人家为谁辛苦为谁忙嘛！"就这样间歇的说了好几遍。这可把我给弄糊涂了，简直是一头雾水，摸不着一点边。心想："他这么说，究竟是什么意思？"

> 后来，戴先生问起天木兄的近况，我说他去了张家口还没回来，我们有半个多月没见面了。戴先生又东一句、西一句询问天津站的工作情形，我知道的也都说

1　舒季衡：《国民党军统局在天津的特务活动概况》，《天津文史资料选辑》第 26 辑（1984 年 1 月），第 161 页。

了。看神色，听话音，他对天津站那批行动员的动态显得特别关切。我们聊了半天，多是旁敲侧击，好像故意的不触及正题，戴先生也始终未曾透露他的意向，像似想要指派我替他做点什么，可是欲言又止，下不了决断。[1]

陈恭澍言辞闪烁，不仅没把"箱尸案"的来龙去脉讲清楚，反而使这件扑朔迷离的凶案更增添了几分神秘色彩。到底是什么原因，能让戴笠这位叱咤风云的特务首脑如此怅然若失？竟然说出"人家为谁辛苦为谁忙"这样类似女子哀婉口气的话？这句话又和"箱尸案"有什么关系？这一切都要从戴笠与王天木交往的经历说起。

王天木，吉林人，本名仁锵，参加特务工作后，改名天木。日本士官学校出身。初在黑龙江督办吴俊升部任职，嗣任西北军参议，复在河南收编土匪，自任司令。[2] 王天木与戴笠早在1930年前即已相识，蒋唐战争期间，戴笠深入唐生智部驻地搜集情报，脱险后曾往北平投奔王天木，借毛衣御寒，再返回南京。[3] 同年，第一师师长胡宗南率部驻开封，王天木与其组织"三民主义大侠团"。[4] 1932年2月，王天木参加联络组，化名郑士松，在天津活动，成为军统特务组织开山鼻祖"十人团"之一。特务处成立后，王天木任天津通讯组组长，并协助建立北平通讯组，系军统在平津方面的工作奠基人之一。[5]

"九一八"事变后，日本侵华野心愈益暴露，与此同时，国内反蒋派之活动正此起彼伏、方兴未艾。王天木及天津组处在此种背景下，以搜集日方情报为工作重心，同时密切关注冯玉祥、汪精卫"改组派"、胡汉民"新国民党"、青年党等各重要反蒋派的动态。现存特务处呈给蒋介石的情报档案中，不乏由王天木报告的各方机密。

1　陈恭澍：《北国锄奸》，第125—126页。

2　陈恭澍：《北国锄奸》，第41页；舒季衡：《国民党军统局在天津的特务活动概况》，《天津文史资料选辑》第26辑，第159页。

3　戈士德：《戴笠与周伟龙上》，《中外杂志》第31卷第5期，第136页。

4　王天木：《我所知道的蓝衣社》，《蓝衣社内幕》，上海，国民新闻图书印刷公司，1943年，第119页。

5　戴笠呈蒋介石（1938年5月），蒋介石档案，002-080102-00034-005；陈恭澍：《北国锄奸》，第40—42页。

天津组除致力搜集情报外，在行动方面也颇有表现。1933 年 5 月 7 日，王天木与北平组长陈恭澍，组员白世维、戚南谱等人合作，在北平六国饭店击毙勾结日本之失意军阀张敬尧，开特务处制裁（暗杀）工作之先河。同年秋，特务处在天津建立行动组，由王天木兼任组长，于是王天木开始网罗故旧，充实天津单位之行动力量。[1]

王天木在天津迭有表现，曾因此多次遭到政敌暗杀，屡濒于危。6 月 30 日晚，王天木在天津总车站货栈门口"被人击二枪，幸未中"[2]，事后查悉开枪者为"公安局之特务员及车站检查旅客之班长李某"[3]，缘于当时天津公安局系由东北人士控制，而非由南京中央掌握，故王天木将该局列为侦查对象之一，该局则对王天木的侦查活动有所反制。此外，青年党特务队长程志达亦曾两次狙击王天木未果，该人后于 12 月 4 日在北平镇芳公寓遭特务处北平行动组击毙。[4]

1933 年夏秋之间，特务处天津通讯组升格为天津通讯站，王天木因在津工作两年成绩出色，顺理成章地出任了天津站站长。[5]

1934 年 1 月，王天木的天津站执行了一次重大行动任务，沉重打击了匿居租界的反蒋势力。当时正值陈铭枢、李济深发动"福建事变"，天津站侦悉闽方与胡汉民的"新国民党"在意大利租界合办有《民兴报》，以宣传彼等之主张，乃于 1 月 8 日派遣行动干员数人闯入报馆，将该报总编辑刘亚樵打成重伤，旋即身死。刘亚樵又作刘亚乔，天津人，时年 34 岁，曾任《华北新闻》《华北晚报》及《正报》

1　陈恭澍：《北国锄奸》，第 124 页。据陈恭澍回忆，特务处天津行动单位建立于 1933 年秋，唯据军统名册记录津站行动人员参加工作之年月，最早有 1933 年 8 月者，见戴笠呈蒋介石"历年殉难殉职病故殉法工作人员姓名拟恤清册"，蒋介石档案，002-080102-00035-002。

2　戴笠电蒋介石（1933 年 7 月 2 日），戴笠史料，144-010104-0003-045。

3　戴笠呈蒋介石报告（1933 年 7 月 7 日），军统局档案，148-010200-0007。

4　戴笠呈蒋介石报告（1933 年 12 月 6 日），蒋介石档案，002-080102-00038-002。

5　据陈恭澍、舒季衡等称，特务处天津单位建立之初即为天津站。唯据原始档案，天津单位初为天津通讯组，查 1933 年 7 月 2 日戴笠致蒋介石之电，犹有"生处天津通讯组长兼行动指挥郑士松"等语；再查天津通讯站最早出现于 1933 年 11 月 16 日特务处呈蒋介石报告孙殿英活动之电，见蒋介石档案，002-080200-00133-052。故天津单位由组改站当在 1933 年 7 月上旬至 11 月中旬间。

编辑，因素与反蒋派有关，遂罹杀身之祸。

本案发生次日，天津《益世报》曾详志经过情形云：

昨日晚九时半，义界六马路与西马路口值岗之九十六号义捕郭凤池忽见自西马路北端驶来汽车一部，该汽车为最新蓬式深蓝色，车号黄牌一八四三，犹系去年旧照未换。驶过岗位后，向南驰去，在南首路旁河岸处略形迟徊，旋即折转向东而去。未数分钟，复由六马路东端驰回，直抵《民兴报》馆前煞住。该汽车停闸后，即由车上跃下青年男子二名，车上似仍有数人守望，二男人下车后，直奔上楼，径造编辑室。该报馆所占为五楼五底，大门两旁另有小房两所，为夫役室，楼下右为营业部，左为印刷工厂，楼上前楼右方为电讯校对室，左前楼为编辑室，左后方为经理室，右后方为空室。街口第九十六号义捕正诧异该汽车间，忽闻有枪声突作于该报楼上，砰砰五六响，嗣即见二男子急遽夺门而出，一跃登车，沿六马路西端驰去，到街口转而之北，即行不见。

九十六号巡捕急鸣笛示警，得左近义捕来集，遂趋该报馆查视，则见该报体育编辑孙学礼仅着褻衣，满面被血，以手扶额跟跄下楼，见义捕至，高喊："不好，快些救人！"经为雇车送往义国医院。复至楼上查视，则见编辑室中尚有一本市新闻编辑刘亚樵，头部受伤甚重，血汩汩涌出，倒卧血泊中呻吟不决，经亦送往义国医院。当枪声大作时，楼下印刷室有工头名朱寿彭者，年三十八岁，北平人，是日正值饮酒过量，手持文稿登楼，正欲请示，行至楼梯中段，闻声大惊，欲逃不及，滚跌楼下，致右胯及膝关节均皆跌伤，一时人事不醒，亦由义捕送入医院。

昨晚记者到义国医院时，值三受伤者方运入院，三数看护由医生指挥之下，正忙于裹扎。刘亚樵弹入前脑，血与脑浆迸流不止，口腔亦吐鲜血，以情形观察，殆已绝望。孙学礼则左额及左手臂均负重伤，惟未全完失却知觉。其工人朱寿彭酒已吓醒，伤不甚重，对记者犹能详道所遇。记者到六马路该报调查时，见楼梯及编辑室中血迹点滴，数便衣义捕与该报两三工作人员在内监守，门内外有巡捕数名逡巡，情形未脱严重。据闻当出事时，该报经理涂培元并未在馆，行凶之二男子曾至经理室查视，见无人在内，即仓皇逃去。[1]

从这篇报道所描述的种种细节来看，如开枪者在行动之前曾对报馆周围环境稍事勘察、行动之际"直奔上楼，径造编辑室"、行动过后"急遽夺门而出，一跃登车"，等等，可以想见王天木策划之周详与行动人员训练之有素。再据《大公报》报道，本案"暴徒"自入室开枪以至"相率呼啸而去"，为时不过两三分钟，更足证津站行动人员之处事迅捷。[2]

另据义租界工部局事后调查，"暴徒"所乘一八四三号汽车为日租界内某私宅之自用汽车，遂请日租界警署帮忙根究。嗣查悉该车号码与北平军分会委员魏宗瀚在天津日租界请领之号码相同，唯此案发生前，该车已运往北平，且仍挂用天津号牌在北平行驶。案发后，义租界警探及日租界巡捕均曾至魏氏津寓查询，时魏氏适在寓中，当经叫通平寓电话，由日巡捕直接向该车车夫询问，据答该车及号牌均在北平。事后日租界警署人员再会同北平公安局亲至魏氏平寓查看，发现该车果然停置平寓，"证明该匪徒等之车牌系出伪造"[3]，由此又可见津站行动人员手法之老到。

南京特务处本部对津站此次行动颇为满意，于1月10日以化名江汉清致电正在福建督师的蒋介石报告称：

> 建宁总司令蒋钧鉴，略密。据北平佳电，天津《民兴报》为胡汉民派及闽逆在华北合组之机关，据报八日下午九时，闽粤及马占山、冯玉祥之代表等在该报经理室开会，乃由津检〔站〕行动组出动五人前往杀贼。至时，经理室已下然〔班〕，仅将总编辑刘亚乔击倒，枪伤脑部，理无生望，并击伤谋抵抗之编辑等共六人。查刘亚乔二年前曾为冯玉祥驻津主办《华北新闻》，此次随余心清入闽，兹又北来活动。此次共计发弹十八粒，全体工作人员均安然退出。谨闻。生江汉清叩，灰亥印。[4]

---

1 "民兴报被狙击"，天津《益世报》，1934年1月9日。

2 "本市一凶案"，天津《大公报》，1934年1月9日。

3 "民兴报凶杀案匪徒伪造车牌"，天津《大公报》，1934年1月12日。

4 特务处（江汉清）电蒋介石（1934年1月10日），蒋介石档案，002-090300-00011-252。

由于津站行动人员不留痕迹，外界根本不知开枪者为谁。天津《益世报》仅在披露《民兴报》之历史与背景时称："《民兴报》为两月前新发刊者，日出两大张，经理为涂培元，赣人，前曾充津华北新闻总编辑，初办《民兴》，与充《大中时报》刘月亭者合资，嗣刘辞出，归涂一人经营，全馆工作人员上下约二十余，日印两千份。此次肇祸原因一时虽未调查明白，但微闻有人疑该报与闽方有关，致遭某方之忌，传闻如斯，姑并存之，用备一说可耳。"

《民兴报》经理涂培元虽然侥幸未死，但经此一案显然受惊不小，他在接受《大公报》记者访问时，极力否认该报之遭遇与政治有关："据报载，敝报含有政治背景，并谓敝报初办，与前已停版之《民风报》刘月亭等合资，纯属无稽。按前者，敝报是否有政治作用，均有已往旧报可查，关于闽变通电及胡汉民氏八项主张，均较平津各报晚发表一日，但消息并未晚到，为因慎重发表，静观平津报界态度而定取舍，故转日见各报均已发表，始敢揭载。况新闻与标题对福州方面多用'叛逆'等等字样，报载谓与闽局有关，可笑之至。至后者，查《民风报》在第一次复刊时，经邀为要闻编辑，殆入馆服务，知该报有政治作用，遂退而为帮忙性质，至第二次复刊而又停刊后，本人为办报兴趣所驱使，遂集合股本五千元，将《民风报》机器兑出而兴办《民兴报》，报载敝报初办时与刘月亭合办者，又为传闻失实也。敝报无辜而遭暴狙，殊为遗憾！"[1]

事实上，《民兴报》与胡汉民派绝非毫无关系，就在本案发生数天后的1月14日，胡汉民曾致函"新国民党"要角邹鲁，指示在天津方面推进反蒋运动之办法称：

鸣宇等所拟宣传预算为三千五百元，属于《民兴报》者为二千元。弟近阅《民兴》等报，似无甚精彩。且此时公开办报，在津沪一带色彩不能鲜明，否则必遭禁忌，不准发行。即能发行，亦无从与各大报争衡，而态度和平又失我拨款办报之本旨。[2]

1　"刘亚樵已因伤毙命"，天津《大公报》，1934年1月10日。

2　陈红民：《函电里的人际关系与政治》，北京，三联书店，2003年，第163—164页。

此函"鸣宇"即胡汉民秘密派往天津从事反蒋活动的裴鸣宇，他为"新国民党"拟定的宣传预算是 3500 元，而《民兴报》竟占 2000 元之多，可见该报确是胡派在天津乃至华北的宣传重镇。然而刘亚樵被刺身死后，胡汉民已无奈地意识到，在天津办报反蒋，"色彩不能鲜明，否则必遭禁忌"，"而态度和平又失我拨款办报之本旨"，故只好放弃对《民兴报》资助。此后不久，《民兴报》经理涂培元即感"环境困难"，决定将该报停刊，全体职工人员均于 1 月 21 日予以遣散。[1] 至此，在津站展开行动后不到半个月，胡派在天津的头号宣传机关就这样烟消云散了。

二、"箱尸案"之发生

1934 年 2 月"福建事变"平息后不久，蒋介石以厦门地位重要、环境复杂，考虑由特务处工作人员兼任厦门公安局长，因令戴笠举荐人选。戴笠鉴于王天木在天津的处境已极凶险，而出任厦门公安局长是个不错的工作机会，遂决定为其调换工作，他于 2 月 12 日致电蒋介石，历数王天木之优点，并详细说明了他的推荐理由：

> 查厦门台人甚多，动涉中日外交，又反动分子潜伏堪虑，非有熟谙外交、精明干练者不能胜任，兹拟调用王天木同志前往，因：1. 王曾居日本八年，对日人情形甚为熟悉。2. 王主持特务工作，迭著勋劳，对取缔反动分子颇有办法。3. 王在华北因努力特务工作，树敌甚多，迭遭青年党暗杀未遂，理应另调公开工作，以图减少目标，保障同志。至天津工作由该组原有四〔旧〕部负责，可能胜任。4. 王好读书，富于涵养，与陈主席必能相得。5. 浙省警校留日留奥学生尚多投置闲散，可使得实验机会。6. 王在厦门可使福建情报站增强效力。7. 现任浙省警校教官沈维翰系前京师警察厅警官训练班毕业，曾任署长等职，经验丰富，长于肆应，堪任督察长，以资助理。

戴笠甚至已经想好，如果蒋介石批准他的请求，他就为王天木改名"王治平"，

1 "民兴报昨已停版"，天津《大公报》，1934 年 1 月 22 日。

以便对其身份进行保密。[1]

在戴笠极力举荐之际，王天木也不负戴笠期望，又完成了一件行动大案，这次的制裁对象是汉奸庄景珂。庄景珂，福建闽侯人，日本早稻田大学政治经济科毕业，精通英语、日语，曾任河北交涉署交涉员、浙江高等法院院长等职，后在天津从事律师行业。据特务处侦查，庄景珂是主持所谓"华北国外交"的首要分子，且与伪满洲国分子频繁往返，将于溥仪称帝时有所图谋，遂决定对其进行制裁。

2月13日为旧历除夕，当夜10时许，天津行动组组员4人身着灰色便衣，来到日租界仰止坊29号庄宅叫门，声言"造访庄律师有事"。先是当天白天，庄宅曾接英租界陈公馆电话，谓晚上六七点派人来接洽诉讼事务，唯届时并无人来，现既有人叫门，还以为是陈公馆的人。当时庄景珂正在三楼寝室内与家人祭神，遂由厨师开门，于是两名行动员留在楼下把守，另外两人直奔三楼，对庄景珂射击4枪而去，庄景珂胸中两枪，子弹透背穿出，臂部和右耳亦各中一枪，当即应声倒地，不久殒命。开枪之际，庄宅门前值岗之巡捕虽然听到砰然之声，但与鞭炮声杂混，根本不知有凶案发生，待其发觉后，乃急忙报告日本警署，于是日方干警四处侦缉，而"暴客"4人早已扬长而去。

日本警署对庄景珂之死颇为关注，于案发次日下午即派司法主任及特务长到庄宅看视法院检察官勘验尸体，后又大肆缉捕，于2月17日抓获了一名叫马金科的嫌犯。马金科又名马云生，为已故军阀张宗昌之副官，张宗昌死后，与张宗昌之姜张义仁姘居。后张义仁通过庄景珂之妻曾花日介绍，与庄之助手王柱结成新欢，而与马云生感情破裂，马云生大为吃醋，曾于去年11月2日以镪水浇烧张义仁面部，致其受伤，后经日本警署将其拘捕送往地检处侦查时，双方同意和解，由马云生出洋700元为张义仁之医药费，从此断绝关系。在和解过程中，庄景珂因其妻与张义仁相稔，遂援助张义仁向日本警署说项，马云生对此甚感气愤，声言报复，后来庄宅连日接到恶声诟骂的电话，被认为是马云生所为。庄景珂既死，曾花日向法庭极言"谁都听说马云生要报复"，马云生竟以杀人嫌疑被判处有期徒刑15年，庄景

1　戴笠电蒋介石（1934年2月12日），蒋介石档案，002-080200-00147-086。

珂案就此了结。

事实上，马云生与庄景珂被杀案毫无关联，完全是被冤枉的，日本警署误以庄景珂因办案而结怨之仇人为侦破方向，故终不知此案之真凶为谁。[1]而当时社会之舆论亦不乏与日本警署同一论调者，如南京司法行政部法官训练所同学会主办之《法治周报》即坚称此案与政治无关：

前天津交涉员庄景珂二月十三日晚十时在天津被刺，主要原因仍在张宗昌之第五妾。张妾曾有姘夫二人，一号称文流氓，一号称武流氓，文武二流氓因争风关系时相暗斗，但文流氓因能力关系，常被武流氓暗算，文流氓不得已，聘庄景珂代表，与武流氓起诉，武流氓败诉被囚，后改交罚款被释。武流氓因此对庄异常怀恨，行刺之日，适庄在院中祭神，而张妾亦在庄之宅内，武流氓因此遂将庄刺死，而张妾闻武流氓至，遂跳墙逃去，否则亦将同时遇难矣。庄生前曾声称与某国甚接近，复谓彼在某社会团体亦甚有力。在肇事之初，对庄之行动曾调查一次，庄不但与某方无关，且在某社会团体中其此〔地〕位亦平平，其致死之因，纯为武流氓所暗算。[2]

此文中"张宗昌之第五妾"即张义仁，"文流氓"指王柱，"武流氓"指马云生，"某国"则指日本。其所述情节虽与事实多有不符，但其反映出的社会舆论对此案的观感却值得重视。由此种舆论可以看出，庄景珂案当属天津行动组执行的又一次干净利落的暗杀任务，行动员不仅在数分钟内即达成目的，且全身而退、"未彰痕迹"，可谓深得戴笠之心。故戴笠于2月14日获悉案情后，甚表满意，除去电嘉奖及先发奖金500元外，并立刻将执行经过报告蒋介石。[3]

王天木没有想到的是，庄景珂案虽然证明了他的行动能力，却不可避免地对他的调职造成了影响。起初蒋介石接阅戴笠举荐王天木担任厦门公安局长之电，本已

---

1 "日租界明石街废历除夕之凶杀案"，天津《大公报》，1934年2月17日；"庄景珂被杀案获一嫌疑犯"，上海《新闻报》，1934年2月18日；"律师庄景珂被刺案"，天津《大公报》，1934年10月7日。

2 "名律师庄景珂被刺之原因"，《法治周报》第2卷第10期，第40页。

3 戴笠电蒋介石（1934年2月14日），蒋介石档案，144-010104-0002-029。

表示同意，并转电福建省政府主席陈仪知照。陈仪奉令后，亦于 2 月 16 日遵令致电戴笠转令王天木来闽任职。[1] 可是蒋介石获悉庄景珂案之经过后，突然改变了主意，他致电陈仪："厦门警长前电请委王同志，现因其别有工作，不能来厦，请勿发表，容缓再定。"[2] 蒋介石所谓"别有工作，不能来厦"，当指王天木在天津任务重要，无法擅离，也可能认为王天木会遭日方疑忌，不宜在日人麇集的厦门担任公安局长。

王天木眼见调任公开职务的机会得而复失，内心必定是失望的，但他对蒋介石的决定不会违抗，只好继续在天津留任。更让王天木意想不到的是，仅仅二十几天过后，刚刚为他立下大功的天津行动组组员竟甘作匪徒，闯下大祸，绑架了前热河都统姜桂题的孙女。

当时姜桂题三子姜勋成一家人居住在天津意大利租界，姜勋成有子女各一，子名大白，12 岁，女名淑英，才 8 岁。自姜桂题故去，后人因无职业，家境日衰，常靠典质度日。某日姜勋成典衣一袭，往赌场豪赌，匪徒认为姜家尚有资财自娱，必是家底殷实的富户，于是把年方 8 岁的姜淑英当成了作案对象。

姜氏兄妹就读于培植小学，该校离姜宅甚近，故姜淑英早去晚归，习以为常，除阴雨外，向由姜宅车夫李升徒步接送。李升有时到校过早，即在传达室略事休息，这一情况为匪徒得知后，因与该校某差役有一面之缘，遂由两人常来传达室闲坐聊天，逐渐掌握了李升与姜淑英的活动规律。

3 月 9 日下午 3 时许，李升照例接到姜淑英，偕其回家，并代携书报及什物。当经过三马路北便道由东向西行走时，有一辆色彩鲜艳的汽车头东尾西停靠在路边，姜淑英路过该车时，车门忽然打开，坐在车内之 3 人竟骤然将其拉入。李升见状愕然，急欲登车夺回，却被一名匪徒以枪头猛击，李升只一躲避之间，该车已向东驰去。李升在车后一面追赶一面狂呼"有匪"，但该车飞速驶离，旋即无踪。

姜淑英被绑后，姜家焦急万分，立刻向意大利工部局报案，并照会各方会同侦

1 陈仪电蒋介石（1934 年 2 月 16 日），蒋介石档案，002-080200-00148-035。
2 蒋介石电陈仪（1934 年 2 月 16 日），蒋介石档案，002-010200-00104-045。

缉，且为避免危及爱女之生命，要求当局暂请各报勿予披露，各报应其请求，只字未载。

接下来，姜家连接匪徒 3 封来函、5 次电话。3 月 9 日事发当晚，接到匪徒第一次电话，请姜家安心勿虑，略谓"少女必妥为照顾，绝无他虞"。3 月 10 日晚，接到匪徒第一次来函，系令姜家从速备妥大洋 5 万元，至北平赎票，内称："女票现在北平，请派人赴北平西直门外三贝子花园内接洽赎票，并进行交款，接洽人着青布棉袍马褂，头戴红结便帽，手中持信物以为标识。"函内并附有姜淑英一函，系致候其父母，并盼速赎之意。匪徒为隐藏其地址，并未经过邮局寄递函件，而将该函存于交通旅馆二楼 16 号，令姜家派人往取。3 月 12 日，匪徒再次来函，系催促付款，此函与第一次来函使用同样方法，存于华中公寓 36 号，由姜家派人取来。3 月 14 日，匪徒第三次来函，此函由姜家从天津旅馆取来，语意略谓："一时穷困，请予接济，过后充裕，必如数归还。"

姜家接到来函及电话后，虽焦急万分，却因短时间内根本筹不到 5 万元巨款，一直未能派人前往北平接洽。其实姜家坐食山空，早已外强中干，自 1922 年姜桂题故去后，其家于 1930 年冬将家产分为 4 股，每股分得亳州老家地亩 40 余顷，而亳州连年兵燹，所有资产因之损失过半。姜勖成在天津意大利租界有两处房产，一处出租，一处自住，均于 1930 年冬在法租界仪品公司抵押借款，另在北平翠花胡同有住房一所，亦于 1932 年春售与他人。现时姜家拮据异常，所有生活花费均依赖亳州田地所出。绑匪来函后，姜家立即通知亳州方面，火速出售田地变现，迅速汇来，但因乡间谷贱伤农，典卖并不容易，5 万元巨款殊非"旦夕可办"。

当时作案匪徒分为两股，一股在天津与姜家接洽，一股在北平看押姜淑英，姜家正在筹款期间，天津方面有 4 名匪徒被捕，不料此事竟对北平方面的匪徒造成刺激，酿成了姜淑英被撕票的悲剧。天津 4 名匪徒被捕的关键，在于他们每次给姜家打电话均是以购物为名，在各处商店临时借用，且匪徒大抵每发一函，必附一次电话。警署循着这些线索，于 3 月 14 日晚 6 时在稻香村捕获 3 名匪徒，旋又在另一地点捕获另一名匪徒。经警署审讯，各匪对绑票之举供认不讳，并称女票已用汽车送往北平，而在北平之匪得悉案件已破，竟将姜淑英撕票灭口。

3月17日下午4时许，北平德胜门外五路通一带，某烧饼铺学徒途经七圣祠，[1] 瞥见路旁有一无主之手提柳条箱，以为行人所失，乃携往黄旗校场西义地开箱，不料此时又有驻守黄寺之陆军第二师士兵两名行经该处，意欲分肥。3人启箱视之，不禁大惊失色，箱子里竟赫然有一具少女尸体，3人恐招惹意外，相率他去。不久，有北郊区署第四所警察巡逻至此，发现死尸，遂回所报告，经巡长李俊驰往查看，只见被害少女年约8岁，短发，面目腐烂模糊，身着青色丝葛棉袄、红花丝葛棉裤、雪青色洋袜、未穿鞋，颈上系有麻绳两道，外附细绳五道，倒捆两臂及右足，舌出目努，肛门突出，耳鼻口部皆有血迹流出，种种情形，与姜淑英颇为相似。少女尸体经法院检验后，于3月18日暂时掩埋，并招请尸亲认领。

据天津《大公报》3月25日报道，七圣祠"箱尸案"发生后，北平公安局曾根据线索捕获嫌疑犯全山、张立山、胡漆氏3人，此3人即烧饼铺学徒与第二师士兵，均非杀人弃尸之正凶。胡漆氏被捕不久即取保释放，全山、张立山虽然贪图小利，曾将尸体上的皮鞋和斗篷脱下典当，但与绑架撕票无关，故"官方对原凶犯，现仍加紧缉捕中"。

消息传至天津，姜家急派管事王慎言前往北平，于3月24日由北平地方法院检察官及公安局人员陪同验看尸体，当时附近居民前往围观者亦达千余人，辨认结果，女尸确为姜淑英，系遭麻绳勒毙气绝。姜淑英为姜勋成之二姜所出，因天性活泼，极得上下钟爱，失踪以后，全家皆戚然寡欢，其母宿撄疾病，自爱女被绑，病势加剧，至此听说撕票，悲痛欲绝。这一骇人听闻的"箱尸案"顿时轰动平津，天津《大公报》《益世报》及上海《申报》《新闻报》等主流媒体皆曾予以关注报道，造成了很大的社会影响，[2] 对戴笠而言，如何处理这次始料未及且无法弥补的

1　七圣祠系以关帝为中心，由土地、龙王、财神、药王、青苗神、雷神组成，参见多田贞一：《北京地名志》，北京，书目文献出版社，1986年，第86页。

2　"平德胜门外箱尸案昨日开棺重验"，天津《大公报》，1934年3月25日；"姜桂题女孙被绑后被匪人在平撕票"，天津《大公报》，1934年3月25日；"姜桂题孙女淑英被绑撕票经过详情"，天津《大公报》，1934年3月27日；"姜桂题孙女被害案匪犯已经捕获"，天津《益世报》，1934年3月27日；"北平箱尸案"，《摄影画报》第10卷第9期，第5页。

工作过失，已成为摆在他面前的头等大事。

三、"箱尸案"之善后

当 3 月 14 日 4 名匪徒被捕时，戴笠尚在福州处理福建事变之余波。[1]他于 3 月 19 日返抵上海后，始接到北平方面来电报告称："天津王天木组员四人于寒（14日）夜被津市公安局捕去，案涉天木，情节匪轻。"戴笠本来正应蒋介石电召，准备前往江西听训，他接到北平来电后，意识到关系重大，不得不向蒋介石请示暂缓江西之行："生为澈查真相，并维持华北工作计，决即亲往平津一行"，遂于当日由沪赴平处理相关事宜。[2]

戴笠抵平不久，箱尸已证实为姜淑英，这意味着天津行动组不仅绑票，而且滥杀无辜，这对戴笠的打击可谓雪上加霜。据陈恭澍回忆，天津行动组肆行绑架前后，王天木正在张家口工作，对本案并不知情，然而王天木以天津站站长兼行动组组长，至少负有失察之责。戴笠想到不久之前，自己还向蒋介石举荐王天木，备述其工作如何得力，此时不禁心情低落，因对北平站站长陈恭澍接连感慨："人家为谁辛苦为谁忙嘛！"

关于本案之绑匪姓名及身份，当时报纸亦有披露，据上海《申报》及《新闻报》报道，3 月 14 日捕获之 4 人中，首犯马某，从犯牛殿元、宁时若、关岳生（又作关崧生）3 名，此外尚有嫌疑犯 3 人，分别是培植学校校役姚子明、该校贩卖部职员褚某及姜宅汽车车夫李绥贤，合计 7 人。除正犯马某解往北平外，其余诸犯均于 4 月 3 日中午由意大利工部局引渡河北省会公安局（原天津市公安局）。[3]

除天津方面之绑匪外，意大利工部局还于 3 月 28 日致电北平市公安局，略谓

---

1 戴笠电黎铁汉、罗毅、谢镇南（1934 年 3 月 15 日），戴笠史料，144-010199-0002-104。

2 戴笠电蒋介石（1934 年 3 月 19 日），蒋介石档案，002-080200-00155-048。

3 "绑姜孙女案犯引渡"，上海《申报》，1934 年 4 月 4 日；"杀害姜桂题孙女犯由平津公安局引渡"，上海《新闻报》，1934 年 4 月 5 日。

尚有余匪在北平，请即从速协助缉拿归案。[1] 唯日后各家报纸似未再提及北平余匪之侦缉进展，其原因可以参考时任河北省会公安局局长宁向南的详细回忆：

> 曾经当过热河督统的姜桂题住在天津意大利租界里，他的一个五六岁的小孙女突遭土匪绑票。赎票索价很高，姜家一时拿不出来，乃向意大利租界当局报案，要求天津市公安局协助逮捕票匪归案。公安局经过侦察，在北平郊区发现女孩尸体，姜家也确认无疑。公安局经过多方努力侦察、追捕，终于捕获土匪共七人，这七名匪徒都供认是绑架姜桂题孙女的票匪。按当时天津市的惯例，凡在各租界地（当时天津有意、日、法、英等租界地）内发生的抢案，均先在发案地警察署立案。如果盗匪由天津市公安局捕获，须先引渡到出事租界地警察署，审讯对证，然后才引渡回公安局依法办理。意租界警察署得知土匪已被逮捕时，即将这七人引渡到该署。在审讯中，七名土匪对绑架姜桂题孙女的罪行都供认不讳，但却不承认是土匪，而声称他们是蓝衣社的成员。这个口供使意租界的警察署长和领事大为震怒，警察署长说："我是墨索里尼的黑衫党，也从来没有干过这样下流的坏事。"并向我提出，必须对这七个蓝衣社成员按绑匪杀人罪依法枪决，否则将解往南京，由意国大使向中国外交部提出交涉。我当即答复负责办理。我于当日即去北平军事委员会分会面见何应钦汇报这一案件的审理判决。何应钦听后大吃一惊，命我将这七名要犯押送到北平，交军委分会军法外〔处〕严办。
>
> 我前脚回到天津后，宪兵三团团长蒋孝先亦从北平来到天津公安局见我。开头，他态度傲慢，盛气凌人，责备我给蓝衣社脸上抹黑！我一笑置之，我说："我派人陪您去意大利租界警察署看看对这七个人审讯的情况吧！"他亲耳听到了这七个人声称自己是蓝衣社成员的口供，当他从意警察署回来的时候，骄气全消，头也耷拉下来了，求我帮忙。[2]

时隔多年，宁向南的说法不乏细节错误，且所谓"蓝衣社"是日本方面及各反蒋派对力行社的代称，实际上并无此组织，绑匪不可能自称是"蓝衣社的成员"。

1 　"姜桂题孙女遗骸定今晨运津"，天津《益世报》，1934 年 3 月 29 日。

2 　宁向南：《余恨未消话戴笠》，《文史资料选编》第 36 辑，第 170—171 页。

不过宁向南仍然提供了一个重要事实，即力行社方面对此案异常关切，力行社干部、驻平宪兵第三团团长蒋孝先甚至亲来天津质问。日后公安局方面未再披露有关"北平余匪"之侦缉进展，或与力行社方面介入有关。

宁向南还回忆，后来7名绑匪均由北平军分会军法处依法枪决。另据天津《大公报》报道，马登明、牛殿元、宁时若、关岳生4名绑匪自从在天津被捕后，先解往北平军分会军法处审讯，嗣又解往南京中央宪兵司令部审讯，结果均判处死刑，于7月21日自南京解回北平，由宪三团验明，于7月23日下午4时绑赴刑场，执行枪决。[1]这里将绑匪人数最终确定为4人，未再提及培植学校校役姚子明、褚某和姜家汽车车夫李绥贤。

事实上，本案内情复杂，绑匪不止4名，而是8名，且未经报纸披露下场之4人并非之前盛传的姚子明、褚某及李绥贤。戴笠曾于7月1日电令新任天津站站长陈恭澍称："天木之汽车夫金小轩所供，津案系另一车夫金师父所为，金现在津，请即设法诱捕解京质审。"[2]此电所谓"津案"即指"箱尸案"，金小轩又作金少轩，是4名绑匪之外的涉案人员，这由1940年军统局呈给蒋介石的"历年殉难殉职病故殉法工作人员姓名拟恤清册"中可以得知。该名册载有因"箱尸案"而被枪决的8名工作人员的详细信息，兹整理如下：

工作地区	职别	姓名	存年	籍贯	出身	死亡经过
北平区	组员	金少轩	39	冀	行伍	绑架姜桂题孙女姜淑英，勒索五万元，事泄杀人灭迹，在津被捕，解京讯明，呈准执行枪决。
北平区	组员	李永贵	28	豫	汽车车夫	
北平区	组员	韦弦	27	豫	行伍	
北平区	组员	罗景汉	22	豫	小学	
北平区	组员	马登明	22	豫	行伍	
北平区	组员	朱殿元	29	豫	行伍	
北平区	组员	宁时若	27	冀	行伍	
北平区	组员	关岳生	28	冀	行伍	

文献来源：军事委员会调查统计局历年殉难殉职病故殉法工作人员姓名拟恤清册，蒋介石档案，002-080102-00035-002。

1　"枪决绑匪马登明等四名"，天津《大公报》，1934年7月24日。
2　戴笠电陈恭澍（1934年7月1日），《戴先生遗训》第3辑，第309页。

　　这份晚近公布的绝密名册完整披露了"箱尸案"涉案人员的名单，再次证实了本案与特务处的关系。其中朱殿元 1 人，报纸载为"牛殿元"，马登明、宁时若、关岳生 3 人则与报纸所载并无差异，金少轩、李永贵、韦弦、罗景汉 4 人当系报纸没有披露的"北平余匪"。这 8 名绑匪均于 1933 年 10 月参加特务处工作，正是陈恭澍所说天津站奉命建立行动单位之际，其中 5 人隶籍河南、3 人隶籍河北，则与陈恭澍所说天津行动人员"全部是河南省籍的人"略有出入。1940 年时，军统局天津站隶属北平区，故此册所载 8 名绑匪之工作地区为"北平区"。"呈准执行枪决"一语，则说明 8 名绑匪均是由蒋介石亲自批准处决的。

　　关于金少轩、李永贵、韦弦、罗景汉被判死刑一节，未见公开机关的审判记载，特务处对此 4 人进行处置的依据，当系内部施行的《考绩奖惩条例》，亦即军统中人所称的"家法"。该《条例》约于 1933 年公布，第九条为工作人员惩戒办法，包括申诫、记过、罚原薪 20%（一次）、减原薪 15%、停职查办与死刑六级，其中规定"敲诈或受贿情节重大者"处死刑。[1]

　　此外，戴笠为了维系纪律，将天津站站长兼行动组组长王天木亦带回南京扣押，经其向蒋介石婉转陈词，王天木被判"无期徒刑"，据陈恭澍回忆：

　　戴先生为了处理天木兄这件颇为棘手的事，着实伤透了脑筋。本来，如果不是戴先生想维护他，怎么样都好办，因为戴先生意在保全王天木的生命，而又必须顾到国法与纪律，所以就为难了。据戴先生的机要秘书，也是我的好朋友毛万里兄告诉我，戴先生写报告给蒋委员长，曾考虑再三，全文仅数百字，从晚上写到黎明，不但在措词上字字推敲，就连所拟三项处置办法的排列顺序，也煞费心机。报告是戴先生自己用毛笔端楷恭书，首先扼要说明事件的真相，再列举王天木的功绩与才能，然后拟了三个处置办法：第一，处死刑；第二，处无期徒刑；第三，戴罪立功。这个戴罪立功，事实上无此可能，所以列为最后，意在冲淡第一项的死刑，作个陪衬罢了。而戴先生的心意，则在于折中的"无期"，只要先保住王天木的性命，以后还有出头的日子。蒋委员长批示下来，正是戴先生所期望的第二项拟议

1　孙雨声：《乱世行春秋事：戴笠与中国特工（1897—1936）》，第 203—206 页。

"无期"。[1]

北平"箱尸案"的发生与善后，对王天木个人及其与戴笠的关系均产生了深刻影响。王天木原本是特务处的重要干部，因工作出色，极受戴笠重视，他因此案被判无期徒刑后，难免意气沮丧，虽然他于 1936 年 12 月西安事变期间即被保释，但与戴笠的关系已不复从前。1937 年全面抗战爆发后，王天木先后在天津、上海任职，因经费问题与戴笠龃龉不断，竟于 1939 年落水当了汉奸，开始协助汪伪特务大肆破坏潜伏在上海的军统组织，走上了叛国投敌的道路。王天木日后的变节，固然有他意志不坚、昧于大义的原因，但他与戴笠及特务处之间的隔阂，未尝不是因北平"箱尸案"而产生的。

四、浅谈特务处之风纪

北平"箱尸案"作为军统成立初期发生的具有代表性的纪律案件，对于探讨特务处的风纪具有不容忽视的意义。军统特务之横行不法素来受到人们的诟病，唯此类不法案件的具体经过以及军统方面的相应处置，少有详确的原始记载可供史家研究。"箱尸案"的重要之处即在于相关史料留存完整，后人通过档案、报刊以及不同当事人基于不同角度的回忆，可以略窥此案的全貌，并对军统内部的纪律作风、奖惩规则有一直观细腻的认识。

从"箱尸案"中匪徒作案的种种细节来看，其中不乏军统执行任务的惯用手段。据沈醉回忆，当时特务处在上海租界对反蒋人士进行秘密逮捕，就一度采用"上海绑匪一套硬绑的办法，由几个特务以手枪威胁着将人强拉上汽车"，这与"箱尸案"匪徒强拉姜淑英上汽车以及用手枪逼退姜家仆人李升如出一辙。沈醉还回忆，特务处在上海也经常制造"箱尸案"，作为在特殊环境下杀人后处理尸体的方法：

这种方法就是将被害人击昏后，进行尸体肢解，再装在箱子里。这种箱子，有

1　陈恭澍：《北国锄奸》，第 126—127 页。

时用汽车装出，抛到荒僻无人的地方，有时则提到马路上，雇上一辆人力车拉到火车站或什么旅馆。由人力车拉走这种箱子时，送的人先跟在后面走上一段便溜走。等到拉到指定地点，拉车的见没有物主跟来，有的便悄悄拉回家去，以为发了洋财，等到打开一看，原来是一具尸体，结果往往弄得吃官司脱不了手。[1]

上述"移尸嫁祸"的方法与北平"箱尸案"的弃尸经过也大同小异，区别在于，特务处在上海尚是对付政敌，在天津则是绑票、杀害了一名无辜少女。此案性质之恶劣、手段之残忍，均足以说明，这些负有特殊任务、拥有特殊权限、具备特殊技能之人，所行多是非常之举，如不加以规范，导之正轨，则其对社会的危害实比一般犯罪分子更为严重，只有严明纪律，从制度上加以设计，才能尽力避免偏差，将负面影响降到最低。

在军统档案公布以前，陈恭澍曾在回忆录中就外界针对军统"随便杀人"的质疑有所解释，他说："事实上岂敢随便，即使在规定的范围与程序中，差一点也不行"，"凡是制裁工作，不是奉令执行，便是专案请示奉准的，绝对没有想杀谁就杀谁的权力。"[2] 换言之，军统对于需要暗杀之政敌尚且需要上级批准，更不会滥杀无辜。陈恭澍是军统行动干将，他有意为军统暗杀政敌甚至殃民不法的行动辩白，是毫无疑问的，但就《特务处考绩奖惩条例》之制定及执行过程来看，陈恭澍所言也并非毫无依据。

蒋介石和戴笠对于特务活动的流弊自然心知肚明，故于特务处成立之初即有《特务处考绩奖惩条例》之制定，且制定之后，执行尚称严格。首先因该《条例》而"殉法"的，是南京外勤工作人员蔡崇勋。蔡崇勋，湖南人，黄埔军校出身，1932 年 12 月参加特务处工作，在特务处掌握的首都警察厅特务组担任特务员。[3]1934 年 3 月 2 日，蔡崇勋向下关天宝里居民辛小鄂出示了一张用军事委员会公用

1　沈醉：《军统内幕》，第 62—63 页。

2　陈恭澍：《北国锄奸》，卷头长白第 18 页。

3　军事委员会调查统计局"历年殉难殉职病故殉法工作人员姓名拟恤清册"，蔡崇勋条，蒋介石档案，002-080102-00035-002。

笺书写的函件以及首都警察厅的特别证，以汉奸嫌疑对其进行恐吓，索诈 1000 元。事经首都警察厅特务组主任兼特务处南京通讯组组长赵世瑞侦悉后，于 3 月 5 日夜在刘军师桥巧园小吃店门口将蔡崇勋与辛小鄂逮捕，搜获钞洋 642 元及其他证件，并于 3 月 6 日将事情始末电告戴笠。

戴笠接获报告后，于 3 月 7 日将本案经过转报蒋介石，并请将蔡崇勋枪决，以重纪律："查特务工作人员首重廉洁与守法，该组名虽隶属警厅，实由生处负责指挥，赵主任世瑞亦系生所保举，现该特务员蔡崇勋既索诈有据，为整饬纪纲，厉行特务工作纪律计，俟陈厅长呈报到后，伏乞电令即行将该蔡崇勋枪决为祷。"蒋介石接阅报告后，认为戴笠只枪决蔡未免避重就轻，赵世瑞作为蔡之上级，对此亦应负责，批示："非可枪决了事，特务主持之人应负责处分，否则用人无责任，只知枪决，则机关不能有进步也。"[1]

后经戴笠续电报告称："首都警察厅特务组自前主任方超奉准为驻外武官助手调往南昌训练后，当由生保荐现任之赵世瑞接充。赵到任甫经月余，而蔡崇勋欺骗诈财事实被其亲自侦悉，迅速检举，赵于部属之一切行动，似觉尚能厉行考察，奉电谕特务组主持之人亦应负责处分一节，合将破案经过补呈，拟乞免予议处。"经过此番解说，蒋介石始批准只将诈财有据的蔡崇勋枪决，而未追究赵世瑞的责任。[2]

蔡崇勋诈财案情节尚称轻微，半个月后发生的北平"箱尸案"则要严重许多，特务处将涉案 8 人全部枪决，其执行纪律不可谓不严酷。查特务处自 1932 年成立至 1937 年全面抗战爆发前，因违犯工作纪律而被处以死刑者仅有 11 人，而"箱尸案"竟占 8 人之多，此案诚为特务处最为严重的一起纪律案件。[3] 戴笠为维系工作纪律，在短短半年之内，不惜将两起案件的 9 名工作人员处以极刑，确实在某种程度上收到了"以儆效尤而昭炯戒"的效果，由此亦可见，特务处人员决非可以不受

1 戴笠电蒋介石，1934 年 3 月 7 日，蒋介石档案，002-080200-00153-041。

2 戴笠电蒋介石，1934 年 3 月 14 日，蒋介石档案，002-080200-00154-100。

3 军事委员会调查统计局"历年殉难殉职病故殉法工作人员姓名拟恤清册"，蒋介石档案，002-080102-00035-002。

任何限制，横行无忌。

　　不过另一方面需要注意的是，军统在特务处时期工作人员较少，所处环境单纯，组织规模与业务范围亦较有限，故纪律案件数量不多。迨至全面抗战爆发，特务处升格改组为军统局后，其人员激增，组织膨胀，所处环境之复杂程度亦今非昔比，业务范围更广泛扩张至敌后游击、水陆缉私、警卫稽查、交通检查、经济检查、货运管理等方方面面，并为此吸纳了为数众多的江湖中人、帮会分子甚至地痞流氓，这些人素质参差，良莠不齐，使军统发生纪律案件的概率随之激增。因此，特务处对违纪工作人员的处理案例尚不足以说明军统整个历史时期的全般情况，军统之风纪如何，对于殃民不法案件的基本态度、预防机制以及处置办法又如何，仍需依据原始史料做进一步的考察。

拾贰 戴笠策反粤舰事件
之考证

　　1931 年，国民政府主席蒋介石与立法院院长、国民党粤籍元老胡汉民发生"约法之争"，导致部分国民党粤籍中央委员从南京出走，与"两广"实力派陈济棠、李宗仁等联合，成立国民党西南执行部及国民政府西南政务委员会两机关，从此割据一方，维持半独立状态。此后数年中，南京国民政府与西南两机关虽然在表面上和平共处，实则双方在政治、军事乃至特务活动方面的斗争都日趋激烈，形成宁粤对峙的局面。

　　1935 年 6 月，粤方陈济棠所属"海琛""海圻"两艘巡洋舰突然宣布脱离西南当局，投效南京中央政府，关于此一重大事件的经过，《戴雨农先生传》记载其内情云：

　　戴先生对两广的不听中央约束，擅自不断扩充军费，怀有异谋，迭获情报。民国廿四年六月，再侦知陈济棠将原由青岛调防南海的中央海军海琛、海圻、肇和三艘巡洋舰扣留，编入其广东海军司令部，更调舰长，减发薪饷，引起三舰官兵的愤激。当即命令潜伏在广东的陈涤同志（原为海军军官），藉其与海琛副舰长陈精文、海圻舰舰长唐静海的友好关系，策动三舰弃暗投明，设法驶归中央。当联络成熟，正准备待机行动，忽被陈济棠察觉，于六月十五日乘三舰猝不及防，突然以海空军包围黄埔江面，企图一举解决。正在危急之时，适风雨大作，飞机被迫停飞。海琛、海圻两舰乃得乘机冲出虎门要塞，驶到香港附近海面停靠，肇和舰因为机件故障，未能及时相随冲出。戴先生迅速呈报蒋委员长，由军委会派海军军令处处长陈策携款五万元赴港，慰劳两舰官兵，于七月九日率两舰北上归队。[1]

《戴雨农先生传》作为军统官书，系编者根据戴笠手令、书柬、训词等原始档案及军统内部编印之史籍，并访问元老数十人纂修而成，其权威性自不待言。因此现有著作在记述 1935 年"粤舰投效中央"事件时，几乎无一例外援引了《戴雨农先生传》的记载，使戴笠策反粤舰几乎成了铁案。[2]

稍有不同说法的，是乔家才的《铁血精忠传》，他虽然也称戴笠指示特务处港粤特别区区长邢森洲策反粤舰，但同时提出邢森洲"因在香港出面和两舰接头，公开活动，暴露身份，反而受到责备"，这条记载，颇值注意。[3] 笔者按照乔家才提供的线索去挖掘戴笠档案中有关此一事件的原始文电，发现"戴笠策反粤舰"的说法不仅与事实不符，且与戴笠的真实意图恰恰相反，实有加以纠正的必要。

一、邢森洲在港粤之特务活动

力行社特务处自 1932 年 4 月成立后不久，鉴于西南地位之重要，即由邢森洲前往香港建立港粤通讯组，负责搜集西南情报。[4]

邢森洲，字华山，广东文昌人。辛亥之年，受孙中山先生之感召，在海南岛参加同盟会学生军。民国成立后，负笈北上，考入湖北南楼铁道专门学校。旋因袁世凯危害民国，赴厦门学习中医。1915 年 12 月，往南洋高棉、南圻各地开业，借行医鼓动侨胞讨袁。尝一人一骑行于金纯埠峡谷，遇数名匪徒，手持刀斧，站立不走，其时马倦难以疾驰，乃高歌缓行，示以泰然，匪徒竟相顾而散。1917 年，邢

1　"国防部情报局"编印：《戴雨农先生传》（1979 年 10 月），第 40 页。

2　见唐良雄著：《戴笠传》（1980 年 7 月），第 71—72 页；张霈芝著《戴笠与抗战》（1999 年 3 月），第 77—78 页；江绍贞著：《戴笠和军统》（2009 年 8 月），第 66 页；马振犊、邢烨著：《戴笠传》（2013 年 8 月），第 40 页；等等。

3　乔家才：《铁血精忠传》（1985 年 3 月），第 84 页。

4　何崇校：《邢森洲传略》，《广州文史资料存稿选编》第 4 辑，北京，中国文史出版社，2008 年，第 166 页。

邢森洲

森洲由越南往暹罗，结识同盟会萧佛成、陈美堂诸人，于是联络侨众，赞助护法运动。1919 年秋，由曼谷到庇能。1920 年春，被推为益华学校校长。1922 年 1 月，当选国民党庇能支部长，亲往马来半岛各埠，鼓吹侨众捐输北伐军饷。6 月，遭英国殖民当局逮捕，被送往新加坡关押，后经孙中山先生拍电交涉，始于 12 月获释出境。随即往上海晋谒孙先生，面陈南洋各地党务情形，奉派为华侨宣慰员，返回南洋宣慰侨胞，并设立国民党各支分部。

1924 年 3 月，邢森洲返回广州复命，与黄埔学生郑介民、黎铁汉、龚少侠、贺衷寒、胡宗南、潘佑强、桂永清、周复、叶维等人相识，参与组设"琼崖改造同志会"。1926 年北伐开始后，担任国民革命军第一师党务科长、后方留守处主任。1927 年 1 月，派任广东省文昌县县长。1928 年 1 月，调任浙江省台州属六县新政督察员。[1] 1932 年 5 月，参加特务处工作，时年 35 岁。[2]

从邢森洲的性格及经历来看，他胆大心细，斗争经验丰富，且在南洋、港粤闽荡多年，与南洋侨界、两广人士素有交往，熟悉当地政治及社会情形，这些都是他负责港粤特务活动的优势。不过邢森洲之前从事的多是宣慰华侨以及地方行政类工作，并未接受过系统的特务训练，且特务活动所讲求的隐姓埋名、秘密潜伏，恰与邢森洲之前熟悉的公开宣传工作相反，这些情形则又凸显其不适合特务活动

1　冯秀雄、陈容子合编：《阿公历险奇迹》，南京，新中国出版社，1947 年，第 1—15 页。

2　特务处二十六年份内外勤工作人员总考绩名册，邢森洲条，蒋介石档案，002-110702-00030-001。

的一面。

或许正是由于邢森洲对特务活动的陌生，当其建立港粤单位之初，戴笠对其工作绩效甚为不满，曾指责他"所得情报浮泛而不切实"，遂于 1932 年 9 月密派特务处侦查科科长郑介民前往香港，指导邢森洲之工作。但是直至 1933 年 4 月，邢森洲的工作仍无起色，甚至被认为是"成绩益坏"，于是戴笠将邢森洲调回南京，另派职务。[1]

在邢森洲离任前后，戴笠陆续调派粤籍干员前往香港，打算另行建立西南工作之基础，然而这些人同样未能真正打开局面。先是 1932 年 6 月，戴笠密派吴乃宪、张炎元赴港，不料未及 3 个月，二人即遭港英当局逮捕，戴笠急派郑介民赴港营救，同时聘请律师辩护，最后张炎元于两星期后获释，吴乃宪仍被判处监禁一年。[2]1933 年 5 月，戴笠再派特务处通讯科科长梁干乔赴港重新布置，"务期于短期内树立西南工作之基础"，起初梁干乔之活动颇有起色，曾将广东全省无线电分局、分站及其呼号侦悉，送往南京研究，后来因身份暴露，遭粤方通缉，也不得不于 10 月初返回南京，未再返港活动。[3]

这些失败的渗透案件，说明西南当局对南京方面的特务活动防范甚严，邢森洲之所以工作不力，并不完全是他个人的原因。因此，当 1935 年特务处将西南方面原有组织重新调整、成立港粤特别区后，仍以邢森洲为区长。[4]就在邢森洲到任前后，港粤特别区又遭遇重大挫折，几乎使该区工作"整个破产"，后因邢森洲苦心经营，乃得继续维持，戴笠为此致电邢森洲，表示"至为感佩"，同时指示西南工作应注意之点，谓："今日西南之工作首宜谋内部人事之安定，而后再图工作之推进。"[5]戴笠在同日发给邢森洲的另一封电报中还嘱咐："西南工作如多用埔校同

1　戴笠呈蒋介石报告（1933 年 7 月 7 日），军统局档案，148-010200-0007。

2　李士珪编校：《张炎元先生集》，第 31—32 页。

3　戴笠电蒋介石（1933 年 10 月 9 日），蒋介石档案，002-080200-00431-010。

4　乔家才：《铁血精忠传》，台北，中外图书出版社，1985 年，第 94 页。

5　戴笠电邢森洲（1935 年 4 月 29 日），戴笠史料，144-010104-0005-073。

学，恐难活动，因粤陈、桂系对埔校同学均有调查，极其注意也，故对西南工作人员之罗致，此点应请兄注意。"[1] 由此可知，戴笠认为西南工作在挫败之余，应小心翼翼、慎密将事，尽力避开两广当局的耳目，徐图后举。

同年 6 月，日本借口"河北事件""张北事件"向国民政府寻衅，企图分离华北。此一事件紧张交涉之际，蒋介石尚在成都"追剿"红军。6 月 12 日，蒋介石突接南京驻粤代表蒋伯诚急报，称粤桂各方借平津多故，欲趁机联合发难。[2] 蒋介石对此甚为重视，急电武昌行营主任张学良、江西省政府主席熊式辉、航空委员会主任委员陈庆云、军政部次长曹浩森、驻赣预备军总指挥陈诚等人严加戒备。[3]

当时戴笠正在成都晋见蒋介石报告工作，他于 6 月 12 日获悉粤桂联合北犯的消息后，当即致电南京处本部副处长郑介民，令其转令各地工作人员加紧侦察："粤陈有分路出兵反抗中央之企图，事关紧急，请即电令粤、桂、港、沪、鲁、陕、湘、赣、川、滇、黔各地工作人员严密侦查一切，随时电告，对外并请饬令守秘。"[4] 另致电邢森洲，嘱其"督饬各工作同志努力侦查一切，随时电京报告为要"。[5]

6 月 13 日，戴笠再电郑介民并转书记长李果谌、情报科长唐纵，告知应付当前局势所应注意之各点："1. 粤陈反动日益暴露，西南情形请电促森洲兄饬属加紧侦查，随时电示。2. 请即令京、沪、蓉各台加多通报时间。3. 请即电柯建安兄暂赴南昌策动江西工作，对赣州、萍乡方面之工作须增派人员加强侦查力量。4. 请即电令各地工作人员须注意反动派之活动与各地驻军之情况，随时查报。5. 本处于接到各方之紧要之情报后，应立即用限即刻到电报告委座，并同时由本台电弟。6. 当此

1　戴笠电邢森洲（1935 年 4 月 29 日），戴笠史料，144-010110-0004-057。

2　蒋伯诚电蒋介石（1935 年 6 月 11 日），蒋介石档案，002-080200-00229-079。案蒋介石以"剿共期间及之后一切应付国难之重要改革，中央与两广有开诚合作之必要"，于 1934 年 6 月派蒋伯诚以"剿匪军东路代表"名义，前往广州会晤陈济棠，并令其久驻粤垣接洽。

3　吕芳上主编：《蒋中正先生年谱长编》，1935 年 6 月 12 日。

4　戴笠电郑介民（1935 年 6 月 12 日），戴笠史料，144-010101-0001-034。

5　戴笠电邢森洲（1935 年 6 月 12 日），戴笠史料，144-010101-0001-031。

时局紧急之时，本处书记室、情报科、译电股应日夜有人办公，以免贻误机要。"[1]

二、"海圻""海琛"投效中央之经过

就在特务处加紧侦查之际，粤方"海圻""海琛"两艘巡洋舰突然宣布脱离西南，此一突发事件为本已紧张的情势又增添了变量。

先是，"海圻""海琛"与"肇和"3舰隶属东北舰队，驻山东青岛，后3舰官兵因对舰队司令沈鸿烈不满，于1933年7月南下广东，归附陈济棠。当时陈济棠为西南当局委任之"第一集团军总司令"，辖有"第一集团军舰队"，他将海圻等3舰另外编为"粤海舰队"，使自成系统，用以羁縻。然而粤海舰队究属自外来投，陈济棠虽有意借重，却不敢信任，乃逐步更调3舰舰长，安插亲信。即便如此，3舰驻粤两年期间，陈济棠心怀疑忌，始终不曾登舰检阅。[2]

戴笠对3舰情形素有关注，当1933年8月3舰归附粤方之初，特务处即侦悉"三舰官兵日来鼓噪索饷，伯南（笔者按，陈济棠字伯南）派人严加注意"等情，并向蒋介石报告。[3]戴笠鉴于3舰与陈济棠的关系并不融洽，还曾运用广东海军旧将陈涤对3舰进行策反，据特务处（化名江汉清）于1934年4月13日向蒋介石报告策反之经过称：

南昌，总司令蒋钧鉴，豪密。据香港文电。据前中山舰长陈涤报告，粤海舰队灰派代表谭某来港晤彼云，陈策君能恢复第四舰队南来，三舰极为欢迎，或由陈设法将三舰归附中央亦可，但须保留原有官兵。又云，海琛舰长现已由粤陈改委其亲信充任，并由粤黄埔海军学校学员补充粤海舰队官兵三百余名，因此彼等现对粤陈甚为不满与不安云。特电呈，恳予鉴核。职江汉清叩，元午。[4]

---

1 戴笠电郑介民、李果谌、唐纵（1935年6月13日），戴笠史料，144-010101-0001-037。

2 许耀震：《陈济棠统治时期的广东海军》，《广州文史资料》第15辑，第74页。

3 戴笠电蒋介石（1933年8月14日），蒋介石档案，002-080200-00430-016。

4 戴笠电蒋介石（1934年4月13日），蒋介石档案，002-080200-00160-043。

特务处得与陈涤建立关系，极有可能与陈涤的侄儿陈策有关。先是 1922 年邢森洲赴沪晋谒孙中山先生时，即与陈策结交。[1]陈策于 1929 年担任海军第四舰队司令，驻广东，后与陈济棠发生矛盾，被驱逐出粤，于 1934 年初投效南京，担任军事委员会第二厅海军事务处处长，其第四舰队则全部落入陈济棠之手，被改编为"第一集团军舰队"，故 3 舰代表谭某对陈涤说："陈策君能恢复第四舰队南来，三舰极为欢迎"，此外还透露了陈济棠对三舰的压迫情形。[2]唯蒋介石接阅此电后，认为"陈涤与三舰无关，不必重视"，特务处策反之事竟无果而终。[3]

此后，粤海舰队与陈济棠之间的矛盾愈演愈烈。1935 年 4 月，陈济棠突然令饬粤海舰队并入第一集团军舰队，由其自兼司令，并削减 3 舰薪饷，改大洋为小洋。[4]为此，3 舰官兵异常激愤，不甘继续留在陈济棠手下，一致表示"死也不死在广东"。于是前"海圻"副舰长唐静海、前"海琛"副舰长张凤仁、"海琛"轮机长陈精文等人经过密商，决定脱离粤陈，带舰出走，唯"肇和"舰正在修理主机，不能随行。

"海圻""海琛"均驻广州黄埔港，如欲脱离粤陈，须沿珠江行驶，经过陈济棠控制的虎门要塞出海。当时两舰并无珠海领航员，而虎门要塞装有新旧大炮百余门，且水面很窄，这些都成为两舰出走的重大威胁，然而两舰官兵去志已决，明知凶险异常，仍然义无反顾。6 月 15 日夜，唐静海、张凤仁、陈精文等人率领两舰官兵，将海琛舰长陈浩等粤籍官兵软禁后，准备驶离黄埔港，不料陈浩的勤务兵跳水逃跑，向第一集团军舰队副司令张之英报讯。后海琛起锚时，双锚缠在一起，解脱颇费时间，故刚刚起航，即遭岸上机枪扫射。这时，海琛开炮还击，压制岸上火

1 冯秀雄、陈容子合编：《阿公历险奇迹》，第 7 页。

2 国民政府令（1934 年 4 月 4 日），国民政府档案，001-032107-00030-045；张凤仁：《东北海军的分裂与两舰归还建制》，《（辽宁）文史资料选辑》第 4 辑，第 62 页。

3 戴笠电蒋介石（1934 年 4 月 13 日），蒋介石档案，002-080200-00160-043；"国防部情报局"编印：《戴雨农先生传》，第 40 页。

4 赖祖銮、刘达生：《海圻、海琛、肇和三舰的投粤反粤》，《广东文史资料》第 7 辑，第 22 页。

力，两舰趁机驶离黄埔港，并迅速通过第二浅滩及车歪炮台。[1]

陈济棠闻讯后，自不甘心两舰走出，乃派大队飞机前往轰炸，并令虎门要塞防军进行截击。[2]此时两舰行至莲花山江面，因潮退搁浅，鉴于粤陈来势汹汹，乃用缓兵之计，佯称内部意见分歧，已不打算出走，并致电陈济棠，请派代表前来谈判。陈济棠接电后，复电准予两舰"自新"，即令飞机停止轰炸，并派代表谈判。6月16日中午，因谈判无果，陈济棠复派飞机向两舰投弹，落弹水柱高过舰楼，两舰视线被遮，不能互见。正在危急时刻，忽然风雨大作，江面昏暗，陈济棠之飞机不能飞行，两舰则借水涨摆脱搁浅，遂于午后7时直驶虎门要塞。两舰行至距离要塞约8000米时，先发制人，开炮击毁要塞之探照灯，并用全部炮火不断向两岸射击。要塞在昏暗中还击欠准，两舰经过半小时炮战，终于冲出虎门，经伶仃洋面到达香港附近海面停泊。[3]

最先向蒋介石报告两舰离粤情形的是蒋伯诚与戴笠，蒋伯诚6月16日电称："昨夜虎门、黄埔已大戒严，制止船只进口，昨夜港方开省轮船一律折回，因发觉海圻、海琛、肇和三舰有昨夜九时离粤北归之可疑。"[4]同日夜间11时，戴笠亦报告蒋介石："顷接南京转据香港铣卯电：粤陈顷调海陆军包围黄埔海面解决海圻、海琛、肇和三舰，该三舰开炮抵抗，详情续陈。"[5]此外，香港电报局局长李尚铭也向行营秘书长杨永泰报告了"黄埔与虎门之间发生特别变故"的情况。[6]

两舰脱离粤陈后，因行止未定，遂成为各方争相拉拢的对象。广西李宗仁、白崇禧派代表来舰，略谓西南政务委员会不同意陈济棠对3舰的处置，请两舰不要离

1　张凤仁：《东北海军的分裂与两舰归还建制》，《（辽宁）文史资料选辑》第4辑，第56—58页。

2　李尚铭电杨永泰（1935年6月17日），蒋介石档案，002-080200-00230-106。

3　戴笠电蒋介石（1935年6月18日），蒋介石档案，002-080200-00231-079；李尚铭电杨永泰（1935年6月18日），蒋介石档案，002-080200-00231-004；赖祖銮、刘达生：《海圻、海琛、肇和三舰的投粤反粤》，《广东文史资料》第7辑，第23页；张凤仁：《东北海军的分裂与两舰归还建制》，《（辽宁）文史资料选辑》第4辑，第58—59页。

4　蒋伯诚电蒋介石（1935年6月16日），蒋介石档案，002-080200-00230-097。

5　戴笠呈蒋介石（1935年6月16日），国民政府档案，001-071000-00002-011。

6　李尚铭电杨永泰（1935年6月16日），蒋介石档案，002-080200-00230-059。

粤，只须停泊在西南沿海，西南当局即负责接济；日本驻广州领事田中也赶来香港求见两舰舰长，意图煽动两舰投靠伪满洲国。两舰官兵对桂方予以婉谢，并重申脱离广东之志，对日方则严词拒绝，表示决不当汉奸，于是彼等皆绝望而返。[1]

最终，两舰官兵决定回归南京，两舰舰长唐静海、张凤仁派代表携函访晤李尚铭，托其设法恳请南京方面予以收容，时蒋伯诚在港，李尚铭即将该函转交。[2] 6月18日，蒋伯诚与"中央特派驻港宣传指导员"陈其尤将唐静海、张凤仁之函转报蒋介石，内称"国势日蹙，我国以四分五裂之局，筹划綦难，职等分属军人，不甘坐视，无如尝胆有心，报国无计，惟有将圻、琛两舰国家武器仍以交还国家，俾资整个筹应，至若个人利禄，在所不计"等语。蒋介石接阅后，于6月20日复电指示："希切实抚慰两舰员兵，可饬其开往厦门停泊候令。"[3]

三、戴笠对邢森洲之责备

两舰离粤究竟是不是戴笠策反的结果呢？这个问题可以从特务处于6月18日以戴笠名义呈给蒋介石的电报中略窥究竟：

即到，成都，委员长钧鉴：○密。粤陈派海陆空军包围黄埔海面，因解决海圻等三舰，经已电呈在案。兹据香港筱未电称，海圻、海琛两舰于十六日下午七时，值风雨大作，飞机不能飞行，两舰乘机驶过虎门炮台，战半小时后逃至香港附近海面停泊，肇和舰因械件损坏，未能逃出。查该三舰均不满粤陈更调舰长及并入海军司令部，致受姜西园及肇和舰长杨超仑之鼓动，闻将投效南京，有谓逃走时有日舰掩护，或北投伪国等语，除令详查再行电呈外，谨闻。生笠叩，巧亥印。[4]

特务处的电报说得很明白，两舰是受到姜西园和杨超仑的鼓动才出走的，此二

1 张凤仁：《东北海军的分裂与两舰归还建制》，《（辽宁）文史资料选辑》第4辑，第59—60页。

2 李尚铭电蒋介石（1935年6月18日），蒋介石档案，002-080200-00453-133。

3 蒋伯诚、陈其尤电蒋介石（1935年6月18日），蒋介石档案，002-080200-00231-080。

4 戴笠电蒋介石（1935年6月18日），蒋介石档案，002-080200-00231-079。当日戴笠仍在成都，而此电自南京发出，当系特务处以戴笠名义发电。

人均为海琛等舰老长官，与特务处毫无瓜葛。由此可见，两舰离粤与戴笠没有直接关系。而且此电一会儿说两舰"闻将投效南京"，一会儿又说两舰"或北投伪（满洲）国"，显然对两舰的意向毫不知情，如果是戴笠策反的，怎么会特务处连两舰的去向都搞不清楚呢？且据海琛舰长张凤仁回忆，两舰在香港停泊后，曾开会讨论今后行止，由此亦可见两舰直至成功脱离西南当局之控制后，仍未决定归附何方。[1]

戴笠之所以没有策反粤舰，并非反对此举，而是认为时机未到，此点可以从他与邢森洲一连串的往来电报中得知。

6 月 19 日，戴笠连接邢森洲筱子、筱西、巧寅各电，获悉两舰已与南京方面进行接洽后，即复电邢森洲指示："海琛、海圻两舰归顺中央事宜，既有蒋百〔伯〕诚与之接洽，吾人可不必进行，因该两舰已脱险，善后问题由蒋百〔伯〕诚电请委座指示办理较妥，此事无功可争也。"[2] 戴笠拟电完毕，即由成都前往重庆视察工作。他没有想到的是，邢森洲在未奉复电之前，竟已自作主张，只身前往两舰宣慰，并表明身份，自称是代表"戴先生"而来。当时两舰仓促出走，舰上缺乏燃煤和淡水，邢森洲复请陈涤在香港押出私有楼房一座，得港币 1 万元，以为两舰补充煤、水之用。[3]

此外，邢森洲另代两舰官兵致戴笠一电，请转呈蒋介石，一面陈述经费困难，一面请派大员前来接洽，电称："职等暨全体员兵此次牺牲奋斗，冲出虎门，志在效忠中央，各情谅达钧听。兹以水、煤缺乏五百吨，车油、伙食尚缺三千元，又各员兵家属在省，于仓促中纷纷只身逃港，尚乏川资北上，又受伤员兵七人留医在港，尚乏医药等费，故职舰现暂泊于长湾洲待援甚急，拟筹辰驶入香港，筹夜航行入京受训候命。万恳钧座就近派员指导，职等暨全体员兵誓绝对服从钧座之命令，为安内攘外、复兴民族而牺牲奋斗，虽至死而不渝。"[4]

1　张凤仁：《东北海军的分裂与两舰归还建制》，《（辽宁）文史资料选辑》第 4 辑，第 59—60 页。

2　戴笠电邢森洲（1935 年 6 月 19 日），戴笠史料，144-010101-0001-002。

3　戴笠电邢森洲（1935 年 6 月 26 日），戴笠史料，144-010104-0005-040；张凤仁：《东北海军的分裂与两舰归还建制》，《（辽宁）文史资料选辑》第 4 辑，第 60 页。

4　戴笠电蒋介石（1935 年 6 月 19 日），蒋介石档案，002-080200-00231-097。

邢森洲这样做，当然是希望进一步稳定两舰官兵的情绪，使其早日投效南京，然而此举实与戴笠的想法南辕北辙。戴笠是 6 月 19 日下午飞抵重庆后，始知邢森洲已经擅作主张与两舰接洽的，他除将两舰来电转呈蒋介石外，并于当夜致电邢森洲称：

> 限即刻到，香港，知密，森洲兄勋鉴：弟于未刻飞抵重庆，两舰官长上委座一电顷由蓉转来，刻已由有线电仍电蓉转呈委座矣，此事想委座必有电指示蒋百〔伯〕诚先生就近办理也。兄乎！兄之热心党国固令弟钦佩莫名，惟此次两舰之来归事，即成不仅吾人无功可言，且将受领袖之责骂也，盖吾人工作与百〔伯〕诚不同，无论如何不可公开，即有所活动，亦应从间接接洽。今该两舰官兵不仅知有兄，且知有"戴先生"，实大违特务工作绝对秘密之原则，而况该两舰来归，徒增粤陈对中央之恶感，实足促成粤陈之叛变，致妨碍四川剿匪之工作，而上暴日之大当，实为领袖所不愿也！在目前情势之下，吾人对于粤之陆海空军只有密切联络，在时机未成熟之前，万不可纵恿其随便发乱，致妨碍领袖之大计也！今两舰之事固非吾人所纵恿，但领袖未免怀疑耳，今后万希注意！[1]

此电再次有力证明了粤舰投效中央与戴笠没有直接关系，而且透露了此时戴笠完全无意策反的事实。1935 年五六月间，南京中央正处在多事之秋，日本接连在上海、平津等地挑起"新生事件""河北事件"和"张北事件"，而陈济棠、李宗仁等地方实力派亦有趁机发难之说。[2] 在这种情势之下，如果再对粤舰进行策反，便会"促成粤陈之叛变"，进而妨碍蒋介石"先安内后攘外"的"大计"，这正是戴笠无意策反粤舰的原因所在。而邢森洲不顾政治环境，擅作主张，颇有弄巧成拙之虞，自然难获戴笠的谅解。

两舰与南京方面联络后，蒋介石初派海军部政务次长陈季良前往香港接洽。[3]后因陈季良与两舰互相猜忌，迟迟未能商妥相关事宜，乃于 7 月 1 日改派陈策赴

---

1 戴笠电邢森洲（1935 年 6 月 19 日），戴笠史料，144-010101-0001-029。

2 蒋伯诚电蒋介石（1935 年 6 月 11 日），蒋介石档案，002-080200-00229-079。

3 陈绍宽电蒋介石（1935 年 6 月 23 日），蒋介石档案，002-080200-00232-028。

港收容。[1] 7月5日，陈策抵达香港，登舰宣慰。[2] 7月9日，两舰离港北航。[3] 7月18日，驶抵南京。至此，扰攘一个多月的粤舰归顺南京事件始告解决。[4]

两舰滞留香港期间，戴笠除令邢森洲随时侦查其情形外，并迭电告以特务工作之原则，其6月25日电曰：

> 限即刻到，香港，〇密，森洲兄亲译：迭电均已奉悉。……陈涤兄等已于昨晚晋京，刻正向陈处长策、朱厅长益之并汪院长各方报告中。此次对两舰事，兄之热忱弟甚钦佩，惟暴露吾人工作之秘密实属大错，诚恐因此次之暴露累及今后整个两广之工作与吾兄之活动也。刻已决定派干乔、家焯两兄来港暂代吾兄矣。乔、焯两兄准明日自沪登轮，请即准备回京面谈一切。电台及办事处所应否迁移，尚乞计及。至乔、焯两兄之南来，在未到以前务乞严守秘密。弟雨叩，有未。[5]

此电披露戴笠不满邢森洲的另一原因，即"暴露吾人工作之秘密""累及今后整个两广之工作"。案泄露秘密为特务工作之大忌，《特务处考绩奖惩条例》第九条第六款明文规定："有意泄漏秘密者"处死刑，可知不问原因为何，泄露秘密皆为重罪。[6] 且如前述，戴笠认为西南工作在新败之余，"首宜谋内部人事之安定，而后再图工作之推进。"[7] 邢森洲主动与两舰接洽后，使基础刚刚稳固的港粤特别区重新面临被粤方发现并破坏的危险，"实属大错"。故戴笠决定将邢森洲再次调回南京，另派粤籍干员梁干乔、岑家焯接替其职。

6月26日，戴笠再电邢森洲曰：

> 限即刻到，香港，〇密，森洲兄亲译：有辰电奉悉。圻、琛两舰日来经过种种之情形，弟已据情迭电呈报委座矣。弟日前赴川晋见委座时，奉谕特工人员事事应

---

1 蒋介石电陈绍宽（1935年7月1日），蒋介石档案，002-080200-00234-020。

2 唐静海、张凤仁电蒋介石（1935年7月6日），蒋介石档案，002-080200-00236-083。

3 朱培德电蒋介石（1935年7月11日），蒋介石档案，002-080200-00238-014。

4 陈策电蒋介石（1935年7月18日），蒋介石档案，002-080200-00239-038。

5 戴笠电邢森洲（1935年6月25日），戴笠史料，144-010104-0005-039。

6 戴笠呈蒋介石（1933年某月某日），蒋介石档案，002-080102-00034-002。

7 戴笠电邢森洲（1935年4月29日），戴笠史料，144-010104-0005-073。

请示领袖，绝对秉承领袖之意旨以处理一切，元旦领袖在杭以"特工人员绝不许在政治上有何主张"为训示之一，吾辈拥护领袖，应秉承领袖之意旨以从事也。此次对两舰之事吾兄为一时情感之冲动与包围，只知局部之利害而未顾及中央整个之利害，实属错误。而况开支万余金，未得总处认可，遽尔支付，还要代表弟登舰宣慰，暴露吾人整个工作之秘密。兄不仅徒劳无功，实应负相当之责任也。垫付之款，俟两舰事不日定妥后再行设法补救……弟雨叩，宥未。[1]

6月27日，戴笠又电邢森洲曰：

限即刻到，香港，〇密，森洲兄勋鉴：宥午电奉悉。1. 干、焯两兄因事延，致误昨天船期，现决艳日离沪前来，兄俟其到时，交代清楚再行回京亦好。惟自经此次两舰之事变后，吾人之工作、兄行动必为粤方所注意无疑，即伯诚等恐亦难免有所不满也。吾人所任之工作完全为政治斗争也，事不简单，万恳顾虑周到，以免败事。……弟雨叩，感未。[2]

戴笠在上述两电中，除重申邢森洲不应"暴露吾人整个工作之秘密"及"只知局部之利害而未顾及中央整个之利害"两点外，更透露出他无意策反的最根本原因，即"吾人所任之工作完全为政治斗争"，而蒋介石对特务处的要求是"绝对秉承领袖之意旨以处理一切"，"绝不许在政治上有何主张"。

案1934年12月22日，特务处因组织扩展，人员激增，曾在杭州召集干部举行工作会议，至12月29日闭会后，蒋介石适由溪口来杭州，戴笠因请蒋介石对与会人员予以召见。[3] 1935年1月1日，蒋介石应戴笠之请，对与会人员进行讲话，强调了两点：一是绝对服从命令，二是不许自作主张，此即戴笠所谓"元旦领袖在杭以'特工人员绝不许在政治上有何主张'为训示之一"的出处。[4] 戴笠一向对蒋介石言听计从，也要求下属严格贯彻蒋的主张，邢森洲却在短短半年之后就违背蒋

---

1 戴笠电邢森洲（1935年6月26日），戴笠史料，144-010104-0005-040。

1 戴笠电邢森洲（1935年6月26日），戴笠史料，144-010104-0005-040。

2 戴笠电邢森洲（1935年6月27日），戴笠史料，144-010104-0005-038。

3 戴笠呈蒋介石报告（1934年12月29日），军统局档案，148-010200-0007。

4 蒋介石讲词（1935年1月1日），《"总统"蒋公思想言论总集》第13卷，台北，中国国民党中央委员会党史委员会，1984年，第5—8页。

的意旨，自然令戴笠大为不满。此外，特务处经济拮据，长期以来入不敷出，而邢森洲为补充两舰经费，在未得许可之前就"开支万余金""遽尔支付"，此举也令戴笠耿耿于怀。

邢森洲接阅戴笠来电后，曾复电有所辩解。戴笠则于 6 月 30 日再电称："两舰事现可说告一段落矣，吾人多一次失败，即多一次教训也。兄如有功，弟固与有荣焉，兄如有罪，弟当共同担负。为功为罪，请容日回京面议可也。"至于邢森洲垫付的 1 万元，当戴笠得知南京方面已派陈策携款 5 万元赴港接洽后，即令郑介民与陈策商谈发还。[1]

综合上述各电来看，戴笠无意策反粤舰及其责备邢森洲之原因是多方面的：

第一，1935 年春夏之交，国内外政治形势复杂，对南京中央而言，当时并非策反粤舰的最佳时机，如强行策反，虽然表面上可以加强南京方面的武力，但也可能因此刺激"两广"当局，酿成严重的政治后果，威胁蒋介石的统治。第二，蒋介石将特务工作视为辅助政治的工具，关于暗杀、策反之类重大行动，只许特务人员奉命行事，而严禁其自作主张，邢森洲虽未策反粤舰，但他与粤舰接洽之举难免让蒋介石怀疑特务处是在擅自行动。以上两点系就蒋介石之政略层面而言。第三，特务处港粤单位针对"两广"当局的活动屡经挫折，一度有全军覆没之虞，故港粤特别区建立伊始，基础尚未稳固，需要先行设法在香港立足，再徐图发展，而邢森洲"为一时情感之冲动与包围"，在与两舰接洽时袒露了自己与戴笠的身份，不仅严重违犯特务处的纪律，更使刚刚稳定下来的港粤区重新面临被破坏的巨大风险。第四，邢森洲向两舰接济之款项无疑属于因公开支，这笔花费要由本已经济拮据的特务处负责弥补。第五，邢森洲与蒋伯诚分别听命于戴笠与蒋介石，为两个互不统属的独立情报系统，虽然二人的工作不完全重合，但均负有搜集西南情报之责，自两舰离粤后，蒋伯诚即积极介入，充当两舰与蒋介石联络的桥梁，邢森洲在此种情形下与两舰接洽，难免被认为是在与蒋伯诚争功，蒋伯诚是否会因此在蒋介石面前对特务处有所指摘，也是戴笠不得不考虑的问题。以上三点系就戴笠及特务处之工作

1　戴笠电邢森洲（1935 年 6 月 30 日），戴笠史料，144-010104-0005-035。

层面而言。

四、结语

败退台湾的军统元老晚年提及戴笠，常称叹其"料事识机"之天赋，《戴雨农先生传》对戴笠策反粤舰的虚夸之词，大概就是这种思想的产物。其实戴笠之所以能长期得到蒋介石信任，固然有其在特务工作方面的出色表现，而他对"领袖大计"的理解、对政治环境的把握，更是他受到蒋介石青睐的重要原因，关于此点，日后戴笠将之总结为"秉承领袖意旨，体念领袖苦心"。

另就事件本身而言，蒋介石获悉两舰离粤及邢森洲与两舰接洽之举后，并未因此对戴笠有所斥责，而且立即派遣大员前往接洽，且在粤舰驶抵南京之前，始终对此事保持高度关注。就这些事实来看，蒋介石对粤舰投效南京方面还是乐见的，戴笠对邢森洲的责备，未尝不是他担心被蒋责问而产生的"神经过敏"。但戴笠一再强调的特务工作为政治服务这一原则，向为人们所忽视，通过审视戴笠对邢森洲的责备之词，有助于人们理解这类重大特务活动的内在逻辑。

拾叁　戴笠、张学良买卖房屋趣史

　　1932 年 4 月力行社特务处成立后，在南京徐府巷 3 号成立处本部，简称"乙处"，另在鸡鹅巷 53 号成立处长办公室，简称"甲室"。1933 年夏，特务处因人员增加，乙处迁至鼓楼四条巷 6 号。[1] 1935 年 2 月，南昌行营调查课并入特务处，特务处人员又激增一倍有余，原有办公处所再度不敷使用，遂于 1936 年迁至曹都巷。[2]

　　军统元老魏大铭曾说："特务处搬到曹都巷，不知原来是什么大院宅或公家机构，老房子好几进，地方甚大，四周围墙甚高，门禁森严。"[3] 另据若干知情者回忆，魏大铭提到的大院子是张学良赠送给戴笠的。

　　王天木说："二十四年，张学良把南京一段宝贵地皮赠给戴笠。"[4]

　　王业鸿说："特务处南京新街口明瓦廊洪公祠对面办公室的地皮、房屋也正是

1　"国防部情报局"编印：《"国防部情报局"史要汇编》上册，第 13 页；李邦勋：《军统局的前身复兴社特务处》，《文史资料存稿选编》第 13 册，第 436 页。

2　程一鸣：《军统特务组织的真象》，《广东文史资料》第 29 辑（1980 年 11 月），第 191 页；章微寒：《戴笠与军统局》，《浙江文史资料选辑》第 23 辑（1982 年 12 月），第 89 页；邓葆光：《军统领导中心局本部各时期的组织及活动情况》，《文史资料选辑》第 86 辑（1983 年 4 月），第 175—176 页。

3　魏大铭：《评述戴雨农先生的事功（上）》，《传记文学》第 38 卷第 2 期（1981 年 2 月），第 42 页。

4　陈恭澍：《蓝衣社内幕》，第 65 页。此书虽署名陈恭澍著，实由王天木代为捉刀，见黄美真编：《伪廷幽影录》，北京，中国文史出版社，1991 年，第 26 页。

张（学良）将军赠送的。"[1]

文强说："张学良将军与戴笠的私交很厚，将他原作办事处的所在地洪公祠房屋及地皮都送给戴笠。这样，戴才有了较宽敞的办公房屋。"[2]

毛钟新说："曹都巷在红〔洪〕公祠对面，那片地皮是张汉卿先生送给戴先生，报准领袖拨款建屋为处本部，搬入曹都巷已快要抗战了。"[3]

邓葆光的说法最为详细："戴笠利用复兴社特务处长的地位，先与张学良的机要处长黎天才交朋友，进而结拜成把弟兄。通过黎的关系，又和张学良交上了朋友。张把洪公祠一号一幢独立的大片花园平房，交给戴笠作复兴社特务处办公处所。这座独立的老式花园平房，占地约六十亩，有两个大厅和大小一百多个房间，另有东西两个大广场。洪公祠一号的北向大门是唯一的出入口，东面为明瓦郎〔廊〕，南面为秣陵路，西面为丰富路，北面为洪公祠小巷，四面有高高的围墙团团围住，成为一座与世隔绝的特务机构。"[4]

以上 5 人均称张学良曾将房屋赠送戴笠。所不同者，王天木未说房屋地址，文强谓洪公祠，王业鸿谓洪公祠对面，毛钟新谓曹都巷，邓葆光谓洪公祠 1 号。案洪公祠在曹都巷北不远处，特务处之办公处所占地甚大，大概其门墙毗邻曹都巷，正式通信地址则为洪公祠 1 号，故若干军统旧人亦称曹都巷房屋为洪公祠房屋。

另查曾任军统局第一处训练科副科长的李修凯曾于 1942 年前后根据内部档案整理《十年来工作大事记》，内中记载"二十五年三月二十三日，价购南京曹都巷房屋"。[5] 此条有两点值得注意：其一，谓曹都巷房屋为价购，与赠送之说不同；其二，谓价购之时间为 1936 年，与王天木提到的 1935 年不同。

笔者通过查阅近年来公布的戴笠文电，发现上述诸说颇能得到原始档案的印

---

1 王业鸿：《戴笠的起家》，《文史资料存稿选编》第 15 册，第 620 页。

2 文强：《戴笠其人》，第 200 页。

3 毛钟新：《为戴笠先生白谤辩诬》，《中外杂志》第 30 卷第 2 期，第 63 页。

4 邓葆光：《军统领导中心局本部各时期的组织及活动情况》，《文史资料选辑》第 86 辑，第 172 页。

5 重庆市档案馆整理：《军统十年大事记（1932—1941 年）》，《档案史料与研究》1993 年第 4 期，第 21 页。

证，唯有若干细节与事实不合，兹梳理如下：

查戴笠在 1933 年 3 月长城抗战期间，曾赴北平活动，当时即与张学良所部东北籍干部有所联络，他于 3 月 19 日呈给蒋介石的报告中说："现任平军分会之参事黎天才即李北海，向任张之政治特务处长，参与张之机密，东北将领多重视之，现与生甚洽，拟不日偕其趋谒钧座。"[1] 此即邓葆光所说戴笠"先与张学良的机要处长黎天才交朋友"。唯当时张学良以热河失守，辞去北平军分会代委员长职务，旋于 4 月赴欧洲考察，故戴笠与张学良在当时尚无接触。

1934 年初，张学良自欧返国，担任豫鄂皖三省总部副司令。后张部东北籍干部与力行社社员合组"四维学会"，于 5 月 9 日成立，以蒋介石为会长，张学良为副会长。该会自筹备以至成立期间，戴笠一直奉蒋介石之命参与其事。[2] 4 月 10 日，戴笠曾就该会筹备事宜晋见张学良，并与张之干部王卓然、王化一、黎天才等人共策进行，此当为戴笠与张学良直接接触之始。[3]

同年 7 月，戴笠以特务处处长兼任南昌行营调查课课长及豫鄂皖三省总部第三科科长，蒋介石于 7 月 31 日特电张学良及三省总部经理处长阏湘帆告知："三省总部第三课经费自七月份准由戴笠领取，该课事务亦暂由戴笠处理可也。"[4] 张学良时任总部代总司令，亦即戴笠名义上的直接长官，从此以后，两人的联系日渐增多。

1935 年 2 月，南昌行营及豫鄂皖三省总部结束，新设武昌行营，以张学良为行营主任。当时蒋介石命令戴笠将南昌行营调查课迁往武昌，而将三省总部第三科改隶武昌行营。戴笠奉命后，认为调查课与第三科均为特务处掌握的公开单位，任务相同，应即进行合并，以便统一指挥，其名称仍以第三科为宜，且应"直属委员

1　戴笠呈蒋介石报告（1933 年 3 月 19 日），戴笠史料，144-010101-0002-006。

2　干国勋：《关于所谓复兴社的真情实况（下）》，《传记文学》第 35 卷第 5 期，第 85 页。

3　戴笠电蒋介石（1934 年 4 月 12 日），蒋介石档案，002-080200-00160-036。

4　蒋介石电张学良、阏湘帆（1934 年 7 月 31 日），蒋介石档案，002-010200-00116-087。

长与行营主任之下，俾得单独行使职权"。[1]他将此一设想向蒋介石、张学良进行陈述，很快获得批准。[2]

2月28日，戴笠致电张学良表示感谢，并请允准原任三省总部第三科副科长陈绍平继续担任武昌行营第三科副科长，代其在鄂主持一切，电称："闻三科托庇保留，直属主任办公室，俾工作得进行无阻，殊深铭感！惟职因京中有事，不克常川留鄂，为工作指挥便利计，拟乞准予照前南昌行营调查课成例，委任陈绍平同志为第三科副科长，以便职不在鄂时，由陈同志代理一切，是否可行，谨乞鉴核。"张学良接阅来电后，很快同意了戴笠这一人事请求。[3]

正是在此前后，由于原调查课人员分批前往南京特务处本部工作，使得特务处之办公处所顿形紧张，亟须寻找新的房屋。先是张学良担任全国陆海空军副司令时，在曹都巷建有行辕，[4]唯其此后甚少来京，戴笠遂打起该处行辕的主意。1月20日，戴笠自南京给武昌张学良呈寄了一封航函，探询曹都巷房屋事。不知什么缘故，张学良似乎没有回复该函，戴笠遂于1月25日深夜再给张学良拟了一封电报，称：

急，武昌，副司令张钧鉴，云密。违教月余，殊深仰慕，号日航函谅已呈阅。关乎曹都巷房屋事敢乞迅赐电示，以便定妥为幸。职戴笠叩，有亥。

戴笠拟完电稿，开始反复推敲字句，他总觉得"以便定妥"4字不甚合适，于是在电稿末尾又给甲室书记毛万里下了一道手令：

万里："以便定妥"四字通否，盼改正。

毛万里读过原稿，认为"以便定妥"4字确实有欠恭敬，遂改作"俾便遵循"，始将此电发出。[5]从这一细节来看，戴笠给张学良的拟电虽细微之处亦字斟句酌，

1　戴笠电张学良（1935年2月22日），《戴先生遗训》第3辑，第172页。

2　戴笠电杨永泰（1935年2月22日），戴笠史料，144-010105-0002-005。

3　戴笠电张学良（1935年2月28日），《戴先生遗训》第3辑，第172—173页。

4　"张副司令昨夜来津"，《大公报》天津版，1931年4月30日。

5　戴笠电张学良（1935年1月25日），戴笠史料，144-010112-0005-080。

特务处甲室书记毛万里

不肯放松，这说明至少在表面上戴笠对张学良这位直属长官还是很尊重的。当然，这也反映出戴笠对于购买曹都巷房屋的急迫之情。张学良接到戴笠来电后，于 1 月 28 日复电戴笠，告以曹都巷房屋相关事宜，唯原电未见。1 月 30 日，戴笠再电张学良询问房屋价格："勘午电谨悉。曹都巷房屋事荷蒙详示，甚感，但未审售价若干，敢乞再赐查示。"[1]

2 月 11 日，蒋介石电召张学良往牯岭听训，张学良随即前往，至 2 月 15 日下午飞回汉口。[2] 张学良在牯岭期间，戴笠曾往谒见，[3] 双方当就曹都巷房屋事有所商谈，张学良告知戴笠，关于该处房屋买卖事宜，系由留居北平的东北籍人士高纪毅具体负责。高纪毅为张学良亲信，曾任北宁铁路局局长，后辞职，在平闲居。[4] 起初，戴笠拟派特务处干部林桓前往北平与高纪毅接洽，后因林桓事忙，改由副处长郑介民办理此事，戴笠于 3 月 12 日致电张学良，请其在高纪毅处为郑介民"赐电介绍"。[5]

3 月 15 日，戴笠电郑介民，告知曹都巷房屋已获张学良同意出售，请其在平与高纪毅接洽此事：

1　戴笠电张学良（1935 年 1 月 30 日），戴笠史料，144-010112-0005-081。

2　张友坤、钱进主编：《张学良年谱》，北京，社会科学文献出版社，2009 年，第 801 页。

3　戴笠电张学良（1935 年 2 月 20 日），《戴先生遗训》第 3 辑，第 172 页。

4　中国人民政治协商会议沈阳市委员会文史资料委员会编：《沈阳文史资料》第 22 辑，第 327 页。

5　戴笠电张学良（1935 年 3 月 12 日），《戴先生遗训》第 3 辑，第 173 页。

特急，北平，肝密，介民兄赐鉴。……曹都巷房屋，张副司令已允卖给吾人，闻何部长曾出价五万元，副司令之意，现买〔卖〕给吾人终须增加千元左右，以便转挽，惟此须与在平之高纪毅磋商。前本拟请林桓兄北上与高接洽，刻正由张副司令电高为兄介绍，请兄密与高磋商为荷。弟笠叩，删巳，杭。[1]

此电透露了一件鲜为人知的趣事，原来早在戴笠找张学良买房之前，军政部长何应钦也看上了这处行辕，想出价 5 万元买下，唯张学良不知出于何种原因，并未同意。现在张学良决定把房屋卖给戴笠，如被何应钦得知，必然会有意见，因此张学良请戴笠在何应钦出价基础上"增加千元左右"，以免何应钦误会。此外，张学良知道戴笠的特务处经济拮据，还特别允许他分期付款，由此足见张、戴关系的不同寻常。[2]

3 月 17 日，郑介民复电戴笠，告知曹都巷房屋事已与高纪毅洽妥，唯"该屋契据闻已于九一八之变遗失"，尚需"向市府补领契据"。戴笠于次日接电后，复电郑介民，一面对其办事效率表示嘉许，一面嘱其与高纪毅继续商谈，应由对方负责把契据补办齐全后，"我方方可承买"。[3]

戴笠对张学良的偏私感念于心，决定在张学良开价基础上再加 1000 元，亦即最终以 5.2 万元购买，以表谢意，付款方式系先付半数，再于 4 个月内付清余款。3 月 26 日，戴笠致电特务处负责经费之庶务股股长张冠夫，令其将办理案件及南昌行营调查课结余之款提出，"凑足二万六千元，即由中行汇平，交介民兄收"，此外再以戴笠名义出具一张 2.6 万元的借据，期限 3 个月，须"具名盖章"，"固封交交通员，带交介民兄"。[4]同日，戴笠另电郑介民告以上述各情，并嘱"是项产业之户名不可用弟私人名义"，请妥为另拟。[5]至此，有关曹都巷地产的买卖事

1 戴笠电郑介民（1935 年 3 月 15 日），戴笠史料，144-010112-0002-059。

2 戴笠电郑介民（1935 年 3 月 23 日），戴笠史料，144-010112-0002-058。

3 戴笠电郑介民（1935 年 3 月 18 日），戴笠史料，144-010112-0002-056。

4 戴笠电张冠夫（1935 年 3 月 26 日），戴笠史料，144-010111-0002-060。

5 戴笠电张冠夫（1935 年 3 月 26 日），戴笠史料，144-010111-0002-061。

宜基本拟定。

通过对原始档案的梳理，可知曹都巷房屋是张学良卖给特务处的，而非赠送，军统内部流传已久的说法并不准确。此外，购房时间是 1935 年，而非 1936 年，王天木所述准确，反而是李修凯根据档案整理的《十年来工作大事记》中的说法有误，这有可能是特务处购房后，经装修整理，至 1936 年始迁入办公，李修凯遂误以为是 1936 年购买。

另据军统元老阮清源回忆："据戴先生说，平日与张学良之私交甚好，本局于成立之初经费困难，戴先生曾征得张学良之同意，将彼之上海寓所作抵押，支应本局经费。"[1]此事在档案中亦有记载，查 1936 年 11 月 27 日戴笠致张冠夫电，有"曹都巷房屋押款事，通商京行报告沪行不能押八万元"等语，只不过此时曹都巷房屋已由特务处承买，阮清源所谓征得张学良同意云云或系误记。

张学良晚年接受访谈时，曾不止一次地说："我和戴雨农两个人关系很好。"[2]"戴笠跟我很好，相当好。"[3]从他卖房给戴笠一事来看，说他们二人关系甚笃确不为过，阮清源、文强所谓二人"私交甚好""私交很厚"一类说法亦非虚语。可惜的是，曹都巷这幢见证张、戴二人特殊友谊的建筑，特务处仅仅使用了一年多。迨 1937 年全面抗战爆发后，特务处撤离南京，西迁长沙、武汉、重庆等地，曹都巷房屋交由南京区长钱新民保管，"南京沦陷前，被全部烧毁，夷为平地"。[4]

1 阮清源访问纪录，《健行月刊》第 260 期，第 112 页。

2 张学良口述，张之丙、张之宇访谈：《张学良口述历史访谈实录》第 4 卷，北京，当代中国出版社，2013 年，第 1271 页。

3 张学良口述，张之丙、张之宇访谈：《张学良口述历史访谈实录》第 5 卷，第 1503 页。

4 邓葆光：《军统领导中心局本部各时期的组织及活动情况》，《文史资料选辑》第 86 辑，第 176 页。

拾肆　孤岛弹痕录：
戴笠、周伟龙与军统
上海区的抗日活动

1937 年 7 月全面抗战爆发后，力行社特务处上海区扩大组织编制，调整工作重心，在淞沪会战期间开展了一系列抗日活动。同年 11 月上海沦陷后，上海区在区长周伟龙率领下与日伪当局展开了为期一年的激烈斗争，他们秉持着对国家的忠诚、对民族的热爱，蹈险履危，抛头颅洒热血，为全面抗战初期的历史写下了英勇的一页。

关于周伟龙领导军统上海区从事地下抗日活动的情形，除拙著《军统抗战史稿》外，迄无专书进行全面叙述，唯拙著出版较早，未能参考晚近公布的戴笠文电，不免粗浅错漏之处。现拟重新运用原始档案，辅以报刊、官书之记载，配合当事人之回忆，对这段被人忽视且亟待梳理的历史进行还原，冀能进一步厘清史实，并略谈此一抗日活动的意义。

一、全面抗战爆发前的特务处上海区

近代以来，上海成为中国政治、经济、文化中心，有"远东第一大都市"之称，国内外各方政治力量及其情报机构均在此扎根。戴笠素来重视上海方面的工作，早在力行社特务处成立以前即派翁光辉等人在上海活动，其本人亦经常亲往上

翁光辉

海有所布置。特务处成立后，开始在上海建立外勤组织，其主要任务是针对国民党内的反蒋派以及包括中共在内的其他党派开展情报、逮捕、暗杀等特务活动。[1]由于史料缺乏，特务处在上海方面的组织概况长期未能厘清，兹以近年公布之原始档案为主，辅以相关史料，梳理全面抗战爆发以前特务处上海区之沿革情形，并简述该区区长周伟龙之略历。

1. 上海区之沿革

1932 年 4 月特务处成立后，按照《特务处组织大纲》及《特务处组织系统表》之规定，上海设特别侦查组，组长 1 人、侦查员 11 人，[2]并以翁光辉为首任侦查组组长。[3]同年 9 月以后，特务处陆续将全国各地之侦查组改称通讯组或通讯站，直属侦查员改称直属通讯员。于是上海侦查组改称上海通讯组，以陈绍宗为组长，另设上海特别组，由翁光辉、徐昭骏负责，此外尚有直属通讯员马明初、陈国琛、姜颖初、甘唯奇、余靖芳、周树美、高巩白等人。[4]其后，又改以翁光辉为上海通讯组组长。

1　沈醉：《军统内幕》，第 40—41 页。

2　参见《特务处组织大纲》《特务处组织系统表》相关条目，军统局档案，148-010200-0007。

3　"国防部情报局"编印：《戴雨农先生年谱》，第 28 页；陈恭澍：《上海抗日敌后行动》，台北，传记文学出版社，1984 年，第 14 页。

4　"国防部情报局"编印：《"国防部情报局"史要汇编》上册，第 15 页。案 1932 年 10 月 5 日戴笠致蒋介石电有"顷据上海侦查组翁光辉支电称"等语，则上海侦查组改称上海通讯组当在 10 月以后，参见蒋介石档案，002-080200-00058-040。

1933 年 7 月，翁光辉因违犯特务处工作纪律，由戴笠呈准蒋介石撤职禁闭。[1]
在此前后，特务处将各地组织作大幅调整，全国划分为华东、华南、华中、华北 4
区，各区以特派员负责，其中华东区辖江苏、浙江、福建三省及上海、南京，以余
乐醒为华东区驻沪特派员，[2] 化名金鸣三。[3] 同年 9 月，余乐醒调任杭州特务警察训
练班主任教官，由吴乃宪接充特派员。[4] 12 月，被处禁闭之翁光辉递书表示悔悟，
经戴笠呈准蒋介石，准予释放，仍由特务处任用。[5] 同月，特务处掌握上海公安局
警士教练所训育主任一职，由吴乃宪兼任。[6]

至迟在 1934 年 1 月，上海通讯组改称上海通讯站，下辖一、二、三 3 组及上
海行动组，仍隶属华东特派员办公室，该站及各组负责人均不详。[7] 2 月，特务处
掌握淞沪警备司令部侦查队，以掩护华东区之活动，由吴乃宪兼任队长，于 2 月
22 日到差，[8] 其后吴乃宪调任他职，由翁光辉接任警备部侦查队队长。[9] 11 月 1 日，
特务处设置上海分台，简称沪台，台址位于老西门。[10]

1　戴笠呈蒋介石报告（1933 年 7 月 7 日），军统局档案，148-010200-0007。

2　据《"国防部情报局"史要汇编》上册第 15 页记载，1934 年成立华东、华中、华南、华北四区，
　　各区以特派员负责。案 1933 年 7 月 7 日戴笠呈蒋介石报告，内称郑介民为"华北特务工作特派
　　员"；再案 9 月 30 日戴笠致蒋介石陷申电，有"华东区驻沪特派员余乐醒"等语，则四区及特派
　　员设立之时间当在 1933 年夏秋之际。

3　沈醉：《军统内幕》，第 41 页。

4　戴笠电蒋介石（1933 年 9 月 30 日），蒋介石档案，002-080200-00125-018。

5　戴笠呈蒋介石（1933 年 12 月 6 日），蒋介石档案，002-080102-00038-002。

6　戴笠电蒋介石（1933 年 12 月 18 日），蒋介石档案，002-080200-00139-055。

7　特务处民国二十三年一月份经常、特别费收支对照表，国民政府档案，001-023330-00002-001。

8　"警备部侦查队长吴乃宪昨日到差"，《申报》，1934 年 2 月 23 日。

9　叶元璜：《翁光辉的一生》，《丽水文史资料》第 3 辑，第 192 页。翁光辉接任警备部侦查队队长之
　　时间未见记载。案 1934 年 8 月 22 日戴笠致周伟龙电，内称"王克全赴沪，已电吴乃宪兄予以协助
　　矣，请即电告王即赴警备司令部侦缉﹝查﹞队访吴可也"；再案 1935 年 5 月 24 日戴笠致蒋介石电，
　　内有"本月鱼日电令上海警备司令部侦查队翁光辉"等语。据此，翁光辉接任当在 1934 年 8 月至
　　1935 年 5 月之间。

10　《特务处工作总报告》（民国二十六年份），第 97 页；电讯单位历年工作总报告书，档案管理局藏
　　军统局档案，A305050000C/0024/1784/1071。

　　1935 年，特务处将华东区及特派员名义取消，另设上海特别区，[1] 简称沪区。该区工作人员有区长王新衡，书记曾澈，助理书记黄谟，译电员徐慎言，直属通讯员孙可之、罗实、吴瑾中，第一组组长王昌裕，组员盛世凯、王禄仪，第二组组长邹湘等人。另有上海直属通讯员秦承志、上海行动组组长赵理君。[2] 同年 11 月 1 日，上海邮件检查所成立，该所由特务处荐派秦承志、姚公凯为所长，划归沪区指挥。[3] 11 月 18 日，上海分台为避日方注意，由老西门迁往法租界。[4] 同年，翁光辉不再担任警备部侦查队队长，由王兆槐接任。[5]

　　1936 年 12 月初，戴笠拟调西北总部代理第三科科长江雄风为沪区区长，旋因西安事变爆发未果，改由梁干乔接任。[6]

　　1937 年 1 月 9 日，沪区区长梁干乔调任特务处本部书记长，由第一组组长王兆槐暂时代理区长。2 月 21 日，特务处本部第二科副科长周伟龙调任沪区区长，王兆槐解除代理职务，仍任第一组组长。[7] 是年，沪区下辖三个小组及外事小组。[8] 第一组组长王兆槐，第二组组长周迅予，程慕颐、沈醉曾任第三组组长，刘戈青曾任第三组代组长。[9] 外事组亦称第四组，组长顾子载。另掌握上海邮电检查所，亦称邮电检查组，由所长秦承志任组长。[10] 另设上海行动组，组长赵理君、副组长许建业，赵理君于 5 月 7 日调任四川行营第三科第二股股长，由许建业继任组长。[11]

1　"国防部情报局"编印：《"国防部情报局"史要汇编》上册，第 15—16 页。

2　特务处二十四年年终总考绩拟请增薪人员名册，国民政府档案，001-023330-00002-005。

3　金斌呈蒋介石，二十六年上半年邮电检查工作报告，国民政府档案，001-014000-00002-004；特务处工作总报告（民国二十六年份），第 21 页。

4　电讯单位历年工作总报告书，"档案管理局"藏军统局档案，A305050000C/0024/1784/1071。

5　军事委员会委员长侍从室人事登记卷（王兆槐），侍从室档案，129-220000-0015。

6　戴笠电江雄风（1936 年 12 月 2 日），戴笠史料，144-010110-0005-069。

7　特务处工作总报告（民国二十六年份），第 26—27 页。

8　"国防部情报局"编印：《"国防部情报局"史要汇编》，第一篇第二章附表六。

9　特务处二十六年份各级工作人员功过赏罚考核表，蒋介石档案，002-110702-00029-001。

10　王方南：《我在军统十四年的亲历和见闻》，《文史资料选辑》第 107 辑，第 143 页。

11　特务处工作总报告（民国二十六年份），第 28 页。

2. 周伟龙之略历

周伟龙，字道三，湖南湘乡人，1903 年生。[1] 早年担任湖南陆军第三混成旅上尉参谋，负责译电工作，聪明强记，到职仅用一个星期即熟记电本明码。时任旅长谢国光与周伟龙有通家之谊，见其身材魁梧，且工作得力，对其颇为青睐。1923年，谢国光部在韶关改编为建国湘军第三军，周伟龙任该军少校参谋。1926 年，周伟龙经谢国光保送，入黄埔军校第四期学习。毕业后，历任十三军少校特务营长、唐山军警稽查处处长、讨逆军第五路唐生智部中校宪兵营长等职。[2]

1929 年 12 月，蒋唐战争爆发，戴笠深入唐部驻地搜集情报，一度身陷险境，乃策反周伟龙助其脱险，二人由此缔交，并相约后死者为先死者治丧。1931 年 12月，蒋介石下野，戴笠奉命成立联络组，周伟龙于 1932 年 1 月参加该组工作，在武汉活动，成为军统特务组织开山元老"十人团"成员之一。[3] 同年 4 月特务处成立后，周伟龙历任武汉侦查组组长、武汉通讯站站长、汉口警察第九署署长等职。[4]

1934 年 2 月，特务处成立湖北特税密查组，以周伟龙任组长。[5] 4 月，特税密查组改称禁烟密查组，隶属南昌行营禁烟督察处总监察室，负责考核调查禁烟督察处及所属分处、缉私专员有无贪污舞弊情事，周伟龙仍任组长。[6] 1935 年，周伟龙检举禁烟督察处缉私室主任兼巡缉团团长邱开基有违法渎职行为，该案牵涉人员众

1　此据军事委员会委员长侍从室人事登记卷之记载，侍从室档案，129-010000-0719。再据军统人事档案记载，周伟龙生于 1899 年，见特务处二十六年份内外勤工作人员总考绩名册，蒋介石档案，002-110702-00030-001。另据毛钟新说，周伟龙生于"民前十一年"亦即 1901 年，见《戴笠与周伟龙上》，《中外杂志》第 31 卷第 5 期，第 135 页。刘植根亦称周伟龙生于清光绪二十七年亦即 1901年，见《我所知道的周伟龙》，《湘乡文史资料》第 3 辑，第 56 页。

2　戈士德：《戴笠与周伟龙（上）》，《中外杂志》第 31 卷第 5 期，第 135 页；刘植根：《我所知道的周伟龙》，《湘乡文史资料》第 3 辑，第 56 页；湖南省地方志编纂委员会编：《湖南省志第三十卷人物志》上册，长沙，湖南出版社，1992 年，第 754 页。

3　戈士德：《戴笠与周伟龙上》，《中外杂志》第 31 卷第 5 期，第 136—137 页。

4　"国防部情报局"编印：《"国防部情报局"史要汇编》上册，第 15 页。另周伟龙任汉口警察署第九署署长，参见 1933 年 12 月 8 日戴笠致周伟龙电，戴笠史料，144-010108-0001-055。

5　戴笠电周伟龙、邢森洲（1934 年 3 月 12 日），《戴先生遗训》第 3 辑，第 424 页。

6　郭旭：《蒋介石禁烟政策的内幕》，《文史资料存稿选编》第 12 册，第 616—618 页。

多，案情复杂，延宕年余仍悬而未决，最终不了了之。该案审理期间，周伟龙因有诬告之嫌，被关禁闭，至 1936 年 12 月西安事变后始获释，改任特务处本部第二科副科长。第二科主管司法及行动事项，为特务处核心部门，科长一职长期由戴笠自兼，周伟龙得任副科长，足见戴笠对其工作能力之认可及信任之深。[1]

关于周伟龙之个性，军统元老毛钟新评价为："既颉颃傲世，复飞扬跋扈，天马行空不受羁绊，特务处中，只服戴笠一个人。"[2] 又说周伟龙每见戴笠，辄诚惶诚恐，但一离开戴笠，"便神采飞扬，睥睨一切，生杀由心，言莫予违"。[3] 案特务处在 1937 年年终给周伟龙的评语是"负责努力，能力甚强，情报、行动两项成绩均甚优异"，但也指出他"个性甚强"，由此可知毛钟新对周伟龙的批评是有依据的。[4] 唯戴笠对周伟龙的个性颇为欣赏，曾称赞他"富血性"。[5] 周伟龙此种性格特点在其日后领导沪区活动的过程中颇有体现，对其个人之荣辱乃至沪区活动之成败亦均产生或多或少的影响。

二、全面抗战爆发后沪区的抗日活动

上海地处长江入海口，为南京的门户，因战略地位重要，久为日军觊觎。淞沪会战期间，日军收买大批汉奸流氓，刺探中国军情，甚至与来袭敌机联络，提供中国军队炮兵阵地和高级司令部等轰炸目标，而中方在上海的党政军组织权责不一，防范措施非常疏漏，如何有效发动地方的人力、物力协助正规军抗战，并防止日军

1　黄康永等口述笔记、朱文楚采访整理：《军统兴衰实录》，第 17 页。

2　戈士德：《戴笠与周伟龙上》，《中外杂志》第 31 卷第 5 期，第 137 页。

3　毛钟新：《骂人与做事的艺术——戴笠别传之七》，《中外杂志》第 31 卷第 6 期，第 122 页。

4　《特务处二十六年内外勤工作人员总考绩名册》，蒋介石档案，002-110702-00030-001。

5　戴笠电黎铁汉转宣铁吾（1934 年 3 月 13 日），戴笠史料，144-010199-0002-099。

汉奸的间谍活动，实为当务之急。[1]因此，戴笠于8月17日由南京赶赴上海，[2]同时抽调特务处南京、上海单位工作人员统一行动，一面开展搜集军事情报、侦捕汉奸敌谍等工作，一面以抢运军械、突击敌军、输送物资等方式协助正规军作战，沪区作为特务处在上海最重要的外勤单位，亦积极参与到上述各项工作中。

沪区为因应全面抗战爆发后上海的情势紧张，首先在原有组织基础上扩大编制：当时虹口为日本领事馆及海军陆战队所在地，亦为日侨麇集之所，沪区遂于7月29日在虹口及邻近之闸北设组，由通讯员沈醉调任虹口组长，周志成调任闸北组长；8月1日，在吴淞设组，由直属通讯员程慕颐调任组长；8月5日，在浦东设行动组，由招商局护航总队队附陈致敬调任组长。[3]

特务处并为沪区增设电台，配属各组工作：8月5日，成立虹口、江湾、吴淞3个分台，分别以裘声呼、朱执中、秦治洲为负责人；8月9日，成立浦东分台，以周勋为负责人，上述4台均有直流二瓦特电报机1台。8月11日，成立上海二台，以沈似仁为负责人，工作人员3人；上海分台改称上海1台，以杨震裔为负责人，工作人员3人，上述二台均有交流十五瓦特电报机1台，与南京总台直通。[4]

1.搜集军事情报

沪战前后，特务处本部调整工作方针，开始着重搜集敌我双方军事情报：我军情报方面，特务处于7月10日通令全体外勤单位，切实查报抗战以来我军调赴前线部队之言行与作战情形；敌军情报方面，特务处于8月15日通令全国各站组，开展对日情报工作，凡是有关敌军之编制、实力、战略战术与作战情形均应随时查报；复于8月20日再拟定侦察纲要，分饬平、津、青、沪、港、粤等区站组严密

1 "国防部情报局"编印：《戴雨农先生传》，第68页。

2 戴笠由京抵沪之时间，《忠义救国军志》记载为8月15日晚，见该书第7页。案8月14日戴笠自南京致电上海宋子文，告以"晚因京事羁，不克趋沪候教，沪上情形敢乞多赐示"。8月16日致电上海王兆槐，告以"弟因京中事忙，不克赴沪视察"。8月17日曾在南京特务处本部发出责备"本处各部份工作不相关联"之手令。同日夜间致电南京蒋介石报告沪上军情，发电地址为沪古拔路249号。据此，戴笠于8月14日至8月16日在宁，8月17日由宁抵沪。

3 特务处工作总报告（民国二十六年份），第29页。案招商局护航总队为特务处掌握的公开单位。

4 特务处工作总报告（民国二十六年份），第97—98页。

侦察日军对华政策及其海陆军当局与各派系之意见。[1]

特务处的命令，沪区自然要遵办，然而沪区在抗战以前一贯以国民党反蒋派以及其他党派的活动为侦察重点，对日情报则因缺乏路线，只能辗转从日本在华特务组织运用的汉奸口中了解一些日军侵华的企图及其军事调动、装备运输等情形，想在短时间内转变工作重心并不容易。[2]沪战爆发前夕，沪区为加强布置对日工作，曾增设虹口、闸北等组，然而这些临时建立的单位由于基础薄弱，工作成绩并不理想。加以虹口等组成立后，旋有 8 月 9 日"虹桥机场事件"发生，当地居民眼见战争将至，遂纷向公共租界及法租界迁避，[3]特务人员处在此种环境下，其活动亦大受影响。迨至沪战爆发，"这些临时建立的小组，有的被日本特务抓去，有的被赶了出来。原因是当别人纷纷迁走时，军统特务才搬进去，自然很容易引起日本特务与汉奸的怀疑，而无法立足下去。以后只能依靠原来在这些地区居住的五六个人供给一点情况。"[4]

8 月 17 日，戴笠亲来上海，对沪区情报工作指责甚多。面对戴笠的指责，区长周伟龙首当其冲，他每接戴笠电话便立刻紧张，时常对着电话说："戴先生，我没面目见你，如果地下有个洞，我立刻钻进去。"[5]其后虹口沦陷，虹口组房屋被毁，组长沈醉携带电机撤退，周伟龙曾严令其返回虹口继续潜伏，唯戴笠认为这样做无异于让沈醉白白送死，遂令周伟龙改派沈醉搜集战地情报。[6]

戴笠自知沪区对日情报工作起步较晚，基础较差，因此他对沈醉等人的撤退并不感到意外，亦未过多表示不满。真正让他感到苦恼的，是沪区对获取难度较小的战地情报亦甚少报告，他在来沪前夕，就曾致电沪区第一组组长兼警备部侦查队队

1 特务处工作总报告（民国二十六年份），第 44—46 页。

2 沈醉：《戴笠其人》，第 20 页。

3 "沪市紧张情形宛如一·二八前夕"，《大公报》上海版，1937 年 8 月 13 日。

4 沈醉：《戴笠其人》，第 20—21 页。

5 戈士德：《戴笠与周伟龙（上）》，《中外杂志》第 31 卷第 5 期，第 138 页。

6 特务处工作总报告（民国二十六年份），第 98 页；沈醉口述、沈美娟整理：《魔窟生涯——一个军统少将的自述》，北京，人民文学出版社，1978 年，第 68—70 页。

长王兆槐责备称："沪战日来甚为剧烈，但京中所得前线战报甚少，甚至八十八师黄旅长阵亡，报纸已有登载，而本处尚无所报。兄为警备司令部之侦查队，平日取得公开名义之掩护，工作应容易推进，因便于联络也。奈兄在此沪战紧张之〔时〕，消息异常隔膜，甚至司令部方面之消息亦不清楚，如此工作，问心何忍？"他叮嘱、勉励王兆槐说："此次中日战事，固为我中华民族生死存亡之交，但亦为我领袖领导下革命团体生死成败之所系也，吾人在此时期应如何不避艰险，努力工作，以报领袖与党国，亦即所以自求生存之道也。""万望兄以身作则，立即激励所属同志，不畏难，不怕死，毋分昼夜，努力工作，情报务期确实而迅速，联络尤须密切，司令部参谋处派专员联络，随时报告情报于兄。"[1]

事实上，上海方面情报迟滞，一方面系因沪区工作不力，另一方面也与特务处本部各单位沟通不畅有关。戴笠曾于 8 月 17 日责备秘书室华东股称："本日日舰到沪之情形，已由沪区与毛书记人凤通电话报告，何以我华东股迄未接头，此本处各部份工作不相关联之过也。"[2]

戴笠为了改变战地情报不灵的现状，下令沪区增设若干调查组，侦察江湾、宝山、吴淞、罗店、浏河、杨行等前线战况及敌情，[3] 同时通令接战地区各单位，凡地区沦陷，必须设法潜伏，不得随军撤退，否则当以军法严惩。[4] 于是沪区工作人员冒险前往战地侦察，不乏因此殉职者：沪区行动组组员黄日高前往北新泾、小菜场侦察汉奸活动，于 9 月 5 日被日机炸伤殒命；[5] 沪区通讯员朱云飞、陈时忠前往真茹西北侦察敌情，于 10 月 26 日同遭日机轰炸殉职。[6] 与此形成鲜明对比的是放

1 戴笠电王兆槐（1937 年 8 月 16 日），《戴先生遗训》第 3 辑，第 149—150 页。

2 戴笠手令（1937 年 8 月 17 日），《戴先生遗训》第 2 辑，第 3 页。

3 军事委员会调查统计局编印：《先烈史略稿》贰辑，第 181—182 页；沈醉、文强：《戴笠其人》，第 23 页。

4 "国防部情报局"编印：《戴雨农先生年谱》，第 77 页。

5 特务处工作总报告（民国二十六年份），第 33 页；"国防部情报局"编印：《本局殉职殉难先烈事迹汇编》，第 34 页。

6 特务处工作总报告（民国二十六年份），第 33 页；"国防部情报局"编印：《本局殉职殉难先烈事迹汇编》，第 41 页。

左：黄日高
右：朱云飞

弃责任的丁武林与蒋芝兰：丁武林为沪区通讯员，于 10 月 23 日临阵潜逃，由特务处分令通缉；蒋芝兰为沪区江湾组组长，亦不遵命令擅自退却，且毁弃电机、密本、文卷等物，对上级谎称毁于炮火，其行为对特务工作及戴笠个人威信造成严重影响，经戴笠呈准蒋介石，于 11 月 9 日处以极刑。[1]

　　自 8 月下旬至 10 月下旬两个月间，在戴笠严厉督责下，沪区搜集的战地情报逐渐增多，其中若干重要情报曾由戴笠转呈蒋介石，如：8 月 23 日，报告浦东等地敌机投弹轰炸及我军于张华浜等地迎击敌军情形；[2] 10 月 7 日，报告沪区吴淞组侦察之敌我双方在蕴藻浜一带激战情形；[3] 10 月 18 日，报告沪区虹杨组侦悉之敌军在杨树浦路韬朋路等地备战情形；[4] 10 月 20 日，报告沪区吴淞组侦悉之敌派遣军司令部地址以及敌军在宝行公路等地之部署情形；[5] 10 月 22 日，报告沪区沪西组侦悉之申新九厂、申新二厂、统益纱厂、新裕一厂等纱厂因战事被迫停工情形；[6] 10 月 23 日，报告沪区虹杨组侦悉之杨树浦路等处敌军军情；[7] 10 月 24 日，报告沪区虹杨组侦悉之我军在杨树浦一带轰炸敌军营房情形。[8]

1　军事委员会调查统计局编印：《先烈史略稿》贰辑，1946 年，第 181—182 页。

2　戴笠电蒋介石（1937 年 8 月 23 日），蒋介石档案，002-090105-00002-459。

3　戴笠电蒋介石（1937 年 10 月 7 日），蒋介石档案，002-090200-00033-297。

4　戴笠电蒋介石（1937 年 10 月 18 日），蒋介石档案，002-090105-00002-373。

5　戴笠电蒋介石（1937 年 10 月 20 日），蒋介石档案，002-090105-00002-372。

6　戴笠电蒋介石（1937 年 10 月 22 日），蒋介石档案，002-090105-00002-371。

7　戴笠电蒋介石（1937 年 10 月 23 日），蒋介石档案，002-090105-00002-370。

8　戴笠电蒋介石（1937 年 10 月 24 日），蒋介石档案，002-090105-00002-369。

另一可以说明沪区对日情报工作渐有起色的，是特务处工作总报告的记载：沪区 1937 年共计搜集政治、党务、军事、匪情、党派、不法、日伪、汉奸、社会、经济、国际情报 6517 件，其中日伪情报 3067 件、汉奸情报 600 件，合计 3667 件，占总数的 56%。[1] 这显示日伪、汉奸情报已在沪区全部情报中占有相当大的比重，如果再考虑到沪区大规模开展对日情报工作始于全面抗战爆发以后，可以想见这类情报几乎都是沪战之后搜集的，这说明沪区经过一段时间的调整，在对日情报工作方面已取得相当成绩。

2. 侦捕汉奸敌谍

全面抗战爆发后，日军积极收买汉奸，化装深入内地活动，组织便衣队，制造地方纠纷，企图煽惑民众，扰乱社会治安；且多方鼓励并庇护奸商及日韩浪人伪造钞票，收买金属，贩运日货，企图扰乱市场，破坏我国财政金融；又密派奸细窃取我国政府机关之机密文件，种种特务活动，不一而足。特务处针对日方诡谋，亦迭令各区站组严密防范，并对每一汉奸案件随时指示侦察路线与制裁方法。[2] 淞沪会战期间，经沪区侦悉并逮捕之汉奸有崔鹏飞、蒋玉鑫、王烈明等人。

崔鹏飞、蒋玉鑫受日本特务机关职员桑田之命，来租界作汉奸活动，经沪区侦悉后，由特务处驻沪特务队先后将崔、蒋两犯捕获，转解侦查队讯办。据崔犯供称，其亲戚陈石田素与桑田在虹口合伙营业，因此其与桑田亦友善。沪战初起，桑田派崔、陈两犯来租界作汉奸活动。其时崔、陈得其同乡张老五报信，得悉业已沦陷之虹口密勒路新顺兴米栈尚有很多存米，未曾搬出，乃串通桑田设法盗卖，由崔犯冒充老板，蒋犯、张犯冒充伙计，均由陈犯领至白渡桥等候，再由桑田接入虹口，向敌军司令部签出派司后，将米栈存米七十余石尽数出售给敌军。此外，崔、陈两犯并代敌军兜售毒品，购办卡车，其犯罪事实非止一端。此案除陈石田、张老五两犯在逃外，崔鹏飞、蒋玉鑫两犯经特务处呈准蒋介石予以枪决。[3]

1　特务处工作总报告（民国二十六年份），第 55 页。

2　特务处工作总报告（民国二十六年份），第 44—45 页。

3　特务处工作总报告（民国二十六年份），第 79 页。

王烈明供职我国海关，为敌方报告进口军火数目。由沪区掌握的邮检所检获该犯来信及通行证等，于 9 月 14 日逮捕，移解警备部讯办。[1]

此外有案可稽的还有针对法捕房华籍探员窦葊的行动。先是 9 月 23 日，戴笠获悉窦葊有汉奸嫌疑，曾下令调查。[2] 10 月 13 日，周伟龙致电戴笠报告，谓已侦悉窦葊确有"出卖军情事实"，戴笠接阅后，批示"派员跟踪，如至华界，即予秘密制裁"。[3] 唯此案未见再有报告，后事不详。

3. 抢运军械

沪战爆发之初，中国军队在浦东仓库内尚存有手枪、步机枪、迫击炮以及飞机器材等军械，戴笠命令招商局护航总队长喻耀离会同沪区第一组组长王兆槐、上海行动组组长许建业二人秘密抢运，并设法处理库存汽油，以免资敌。[4]

当时有 6 艘敌舰停泊在黄埔江中，不时向浦东开炮，另有敌机不断向浦东及南市轰炸，给抢运带来很大危险。喻耀离奉命后，先于 8 月 16 日偕王兆槐、许建业冒险前往浦东侦察仓库位置，而后发动 500 名码头工人，向招商局请拨拖驳 3 艘，又持戴笠函件请驻在浦东的炮兵团掩护，于 8 月 18 日夜间开始行动。行动时，由喻耀离率领护航总队官兵分组领队，王兆槐亦率领特务处干部沈醉、陈邦国、陈步云、钟铸人、刘耀等人亲自锯开了仓库铁锁，众人一连偷运 3 夜，幸未被敌发觉，除有 4 人在敌军滥炸下受伤外，其余未受损伤。最终成功将仓库内的军械大部抢运沪西，交给军事当局转运南京，将米麦豆油之类物资散发给居民，另将抢运不及的汽油予以焚烧。[5]

1　特务处工作总报告（民国二十六年份），第 86 页。

2　戴笠手令（1937 年 9 月 23 日），戴笠史料，144-010113-0005-049。

3　戴笠批示周伟龙报告（1937 年 10 月 16 日），戴笠史料，144-010106-0002-044。

4　上海行动组原以赵理君为组长、许建业为副组长，赵理君于 1937 年 5 月 7 日调往四川工作，由许建业升任组长。参见特务处工作总报告（民国二十六年份），第 28 页。

5　《王兆槐访问纪录》，《健行月刊》第 152 期，第 190 页；喻耀离：《几番历险旧萍踪》，《中外杂志》第 22 卷第 1 期，第 40 页；"国防部情报局"编印：《戴雨农先生传》，第 69 页；乔家才：《铁血精忠传》，第 127—129 页。

王兆槐

4. 轰击敌舰

沪战爆发后，日军海上部队陆续增援，云集黄埔江内之敌舰多达二十余艘，以出云号为旗舰，由敌军第三舰队司令长谷川清在舰上指挥，白天以密集舰炮向我军闸北阵地射击，入夜则有潜伏在我军阵地内的汉奸用手电筒为敌军指示目标。我军炮兵虽亦到达战场，在彭浦镇放列，但因观测不良，不能与敌舰炮火抗衡。

据时任国军八十八师师部参谋主任张柏亭回忆：该师师长孙元良鉴于敌舰对我军之威胁，考虑由浦东方面或黄埔江面轰击出云舰，以破坏其指挥体系，曾命262旅参谋主任谢晋元策划有关技术问题。谢晋元奉命后，因与沪区第一组组长王兆槐是黄埔四期同学，有金兰之交，遂找王兆槐商议。[1]经二人研究，决定用快速小火轮拖曳特种爆炸物，驶近出云舰停泊之汇山码头三四百公尺处施放。准备就绪后，于8月19日由南市十六铺附近出发，依照预定计划进行，不料执行人员有欠沉着，施放过早，以致未能命中目标，仅炸毁码头部分设备，3名执行人员因撤退不及，遭敌军射击殉国。并称："当时汇山码头发生大火，报章腾载，大快人心，谢同志的计划虽未能达成，但已震骇敌军，获致精神效果，其后敌酋不敢再在该舰驻节，而黄埔江内敌舰也远向杨树浦以东江面移动，舰炮射击一时陷于沉寂。"[2]

但据日军战史记载，沪战爆发前夕，出云舰靠泊于临近日本总领事馆的日本邮

1　乔家才：《抗日情报战（十）》，《中外杂志》第22卷第4期，第43页。

2　张柏亭撰，黎东方注：《八一三淞沪会战回忆》，《传记文学》第41卷第2期（1982年8月），第19—20页；张柏亭：《八一三淞沪战役亲历记》，《传记文学》第45卷第2期（1984年8月），第16页。

船码头，而非汇山码头。[1]8月16日，出云舰仍锭泊该处，当晚，国军江阴区江防司令部快艇大队队附安其邦、"史一零二"号鱼雷快艇艇长杨敬端亲率该艇，冒险进至南京路外滩附近，向出云舰连放两枚鱼雷。事后江阴区江防司令欧阳格曾致电蒋介石报告，谓两枚鱼雷均命中敌舰，"登时轰声震天，周围各宅玻璃概行粉碎，出云亦受重伤，惟因该号水底装有防雷网，未致沉没"。[2]8月17日出版的《申报》亦报道："昨晚9时许，忽有巨声发自江面，响彻云霄，声震天地，外滩附近房屋均被震动甚剧。事后调查，系我方放射某项爆炸物轰炸敌舰出云号，因该舰周围设有防御鱼雷网，故未命中，颇为可惜。"又云："停泊浦江之指挥敌军作战之敌出云旗舰，昨晨11时半被我轰炸机投弹受伤，下午8时半于炮火猛烈中，又被我某项爆炸军器击中船身一部，负伤极重，敌急加修理，旋于11时向下游移泊公和祥码头江心。"[3]

8月18日晨，出云舰潜移至公和祥码头对面二号、三号浮筒抛泊，进行修理，日军除在四周使用两层电网防御外，更派小军舰、小火轮多艘进行掩护，以防国军袭击。迨至8月19日晨，出云舰又悄然向东移驶，渐次前往杨树浦方面抛停，敌军为掩护该舰，有一艘轻巡洋舰在公和祥码头前停泊，另有小型炮舰两艘于每晚8时后驶泊于外滩公园水上饭店附近，待天明后再开回原处。[4]8月21日上午，出云舰修理完竣，进行试机，一度驶至招商局中栈码头，旋又驶回公和祥码头对面二号浮筒。[5]此后，出云舰于白昼往往驻泊二号浮筒附近江面，晚间则由其他敌舰随护，在黄埔江往来巡视，其驻泊处所每晚迁移。[6]

由上述记载来看，出云舰在8月13日至19日先后驻泊于日本邮船码头、公和

1　"国防部"史政编译局译印：《日军对华作战纪要丛书》第15册，第559页。

2　欧阳格电蒋介石（1937年8月18日），蒋介石档案，002-090200-00034-129。

3　"敌军海陆空大举反攻，我军迎头痛击各路胜利"，《申报》，1937年8月17日。

4　"我军占领汇山码头，敌军全线被我切断"，《申报》，1937年8月20日；"沪战以来之大胜利，敌军阵地被我截断"，《大公报》上海版，1937年8月20日。

5　"泊江日舰调动繁忙"，《申报》，1937年8月22日。

6　"大部敌舰集中吴淞口"，《大公报》上海版，1937年8月26日。

祥码头等处，并未前往汇山码头，且该舰自8月16日晚遭国军鱼雷快艇击伤后，其警戒大为增强，此后一段时间未闻再遭袭击。故张柏亭所谓袭击出云舰的行动迄未得到原始史料的印证，关于此次行动的时间、地点以及具体经过等仍有待于相关史料的发掘，至于张柏亭是否将海军袭击敌舰之事误记为谢晋元、王兆槐所主持，也值得怀疑。

5. 突击敌军

沪战爆发后，戴笠为发动地方人力、物力协助国军作战，于抵沪之初，即指派余乐醒、张业、阮清源、文强、周迅予、刘戈青等人分别前往川沙、南汇、奉贤等县实地调查可能用作协助正规军作战之民众武装实力，这些人大多担任过沪区干部。[1] 其后戴笠又与上海官绅、工商各界人士联络，于9月组织苏浙行动委员会。该委员会直隶于国民政府军事委员会，由戴笠任书记长，负实际责任，内设机要、总务、侦谍、军事、技术、调查、交通通信、宣传8组，几乎全由特务处工作人员兼任组长，其中侦谍组组长由沪区区长周伟龙兼任、总务组组长由沪区第一组组长王兆槐兼任。

苏浙行委会下设别动队，从事对敌突击破坏工作，以刘志陆任总指挥，全部官兵一万余人，下辖5个支队及一个特务大队，第一支队队长何行健、第二支队队长陆京士、第三支队队长朱学范、第四支队队长张业、第五支队队长陶一珊、特务大队队长赵理君。其中第四支队及特务大队之官兵多为特务处在京沪一带原有之情报及行动人员，特务大队队长赵理君曾任上海行动组组长。[2]

别动队是未经训练的民间义从，淞沪会战期间损失惨重。10月26日，四支队奉命自沪西挺进苏州河北岸与日军作战，因敌前强渡，孤立无援，全部阵亡溃散，支队长张业仅以身免。11月9日，国军弃守上海，第五支队队长陶一珊奉命率领该支队及二、三两支队各一部协防南市，戴笠派周伟龙送到面包两万个，命令陶部

1　"国防部情报局"编印：《忠义救国军志》，第7页；文强：《戴笠领导的抗日别动队和反间谍斗争》，《八一三淞沪抗战》，北京，中国文史出版社，1987年，第72—73页。

2　"国防部情报局"编印：《忠义救国军志》，1962年，第8页。

固守。11 月 13 日，戴笠又命陶一珊放弃阵地，向法租界撤退。五支队进入法租界后，即被法方解除武装，该部至此瓦解，也有一部分官兵趁机化整为零，转入地下活动。[1]

沪战结束后，别动队残部大多由苏浙行委会军事组长俞作柏率领，撤退至安徽省祁门县历口镇整编，仅一支队挺进浦东及有少量人员潜伏上海，由沪区联络指挥，继续从事抗日活动。[2]

6. 援助四行孤军

沪战末期，谢晋元率领"八百壮士"坚守四行仓库，受到上海市民热烈拥护，纷纷馈赠慰问品。据军统元老乔家才转引王兆槐之回忆称，由于日军包围，市民慰问品往往无法送入仓库，后来有人得知王兆槐与谢晋元私交甚笃，遂将慰问品送至萨坡赛路王宅，由王夫人王持平设法分批送入仓库，直至交通完全断绝。王宅内尚有一条电话线与四行仓库相通，由王持平守候接听，一面将仓库内的消息转报戴笠及有关各方，一面将外部消息告知谢晋元。四行孤军撤守后，戴笠以电话通知王持平马上离开住宅，以策安全，王持平奉命后，最初搬到翁州饭店，不料又接戴笠通知，谓翁州饭店为汉奸开设，于是再度撤离，始转移至安全地带。[3]

以上为沪战爆发后沪区从事对日工作之梗概。是年底，特务处针对沪区全年工作情形进行检讨，其中列举对日工作的优缺点与改进计划，优点包括日伪汉奸之一般活动有具体报告、敌军在沪军事行动尚能随时注意查报、汉奸活动之情形多有报告以及颇能注意汉奸之制裁；缺点包括工作人员欠缺反间谍能力及国际人员在沪之活动欠注意；其改进计划则为设法打入伪组织集团及敌之间谍机关、加紧侦察敌方军事动态及其侵华计划与策划等项。[4]

1　"国防部情报局"编印：《忠义救国军志》，第 11 页。

2　戴笠电周伟龙（1937 年 12 月 1 日），戴笠史料，144-010109-0001-102。

3　乔家才：《戴笠和他的同志》第 2 集，第 19—20 页。

4　特务处工作总报告（民国二十六年份），第 60 页。

三、上海沦陷初期沪区之工作任务与组织人事

1937 年 11 月淞沪会战结束，上海华界被日军占领，公共租界和法租界则处在日军包围之下，被称作"孤岛"。当时日本尚未向英美法等列强宣战，不能公开侵入租界，于是包括特务处沪区在内的各方抗日志士均匿迹租界之中，继续坚持抗日救亡。日方则不断对租界当局施加压力，曾提出应在公共租界最高行政机构工部局和法租界最高行政机构公董局中添用日籍特别副处长、职员和董事，共享租界行政管理权，并应弹压界内一切排日抗日之宣传和行动，同意日本警宪进入租界，企图迫租界就范。

租界当局为维护自身利益，曾在上海沦陷当天宣布"保持中立态度，在中日战争中不偏袒任何一方，对双方在租界内的权益一视同仁"。但在日本强大的军事包围与政治压力下，亦不得不进行一定程度的妥协，限制一些公开的抗日活动，逮捕一些激烈的抗日志士。但在另一方面，租界当局也希望利用中国人民抵制日本的渗透，因此有时又对上海的抗日活动表示默许，使孤岛的形势变得复杂而微妙。[1]

在这种特殊环境下，周伟龙以沪区区长兼任苏浙行动委员会上海办事处主任，对上化名陈任重，对下化名宁致远，率领全区人员秘密潜伏，在孤岛从事地下抗日活动。[2] 11 月 22 日，已撤至南京的戴笠致电周伟龙，告以蒋介石对他的期许，勉励其继续坚守："兄在负责之情形已面陈校座，并力言兄之忠贞与湖南民族性之优良，校座颇现欣慰。"[3]

11 月 28 日下午，日军由公共租界工部局警捕陪同，接收国民政府交通部直辖上海有无线电报局，并称嗣后电报须经日方检查，方准收发，自当晚起，上海与全国各处之公众电信交通即完全阻断。[4] 戴笠在报端阅悉此事，特电周伟龙嘱咐："吾

1 唐培吉：《上海抗日战争史通论》，上海，上海人民出版社，2015 年，第 50—51 页。

2 戈士德：《戴笠与周伟龙（上）》，《中外杂志》第 31 卷第 5 期，第 138 页；戈士德：《戴笠与周伟龙（中）》，《中外杂志》第 31 卷第 6 期，第 143 页。

3 戴笠电周伟龙（1937 年 11 月 22 日），《戴先生遗训》第 2 辑，第 11 页。

4 "沪电报局昨停工"，《大公报》上海版，1937 年 11 月 29 日。

人今后通讯端赖自己电台，故对电台之地址与掩护，须随时注意其秘密"，并再次勉励他："大上海已完全失陷，今后一切端赖吾兄计划策动，万希兄胆大心细，严密进行，危难见忠贞，患难识知己，此其时矣！"[1]

1. 沪区之工作任务

沪区之工作任务系按照特务处 1938 年工作计划纲要中关于敌占区单位之规定，以如下 5 项为主：

一、凡在敌人占领地区，自以侦查敌军实力与行动、敌方飞机、军实之驻屯地带、敌人所指使之汉奸组织及其活动与敌方之一切军事、政治、经济、文化等措施为主要工作对象。

二、在敌军占领区域，组织行动小组，随时袭击敌人，炸毁敌人飞机，焚烧敌军军实、粮秣，破坏铁路、桥梁，截断电杆、电线，扰乱敌人后方，制造有利于我方之空气，散放不利于敌之谣言，务使敌人不得安枕，时在恐怖环境中生活。

三、选派干员参加汉奸组织，或收买汉奸中之动摇分子，或联络尚有民族观念而被迫为汉奸之人员，设法施行分化工作，务使该伪组织自行瓦解或无法建立强固之基础，并加紧对首要汉奸予以秘密制裁，使一般为汉奸者知所戒惧。

四、在敌军占领区域内，调查民众态度与倾向，用一切有效方法激发人民爱国情绪，使之憎恶日人，利用各种机会领导民众及地方团体反抗敌军及伪组织之措施，如抗捐抗税、拒绝伪组织所派遣地方官吏等，并随时组织工农群众，实行罢工，反对征调，破坏敌方工商企业，使敌无利可图。

五、在敌人占领区域内，侦查各国在华使领侨民对中日战争之态度，联络并运用外侨为我刺探敌方消息，设法制造国际纠纷，加深国际上对敌之仇视。[2]

根据上述规定，沪区除在上海地区搜集敌伪组织一切动态与静态情报、制裁敌伪要员外，并联络指挥别动队残部在浦东、苏南及太湖地区开展游击活动，破坏敌军仓库、桥梁、道路等军事设施，同时在市区开展锄奸工作。

---

1 戴笠电周伟龙（1937 年 12 月 1 日），戴笠史料，144-010109-0001-102。

2 特务处工作总报告（民国二十六年份），第 121—122 页。

2. 沪区之组织人事

沪区内勤部门为安全起见，化整为零，分为 14 个办公处所：区本部设在法租界爱棠路爱棠新村 2 号，是一栋两层楼的西式洋房；会计及人事办公处所设在法租界拉都路兴盛里 17 号，是一栋两层楼的弄堂房子；特务处派在上海负责接济附近各单位工作经费的总会计，租住在法租界麦阳路 71 号；此外电台、交通住所及与外勤单位之联络站等大多散居于法租界西爱咸斯路、蒲石路、巨籁达路、海格路等处，其具体地址不详。[1] 接头处按照不同性质和层次，地址甚多，其中很重要的一处系以经商为掩护，大门紧邻繁华街道，周伟龙取名为"纳丽"洋行，挂有招牌，雇一犹太人为经理，"只负责摆摆样子，并不管事"，实则作为周伟龙接见重要人员的处所。此外沪区所辖各组亦自设接头处，严禁发生横的关系。[2] 这类重要掩护地址须报请戴笠核批，周伟龙曾想在北四川路开设咖啡馆，因戴笠认为"无适当人材，又不能发生多大作用"，最终未准设立。[3]

沪区之编制，按照特务处 1937 年工作总报告所载之"各地内外勤工作人员分布概况图"显示共有 205 人，此一人数居全国各单位之冠，甚至比处本部还多。据此，如谓全面抗战爆发后沪区已成为特务处首屈一指的外勤单位当不为过。[4] 沪战爆发后，沪区人事频繁调整，[5] 如第一组组长王兆槐因在沪不能立足，于 12 月 11 日另调他职；[6] 再如虹口组组长沈醉等人亦因军事失利，调往南京报到。[7]

在现有史料基础上，想要全面掌握沪区的人事更迭情形并不容易，现以《特务处二十六年内外勤工作人员总考绩名册》为主，对上海沦陷之初沪区之人事情形略

1　郑修元：《沪滨三次历险实录》，《畅流》第 41 卷第 6 期，第 10—11 页；戈士德：《戴笠与周伟龙（上）》，《中外杂志》第 31 卷第 5 期，第 138 页。

2　戈士德：《戴笠与周伟龙（中）》，《中外杂志》第 31 卷第 6 期，第 144 页。

3　戴笠电周伟龙（1938 年 3 月 6 日），《戴先生遗训》第 2 辑，第 111 页。

4　特务处工作总报告（民国二十六年份），第 36 页。

5　王方南：《我在军统十四年的亲历和见闻》，《文史资料选辑》第 107 辑，第 143—144 页。

6　特务处工作总报告（民国二十六年份），第 32 页。

7　沈醉口述、沈美娟整理：《魔窟生涯——一个军统少将的自述》，第 71 页。

作说明。该名册记载特务处工作人员姓名、年龄、籍贯、出身甚详，虽未注明造册时间，但就其内容来看，反映的是 1937 年底至 1938 年初的人事情形。[1] 该名册表列沪区工作人员 181 人，未列入有公开职务或兼职、不由特务处支给生活费或津贴者，亦未列入各地助手运用之眼线与担任义务通讯者，如再减去已调职及停职、仅人事关系暂留沪区者 50 人，合计 131 人，兹将这部分名单移录、整理如下表：

职别	姓名	年龄（岁）	籍贯	出身
区长	周伟龙	38	湖南	中央军校四期
书记	刘健	31	湖南	长沙第一师范
助理书记	王芳兰	30	湖南	劳动大学
	周子桢	31	湖北	中央军校七期
	胡尚武	29	湖南	湘潭中学
文书	王湘荪	26	浙江	浙江警校特训班
司书	何海渊	23	浙江	浙江警校特训班
	陈鸿起	30	浙江	中央军校特训班
办事员	萧淑英	25	浙江	第二中学
会计	段毓田	25	山东	会计训练班
译电	王世英	30	浙江	江山师范讲习所
	华念雄	31	浙江	中学
交通	龚文正	29	湖南	私塾
	萧超	29	浙江	小学
	萧杰英	33	山东	干训班
	何方瑛	31	江苏	浙江警校特训班乙班
	冀琅珠	25	湖南	中央军校军官班
	谢挹峰	30	浙江	上海警察学校
	吴志恭	29	河南	中央军校特训班
	薄涌培	27	浙江	警士教练所
	吴永臣	25	江苏	教导队
直属通讯员	顾德钧	36	江苏	中央大学
	周志城	36	江西	中央军校五期
	叶霞翟	23	浙江	浙江警校正科三期
	康恩	35	浙江	上海法学院

1　该册阮清源条备注"已被捕"，案阮清源系于 1938 年 1 月 23 日被捕。

续表

职别	姓名	年龄（岁）	籍贯	出身
直属通讯员	林之江	31	浙江	中央军校六期
	梅光培	53	广东	美国芝加哥大学
	方晓	33	浙江	中央军校六期
	张也	32	湖南	中央军校五期
	姚凯如	25	湖北	中央军校特训班
	陈天儒	26	浙江	中央军校特训班
	方元勋	28	浙江	中央军校特训班
试用通讯员	王德明	29	浙江	小学
	夏万兴	36	江苏	镇江私塾
	牛侠全	34	浙江	中学
	陈强	30	湖南	军官补习班
	金行政	28	江苏	朝阳大学
	张藩	32	江苏	上海大学
	梁耀西	29	江苏	私塾
	曹志忠	31	河南	教导总队
	张振清	30	浙江	农业讲习所
	邱道祥	28	江苏	苏州附小
	冯成章	32	广东	中山大学
	金海波	30	江苏	大夏大学
	巴杜洛夫	34	俄国	
	戴鸿凯	39	浙江	浙江大学
	高锡生	28	江苏	高小
	张和	27	浙江	高小
	杨玉林	30	江苏	初中
	周文彬	29	江苏	军士连
	姚士那夫	38	俄国	
	张树勋	32	湖北	中央军校
	薛雪	30	江苏	市五小学
	杨金林	31	浙江	金华中学
	马德春	29	浙江	第二中学
	卜龙海	27	江苏	私塾
	徐金文	25	江苏	私塾
	段小和	30	江苏	小学
	钟昆山	31	江苏	军校入伍生
	许文耐	29	浙江	第一中学
	邵阮之	28	江苏	小学

续表

职别	姓名	年龄（岁）	籍贯	出身
第一组组长	高谦霖	28	江苏	小学
副组长	阮兆辉	32	广东	中央军校六期
司书	时寿彭	25	浙江	中学
通讯员	罗实	34	湖南	中央军校六期
	张锡荣	40	浙江	北平交通大学
	朱啸谷	32	浙江	中央军校
	时寿彰	28	浙江	震旦大学
	陈世瑾	31	云南	军校高级班
	范广珍	42	浙江	政治侦探学校
	魏飞	32	浙江	上海法学院
	潘宗岳	37	江苏	旧制小学
	毕高奎	24	浙江	中法国立工学院
	宋崇九	23	江苏	小学
	盛世凯	30	江苏	浙江法政学校
	刘道魁	34	江苏	持志学院
	裴可权	22	浙江	杭州高中
	顾子载	30	江苏	大同大学
试用通讯员	竺华云	38	广东	暨南大学
	袁筱易	35	浙江	交通大学
	李剑秋	30	江苏	复大附中
	黄祝民	29	江苏	苏州中学
交通	余征祥	25	江苏	私塾
第二组组长	蒋孝廷	30	浙江	中央军校
通讯员	曾九如	32	江苏	中央军校
	刘根生	29	江苏	中学
	蒋孝忠	30	浙江	浙大附中
	林正伦	29	广东	中央军校七期
	李华白	24	浙江	统计局通讯训练班
	熊子浩	30	江苏	中央军校四期
	程慕颐	31	浙江	浙江警校正科二期
	张若萍	32	四川	中央军校
	曹以诚	29	江苏	扬州中学
第三组组长	盛志成	32	江苏	苏州福音女中

职别	姓名	年龄（岁）	籍贯	出身
通讯员	曹志忠	29	江苏	苏州中学
	曾林轩	32	江苏	无锡中学
	严旺甫	35	江苏	南大附中
	潘海庚	28	浙江	浙大附中
	潘敬芝	30	江苏	高小
	刘镇中	28	江苏	中央军校特训班
	毛仿梅	28	浙江	吴淞公学
	许仁宝	28	江苏	私学
	惠强	27	江苏	小学
	李天柱	30	浙江	小学
	李斌	35	江苏	小学
	钱齐灵	28	江苏	中学
	郭银华	30	江苏	私学
	曹效贤	32	江苏	小学
交通	周希良	31	江苏	高小
	朱金宝	29	浙江	小学
	葛盘英	32	江苏	中学
第四组组长	王辛盘	37	江苏	中央军校六期
通讯员	李逸少	31	广东	中央军校特训班
	沈志衍	24	浙江	苏州东吴中学
	徐晋元	28	安徽	东北讲武堂
	黄公侠	33	江苏	无锡中学
	施含邱	32	江苏	无锡中学
	张书坤	25	江苏	中学
	沈志刚	27	浙江	初中
	刘允	30	浙江	小学
	吴星南	28	浙江	小学
	黄祖燃	26	江苏	小学
高级情报组组长	刘方雄	29	浙江	江山师范
通讯员	刘戈青	26	福建	暨南大学
	朱岑楼	30	湖南	湖南大学
	王禄仪	26	广东	上海法政学院
	罗静芳	25	江苏	南开大学
	王晋成	28	浙江	第四师范
	李亮	30	浙江	大夏大学
	曾中砥	34	湖南	中央军校六期

　　上表名单虽不完整，但已反映上海沦陷初期沪区人员构成之大略情形。以出身划分，沪区出身国内外各大学及专门学校者 27 人，占 20.61%；出身各军校、军队、军事机关及其附设之班队者 34 人，占 25.95%；出身警校、警士教练所及特务处在警校附设之训练班者 10 人，占 7.63%；出身中等学校及相当于中等教育之讲习所者 29 人，出身初等学校及私塾、私学者亦 29 人，各占 22.14%；另有 2 名俄籍人员出身不详。与特务处平均水平相比，出身大学者比例略高，出身军校者比例持平，出身警校者比例较低，出身中等教育者比例略低，出身初等学校者比例较高。其具体情形如下表：

	全部	国内外专门大学	军官学校	警官学校	中等学校	初等学校
特务处人数	3609	552	933	572	885	372
占比	100%	15.3%	25.85%	15.85%	24.53%	10.32%
沪区人数	131	27	34	10	29	29
占比	100%	20.61%	25.95%	7.63%	22.14%	22.14%

资料来源：《特务处工作总报告（民国二十六年份）》，第 37 页。

　　再以年龄划分：沪区 21 至 25 岁之工作人员有 18 人，占 13.74%；26 至 30 岁 65 人，占 49.62%；31 至 35 岁 37 人，占 28.24%；36 至 40 岁 9 人，占 6.9%；41 至 55 岁 2 人，占 1.5%。其中 16 至 25 岁所占比例明显低于特务处平均水平，26 至 30 岁之比例较高，31 至 35 岁之比例持平，36 岁以上之比例亦明显较低。其具体情形如下表：

	全部	16 至 20 岁	21 至 25 岁	26 至 30 岁	31 至 35 岁	36 至 55 岁
特务处人数	3609	101	674	1034	1012	788
占比	100%	2.80%	18.68%	28.65%	28.04%	21.83%
沪区人数	131	0	18	65	37	11
占比	100%	0	13.74%	49.62%	28.24%	8.40%

资料来源：《特务处工作总报告（民国二十六年份）》，第 38 页。

　　再以籍贯划分：沪区籍贯江苏者 51 人，占 38.93%；浙江 48 人，占 36.64%；湖南 11 人，占 8.4%；广东 7 人，占 5.34%；其余湖北 3 人，山东、河南各 2 人，安徽、江西、四川、福建、云南各 1 人，另有俄籍 2 人。其与特务处全部工作人员籍贯分布情形之对比如下表：

	全部	浙江	江苏	湖南	广东	其他
特务处人数	3609	626	391	354	247	1991
占比	100%	17.35%	10.83%	9.81%	6.84%	55.17%
沪区人数	131	48	51	11	7	14
占比	100%	36.64%	38.93%	8.40%	5.34%	10.69%

资料来源：《特务处工作总报告（民国二十六年份）》，第39页。

综合上列资料来看，沪区工作人员之数量居于特务处各内外勤单位之首，可谓实力雄厚，但人员素质与特务处整体水平相比并无明显优势，仅出身大学者比例略高，而出身警校及特务处举办之训练班者并不多。比较突出的特点则有两方面：年龄上以26至35岁的青年为主力，这些人较具工作经验、社会阅历相对丰富，既不似年轻人之浮躁浪漫，亦不似年长者之因循保守；籍贯上则以江苏、浙江人最多，两者合占全区人数的75%以上，此因苏浙两省人员对上海社会情形熟悉、便于潜伏活动，此外湖南人亦占有相当比例，且多任内勤工作，此当与区长周伟龙隶籍湖南有关。

除编制内之人员外，沪区还控制了近十座秘密无线电台，[1] 其中上海境内各台及其工作人员可考者如下表：

职别	姓名	年龄（岁）	籍贯	出身
沪一台主任报务员	杨震裔	33	江苏	南洋无线电校
报务员	钱山斗	20	江苏	杭州电讯班
沪二台主任报务员	沈翊钧	25	浙江	杭州电讯班
报务员	周志英	18	浙江	杭州电讯班
	程锡金	20	江苏	杭州电讯班
沪三台主任报务员	文彦	25	湖南	杭州电讯班
报务员	王希平	20	江苏	杭州电讯班
浦东一台主任报务员	周勋	25	浙江	杭州电讯班
浦东二台主任报务员	张自行	20	浙江	杭州电讯班

上表各台皆隶属特务处本部主管电讯业务的第四科，与处本部直接通报，彼此

1　戈士德：《戴笠与周伟龙（上）》，《中外杂志》第31卷第5期，第138页。

不发生横的关系。业务方面，各台受第四科与沪区双重指挥，一般通讯业务由沪区区长指定专人督导，有关机务方面的技术问题则由第四科办理，不受沪区节制。[1]

四、沪区行动工作之艰难开展

沪战结束后，中国军队西撤，国民政府在上海的统治权丧失，政治形势骤变。当时日军除对租界当局施压外，还实施"以华制华"的毒计，企图通过扶植并操纵汉奸，以达到其全面统治上海的目的，遂于 1937 年 12 月 5 日在浦东扶植汉奸苏锡文成立伪上海大道市政府，是为上海最先出现的傀儡政权。

除苏锡文这类首恶外，其他形形色色、大大小小的民族败类也见风使舵，投入日军怀抱，上海的汉奸活动日渐猖獗。诚如当时《大公报》所评论的："有少数头脑简单的人，或者平日素不安分之流，不顾抗战最后胜利之究属于谁，以为国家势力，一时达不到上海，就不管认仇作父，钻到木屐底下，干起混水捞鱼的勾当，想在此中榨取些非分之财，安享其眼前一时的快乐。"[2]

按照特务处工作计划纲要之规定，须"加紧对首要汉奸予以秘密制裁，使一般为汉奸者知所戒惧"。而蒋介石亦亲自指示戴笠在沪布置行动人员，授以制裁汉奸、破坏敌方阴谋之一切任务。[3] 11 月 23 日，戴笠首次向周伟龙转达了蒋介石的命令："顷奉校座面谕，闻傅筱庵、陈中孚均有出任沪市维持会会长之息，对此汉奸应根本制裁等因。务请吾兄查明，积极设法制裁为要。"[4] 11 月 27 日，戴笠再次电令周伟龙："上海之汉奸活动吾人必须设法制裁"，"沪上工作务请兄力求推展为幸"。[5]

1　陈恭澍：《上海抗日敌后行动》，第 3—4 页。

2　"孤岛弹痕录上"，《大公报》香港版，1939 年 1 月 8 日。

3　戴笠呈蒋介石报告（1938 年 2 月 2 日），蒋介石档案，002-080200-00494-044。

4　戴笠电周伟龙（1937 年 11 月 23 日），戴笠史料，144-010106-0004-066。

5　戴笠电周伟龙（1937 年 11 月 27 日），戴笠史料，144-010106-0004-069。

1. 苏浙行动委员会别动队残部之瓦解

戴笠对上海特务活动之分工，系以沪区负责情报之搜集与编审，而以苏浙行动委员会上海办事处负责联络指挥别动队残部，从事制裁、暴动、突击、破坏等活动。[1]因此周伟龙想要开展锄奸工作，首先要对别动队残部进行调查与联络。

别动队残部在上海潜伏之初，由于总指挥刘志陆病重，无人指挥，情形至为混乱，与特务处方面的联络既不紧密，更谈不上服从沪区指挥。[2]而戴笠身为苏浙行委会书记长，自11月14日奉蒋介石之命撤退至南京后，对别动队之情形亦甚为隔膜，以至11月22日蒋介石向他询问别动队情形时，他竟"无言对答"。同日，戴笠致电周伟龙，令其立即调查二支队陆京士、三支队朱学范、五支队陶一珊等残部之现状："闻京士早已由浦东回沪，兄何以迄无报告？现第二支队与第一大队情况究如何？务请兄立即查明电示"，"一珊、学范两部之善后事宜兄究如何办理？盼速详行电示"。他并告知周伟龙："闻京士回沪，已将军需参谋等带回，则陆之不负责任可知，请即询其究竟，在陆无确实答复以前，对该二支队经费应停止发给。""留沪无用之人员亦请遣回。"[3]此外，戴笠担心周伟龙与别动队联系不够紧密，还亲自致电在沪养病之刘志陆，请其"多予道三同志以工作上之指示，俾于此失陷之区域内有所表现，借以发扬中华民族之精神与人格"。[4]

12月1日，戴笠因辗转屯溪、南昌、长沙、汉口等地，长期未接沪区有关别动队之来电，乃再电周伟龙询问沪上情形，并有所指示：

十万火急，上海，〇密，道三兄勋鉴：弟于前天由长沙飞回汉口，刻因事尚留汉口，明日尚须赴南昌一行。宋部长已抵香港，闻月笙……亦已离沪赴港，因未接兄电示，不悉确否？……伟军先生有无离沪之意？旭东在沪能否真诚助我？月笙如果离沪，京士、学范今后之行动如何？务请兄即查明电示。沪区与别动队之归沪区

1　戈士德：《戴笠与周伟龙（中）》，《中外杂志》第31卷第6期，第143页。

2　戴笠电胡宗南（1937年11月9日），戴笠史料，144-010112-0002-044。

3　戴笠电周伟龙（1937年11月22日），《戴先生遗训》第2辑，第11页。

4　戴笠电周伟龙转刘志陆（1937年12月6日），戴笠史料，144-010110-0002-062。

所联络指挥者，目前按月尚须经费若干？盼即详示。因吾人工作既无成绩表现，今后别动队经费非减少不可也。……弟涛叩，东午，汉。[1]

电文中所提诸人："宋部长"即前财政部长宋子文，他与杜月笙均为苏浙行委会委员，他们相继离沪赴港，说明上海的形势已经越发险恶；"伟军先生"指别动队总指挥刘志陆，"旭东"指苏浙行委会宣传组组长陈旭东，他们尚未离沪，故戴笠有意争取他们协助沪区工作；[2]第二支队队长陆京士、三支队长朱学范均为杜月笙的学生，与特务处关系疏远，故杜月笙离沪后，戴笠颇为怀疑他们是否愿意服从沪区指挥。

真正被戴笠看重的是潜伏在浦东的谢琼珠部，戴笠曾致电周伟龙指示："浦东之谢琼珠同志，万希兄多方策动，促其向沪杭铁道方面尽力活动。"[3]谢琼珠，字忠棋，湖南湘乡人。湖南省立第一中学、黄埔军校第四期毕业。历任武汉学兵团排长、连长、中央军校武汉分校区队长、队长。北伐时期，转入营幕，在国民革命军第一军第二师历任连长、营长、第二十师中校团附，每经战阵，身先士卒。北伐完成后，调任十一师军需主任。未几，迁二十师中校团附。1937年8月15日，由特务处书记室书记杨继荣介绍，参加特务处工作，经在特务处南京短期训练班学习爆破及杀敌技术后，派任沪区通讯员，旋调苏浙行委会别动队任职。[4]

同样被戴笠看重的还有雷忠部。雷忠为湖南嘉禾人，化名胡汉良、雷公，北平汇文大学英文科、黄埔军校第六期毕业；曾任陆军第十师排长、连长、营长、团副、主任参谋及湖北省保安第六团第一营少校营长等职；1937年8月，参加特务

1　戴笠电周伟龙（1937年12月1日），戴笠史料，144-010109-0001-102。

2　"国防部情报局"编印：《忠义救国军志》，第8页。

3　戴笠电周伟龙（1937年11月27日），戴笠史料，144-010106-0004-069。

4　军事委员会调查统计局编印：《先烈史略稿》初辑，第47—48页。军统方面记载，谢琼珠在别动队之职务为支队司令，此或有误，案别动队下辖五个支队，分别以何行健、陆京士、朱学范、张业、陶一珊为支队长，并无谢琼珠在内。淞沪会战结束后，一支队挺进浦东，此后直至1938年1月由浦东撤退，始终由何行健担任支队长。案谢琼珠部在浦东活动，当系隶属一支队，而戴笠电文常以谢琼珠部与一支队雷忠大队并称，则谢琼珠之职务当系一支队某大队长。

左：谢琼珠
中：雷忠
右：余延智

处工作，任特务队副队长；9月，调沪区工作；[1] 后兼任别动队一支队某大队长。[2]

此外，戴笠还命周伟龙策动余延智、罗日明、刘匡世等部。余延智，湖南桑植人，别名侯光裕，黄埔军校第四期步科毕业，1937年9月参加特务处工作，在别动队之职务不详。[3] 罗日明，湖南资兴人，1933年7月参加特务处工作，曾任特务队队附，[4] 在别动队之职务不详。刘匡世，字强石，湖北黄梅人，武昌中华大学政治经济系毕业，曾任军事参议院上校秘书、中国劳动界救亡协会委员，[5] 时任别动队第二支队第六大队队长。[6]

让戴笠意想不到的是，在他迭电指示下，不仅二、三支队置若罔闻，就连他寄予厚望的谢琼珠、雷忠等部亦无动于衷。他对此异常愤懑，于12月4日质问周伟龙："二、三两支队之不能为我用，且亦无用，弟早已明白，惟谢琼珠与雷忠所率领者何以迄无动作与表现？"并切嘱"多方催促"谢、雷等人，"以免坐失良机"。[7]

---

1 军事委员会调查统计局编印：《先烈史略稿》贰辑，第164—165页。

2 "国防部情报局"编印：《忠义救国军志》，第11页。

3 军事委员会调查统计局编印：《先烈史略稿》初辑，第242—243页。

4 特务处二十四年年终总考绩拟请增薪人员名册，国民政府档案，001-023330-00002-005。

5 军事委员会委员长侍从室人事登记卷（刘匡世），侍从室档案，129-090000-1204；"中国劳动界救亡协会昨举行成立大会"，《大公报》上海版，1937年11月7日。

6 本书编纂委员会编：《上海军事志》，上海，上海社会科学院出版社，1994年，第307页。

7 戴笠电周伟龙（1937年12月4日），戴笠史料，144-010106-0001-054。

赵理君

12月7日，戴笠在南昌阅报，得知苏锡文成立伪政权事，再次致电周伟龙，令其鼓励所属设法制裁，不可贪生怕死：

十万火急，上海，〇密，任重兄勋鉴：阅今日报载，有闻留日学生苏希〔锡〕文者，已在浦东组织大上海自治政府，并发表荒谬宣言。现时机已至，万希吾兄速策动谢琼珠、刘匡世等即予彻底解决。此种任务应由我别动队肩负，借以挽救过去之失败，表现中华民族之精神为幸。如谢等无法推动，则由立俊同志设法派人参加，予以打击亦可。如有行动，并须尽量宣传。兄乎，国难若此，人生终有一死，大好时机，请兄鼓励同志切勿错过为盼！弟在南昌尚有一二日勾留，知注并闻。弟涛叩，阳巳。[1]

在这封电报里，戴笠首次提出，如果别动队残部无法推动制裁任务，则由"立俊同志"设法予以打击。"立俊同志"即曹立俊，为特务处干员赵理君之化名。[2]

此后一段时间，谢琼珠、雷忠等部仍然毫无表现。戴笠无奈之余，只能迭电周伟龙表达不满并促其行动，其12月8日电曰："谢、雷等既不能扰乱敌之后方，复不能解决浦东之伪组织，吾人将无面见领袖矣！务乞兄多方策动，并乞兄转告诸同志，死生有数，死不足怕也。"[3] 12月20日电曰："浦东三县与乍浦、海盐等处现无敌踪，我在浦东之谢琼珠、雷忠等何不积极前进，予敌以袭击，借以发挥我别动

1　戴笠电周伟龙（1937年12月7日），戴笠史料，144-010106-0001-052。

2　沈醉：《唐绍仪之死》，《文史资料选辑》第109辑，第212页。

3　戴笠电周伟龙（1937年12月8日），戴笠史料，144-010106-0001-055。

队之威力，而挽救吾人之劫运乎？万希兄设法督促，立即前进为幸。"[1]

先是蒋介石在南京沦陷前后，曾当面指示戴笠，京沪、沪杭两地区必须有游击、别动部队活动，处处予敌人以打击，使敌人不能安全占领我土地，故戴笠对别动队之工作极为关注。[2] 然而别动队本就训练不精，新败之余，更是士气不振，欲求在浦东立足已属困难重重，更不必说袭扰敌伪了。和戴笠相比，身处前线的周伟龙显然对别动队的现状有着更加清醒的认识，当时他已决定整顿谢琼珠、雷忠两部，遣散无用之人，遂于 12 月 12 日将别动队不堪一战之情形及应予遣散之设想电告戴笠，并请示酌量发给遣散费，以利遣散工作之顺利进行。

戴笠于 12 月 21 日始辗转接阅周伟龙之来电，他在复电中难掩失望情绪，说道："月余来，弟对我上海情报、行动及浦东别动队之工作毫无动作，万分失望！顷读兄文电，敬悉一切。时至今日，吾同学若再不觉悟，努力奋斗，将死无葬身之地矣！万希吾兄立即设法与雷忠、琼珠、延智、日明诸兄恳切商谈，应即披诚合作，一德一心，汰弱留强，切实掌握"，"上海别动队用了如许经费，毫无成绩，不仅弟不能负空亏之责，且弟将不能做人矣！"并切嘱："革命需要武力，革命不能离开民众，千万要爱护民众，团结上下，名义与编制均可照兄之文电办理，但遣散费不可任意发给，应以有枪而不能用者为基准。"戴笠在电文最后再次勉励周伟龙："兄乎！吾人生死与共，荣辱相同，务请兄严行整饬，多方设法推动，尤望兄善与同志相处，和以待人，万不可有负弟艰危之重托也！"[3] 与此同时，戴笠致电留沪主持工作之特务处总会计张冠夫，令其配合周伟龙遣散谢、雷两部："查谢、雷两部迄无动作，在浦东既取诸于地方，今又来请领伙食，并拟发给遣散费，只知要钱而不能动作之部队，我何能负担？此事务希与道三切商。"[4]

就在戴笠、周伟龙准备整顿谢琼珠、雷忠等部之际，却传来了谢部哗变的消

1　戴笠电周伟龙（1937 年 12 月 20 日），戴笠史料，144-010103-0002-031。

2　戴笠电周伟龙（1937 年 12 月 21 日），戴笠史料，144-010103-0002-032。

3　戴笠电周伟龙（1937 年 12 月 21 日），戴笠史料，144-010103-0002-032。

4　戴笠电张冠夫（1937 年 12 月 21 日），戴笠史料，144-010111-0004-029。

息。当时谢部虽无表现，但谢琼珠抗敌意志尚称坚决，不料该部副司令李百全心怀不轨，竟串通所部 8 人倒戈投敌，于 12 月 19 日包围司令部，威胁谢琼珠一同附逆。谢琼珠不为所动，怒斥李百全叛国罪行，"目眦欲裂"，最后竟遭李百全活埋杀害。[1]

12 月 23 日，周伟龙急电戴笠报告谢琼珠殉职事，并称雷忠、罗日明等人仍按兵不动，为今之计只有多发军饷，言下颇为灰心丧气。戴笠于月底辗转接阅此电后，意识到浦东方面情形复杂，雷、罗等部或有类似谢部之隐忧，因于 12 月 31 日复电周伟龙，请其切实查明雷、罗等人是否无法掌握部属，抑或别有企图，并恳切告知："今日之事吾人徒愤激或灰心均无补也，雷、罗等之率队渡浦东系吾人之主张也，弟意雷、罗必不敢背叛吾人，必有其自认困难也，今日之事即发饷恐亦不能动，万希兄速详查此中之症结，多方设法策动，在未明了症结所在，不可再发分文"，"李百全之参加伪组织，务希多方破坏，并予制裁。对雷、罗应请多方鼓励与督责为要"。[2]

李百全投敌后，即与日军接洽收编，日军某部前来谈判时，谢部官兵尚对李百全叛国事懵然无知，质问为何不对日军出击，李百全手下之参谋长竟谎称："军委会有命令，尽量避免无谓牺牲，保存实力，待机响应。"至 1938 年 1 月 4 日，李百全及叛部八十余人在南桥镇突遭日军逮捕处决，此事内情复杂，说法不一。[3] 据军统方面记载，系特务处方面为谢琼珠报仇，"运用反间"之结果。[4]

谢琼珠殉职不久，雷忠大队随支队长何行健撤离浦东，经奉化至遂安改编。[5] 罗日明部亦转往定海。[6] 至此，浦东方面再无大股别动队残部活动，仅余零星队员继续潜伏上海市区，逐渐成为沪区的行动力量。

1　军事委员会调查统计局编印：《先烈史略稿》初辑，第 48 页。

2　戴笠电周伟龙（1937 年 12 月 31 日），戴笠史料，144-010106-0001-056。

3　克伦：《李百全司令之死》，《上海一日》，第 1 部，上海，美商华美出版公司，1939 年，第 132—133 页。

4　军事委员会调查统计局编印：《先烈史略稿》初辑，第 48 页。

5　"国防部情报局"编印：《忠义救国军志》，第 11 页。

6　戴笠电周伟龙（1938 年 1 月 10 日），《戴先生遗训》第 3 辑，第 310 页。

左：孙亚兴
右：徐国琦

2.四志士轰炸日军祝捷行列事件

1937 年 12 月 3 日，日军在上海公共租界举行"祝捷游行"，向各国夸耀攻陷上海之武功，当行列行进之间，突遭抗日志士投掷炸弹。这一投弹事件的主角是苏浙行动委员会别动队队员赵刚义、孙亚兴、徐国琦、孙景灏，他们的壮举为沪区的地下抗日活动拉开了序幕。

赵刚义，山东黄县人，北平朝阳大学毕业，"九一八"事变后，在东北组织义勇军，"辗转困斗，未曾稍懈"。[1]孙亚兴，别名众正，一名望中，江苏镇江人，上海中学初中部肄业，每有考试，名列前茅；早年在沪从商，志切爱国；"九一八"事变后，投身"东北援马团"；还曾于 1932 年"一·二八"抗战期间加入"上海市铁血义勇军"，任区队长。[2]徐国琦，浙江杭县人，豪迈任侠，襟宇不凡；曾任国民革命军陆军二十一师中尉排长、十九路军七十八师一五六旅特务队中尉排长、福建兴泉永警备司令部上尉特务队队长，浙江玉环县坎门公安分局局长等职。[3]孙景灏，山东德州人，县立中学毕业，因无力继续求学，在沪做印刷工人，平时对于国事常表示"国民应为国家效命"。[4]

先是"七七事变"爆发后，赵刚义、孙亚兴、徐国琦等人在上海南京大马路中和大楼发起组织"中华青年抗敌救亡团"。孙亚兴毁家纾难，将自己经营的两家钟

1　伪中国国民党和平运动殉难同志追悼大会筹备委员会编印：《中国国民党和平运动殉难同志追悼大会专刊》（1940 年 9 月 1 日），第 11 页。

2　军事委员会调查统计局编印：《先烈史略稿》初辑，第 82 页。

3　军事委员会调查统计局编印：《先烈史略稿》贰辑，第 11—12 页。

4　中国国民党中央执行委员会宣传部印：《宁死不屈》，1938 年，第 17 页。

表店变卖了 1 千元，即在南市老西门关帝庙设立筹备处，并在《中央日报》张贴广告，招徕四方抗日志士。仅仅一个礼拜，便有来自海内外的千余名学生、学徒和店员前来报效。7 月 15 日，救亡团正式成立，由赵刚义任团长，徐国琦为参战股长，孙亚兴为特务股长。孙景灏作为一名普通工人，也于此时加入救亡团，他开始孜孜不倦地学习如何使用武器，以期做好杀敌报国的准备。

迨淞沪会战爆发，救亡团奉京沪警备司令张治中之命，调往前线工作，在仅有口粮而无薪金的情况下，志愿协助中国军队挖掘战壕，历时月余，迭建殊功。当 9 月上旬苏浙行委会别动队成立之际，救亡团因任务完成，已由前线调回龙华，即被改编为别动队特务大队，负责保卫沪滨南市。上海沦陷后，别动队退入租界潜伏，孙景灏曾计划在苏州河袭击日军，但未得机会。

12 月 3 日清晨 5 点钟，赵刚义、徐国琦、孙亚兴、孙景灏等人正在大东旅社 237 号房间秘密集会，突有同志前来报告，说日酋松井石根将于本日在公共租界举行祝捷游行，而且叫来许多日、鲜浪人乔装中国人的模样，做种种欢迎日军的丑态。大家听罢，都非常气愤，于是毅然决定狙击暴敌，为国牺牲！计议既定，4 人便各携手榴弹扼守要道，伺机投掷。[1]

这天上午 11 时，日军约 6 千名，包括步兵、骑兵、炮兵、工兵、辎重兵等，由沪西中山路丰田纱厂整队出发，经极司菲尔路、愚园路、海格路、福煦路、爱多亚路、虞洽卿路，高呼口号、浩浩荡荡向南京路冲来。日军由敌酋前导，3 人一排，首先通过步兵，而以骑兵殿后，驻沪日侨均手持太阳旗在队后行进，同时有日机 5 架在低空盘旋，掩护游行行列。公共租界警务处唯恐有意外发生，亦在日军经过地段严密戒备，禁止车马通行，并阻止闲杂人等在附近里弄停留。

正午 12 时 44 分，日军游行队伍经过虞洽卿路，折入南京路向东行进，将近广西路口，这时孙景灏已经密携炸弹埋伏在人丛中，他眼见日军和日侨的傲慢姿态，直气得怒发冲冠、咬牙切齿。说时迟那时快，孙景灏竟猛然冲进密布巡捕的警戒

1　中国国民党中央执行委员会宣传部印：《宁死不屈》，第 17—18 页；教育部民众读物编审委员会印：《抗日英雄故事集》，1940 年，第 32 页；《先烈史略稿》初辑，第 82—83 页。

左：日军举行祝捷游行情形
右：孙景灏烈士倒地殉难情形

线，将炸弹径向游行队伍掷去，只听轰然一声巨响，立时将 3 名日军炸倒，这颗炸弹威力甚大，将路面炸出一个 3 英尺深的碗形大洞，靠近日军的一名印度巡捕、一名华人巡捕和一名西人探员也被炸伤。接着孙景灏再投一弹，可惜日军已向四周散开，无法命中，而他竟被一名助纣为虐的华人巡捕连开 4 枪，胸部中弹，倒在了广西路广寒宫理发馆门口的马路上。

日军惊骇之余，立即停止游行，所有步兵齐上刺刀，殿后的骑兵也同时向前，与步兵一同在出事地点实行布防，将倒地的孙景灏团团围住。两分钟后，几名日军军官首先赶到，3 辆日军武装军车随后到达。又过了几分钟，日军军官指挥七十多名步兵留守出事地点，并将被炸伤之日军送医，其余行列继续前进。留守日军在大队行列经过后，一面大肆展开搜查，一面对孙景灏进行盘问，然而他们一无所获。日军恼羞成怒，竟不许他人上前救治，孙景灏卒于午后 2 时重伤成仁。经此事件，日军颜面尽失，因不愿承认此一炸弹案与中国抗日志士有关，只得故意混淆视听，向租界巡捕声称孙景灏是"日当局久缉未获之朝鲜革命党"。

孙景灏牺牲时年仅 24 岁，家中尚有老母及未婚妻。后来，有人在他未婚妻张启君女士处见到了他的遗书，内云："倭寇残暴，已成人类公敌，在最近几日内，我将要做一件惊人的伟大的工作，假若我要在这次奋斗的过程中牺牲掉，你正不必为我悲伤，因为我相信必有许多的同志踏着我的血迹而继续奋斗下去的……"[1]

孙景灏牺牲后，赵刚义、孙亚兴、徐国琦乘间脱险，来到抗战大后方汉口。1938 年 3 月 1 日，孙景灏烈士追悼会在汉口总商会礼堂举行，各界代表数百人出席。冯玉祥、陈铭枢以及《新华日报》社均致送挽联，冯玉祥的挽联是："愤倭奴之猖獗，挟弹联盟共歼渠寇；争中国之光荣，成仁取义永留英名。"追悼会上，首先由赵刚义报告孙烈士殉难经过，接着由各界代表演讲，朱学范说："孙烈士之精神，完全表现我中华民族之永不屈服及抵抗到底之决心。"邵力子说："死有轻于鸿毛、重于泰山之别，孙烈士之死即为重于泰山者，而孙烈士身虽死而心实不死，他永远生存于我们心中！"此外，中共代表张维明及朝鲜民族战线同盟代表金哲民也发表了演讲。最后，众人高呼"打倒日本帝国主义！""孙烈士精神不死！"等口号，追悼会即在慷慨悲壮的气氛中结束。[2]

大会结束不久，赵刚义、孙亚兴等人和特务处取得联系，他们旋奉戴笠之命返回上海，成为沪区制裁敌伪的主力。

3. 打击伪上海市民协会

日军自扶植汉奸苏锡文成立伪上海大道市政府后，又在上海继续扶植有民间色彩之伪组织。1937 年 12 月 29 日，日军拉拢上海财界要人在南京路女子商业银行成立"上海市民协会"，列名其中的有南市自来水公司总理姚慕莲、杂粮业同业公会主席顾馨一、申新纺织公司及福新面粉公司总理荣宗敬、南市电气公司总理陆伯鸿、振华纺织公司总理尤菊荪、中汇银行常务董事周文瑞、漕泾区市政委员杨福源、福新面粉公司经理王禹卿等 21 人。伪市民协会之参加者自知"此事如呈请中国政府当局，势必不能成立"，因此在成立之初即狂妄宣称：该组织"无需中国政府允许"，且"中国目下事实上已无政府"，"人民当果敢胆大，作减少痛苦之举"。

伪市民协会成立后，沪区决定采取激烈的制裁手段，以遏制这股投敌逆流，并

1　"昨大队日军通过公共租界"，《申报》，1937 年 12 月 4 日；《宁死不屈》，第 17—19 页；《抗日英雄故事集》，第 32—33 页。

2　"武汉各界开会追悼孙景灏烈士"，《新华日报》，1938 年 3 月 2 日。

把枪口首先对准了该会的常务委员陆伯鸿。陆伯鸿本是上海著名的实业家与慈善家，曾任内地电灯公司总经理、南市电车公司总经理、和兴钢铁公司董事长及大通仁记航业公司总经理等职，还先后担任过法租界公董局第一任华董、轮船公会监委及航业工会执委。上海沦陷后，陆伯鸿并未随军西撤，而在法租界居家不出，遂成为日军利用的对象。陆伯鸿案的执行者为上海行动队区队长周继棠及队员章学礼、钱详庆、王鹤庭、张玉琨、顾仁元、胡荣桂等人。

周继棠一作周继荣，浙江义乌人。中学毕业，曾任小学教员多年。为人机智，胆略过人。1933 年，以华生电器厂工会负责人身份参加上海市总工会主席朱学范组织之抗日救国团体勇进队，成为该队骨干，后又担任上海市总工会执行委员。[1] 1937 年 9 月，在上海参加特务处工作，初任别动队第三支队第七大队第一中队区队长，嗣在租界担任通讯员，旋调上海行动队区队长，为陆伯鸿案之领队人。

章学礼，浙江诸暨人。高小毕业，曾任纱厂职工，虽所学不多，然颇有志气。"七七事变"后，毅然抛弃原职，致身杀敌锄奸。1937 年 8 月，在上海参加特务处工作，派充沪区行动队队员，任事勇敢。

钱详庆，安徽芜湖人。高小出身，为人倜傥不羁。1937 年 8 月，在上海参加特务处工作，派充沪区行动队队员。

王鹤庭，安徽人。小学出身，曾充工人。1937 年 9 月，在上海参加特务处工作，派充沪区行动队队员。

张玉琨，浙江诸暨人。小学出身。1937 年 9 月，参加特务处工作，派充沪区行动队队员。

顾仁元，上海人。中学肄业，曾经商多年，目击敌寇兽行，于 1937 年 8 月参加特务处上海行动队工作，以在沪社会关系广泛，执行制裁，颇有路线。[2]

胡荣桂，一作胡桂荣，江苏人。小学出身。1937 年 9 月，参加特务处工作，

1　朱学范:《我的工运生涯》，福州：福建人民出版社，1991 年，第 76—77 页。

2　军事委员会调查统计局编印:《先烈史略稿》初辑，第 310—311 页。

陆伯鸿

任上海行动队队员。[1]

另一与陆伯鸿案密切相关的是前别动队第三支队支队长朱学范。先是淞沪会战结束后，三支队解散，朱学范曾派邮局信差将二十五支新手枪送到旧识吴叔和、沈保君夫妇家中保存，这批手枪成为周继棠等人执行此次锄奸任务的武器。[2]

1937 年 12 月 30 日下午 2 时许，陆伯鸿在法租界吕班路自家门口准备乘备自备汽车外出。这时沪区两名行动人员伪装成水果商贩，凑上去高喊道："陆先生买一点橘子吧！"边说边抬起盛满橘子的箩筐，假装失手，把整筐橘子散落在车前。陆伯鸿探出车窗欲看究竟，行动人员立即出枪，向其头部、胸部连发数弹，陆伯鸿当场毙命，行动人员逃逸无踪。[3]

陆伯鸿案是上海沦陷后沪区首开先河的制裁案，其效果可谓立竿见影。自陆伯鸿死后，列名伪市民协会的商界要人无不胆寒，福新面粉公司经理王禹卿立刻登报声明，否认参加其事，申新纺织公司总理荣宗敬则避居香港，不久后竟忧虑而亡，其他"该会之各委员在对人谈及时，纵然仍谓俯仰无愧，绝无丝毫作用，而事实

1　戴笠呈蒋介石：《历年殉难殉职病故殉法工作人员姓名拟恤清册》（1940 年 3 月 29 日），蒋介石档案，002-080102-00035-002。

2　朱学范：《上海工人运动与帮会二三事》，《上海文史资料选辑》第 54 辑，第 17 页。

3　"陆伯鸿在沪被暗杀"，《大公报》武汉版，1937 年 12 月 31 日；"国防部情报局"编印：《本局殉职殉难先烈事迹汇编》，第 45—46 页；沈晓阳、施海根：《陆伯鸿办电轶闻》，《上海文史资料存稿汇编》第 8 册，第 153 页。

上则均怀有戒心，诚恐此事之终于被人误会也"。至 1938 年 1 月 5 日，沪上有报刊述评曰：伪市民协会"业已无形停顿"，"在沪之著名人物在数日以来，亦复不若昔日之奔走进行，此种现象当然由于租界以内一般秘密抗日分子之活动所致"。[1] 戴笠对陆伯鸿案颇为满意，特电在沪主持会计工作之张冠夫，令其下发奖金 2000 元给"陆案行动员"，交周伟龙支配。[2] 蒋介石对陆伯鸿案亦表示肯定，令戴笠嘉奖沪区，戴笠特电周伟龙告知此事并勉励称："沪区最近之行动已奉校座传谕嘉奖，此皆吾兄苦心策划之所致也。"[3]

此后不久，沪区又制裁了重要汉奸范刚。范刚系一专为强盗辩护之律师，故有"强盗律师"之称，早在抗战以前，他便是上海众多律师中最为人痛恨不齿的一位。其实范刚经手强盗案子时，对当事人判刑轻重、是死是活并不关心，打的官司也不一定能赢，但令人不解的是，上海一般犯强盗罪者仍十中有九要找范刚辩护。据杜月笙的管家万墨林回忆，范刚之所以不愁没有生意，是因为他与上海各捕房的探目、巡捕多有联络，这些探目、巡捕在把强盗押往法庭之前，一定会问可曾请到律师辩护？强盗失手被捕，仓促之间根本不会去请。于是押解者虚声恫吓，故意说这是性命攸关的事，怎可掉以轻心，不请律师那还得了？接着便说："火速去请范刚大律师，只要他肯答应出庭，保证大事化小，小事化无。"当生意敲定，范刚把钱拿到，便和介绍人六四分账，就连为范刚跑腿的法庭庭丁也有相当可观的好处可拿。[4] 由此可见，范刚本是一个唯利是图的人，当上海沦陷后，他更为虎作伥，开始积极谋取日军控制下的两特区法院院长一职，于是他便成为沪区的制裁对象。

范刚案的直接指挥者是沪区的陈默，执行人则为郭楚芳。陈默，字冰思，为杜

1　上海社会科学院经济研究所编：《荣家企业史料》下册，上海，上海人民出版社，1962 年，第 21—23 页。

2　戴笠电张冠夫（1938 年 1 月 5 日），戴笠史料，144-010111-0002-073。

3　戴笠电周伟龙（1938 年 1 月 10 日），《戴先生遗训》第 3 辑，第 310 页。

4　万墨林：《上海三大亨——沪上往事之二》，《中外杂志》第 11 卷第 3 期，第 23 页。

月笙的得意门生，曾任别动队大队长。[1]上海沦陷后，奉杜月笙、戴笠之命，由武汉、香港返回上海，参加沪区锄奸工作。陈默在行动之前，先与留守华格臬路杜公馆之万墨林接洽，请其与法租界巡捕房中与杜月笙有关的人士多多联络，配合锄奸行动。万墨林遂以五千大洋现钞交付法捕房华籍探目成志欣和沈德复，请他们在日本人要求法捕房会同逮捕抗日志士时，事先知会抗日志士走脱，并请转告法捕房首脑，不要妨碍沪区的锄奸活动。招呼打好后，陈默即准备行动。[2]

郭楚芳，四川隆昌人。自幼聪颖，年甫弱冠即通中西文字，且娴于国术。1937年7月，参加特务处工作，慨然以杀敌锄奸为己任。[3]

陈默的准备工作做好后，郭楚芳即展开行动。1938年1月14日下午5时，范刚在威海卫路155弄20号律师事务所门前下汽车时，突遭郭楚芳狙击，身中3弹。枪响之际，威海卫路上顿时秩序大乱，郭楚芳杂入人群之中，按照预定计划安然撤离。[4]隔日，范刚被刺之讯见报，戴笠异常兴奋，立电周伟龙询问："今日报载沪师范刚被刺，是否我方所为？请立即查明电示！"[5]其对此案关切之情，不难概见。

范刚案后，沪区继续打击伪市民协会，又有杨福元案之发生。杨福元一作杨福源，字心正，曾任漕河泾村正15年之久，还兼任上海市政府参议及漕河泾保卫团团长，"其势力可直达龙华及闵行"。上海沦陷后，觍颜事敌，发起组织伪市民协会。1月21日下午4时，杨福元由其海格路私邸外出散步，突遭一名沪区行动人员枪击，连中3弹，当即毙命。[6]

自伪市民协会成立后，沪区在不到一个月内，先后以激烈的暗杀手段严厉制裁

1　章君毅：《杜月笙传（一六）》，《传记文学》第12卷第4期，第100页；上海市奉贤县县志修编委员会编著：《奉贤县志》，上海，上海人民出版社，1987年，第919页。

2　万墨林：《上海三大亨——沪上往事之二》，《中外杂志》第11卷第3期，第22页。

3　军事委员会调查统计局编印：《先烈史略稿》初辑，第133—134页。

4　"沪一律师被刺"，《大公报》武汉版，1938年1月16日。据军统官书《忠义救国军志》记载，范刚被击致死，唯据当时报载，范刚受伤虽重，但并未毙命。

5　戴笠电周伟龙（1938年1月16日），《戴先生遗训》第2辑，第35页。

6　"沪漕河泾村正被暗杀"，《申报》，1938年1月23日；"国防部情报局"编印：《忠义救国军志》，第97页。

了 3 名企图投敌的首要分子，有力地遏制了上海沦陷初期的投敌逆流。戴笠对沪区这番表现颇为满意，他在给蒋介石的报告中不无得意地说："自陆伯鸿、范刚、杨福源等制裁后，汉奸俱已胆寒。"[1]

4. 沪区被捕人员之营救与殉难人员之抚恤

沪区的行动沉重打击了日伪的嚣张气焰，也必然遭到日伪忌恨，且因制裁行动多在租界内进行，"致引起外人恐怖"。1938 年 1 月 2 日，租界工部局为抗日事件迭次发生，颁布紧急通告，其内容包括："任何人攻击公共租界内之军队，逮捕后当移交被攻击之军队处理"；"任何人在公共租界持有武器犯罪者将不予以保护，并驱逐出界"；"授权巡捕房搜查所有公私房屋或无照枪械"等项。[2]其中"公共租界内之军队"显指日军，而"任何人"则主要指抗日志士。

此后，沪区陆续有工作人员遭到捕杀，首先被捕的是周继棠。周继棠自执行陆伯鸿案后，一度到宁波避居，后又返回上海继续杀敌。1 月 13 日晚，他在西藏路远东饭店租了一个房间作为联络点，不料被敌方侦悉逮捕，并引渡至日本宪兵队，和他一起被引渡的还有别动队队员何贵。次日，沪区行动人员吴绍林、张仁钦在胶州路被捕房捕去，搜去新式驳壳枪 2 支、子弹 60 发、手榴弹 2 枚。1 月 16 日，沪区行动队区队长赵晨耕和队员刘裂勇、杨文斌、章学礼、胡荣桂、顾仁元、钱祥庆等人在西门路仁吉里 11 号被公共租界捕房会同法租界捕房捕去。1 月 23 日，沪区第二组组长阮清源因与行动人员李中祥、宋宴林谋划制裁伪苏州地方自治委员会会长陈则民，于午前 2 时分别在沧州饭店及霞飞公寓被中央捕房拘去，搜去手枪 2 支。[3]

上述人员被捕后，沪区立刻设法营救。高级情报组组长刘芳雄为援救阮清源，在事发当晚即由"探长前辈"房秀山介绍，往访主办该案的成都路捕房探长刘俊

1 戴笠呈蒋介石报告（1938 年 2 月 2 日），蒋介石档案，002-080200-00494-044。
2 "公共租界内旅馆大搜查"，《大公报》武汉版，1938 年 1 月 3 日。
3 戴笠呈蒋介石报告（1938 年 2 月 2 日），蒋介石档案，002-080200-00494-044；朱学范：《我的工运生涯》，第 90 页。

周继棠

卿，复由刘俊卿介绍，往访另一探长刘绍奎共同帮忙，卒使阮清源、宋宴林等人由捕房移解第一特区法院，仅以私藏军火罪名判徒刑二月，送西监执行。[1]

　　和阮清源相比，周继棠等人由于所涉案情重大，未能成功获释，竟遭日军杀害。先是周继棠被捕后，遭日军百般诘问、迭施酷刑，虽刑伤极重，但坚不屈服。[2] 1 月 19 日，他与钱详庆、张玉琨、顾仁元、方家全、杨光兰、韩坤林 7 人因“实施向日军袭击行动”，由日本宪兵队解至日军军律会议审理。1 月 28 日，日军指控周继棠等 7 人“有违反日军军律情事”，为“抗日暴动分子”，一律判处死刑，于下午 3 时半由敌宪分队押至公共租界靶子场立即执行枪决。[3] 据日军史料记载，周继棠“进入刑场时极为沉着，毫无惧色，一言不发”，足见其大义凛然，视死如归。[4] 除上述 7 位志士外，同时被害的还有赵晨耕、刘裂勇、杨文斌、章学礼、胡荣桂 5 人。[5]

　　起初，戴笠并不知道周继棠等人已遭杀害，他于 2 月 2 日向蒋介石详细报告了沪区被捕人员的情况，并请蒋介石授意国民政府外交部，以私人名义示意英、法两国大使勿对上海抗日志士过事株连：

1　戴笠呈蒋介石报告（1938 年 2 月 18 日），蒋介石档案，002-080200-00494-157；刘芳雄访问纪录，《健行月刊》第 236 期，第 209 页。

2　军事委员会调查统计局编印：《先烈史略稿》初辑，第 310 页；朱学范：《我的工运生涯》，第 90 页。

3　“抗日份子七人被处死刑”，《新闻报》，1938 年 2 月 3 日。此新闻中钱详庆原作“徐详庆”，张玉琨原作“张满昆”，据《先烈史略稿》改。

4　程兆奇：《日本现存南京大屠杀史料研究》，上海，上海人民出版社，2008 年，第 206 页。

5　戴笠呈蒋介石报告（1938 年 2 月 18 日），蒋介石档案，002-080200-00494-157。

查最近上海工作人员被租界一再搜查，捕去十余人，迭受酷刑拷问，各同志抵死未肯泄密，但仍恐酷刑之下，不免有吐露实情者。窃吾人在租界行动工作实因汉奸辈匿迹租界之故，非故意扰害其治安。制裁汉奸应目为爱国运动，各该租界当局既同情于我国之抗战，自不能包庇汉奸，而过分摧残我爱国志士。可否请钧座授意外交部以私人名义便中向英、法两大使示意，对我从事爱国工作而遭拘禁者勿事苛求与株连，并予从轻发落，借睦邦交。乞钧裁。

蒋介石接阅后，批示"照办"。[1]后戴笠获悉周继棠等人殉难，即电沪区查明各该殉难人员家属，并再将详情报告蒋介石，奉蒋批示"从优抚恤"。[2]

周继棠殉难前后，上海形势继续恶化。日军针对此起彼伏的抗日事件，曾多次嗾使暴徒在租界内暗杀抗日志士，并割下头颅，制造"人头案件"，而英、法两捕房为维持租界治安，对日方暴徒及抗日志士不分皂白，一律大事搜捕，陆续捕获"恐怖党分子"两百余人。戴笠阅报获悉上述各种情况后，对沪区异常挂念，他于2月13日电告周伟龙："我同志有无续被捕者及对同志居住租界之安全问题如何筹划，均盼即详复"，并嘱"兄在沪一切行动与应付均请注意"。[3]他还电嘱张冠夫："沪上环境日益恶劣，弟在沪职责綦重，务请处处注意，事事留心。"[4]"近日沪上迭发生人头案件，两租界当局必大事搜捕，弟之行动一切务希注意。"[5]

五、沪区行动工作的暂时衰落

陆伯鸿、范刚、杨福元等案发生后，大小汉奸无不胆寒，纷纷躲进日军占领区，不敢轻易再到英法租界。[6]由于汉奸销声匿迹，沪区一时失去锄奸目标，加以

1　戴笠呈蒋介石报告（1938年2月2日），蒋介石档案，002-080200-00494-047。
2　戴笠呈蒋介石报告（1938年2月18日），蒋介石档案，002-080200-00494-157。
3　戴笠电周伟龙（1938年2月13日），戴笠史料，144-010106-0004-027。
4　戴笠电张冠夫（1938年2月11日），戴笠史料，144-010111-0003-026。
5　戴笠电张冠夫（1938年2月13日），戴笠史料，144-010112-0004-047。
6　万墨林：《上海三大亨——沪上往事之二》，《中外杂志》第11卷第3期，第26页。

周凤岐

租界当局与日军加紧镇压抗日活动，行动人员亦须避敌锋芒，故自 1938 年 2 月至 5 月的 4 个月间，沪区的锄奸工作一度陷入低谷。

1. 周凤岐案

此一时期沪区的锄奸工作虽然受到打击，但仍有周凤岐案之完成，影响甚大。周凤岐早年担任军阀孙传芳部师长，北伐时期投入革命阵营。自 1930 年起，先后参加冯玉祥、阎锡山、李宗仁、白崇禧及十九路军的反蒋活动。全面抗战爆发后，迭与日军特务人员勾结，被定为华中伪政府之军政部长兼浙江省主席。1938 年 2 月，周凤岐在日伪汽艇护送下，由杭州赴上海事敌。与此同时，他也登上了沪区的制裁名单。

3 月 7 日午后 1 时 3 刻，周凤岐与一名日本人自法租界亚尔培路 80 号寓所外出。登车之际，突遭预伏道旁之沪区行动人员多名以手枪乱射，周凤岐身中 13 弹，迨舁至广慈医院救治，早已伤重身死。行动人员则于达到目的后，纷纷逃逸无踪，迨巡捕闻警赶到，并无一人被捕。[1]

2. 楠本实隆、大槻茂案

除周凤岐外，这一时期戴笠曾命沪区制裁敌谍楠本实隆、大槻茂及汉奸苏锡文、邵继岳等人，皆未获成功。

1　"国防部情报局"编印：《"国防部情报局"史要汇编》上册，第 232 页；"周凤岐被诛详情"，《大公报》武汉版，1938 年 3 月 9 日。

早在上海沦陷之初，戴笠就曾指示周伟龙、赵理君设法制裁楠本实隆，"务达目的而后已"。[1]1938 年 2 月 22 日，戴笠再令周伟龙制裁楠本实隆、大槻茂二人，"因制裁敌之特工人员，能打击运用汉奸之工作，实甚有利也"。[2]唯此两案均无结果，内情不详。戴笠曾为此电责行动工作负责人赵理君："楠本实隆之未能予以制裁，是兄与本人联络不密切，对行动员掌握不确实之咎也。兄为沪上行动部分负重责之一员，当此国破家亡、汉奸猖獗之时，务请兄振作精神以身作则，鼓励同志奋勇除奸，尤望与道三兄披诚协商，发扬我行动工作之权威。国家幸甚！"[3]

当时沪区负行动之责者除赵理君外，尚有林之江。[4]后来戴笠得知赵理君与林之江常因工作发生争执，曾电张冠夫查问原因。[5]3 月 22 日，戴笠致电周伟龙并转赵、林二人，勉励彼等和衷共济，并指示行动工作所应注意各点：

限即刻到，上海，○密，任重兄译转之江、立俊二兄均鉴：迭据道三兄电告，两兄工作努力，颇著劳绩，殊深嘉慰！惟领袖对上海行动工作期望甚殷，两兄在道三兄指导之下，应一心一德，共赴事功。如因办理事件彼此见解或有互异之处，亦应竭诚相商，分工合作，万不可稍有意气之争，致误事机。对所属人员之思想生活行动尤应切实注意考查，而于精神与技术之训练并应随时实施为要！如行动人员之言论行动生活等，负责者不能明了与确实掌握，则危险殊甚，万希时刻注意！弟涛叩。[6]

赵理君、林之江接阅此电后，或对戴笠之告诫有所感悟，唯此后两个月间，沪区行动工作的局面仍然未能打开。

3. 苏锡文、邵式军案

戴笠下令制裁楠本、大槻茂的同时，还下令周伟龙悬赏制裁伪大道市政府市长

1 戴笠电周伟龙（1937 年 11 月 17 日），戴笠史料，144-010106-0004-068。

2 戴笠电周伟龙（1938 年 2 月 2 日），《戴先生遗训》第 2 辑，第 111—112 页。

3 戴笠电赵理君（1938 年 3 月 8 日），戴笠史料，144-010106-0005-011。

4 王方南：《我在军统十四年的亲历和见闻》，《文史资料选辑》第 107 辑，第 143—144 页。

5 戴笠电张冠夫（1938 年 3 月 15 日），戴笠史料，144-010112-0004-044。

6 戴笠电林之江、赵理君（1938 年 3 月 22 日），《戴先生遗训》第 2 辑，第 24 页。

苏锡文，其 2 月 22 日电曰："浦东伪大道市政府，吾人应尽全力予以攻击，苏锡文如能予以根本解决，准给赏壹万元。"[1] 3 月 6 日，戴笠再电周伟龙，告以"制裁苏锡文较之楠本、大槻茂等为尤重，尚希详审各工作人员之报告，妥为计划，迅速进行，因汉奸不除，是吾中华民族最大之污点也"。[2]

3 月 8 日，戴笠致电周伟龙，责以"近来沪上工作，有日渐衰落之象"，令其多方督促，严明赏罚，并首次下达制裁汉奸邵继岳的命令："现任上海伪统税局长邵继岳，请即查明其面貌，予以制裁，此事务于最近期间办到！"[3] 案邵继岳即邵式军，曾任福建印花烟酒税局会计主任，上海沦陷后，带领日军劫持国民政府财政部税务署驻沪办事处税款，并强行接收官方文卷、印花税照等物，致使该处职权中断。邵继岳为一协助日军破坏中国财政之重要经济汉奸，这便是戴笠决定制裁他的原因。

此后一段时间，戴笠迭电周伟龙重申前令，其 3 月 14 日电曰："日前电请制裁伪上海统税局长邵继岳事，未悉侦查至如何程度，有无线索可寻。此人系浙江诸暨人，过去由蒋鼎文介绍与财部，现在沪向敌方献议种种办法破坏中国财政，务希立即查明，密予制裁为要。"[4] 3 月 19 日电曰："邵继岳案之成败对本处信誉与权威有极大之关系，务请严密进行，期早成功。"[5]

苏锡文、邵继岳两案同时进行，这对沪区而言是一个不小的挑战。周伟龙因手下无人认识邵继岳之面貌，故对邵案颇感棘手，他于 3 月 21 日致电戴笠陈述道："对邵继岳之行动因不识其面貌，故感困难，现已令全体情报员搜集邵之照片，并派员在其住处死守侦查。总之职当绝对负责办理，借副厚望。"戴笠接阅来电后，复电提示道："邵系浙江诸暨人，我同志中如有诸暨人或有认识也。"[6]

1　戴笠电周伟龙（1938 年 2 月 22 日），《戴先生遗训》第 2 辑，第 111—112 页。

2　戴笠电周伟龙（1938 年 3 月 6 日），《戴先生遗训》第 2 辑，第 111 页。

3　戴笠电周伟龙（1938 年 3 月 8 日），《戴先生遗训》第 2 辑，第 26 页。

4　戴笠电周伟龙（1938 年 3 月 14 日），戴笠史料，144-010106-0001-062。

5　戴笠批示周伟龙来电（1938 年 3 月 19 日），戴笠史料，144-010106-0005-068。

6　戴笠批示周伟龙来电（1838 年 3 月 22 日），戴笠史料，144-010106-0005-069。

戴笠对沪区工作全力支持，对沪区为制裁邵、苏提出的要求也都尽量满足。沪区有吴国瑞者，戴笠本拟调其至武汉工作，后周伟龙来电报告"吴国瑞对邵继岳及苏锡文均有重要线索"，请示"可否俟对该事之行动成功后再饬其前来"，戴笠遂准吴国瑞暂留上海，唯令其谨慎行藏，以免败事。[1]关于吴国瑞制裁邵继岳的线索和方法，可由戴笠于 3 月 30 日致张冠夫电中窥知端倪：

限即刻到，上海，○密，衮甫弟勋鉴：艳戌电悉。存沪之一九三五年别克轿车借与戴某乘坐，对邵某事进行未必有助，且该车系由新根驾驶，将来即事能成，亦必查出系吾人所为也，该车不可借用，如有必要，即化两千元另买一辆旧车亦可。涛叩，陷戌，汉。[2]

此电之戴某指戴持平，贵州安顺人，在邵继岳身边担任秘书工作，为邵继岳案的主要路径。[3]张冠夫为协助戴持平活动，请示戴笠将特务处留沪之别克轿车借其乘坐，唯戴笠认为借车之举"对邵某事进行未必有助"，且该车系由特务处司机"新根"驾驶，容易给日伪及捕房方面留下缉凶线索，"即事能成，亦必查出系吾人所为也"，遂批示不可借用此车，"如有必要，即化两千元另买一辆旧车"。

3 月 28 日，日军在南京扶植汉奸梁鸿志成立伪中华民国维新政府，伪上海大道市政府亦隶属之，傀儡政权越发猖獗，制裁汉奸的工作变得更加急迫。4 月 10 日，戴笠致电周伟龙称："日来未奉电示，异常盼念。"[4]4 月 12 日，周伟龙复电报告："日来因注全力于裁制苏锡文、邵继岳之行动，致滞电呈"，并称苏、邵两案尚未成功。戴笠接阅复电，于 4 月 13 日再电询问："进行苏锡文、邵继岳之行动

1 戴笠批示周伟龙来电（1938 年 3 月 19 日），戴笠史料，144-010106-0005-068。

2 戴笠电张冠夫（1938 年 3 月 30 日），戴笠史料，144-010112-0004-053。

3 朱扬：《中和党上海办事处负责人戴持平氏的苦干精神》，《远东周报》1947 年第 1 期，第 7 页；吴道文主编：《贵州文献精选集》第 1 辑，第 122 页；何品整理：《1947—1948 年国民党特务秘密打入中和党活动档案史料选》，《上海档案史料研究》第 9 辑，上海，上海三联书店，2010 年，第 239 页。

4 戴笠电周伟龙（1938 年 4 月 10 日），戴笠史料，144-010104-0005-044。

如何失败？有无补救办法？"[1]4 月 14 日，周伟龙再复电报告："对苏、邵之行动并未失败，对邵之行动已遵买汽车一辆，正在设计进行中。"戴笠接阅后，复电指示："吴国瑞对戴持平之联络，对邵之保镖、汽车夫等之沟通方法，均应随时斟酌实际情形慎密指导，盖一语失慎，足以引起对方之怀疑而遭失败也。对苏、邵之制裁，务请积极策进，并激励行动员，鼓起勇气，务期一举成功！"并嘱："现在沪市租界防范甚严，我行动员应多方化装，以求适合环境，而免被警探与目标之注意为要。"[2]

经过一段时间的布置，沪区终于对苏锡文展开制裁。4 月 16 日，苏锡文赴伪署办公，途经浦东东昌路时，被沪区行动人员郭大德投弹袭击，惜未命中。经此一案，苏锡文惊惶万分，此后非有副车，不敢公然出入孔道。[3]然而郭大德一击未中，毕竟意味着沪区行动的失败，且使苏锡文成为惊弓之鸟，日后想要继续制裁只会难度更大。

郭大德自知制裁未果，有亏职守，事后曾向周伟龙自请处分。唯周伟龙认为郭大德在敌伪、租界严密控制之下，其失败情有可原，他致电戴笠为郭求情称："恳念该员在敌伪势力下冒险蛮干，难能可贵，拟准予置议，许其戴罪图功。"电至特务处本部秘书室，秘书毛人凤拟具复电如下："郭大德不敢身近苏逆予以有效之狙击，企图掷弹毁车，卒使苏逆加强戒备，此种无勇气与无牺牲决心之行动实非特工人员所应有，姑念其在敌伪势力之下情形特殊，准其戴罪图功，免予置议，对苏逆务请积极进行，一举功成为要。"戴笠除同意毛人凤之拟办意见外，对此案仍不免失望，责备周伟龙称："兄对苏逆行动不能充分配备，严密布置，作强有力之行动，徒用一郭大德出此幼稚之行动，当然要失败也。"[4]

除苏锡文案之失败外，沪区对邵式军的制裁计划也长期未能实施。由于锄奸行

1　戴笠批示周伟龙来电（1938 年 4 月 13 日），戴笠史料，144-010104-0002-079。

2　戴笠批示周伟龙来电（1938 年 4 月 16 日），戴笠史料，144-010106-0005-070。

3　"孤岛弹痕录上"，《大公报》香港版，1939 年 1 月 8 日。

4　戴笠批示周伟龙来电（1938 年 4 月 19 日），戴笠史料，144-010106-0005-076。

动之低落，"致大小汉奸均异常活动"，而蒋介石多次命令特务处加紧行动，使得戴笠十分心焦。4月29日，戴笠电询周伟龙："邵继岳事究竟布置到如何程度？路线是否可靠？行动人员有无决心？均盼详行电示！"并恳切说明："国难严重若此，而汉奸又如此横行，非流血无以表现大中华民族杀敌除奸之精神。惟行动工作须有周密之计划，坚强之决心，无干的精神，无死的决心，必须失败也，今后对同志之因公殉难者，当予重赏。"[1] 5月7日，戴笠又电令周伟龙："邵继岳之行动应准备作极大之牺牲，务期达到目的。"7月2日，戴笠另电告赵理君："邵逆之制裁刻不容缓，务请兄与道兄积极负责进行为幸。"[2] 然而在戴笠迭电之下，沪区终未得手。

4. 大阪码头纵火案

此一时期沪区的行动工作虽然整体低落，但曾派员到虹口区大阪码头纵火，这是沪区最早的对敌破坏记录。

大阪码头位于虹口区南部偏东，于1914年由日本大阪商船株式会社收购，淞沪会战期间，成为日军军用码头。1938年4月13日下午4时许，沪区派员到该码头第四号仓库纵火，仓库内之马料房瞬间浓烟密布，烈焰飞腾。日军发觉后，立即设法施救，但因麸皮之类战马食料极易燃烧，一时火舌乱窜，不可收拾。直至晚间9时许，大火终于扑灭，唯十余间马料房已焚毁殆尽，共计损失约马料5000捆、木炭2500捆、大麦4600包，价值十万余元。据当时新闻报道，大阪码头"起火原因极离奇，故火起时，日军特在火场四周严密戒备，断绝交通，形似企图逮捕纵火者"。由此可见，日军亦自知此次事故并非防火措施不严密所致，而与抗日志士之活动有关。[3]

1　戴笠电周伟龙（1938年4月29日），《戴先生遗训》第2辑，第24页。

2　戴笠电赵理君（1938年7月2日），戴笠史料，144-010106-0004-002。

3　太平、安平、丰盛保险公司总经理处编印：《太安丰保险界》第4卷第9期（1938年5月1日），第3页；《忠义救国军志》，第119页。

六、沪区行动工作的重新振作

1938 年 5 月初，沪区多名工作人员遭租界捕房以暴徒名义逮捕，其中包括内勤干员刘芳雄、王芳兰、易聘珍等人，后经沪区贿赂公共租界警探，刘芳雄等人得以获释，但因身份暴露，只得离开上海，调往香港工作。[1] 戴笠为此电责周伟龙称："近来我在沪工作人员迭被捕房捕去，机关住宅迭被搜查，此皆我各级负责人工作无周密之计划，对人无详细之考察也。计划不周密，则到处暴露弱点，督察欠精细，则用人必难适当。今日沪区之工作实犯轻浮草率、散漫凌乱之大病，长此以往，必人人做囚犯，事事遭失败也。务请兄转知各负责同志，处事必须沉着、确实、周密，用人必须考核、督察、勉励，同志间之关系应如何方能严密，工作上之指导应如何方能详尽，均须兄随时顾虑，切实注意也。"[2]

1. 戴笠调派人马赴沪

戴笠为了打开沪区的工作局面，决定加派干员赴沪。内勤负责人方面，戴笠于 5 月 20 日自郑州致电武昌特务处书记室书记郑修元，令其赴沪接任沪区书记：

> 沪区内勤自刘芳雄、易珍两同志相机暴露面目后，已不能立足，以道三同志应付内外实不可能，且亦不宜。亟应调干练同志赴沪相助，但人选困难，因思吾兄在处内工作有年，对沪情形甚熟悉，处内固不可缺兄，但沪事实太重要，且兄之病体未痊，弟意应调一环境，一面工作一面疗养，故决定请兄赴沪襄助道三。吾兄聪明热忱，弟甚感佩，惟因年来辛劳致疾，殊深系念！兄此次赴沪，万希精心养性，爱护身体。道三兄雄才大略，有时难免粗心，尤望兄细心擘画，随时建议一切为幸。兹为顾虑兄疗养之需，即请乃建兄通知会计股发兄三百元，请收用。何日动身？盼电示！[3]

1　王方南：《我在军统十四年的亲历和见闻》，《文史资料选辑》第 107 辑，第 144 页。

2　戴笠电周伟龙（1938 年 5 月 7 日），《戴先生遗训》第 2 辑，第 24 页。

3　戴笠电唐纵、郑修元（1938 年 5 月 20 日），《戴先生遗训》第 3 辑，第 151 页；郑修元：《沪滨三次历险实录》，《畅流》第 41 卷第 6 期，第 10 页。

郑修元

　　郑修元，字伯良，江西德安人。江西省立第三中学毕业，曾任江西德安县第一区保安团文牍、统税局稽查、德安县商民协会干事、德安县党部宣传干事、执行委员等职。[1] 1933 年 7 月，经父执胡靖安介绍，参加特务处工作，历任沪区助理书记、处本部甲室书记等职，深得戴笠信任，在沪工作多年，人地熟悉。[2] 由于沪区并无副区长，郑修元的地位仅次于区长，其任务为襄助周伟龙，处理内外勤一切工作。

　　郑修元接奉戴笠来电时，尚病体未痊，但他稍事摒挡，即取道粤汉铁路南下广州，逗留两宿后，乘轮船赴香港，再搭外国邮船北上。船抵上海，郑修元放眼望去，但见江中轮船多悬日本国旗，不禁激起他无限感慨，他誓以最大努力，"不顾艰危地与敌伪特工苦斗一番，俾可达成任务，不辜负戴先生之厚望"。[3] 案戴笠曾于 6 月 12 日电询郑修元："兄何日抵沪？目前沪区之工作情形何如？"并嘱"对沪工作人员之忠实与否，务请帮助任重兄详行考核为要"。[4] 可知至迟在 6 月上旬，郑修元已到上海接任沪区书记。

　　情报组织方面，戴笠调派王懋、张圣才成立上海特别组，该组不设电台，仅通过沪区与特务处本部联络。组长王懋住在法租界金谷园 36 号三楼家中，另在外滩法邮大楼八楼租用两间写字间，以"复兴商行"为掩护，由副组长张圣才主持。

1　军事委员会委员长侍从室人事登记卷（郑修元），侍从室档案，129-210000-1724。

2　郑修元：《随侍戴雨农先生十三年（上）》，《春秋》第 3 卷第 3 期，第 6 页。

3　郑修元访问纪录，《健行》特刊，1984 年，第 124 页。

4　戴笠电郑修元（1938 年 6 月 12 日），戴笠史料，144-010113-0002-084。

张圣才

　　王懋，字幼济，福建福州人，广东黄埔海军学校出身。曾任广州江海关监督、福建省政府秘书长、福州市公安局局长等职，与特务处闽北站站长张超关系密切。伪维新政府成立后，首恶梁鸿志、陈群、陈箓、李文滨等人均系闽籍，戴笠针对此特点，决定调派闽籍工作人员赴沪活动。于是张超介绍王懋往武汉见戴笠，参加特务处工作，赴沪任特别组组长，归沪区联络指挥。[1]

　　张圣才，福建厦门人，福建协和大学毕业。曾任厦门双十中学副校长。1931年，曾在厦门参与组织"抗日救国会"。"七七事变"后，参加特务处工作，曾任闽南站站长。1938年8月，由戴笠派赴上海，协助王懋活动。[2]

　　沪区特别组的主要任务是打入伪维新政府，进而设法制裁梁鸿志、陈群诸逆。武汉会战期间，戴笠曾电询周伟龙："沪特别组王懋等工作之成绩如何？彼等对伪维新政府有无确实路线？"并嘱："如确已有人打入，则对梁逆鸿志、陈逆辈辈之制裁务请多方鼓励，以全力赴之，务期达到目的，因敌目前除注其全力以攻武汉外，而对伪组织之运用亦必加紧也。"戴笠对张圣才尤为看重，他对周伟龙说："前在福建工作之张圣才弟已令其赴沪，张对王懋等亦认识"，"此人能力亦甚强，如能与王懋等合作更佳，否则则准其另行成立特别第二组亦可，一切请兄酌夺"。[3]

1　郭则杰：《汉奸吴念中与闽籍特务》，《文史资料选编》第4卷第4册，第142—152页；林知渊：《政坛浮生录》，中国人民政治协商会议福建省委员会文史资料委员会，1989年，第182—183页。

2　张圣才口述，泓莹整理：《张圣才口述实录》，桂林，广西师范大学出版社，2016年，第240页。

3　戴笠电周伟龙（1938年8月9日），《戴先生遗训》第2辑，第32页。

行动组织方面，赵刚义、孙亚兴、徐国琦等人脱险抵达武汉后，特务处本部即派人事科科长李肖白前来抚慰，最终决定选派徐国琦进入特务处在湖南临澧开办的中央警官学校特种警察训练班受训，赵刚义、孙亚兴则率多名行动人员组成行动组，仍回上海担任行动工作，归沪区指挥联络。[1]戴笠曾于6月10日电询周伟龙，可否令赵刚义制裁汉奸王永奎，可知至迟在6月上旬，赵刚义、孙亚兴业已抵沪。[2]

以上诸人系在原始档案中有据可查者，事实上沪区人事更迭频繁，戴笠调往上海之人员远不止此数。据军统官书记载，沪区在1938年下辖6个情报组及5个行动组，番号分别为第一至第六小组及行动第一至第五组，此一规模与上海沦陷初期已大不相同。[3]另据郑修元回忆，他在沪区担任书记期间，全区下辖8个情报组与7个行动队：第一组组长朱啸谷，该组人员均在上海两捕房任职，其中包括公共捕房之刘俊卿及法捕房之刘绍奎、蒋福田等人；第二组组长刘健；第三组组长张圣才；第四组组长盛志成，专门搜集敌寇军事运输情报；第五组组长朱岑楼；第六组组长潘某；第七、第八组组长姓名不详；第一队队长赵理君；第二队队长赵圣；第三队队长汤亚东、副队长徐展；第四队队长万里浪；第五队队长蔡行可；第六队队长不详；第七队队长萧张权。全区人员最多时高达420余人，已较上海沦陷初期增加一倍。[4]

随着戴笠不断调派干员赴沪，沪区的行动工作重新振作，自1938年5月底至11月底的半年间，曾先后执行陈浩波、王永奎、张啸林、尤菊荪、任保安、伍澄宇、顾馨一、陈德铭、周柳五、范眘生、郑月波、叶纪逢、陆连奎、刘宏福、刘谦安、陈云、姚秋华、唐绍仪、余大雄、曹炳生、土肥原贤二、钱应清等二十余次制裁案，以及数次暴动、破坏案，且多数行动均获相当战果。这些成绩的取得，除因戴笠在后方提供支持、行动人员在街巷以命相搏外，周伟龙居间策划，也贯注了不

1 军事委员会调查统计局编印：《先烈史略稿》初辑，第83页。

2 戴笠批示周伟龙来电（1938年6月10日），戴笠史料，144-010106-0005-035。

3 "国防部情报局"编印：《"国防部情报局"史要汇编》上册，第一篇第三章附表八。

4 郑修元：《沪滨三次历险实录》，《畅流》第41卷第6期，第10—11页。

少心血。[1]

2. 陈浩波案

陈浩波，江苏人，行伍出身，原系沪区工作人员，因违犯工作纪律，于 5 月 28 日在成都路大沽路承德里弄口遭沪区派员枪击毙命。[2]陈浩波违犯纪律之具体情节不详，但不排除与勾结敌伪有关。此案结束后，沪区行动人员郭楚方曾遭租界当局以"有作案嫌疑"之罪名拘捕，唯不久即获释，得以继续执行锄奸案。此外沪区行动工作负责人赵理君亦受本案影响，一度暴露身份，唯其并未因此离沪，日后仍继续主持锄奸工作。[3]

3. 王永奎案

王永奎，河北人，抗战以前在上海法租界总巡捕房政事部充任副督察长，后被捕房停职，赋闲甚久。上海沦陷后，即暗中与伪组织接近，大事活动，充任伪维新政府行政院参事。[4]戴笠曾于 5 月 29 日电令周伟龙制裁王永奎，周伟龙于 6 月 7 日复电报告称："王永奎行踪尚未查实，查实后即进行制裁。"戴笠接阅复电后，再电指示："王永奎应速先予制裁。"[5]唯直至是年 11 月底周伟龙被捕，此计划始终未得机会执行。

4. 张啸林案

张啸林为沪上著名帮会头目，与黄金荣、杜月笙齐名，沪战期间一度避居杭州莫干山观望形势，后于 1937 年 12 月 10 日下山，经宁波乘轮船返回上海。当时日军颇欲借重帮会势力维持沪上秩序，张啸林对此态度暧昧，不仅自己留沪，还劝杜月笙"一动不如一静，切勿离沪远走"。[6]戴笠认为张啸林"难免不为敌人利用"，

1　戈士德：《戴笠与周伟龙（中）》，《中外杂志》第 31 卷第 6 期，第 143 页。

2　军事委员会调查统计局历年殉难殉职病故殉法工作人员姓名拟恤清册，陈浩波条，蒋介石档案，002-080102-00035-002；"暗杀陈浩波获嫌疑犯三人"，《新闻报》，1938 年 6 月 7 日。

3　戴笠批示周伟龙来电（1938 年 6 月 10 日），戴笠史料，144-010106-0005-035。

4　"维新又一新贵王永奎弹下逃生"，《新闻报》，1938 年 12 月 3 日。

5　戴笠批示周伟龙来电（1938 年 6 月 10 日），戴笠史料，144-010106-0005-035。

6　万墨林：《沪上往事（二）》，《中外杂志》第 11 卷第 3 期，第 21 页。

左：张啸林
右：尤菊荪

曾电周伟龙密切注意其立场。[1] 至 1938 年 5 月 7 日，戴笠已决定动手，电询周伟龙对制裁张啸林有无办法。[2] 6 月初，沪区赵刚义、孙亚兴接奉上级命令，即派所属潜入法租界华格臬路张啸林公馆对面的阁楼上，开始侦察张啸林之行踪，准备实施制裁，后因侦察活动被人发觉，不得不暂停实施。[3]

5.尤菊荪案

尤菊荪，江苏无锡人，在沪经营纱布生意，曾在公共租界沙逊大厦二楼开有"尤菊记写字间"，做些棉花空头买卖，还一度经营过"三星舞台"。自陆伯鸿、杨福元等人死后，伪市民协会一蹶不振，日军很不甘心，又牵出尤菊荪重整旗鼓。尤菊荪利令智昏，竟甘为日军所用，每晨必往正金大楼伪市民协会会所办公，唯其做贼心虚，出入皆有两名俄籍保镖随扈，以防不测。[4]

尤菊荪案之指挥者为孙亚兴，执行者为周应、戴祉裕、王光才。[5] 行动之前，孙亚兴将一把左轮手枪、一把勃朗宁自动手枪、一张尤菊荪照片及其汽车之牌照号

1 戴笠电蒋介石（1937 年 12 月 25 日），戴笠史料，144-010104-0001-013。

2 戴笠电周伟龙（1938 年 5 月 7 日），《戴先生遗训》第 2 辑，第 24 页。

3 魏斐德：《上海歹土》，上海，上海古籍出版社，2003 年，第 35 页。

4 扫荡：《又一霹雳》，《上海一日》，第 3 部，第 222—223 页。

5 "尤菊荪案被捕人仍维持原判决"，《新闻报》，1938 年 9 月 26 日。

码交给 3 人，令其前往尤菊荪经常出没的沙逊大厦进行踏勘。[1]

周应，又名周维荣，江苏海门人，工人出身；淞沪会战期间，参加赵刚义、孙亚兴组织的抗敌青年团；上海沦陷后，先撤入法租界，再转往武汉，此后又随孙亚兴由武汉经九江、金华、宁波等地辗转返回上海，继续杀敌锄奸。戴祉裕，江苏句容人，上海崇正小学毕业，曾任二等兵及上海商店店员；1938 年 4 月，由赵刚义介绍，在上海参加特务处工作，为上海行动组组员。[2] 王光才出身、履历不详。

6 月 10 日上午 11 时 45 分，尤菊荪偕其俄籍保镖派巴夫、爱物林二人从沙逊大厦走出，拟往附近正金大楼伪市民协会会所办公，当其行至中国银行新厦门前时，周应突然上前开枪，唯出手稍偏，仅将尤菊荪肩部击伤。这时尤菊荪身旁之爱物林立即猛击周应执枪之臂，把枪打飞，派巴夫则趁机上前，将周应掀翻于地。在此危急万状之际，戴祉裕奋勇射击，击毙派巴夫，击伤爱物林。时有日籍巡捕 3 人及华人巡捕两人闻警赶来，周应、戴祉裕乃沿仁记路由东向西撤退，沿途开枪拒捕，5 名巡捕一路狂追，亦开枪射击，一时枪声大作，子弹横飞，结果戴祉裕不幸中弹殉难，周应亦受伤被捕，唯有王光才逃逸。事后，捕房人员在周应居住之华成旅馆 8 号房间内抄出子弹 15 粒，并抄得戴祉裕、周应所用之两支手枪。[3]

6 月 25 日，捕房当局将周应解往第一特区地方法院，由刑庭长钱鸿业审理。第一特区法院为公共租界内未遭日伪接收的中国法院，钱鸿业则是一位耿直的法律界人士，且极具爱国热忱，对周应心存同情。周应受审时，坦承自己是在从事"警戒参加伪组织人员"之活动，对锄奸之举直认不讳，并谓："各地伪组织纷纷成立之时，一般不肖之徒置民族存续、国家利益于不顾，甘为利用，实至可恨！本人由汉返沪，已誓志报国，个人问题，殊不能顾及！"言辞慷慨，理直气壮。庭上乃令还押，改期再审。[4] 后本案开庭续审，周应被判徒刑两年六个月，捕房当局认为处

1　魏斐德：《上海歹土》，第 47 页。

2　军事委员会调查统计局编印：《先烈史略稿》初辑，第 294 页。

3　"尤菊荪案昨晨开讯　周应慷慨供认"，《新闻报》，1938 年 6 月 26 日。

4　"刺尤逆菊荪案开审　志士周怀慷慨陈词"，《大公报》武汉版，1938 年 6 月 29 日。

刑太轻，曾向江苏高等法院第二分院提起上诉，唯该院刑庭长郁华亦不向敌伪压力屈服，仍维持原判。[1]

沪区执行尤菊荪案，付出了一死一伤的代价，结果仅将目标击伤，这无疑是一次未尽成功的行动。不过尤案对一般大小汉奸所造成的震慑效果仍是不容忽视的，案发后，正金大楼伪市民协会的狐群狗党无不魂飞胆落，央求日方拨派日军在正金银行四周布置步哨，严密戒备，"惟恐乖运的来临"。[2]

6. 任保安案

任保安，北平人，为大汉奸苏锡文之亲信，于1937年12月5日伪上海市大道政府成立之初，即被任命为该府秘书长。[3] 伪大道政府改隶伪维新政府后，复于1938年5月7日被任命为伪督办上海市政公署地政局局长。[4] 任保安作为伪组织的首恶元凶之一，其姓名总是出现在伪组织公报的首页，自然被沪区列为制裁目标。

6月17日晚，任保安给公共租界四马路北平菜馆同兴楼打电话，说要预订房间，并嘱备好上等酒席3桌，将于翌日晚间宴客。6月18日下午，任保安再差人来到同兴楼，询问昨晚所订房间号数。上述情形，皆由沪区侦悉。当晚7时，任保安即率伪地政局第二科科长姚桂生及日本宾客数名来到同兴楼二号房间欢宴。宾主落座之后，主人殷勤劝酒，复召歌妓及向导女[5]数人助兴，"莺莺燕燕环绕座次，丝管嗷嘈，欢笑杂作"。9时50分，日本宾客告辞，任保安亲送至菜馆门前，俟客人上车，向西驰去后，始回身登楼，与未散之人继续谈笑。

正当任保安等逆兴高采烈之际，突有两名沪区行动人员立于二号房间门口，各执盒子炮，向室内连连射击，一时弹如连珠，声若爆竹，任保安等逆纷纷中弹倒地，行动人员见目的已达，即将盒子炮掷于室内，疾趋下楼，扬长而去。当枪声大

1 "尤菊荪案被捕人仍维持原判决"，《新闻报》，1938年9月26日。

2 扫荡：《又一霹雳》，《上海一日》，第3部，第224页。

3 伪上海市大道政府秘书处编印：《上海市大道政府公报》第1号（1938年2月），第1页。

4 伪督办上海市政公署秘书处编印：《督办上海市政公署公报》第5号（1938年6月），第1页。

5 向导女为上海沦陷期间之变相娼妓。

作之际，堂倌惊慌无措，及行动人员逸去，急入室内探视，但见血流满地，一众男女呻吟不绝。任保安右肩中弹，自左肩穿出，当即毙命，妓女双红亦中弹身亡，另有姚桂生及琴师赵英俗、向导女梁素英受伤。堂倌当即报告捕房，旋有大队中西巡捕驾驶警备车及救护车闻警到来，先将同兴楼附近戒严，并断绝四马路自福建路至山西路一段之交通，唯开枪者已无从搜索，只得将男女 5 人送往仁济医院医治。[1]

任保安案的指挥者为赵理君，执行者为赵如森等人。赵如森，别名寿子元，特务处杭州警校特训班毕业，时任沪区行动员。[2]另有沪区女情报员陈丽影，负责协助侦查任保安之行踪，嗣后侦悉任保安将在同兴楼宴客，乃秘密供给照片，密嘱行动员执行。[3]戴笠对任保安案至为满意，于该案完成后特电赵理君慰勉："自我军撤退淞沪以来，吾兄率领行动，迭诛巨奸，功在党国，曷胜感佩，吾行动人员平日待遇均甚菲薄，生活备极困苦，故弟每于行动告成时，辄发若干奖金，藉以鼓励同志也。此次任逆案成，弟已发奖金四千元，除陈丽影亦应酌量多给外，对是案之行动出力人员应予多给。"[4]

另据《新闻报》报道，任保安被刺当晚，有赵树生者亦在同兴酒楼受枪伤，当其前往白克路宝隆医院医治时，因有刺杀任保安之重大嫌疑，被捕房当局逮捕。[5]而捕房方面之史料亦称，有谐音赵世松者，为"抗日暗杀团"成员，因任保安案被捕。[6]将这两方面说法与军统史料对照，可知此赵树生、赵世松即赵如森，他受伤的原因，据军统方面事后记载是"因伪方有备，当起格斗，以势单力孤，身负重伤"，但这与现场情形并不相符，其实赵如森极有可能是在举枪扫射之际，为流弹

1　"昨晚四马路同兴楼发生大血案"，《新闻报》，1938 年 6 月 19 日；"任保安被狙案，赵树声解院羁押"，《新闻报》，1938 年 6 月 21 日；"孤岛弹痕录中"，《大公报》香港版，1939 年 10 月 9 日；《忠义救国军志》，第 97 页。

2　军事委员会调查统计局编印：《先烈史略稿》初辑，第 152—153 页。

3　"国防部情报局"编印：《"国防部情报局"史事汇编》下册，第 275 页。

4　戴笠电赵理君（1938 年 6 月 22 日），戴笠史料，144-010106-0003-040。

5　"任保安被狙案赵树声解院羁押"，《新闻报》，1938 年 6 月 21 日。此新闻中赵树生又作赵树声。

6　杨红译、李雪云校：《1938 年上海公共租界巡捕房关于黄道会等团体活动情况的报告》，《档案与历史》1989 年第 2 期（总第 16 期），第 13 页。

反弹所伤。赵如森既被捕，初经伪方送入医院疗治，延至 1939 年 7 月被解往日本宪兵队虹口司令部，旋转羁于大冈部队，一再刑讯，誓死不屈，告人曰："余决心死，如其欲余招供，枉矣。"终于 10 月 10 日就义于上海，时年 24 岁。[1]

7. 伍澄宇案

伍澄宇，号平一，广东人，为一失意政客，在沪担任律师。[2]据军统方面记载，伍澄宇在上海沦陷以后，担任汉奸组织"东方民族协会"会长，并组织伪护法建国军，自任总司令，故沪区决定对其进行制裁。本案的指挥者为赵刚义，他先于 6 月 17 日派孙亚兴调查伍澄宇之活动，并于 6 月 24 日展开行动。[3]

伍澄宇之律师事务所设于劳合路 82 号太和大楼 305 号房间，聘任邓少屏为帮办。6 月 24 日下午 4 时 45 分，沪区两名行动人员来到该事务所，唯伍澄宇不在，仅有邓少屏及伍澄宇之子伍仲平正在写字台上玩赏邮票。于是一名行动员留守门口，另一行动员则蹑足走到邓少屏身后，突然以盒子炮木柄猛击其后脑，邓少屏吓得魂不附体，方欲呼救，已有一弹射入其腹部，才转身图逃，又有一弹击中其臀部，当即倒地不起。伍仲平目睹此状，仓皇逃避，而茶房丁宝根闻声赶来，右脚才跨进门，亦遭射中小腿，乃与伍仲平相率走出太和大楼求救。不久，捕房巡捕闻警驰来，而沪区行动人员早已不知去向，仅在楼下太平龙头旁拾得两支被抛弃之盒子炮，乃将盒子炮及弹壳带回捕房，并将邓少屏送往仁济医院施救。当晚 9 时，邓少屏伤重毙命。[4]

8. 顾馨一案

顾馨一为上海食粮巨商，曾任豆米业同业公会会长、油豆杂粮交易所常务理事长、面粉交易所常务理事等职。上海沦陷后，取亲日态度，率先参加伪市民协会，担任该会常务委员会主席。其后顾宅曾被抗日志士投掷炸弹以示警告，顾馨一本人

1　军事委员会调查统计局编印：《先烈史略稿》初辑，第 152—153 页。

2　南京市档案馆编：《审讯汪伪汉奸笔录》，南京，凤凰出版社，2004 年，第 1106 页。

3　魏斐德：《上海歹土》，第 35—36 页。

4　"伍澄宇律师事务所昨日之枪杀案"，《新闻报》，1938 年 6 月 25 日；"国防部情报局"编印：《忠义救国军志》，第 97 页。

顾馨一

则接到附有手枪子弹之恐吓信，唯其执迷不悟，仍将大批米粮售与日军。

顾馨一住法租界亚尔培路 102 号，在天主堂街兴业里 8 号开设"永大米号"，每日清晨均乘自备汽车至兴业里门口下车，入米号办公。6 月 25 日晨 8 时许，顾馨一偕保镖陈阿二乘车至兴业里门口，下车步行入内。永大米号位于南首第三横弄内，当顾馨一由总弄转入三弄仅数步时，预伏该处之沪区行动人员 4 人各持盒子炮，已做好锄奸准备，其中二人蹑于顾馨一身后，突然开枪轰击。顾馨一听得枪声，回头张望，右额角当即中了两枪，一时血流满身，痛极踣地。保镖陈阿二见主人倒地，乃拔枪反击，于是枪声噼啪，阖里震惊，双方开枪约 20 响，陈阿二还击未中，沪区行动人员见目的已达，即将手枪抛掷，安全撤离。迨该弄司阍捕、岗捕等闻声而来，开枪者早已无踪。

法捕房得讯后，立派大批侦探、巡捕等驰往兴业里，一面将顾馨一送往宝隆医院医治，一面在该里附近施行严厉检查，在里内捡获子弹十余枚，并将子弹所在位置均以白粉留下记号备查。顾馨一被送往医院后，延至 12 时 30 分伤重殒命。[1]

9. 陈德铭案

陈德铭，又名陈伯良，浦东川沙人，早年在公共租界捕房充当华捕，历年因勤于职务，擢升为包探，"在新闸一带，几无人不知"。上海沦陷后，向日伪方面大

1　"本市食粮巨商顾馨一遭狙击殒命"，《新闻报》，1938 年 6 月 26 日；"顾馨一遇刺毙命"，《大公报》武汉版，1938 年 6 月 26 日；"国防部情报局"编印：《忠义救国军志》，第 98 页。

事活动，任伪市政督办公署交通局船舶稽查处处长，遂成为沪区制裁对象。

陈德铭案之指挥者为孙亚兴，执行者为朱仲虎等人。朱仲虎，江苏吴县人，持志大学肄业，曾任会计主任、难民收容所主任。1938 年 2 月，参加特务处工作，任沪区行动组组员。[1]

6 月 29 日晨 7 时 45 分，陈德铭乘坐包车出门，拟赴北京路外滩搭船往浦东。经过虞洽卿路自来火行门前时，突遭预伏该处之朱仲虎及另一沪区行动员开枪制裁。两人一穿黑色长衫，一穿蓝布衫裤，分别从陈德铭包车之左面、后面各用盒子枪射击，陈德铭喉中 3 枪，左腰、左股各中一枪，血流如注，倒于车上。车夫阿金之后脑亦中一弹，子弹随脑浆由前面穿出。另有在新世界游艺场之小贩钱友发路过该地，左胯中弹。行动员见目的已达，即趁乱逃逸。出事后，老闸捕房立派中西探员前往调查，则见陈德铭已伤重气绝，车夫阿金亦伤势严重，乃将阿金及钱友发送医，另将陈德铭之尸体异送验尸所。[2]

10. 周柳五案

周柳五，字树人，浙江人，为一退职军官，上海沦陷后，出任汉奸帮会"黄道会"副会长。黄道会成立于 1938 年初，以臭名昭著的青帮头目常玉清为会长，有会员近千人，表面上由伪维新政府领导，实则由日军驻沪特务机关长楠本实隆控制，假借"发扬黄种人的道德"为名，在上海租界内暗杀抗日志士，制造恐怖气氛。

2 月 4 日，黄道会党徒在新亚饭店暗杀了触怒日方的《社会晚报》经理蔡钧徒，将其头颅割下，贴上"恐怖派"字样纸条，狂妄宣称："余等以断然手段对付死者，望其他中文报纸主笔知所警惕。"[3] 2 月 10 日，法租界杜美路又发现人头一颗，旁有字条云："此乃抗日结果。"[4] 2 月 11 日，法租界巨籁达路亦发现人头一颗，并

---

1 "国防部情报局"编印：《本局殉职殉难先烈事迹汇编》，第 56 页。

2 "虞洽卿路又一枪杀案　陈德铭当场击毙"，《新闻报》，1938 年 6 月 30 日。

3 邵雍：《常玉清和黄道会》，《中国近代帮会史研究》，上海，上海人民出版社，2011 年，第 251 页。

4 "法租界又发现人头"，《大公报》武汉版，1938 年 2 月 11 日。

附有"警告抗敌者""抗日团体结果，从此反省自保"等字样。[1]

上述事件的发生，引起了戴笠的警惕，他意识到日方或已组织了专门对付抗日志士的暗杀团体，遂急电周伟龙询问，"沪法界近日迭发现人头案，究竟系何方所为？"[2] 其后 4 月 7 日，拒不担任伪职的沪江大学校长刘湛恩又在静安寺路小沙渡路转角处被人暗杀。案发后，戴笠对其幕后黑手颇为关注，曾指示周伟龙："刘湛恩案究系何人所为，请立即查明电示。"[3] 实则刘案又是黄道会所为，该案发生时，公共租界工部局曾捕获凶手一名，并捡获手枪一支，该枪后来确认是工部局捕房于同年 3 月售给日本特别勤务队的。[4]

沪区为了打击黄道会的嚣张气焰，决定对该会首要分子周柳五予以制裁。7 月 4 日下午 2 时半，周柳五往先施公司三楼东亚茶室品茗，至 5 时 45 分付讫茶资，离雅座而去。当其由穿堂间行至楼梯口账台旁时，沪区两名行动员突从后面赶上，拔枪猛射。周柳五身中 3 弹，仍负创奔逃，奔至二层、三层楼梯转弯交叉处时，两名行动员自后追上，再连放七八枪，周柳五后脑、肩背、臂腿纷纷中弹，伤如蜂巢，赤血四溅，倒卧于地。两名行动员见目的已达，即将手枪抛于楼梯旁，疾趋逸去。

出事后，东亚茶室立刻向捕房报告，旋有中西探捕驾驶两辆红色警备车驰来，先将附近各马路路口断绝交通，再将先施公司、东亚旅馆及东亚茶室铁门关闭，凡该公司、旅馆及茶室客人一律接受严密检查。捕房人员又用救护车将周柳五送入医院，唯周逆早已伤重气绝，只得将其尸体送往验尸所，并将手枪两支及弹壳等带回捕房存案。[5]

1　"沪敌之恐怖活动"，《大公报》武汉版，1938 年 2 月 12 日。

2　戴笠电周伟龙（1938 年 2 月 13 日），戴笠史料，144-010106-0004-027。

3　戴笠电周伟龙（1938 年 4 月 10 日），戴笠史料，144-010104-0005-044。

4　邵雍：《中国近代帮会史研究》（2011 年 10 月），第 252 页。

5　"东亚茶室昨日发生枪杀案"，《新闻报》，1938 年 7 月 5 日；"孤岛弹痕录（中）"，《大公报》香港版，1939 年 10 月 9 日；"国防部情报局"编印：《忠义救国军志》，第 98 页。

11."七七暴动"

此一时期，沪区在锄奸之外，复奉上级命令，开展对敌突袭工作，首次行动系于"七七事变"一周年之际在全市举行暴动，以摧寒敌胆、振奋民心。戴笠对此次暴动异常关注，在暴动前一天特以十万火急电询问周伟龙："明日之举动已准备齐全否？"并勉励："当此民族意识消沉之时，甚盼我在孤岛同志有轰轰烈烈之举动，以发扬我大中华民族之精神也！"[1]

1938年7月7日，沪区如期行动。据军统方面记载，全体行动人员分5路袭击敌军驻所及日本企业，并散发抗日宣传品，其详情如下：

第一路由赵理君组担任，分3队出击，第一队进攻戈登路、麦根路，击毙日籍纱厂职员1人，又进攻海防路及槟榔路日华纱厂宿舍，均予以相当损害；第二队进攻劳勃生路日本海军留守处，投弹2枚，又进攻小沙渡路，击毙日侨一名；第三队进攻曹家渡日本纱厂，予以损害。第二路由于柏松组担任，分三队出击，第一队进攻北火车站，与敌军互击一刻钟后撤退；第二队进攻北四川路，第三队进攻锡金公所，猛掷手榴弹，炸毙敌哨兵2名。第三路由赵平江组担任，分五队出击，第一队进攻外滩及仁纪路，毙敌2名；第二队进攻海宁路，伤敌哨兵数人；第三队进攻阿拉白司脱路；第四队进攻外白渡桥；第五队进攻外滩，引起骚动。第四路由李楚琛组担任，分四队出击，第一队进攻水上饭店附近，毙敌宪兵4名；第二队进攻东康路，炸毙日人4名；第三队进攻公大纱厂，炸毁该厂门窗玻璃甚多；第四队进攻正金台湾银行，投弹未炸。第五路由朱啸谷组担任，领导沪西工人散发传单。[2]

以上暴动情形尚能得到公共租界警务处方面的印证，唯细节区别较大。据记载，在7月7日解除宵禁后，曾发生多起炸弹案，共有18颗手榴弹掷出，其中两颗未爆炸，有两名日人及两名华人死亡，8名以上华人受伤。在事发24小时内，工部局警务处逮捕了近1千名嫌疑犯，法租界巡捕房亦逮捕了数百人，其中包括沪

1　戴笠电周伟龙（1938年7月6日），戴笠史料，144-010106-0004-001。

2　"国防部情报局"编印：《"国防部情报局"史要汇编》上册，第225—226页。

区孙亚兴所属的一名行动人员。[1]

此外,"七七暴动"在当时的新闻中亦有记录。如《新闻报》称,7月7日当天,租界当局因恐发生意外,早已通令各捕房加派探捕严密防范,但宵禁时间甫过,"公共租界接连发生事件十二起",经该报记者调查所得之详情如下:

清晨5点5分,阿拉白司脱路锡金公所附近有数人猛投一弹,被驻防之日军瞥见,即以步枪射击投弹者,误将路旁3名人力车夫击伤,其中1名伤重身死。5时10分,戈登路槟榔路921号内外棉厂被人掷弹3枚,该厂印度籍司阍捕被炸伤腿部。5时12分,沪西极司菲尔路公大纱厂突被人掷手榴弹两枚,但未爆炸。5时15分,槟榔路劳勃生路250号日华纱厂大班住宅被人掷进手榴弹两枚,弹落于走道旁,并未伤人。5时20分,有一日人骑脚踏车经过劳勃生路小沙渡路口大自鸣钟旁,被人开枪狙击,经救护车送往福民医院救治。5时25分,沪西澳门路西摩路某日人住宅附近发现手榴弹两枚,但未爆炸。5时40分,某日人由戈登路槟榔路口日华纱厂住宅乘人力车赴麦根路640号日商内外棉第九厂办公,经过麦根路东京路口,突有数人从两边直至该日人车旁拔枪射击,弹中肋部,该日人立时毙命,戈登路捕房得报,立派探捕前往,但开枪者已逸去无踪。

6时,同时发生炸弹案5起:外滩正金银行门口被人投掷手榴弹2枚,但未爆炸;四川路桥桥面上守望之日军被猛掷2弹,因下雨泥泞,亦未爆炸,迨日军发觉,投弹者已飘然远去;北京路外滩水上饭店被投弹2枚,一名小工被当场炸毙;外滩仁记路120号日商日光公司被投手榴弹,炸碎玻璃多块,并未伤人;新嘉坡路60号公大三厂遭投弹2枚,并未爆炸。以上12起炸弹案,共计造成一名日人、两名华人死亡,1名日人、3名华人及一名印捕受伤。[2]

对照租界当局与新闻媒体的记载,可知沪区确实展开了大规模行动,唯其所述日军及日人伤亡情况远不如军统方面宣称的严重,此种差异有可能是日方未向外界

---

1 此一被捕者之中文姓名失记,仅能根据英文译名进行回译。《1938年上海公共租界巡捕房关于黄道会等团体活动情况的报告》译作江汉秋、江汉初,《上海歹土》译作江海生。

2 "昨晨一小时中发生事件十二起",《新闻报》,1938年7月8日。

完整披露自身损失，也可能是沪区事后疏于调查或虚报战果所致，其具体原因囿于史料尚难以确定。另由新闻中描述的投弹未中，甚至未能爆炸等细节来看，行动人员尚不免技艺不精、临场慌乱之处，不过"七七暴动"是沪区首次执行对敌突击任务，这些经验不足的表现是在情理之中的。虽然这次暴动存在种种缺陷，未能完全达成预定计划，"但已造成敌之空前恐怖，并使沪上民心为之兴奋不已"。[1]

12. 范耆生案

范耆生，字兢文，山西介休人。曾任南市地方法院民庭推事，后改业律师，于1930年加入上海律师公会，并任"强盗律师"范刚之事务所帮办。淞沪抗战爆发后，范刚之事务所结束，范耆生亦被解雇，租住在公共租界新闸路939弄树德里42号。上海沦陷后，范耆生因与伪市长苏锡文为同学，遂参加浦东伪组织，曾任伪上海地方法院院长、伪督办公署检查处长等职，晚年失节，致被社会人士所不齿。[2]

1938年7月21日晨6时50分，范耆生尚高睡未醒，两名身着西装之沪区行动员已至其寓所敲门，声称"有要信一件面交范律师"，范寓女佣请二人稍待，即往二楼传话，两名行动员待女佣登楼，乃尾随其后。当女佣催促范耆生下床之际，两名行动员不加言辞，即向范耆生开枪，子弹从其口部射入，由后脑穿出，范耆生当即倒毙。

两名行动员见目的已达，即携枪下楼，临出弄时，复将一支盒子枪弃于弄内。不料该弄巡捕早已闻得枪声，此时见两名男子仓皇出弄，且武器已失，乃尽力追赶，追至成都路静安寺路口时，卒将其中一人逮捕，[3]此人即先前范刚案之执行者郭楚芳。[4]后郭楚芳被公共租界当局引渡给日本宪兵队，迭遭毒刑拷问，终无口供，

1 "国防部情报局"编印：《"国防部情报局"史要汇编》上册，第226页。

2 "范耆生任地院院长"，《新闻报》，1938年1月13日。

3 "新闸路树德里范耆生被狙殒命"，《新闻报》，1938年7月22日；"上海汉奸又死一个"，《大公报》武汉版，1938年7月22日；《忠义救国军志》，第98页。

4 杨红译、李雪云校：《1938年上海公共租界巡捕房关于黄道会等团体活动情况的报告》，《档案与历史》1989年第2期（总第16期），第11—12页。

遂慷慨就义，年仅 25 岁，他于临刑之际厉声骂贼，悲壮激烈，附近居民闻之，无不泪下。[1]

13. 郑月波案

郑月波，广东香山人，在沪经商有年，曾东渡日本经营证券，精通日语，迨日本地震，家产悉毁，乃只身回沪。抵沪不久，结识日本军官楠本，因缘组织"太阳洋行"，专营进出口业。沪战爆发后，郑月波经营停顿，及上海沦陷，又于 1938 年 5 月成立协和洋行，初设址于江西路，后迁南京路哈同大楼一楼。郑月波自任协和洋行经理，专门收买铜器出售给日方，曾被日方委以职位，为一出卖国家利益之经济汉奸。[2]

郑月波案的指挥者为孙亚兴，执行者为该组所属潮州籍行动员陈元良。7 月 22 日晨 9 时 40 分，郑月波由沪西极司菲尔路元善里 23 号住宅出门，拟乘电车赴洋行办公，行经地丰路附近秋圃洋房门口时，突遭陈元良连射五六枪，立时倒地。陈元良见目的已达，即返身向地丰路撤退，不料有一西方妇人目睹此情，大声狂呼，于是附近巡逻的西捕、华捕各一名先后闻警赶来，向陈元良开枪追击。陈元良亦开枪反击，至地丰路将近愚园路时，卒因子弹卡壳，束手就擒。静安寺路捕房得报后，立派中西探员前往，并召救护车将郑月波送往海格路红十字会医院，唯因伤中要害，未及抵院即已毙命。

陈元良被捕时，曾态度从容地对巡捕说："你们不必抓，我跟你们走就是了，那边的汉奸是我开枪打的，我们是为国家除害，所以定要打死这帮汉奸！"[3]陈元良的爱国热情固不容置疑，然而他年仅 18 岁，心智尚未成熟，更无与捕房周旋的经验，接受审讯时，因不堪威逼利诱，承认了"此次暗杀郑月波系奉会长孙亚兴之命为民除奸"，并供出了孙亚兴现居法租界蒲柏路大华公寓等实情。虽然捕房当局

1　军事委员会调查统计局编印：《先烈史略稿》初辑，第 134 页。

2　"郑月波枪杀案已获嫌疑者十余人"，《新闻报》，1938 年 7 月 24 日。

3　"两租界昨晨发生枪杀案两起"，《新闻报》，1938 年 7 月 23 日；张愚裁：《悲壮的一幕》，《上海一日》，第 3 部，第 224 页；"国防部情报局"编印：《忠义救国军志》，第 98 页。

按址捕拿时，孙亚兴已扬长而去，但陈元良的供词仍然造成了不可挽回的严重后果，孙亚兴及所属志士多人因之而死。

当晚 11 时，正在虹口日本水上饭店等候消息的孙亚兴遭到公共租界当局逮捕。半小时后，孙亚兴密藏武器之钟表店遭到搜查，所藏武器均被起获。翌日早晨，陈德铭案之执行者朱仲虎及尤菊荪案之执行者王光才因不知实情，亦来到孙亚兴住所，也被预先埋伏的警探捕获。此外被捕者尚有十余人，具体情况不详。至此，在郑月波被杀 24 小时后，孙亚兴行动组几乎全军覆没。

孙亚兴等人被捕后，大多被租界当局引渡给日本宪兵队。[1] 孙亚兴备受严刑，生脚气病，呻吟达 8 个月，由足肿延及腹部，终于 1939 年 12 月瘐殉狱中，年仅 29 岁。[2] 朱仲虎亦惨遭非刑成仁，年仅 25 岁。[3] 其余被捕志士则下落不详。这是沪区继周继棠等 11 人殉难后，遭受的又一次重大损失。

14. 叶纪逢案

叶纪逢，浙江宁波人，时任伪盐务署稽查兼新闸路分局局长，寓公共租界爱而近路均益里 11 号。

叶纪逢案的执行者为江苏泰兴人李树森，他于 1938 年 4 月参加特务处工作，任沪区行动组组员。7 月 25 日晨 8 时，叶纪逢由家出门，乘坐电车至爱文义路小沙渡路口，下车后向北步行，拟由小沙渡路至新闸路，行约十余步，将转向小沙渡路时，突遭预伏该处的李树森连发两枪，颈部中弹。叶纪逢见势不妙，即用手捂住创口奔逃，后乘黄包车自行前往海格路红十字会医院医治，因受伤不重，旋即出院。

李树森开枪之时，附近岗警闻声赶至，乃沿爱文义路向东撤退，时有公共租界警务处政治部西探海尔好斯乘坐公务汽车经过该处，见李树森手执手枪奔走，亦下

1　据公共租界工部局警务处方面记载，被引渡者除孙亚兴外，尚有江汉初、李阿毛、万松炳、郑凯冠、周守孔、赵良、宋仁富、王之古，皆为英文译名之回译，在军统方面无记载。见《1938 年上海公共租界巡捕房关于黄道会等团体活动情况的报告》，《档案与历史》1989 年第 2 期，第 11—12 页。

2　军事委员会调查统计局编印：《先烈史略稿》初辑，第 83 页。

3　"国防部情报局"编印：《本局殉职殉难先烈事迹汇编》，第 56 页。

车追赶。至西摩路时，戈登路口站岗之华捕亦赶来，李树森开枪拒捕，遭该华捕连发数枪，手背、左臂及腿部共中 3 弹，血流如注，倒于爱文义路西摩路路口，遂被巡捕逮捕，抄得手枪 1 支、子弹 4 枚。静安寺捕房及警务处刑事第八科得报后，各派中西探员前往调查，并召救护车将李树森送往工部局医院医治，[1] 唯李树森受伤过重，于一小时后即告殉难，时年 30 岁。[2]

15. "八一三"暴动

据军统方面记载，沪区为纪念"八一三"淞沪抗战爆发一周年，再次举行暴动，共分 4 组进行：

第一组由赵理君组担任，在沪西轰炸愚园路日本巡捕宿舍、澳门路米择洋行、劳勃生路日华纱厂、戈登路日本内外纱厂。

第二组由李楚琛组担任，分 3 路，第一路于当夜自苏州河乘小船潜进，由广东会馆登岸，冲过麦根路，沿保定路至虹口日军哨兵线，以手榴弹、驳壳枪击毙敌哨兵 2 人，其时敌铁甲车十余辆闻警驰来，沪区行动员李光汉、王仲殉难；第二路于 8 月 13 日夜 3 时分别在汇山码头共盛公司堆栈、眉州路消毒厂及棉花堆栈等处纵火，均予敌人以重大损失，并击毙敌哨兵数名，又在华盛路杨树浦路口袭击，击毙敌哨兵 3 名，割取电话线两段，袭击华德路跑马厂敌骑兵队；第三路由黄埔江泅水至十六铺登岸，于 13 日夜 2 时在亲贤里对过之敌兵营纵火，又袭击南阳桥日军司令部，毙敌哨兵两名。其余在两租界活动者，因日人绝迹，未遇目标，唯散发抗日传单、标语、漫画 10 万份。

第三组由于柏松组担任，在南市一带活动，分别在汉奸钱樵生住宅、火神庙敌骑兵养马所纵火，又在老西门、陆家浜、徽宁路等处投弹，另在川弄、江阴街等处

1　"爱文义路小沙渡路口叶纪逢昨遭狙击"，《新闻报》，1938 年 7 月 26 日；"孤岛弹痕录（中）"，《大公报》香港版，1939 年 1 月 9 日；"国防部情报局"编印：《忠义救国军志》，第 98 页。《忠义救国军志》《本局殉职殉难先烈事迹汇编》等书叶纪逢原作叶李凤，兹据《新闻报》及《大公报》改。

2　"国防部情报局"编印：《本局殉职殉难先烈事迹汇编》，第 53 页。《新闻报》称叶纪逢案开枪者名李广仁，湖北人，年三十二岁，李广仁或系李树森化名，兹据《事迹汇编》改。

悬挂国旗数面。

第四组由在近郊活动的忠义救国军直属第二大队陆俊卿部担任，派第一、第三两中队袭击虹桥机场，自 13 日夜 11 时与日军荒川部队及伪警激战，击毙敌伪 21 人，该队当即占领机场，悬挂国旗，并焚毁滑梯机库。

此次暴动，共计毙敌 32 名，纵火多处，散发抗日传单、漫画、标语约 10 万份，且一度占领虹桥机场，"惟成果不如预期之大"。[1]

16. 陆连奎案

陆连奎，浙江吴兴人，在公共捕房任职多年，因屡破要案，积功擢升公共租界捕房总稽查处华探督察长，为捕房华探中之最高级人员。陆连奎在公共租界内势力极大，开办有中央、中南、南京 3 家饭店及大陆游泳池，均自任总经理及董事长。当时上海人称吹牛装大、盛气凌人曰"奎"，且有一句话说："你不要奎，你又不是陆连奎"，陆连奎之社会影响力由此可见一斑。

上海沦陷后，陆连奎因站在租界立场，逮捕抗日志士，故被沪区列为制裁目标。对于陆连奎这样的大人物，沪区首先设法侦察其出行规律，查悉其平日只身出入各地，并无护卫，仅有自备汽车一辆，由车夫陆荣生驾驶，号码 743 号，且每日中午由办公处返回池浜路 14 号寓所午餐，至下午 2 时 30 分许由家至其开办之中央旅馆经理室小坐片刻，再回至捕房，习以为常。于是沪区即派行动员按时守候在中央旅馆，准备行动。

8 月 18 日下午，陆连奎乘自备汽车由家外出，至中央旅馆广东路侧门停车，由该旅馆朱姓招待员上前开启车门。陆连奎正拟起身下车之际，沪区 3 名行动员突然上前，连开多枪，陆连奎身处车中，不及逃避，计右胸中 4 弹、右肩中 1 弹、后脑中 1 弹由太阳穴穿出，当即重伤倒于车中，车夫陆荣生右臂亦中 2 弹，车身上则满布弹痕。当枪响之时，行人纷纷逃入附近小弄，3 名行动员见目的已达，即相率撤退，其中 2 人着黑香云纱短衫裤及黑色长衫，向东由湖北路转入爱多亚路，临行时曾朝天放 3 枪示警，另一人穿灰色长衫，最后逸去，临行时曾叮嘱路人速速躲

---

1 "国防部情报局"编印：《"国防部情报局"史要汇编》上册，第 226—227 页。

避。事后新闻报道称，3 人"态度之从容为任何暗杀案所少见"。

陆连奎被刺后，捕房立派大队中西探捕驰至中央旅馆，将其与车夫陆荣生分别送往仁济医院及工部局医院，陆连奎受伤过重，未及抵院即已殒命，陆荣生之伤势则无大碍。公共租界当局对此案极为重视，各捕房及刑事第八科均派员到场调查，法租界捕房亦派中西探员前来协助，一面在附近实施戒严，一面搜捕凶犯，而沪区行动员均已扬长而去，捕房方面竟毫无所获。[1]

陆连奎案被认为是上海沦陷以后，"暗杀案中之最凶猛者"。[2] 由于死者位高权重，交游广阔，本案立即在社会上引起轩然大波，尤使租界当局大为震动，公共租界警务处一面加紧侦查线索，一面悬赏缉拿凶犯，声称凡有通风报信因而拘获凶手者，均可领取 5 千元之赏格。[3] 与此同时，租界当局极力办好陆连奎之后事，当 8 月 21 日出殡时，"仪仗行列之盛，为近年来所罕见，英法租界外籍警务官员等，俱躬往执绋"。[4]

社会舆论亦对陆连奎之死异常关注，各大媒体纷纷猜测其幕后背景与被杀原因，《新闻报》认为，此案当系某组织健全之团体所为：

关于陆氏被杀原因，据一般之推测，或与现时所发生恐怖事件之团体有关，因所用之武器，系新式之盒子炮，枪法尤属高明，非普通之仇杀案可比，且推定关系者决不止三人，必尚有多人埋伏四周，观其从容不迫，已可断定此项组织而计划周密之行动，非具有特殊之健全组织不可。

以上分析仅称陆案与"恐怖事件之团体有关"，而未明言所谓恐怖团体之名称与背景，持论尚称严谨。《大公报》则称捕房方面于陆案发生前一天即 8 月 17 日曾下令缉捕黄道会头目常玉清及其党徒，故陆案"疑系黄道会动手"。《大美画报》亦称："据外人观察，凶手似与日方所主持之黄道会有关。"

1　"公共捕房督察长陆连奎遇刺殒命"，《新闻报》，1938 年 8 月 19 日；"上海成恐怖世界　陆连奎昨被刺死"，《大公报》香港版，1938 年 8 月 19 日；《忠义救国军志》，第 98 页。

2　"孤岛弹痕录中"，《大公报》香港版，1939 年 1 月 9 日。

3　"暗杀陆连奎凶手租界当局悬赏缉拿"，《新闻报》，1938 年 8 月 31 日。

4　大美晚报馆编印：《大美画报》第 10 期，第 1 页。

但据军统方面记载，陆连奎与伪组织关系密切，曾兼任伪维新政府内政部、绥靖部及外交部顾问，故由沪区对其进行制裁。其实了解内情的人士都知道，陆连奎的确是因为得罪了"重庆方面"而引来杀身之祸的，据陆连奎之继子桑海定回忆：

陆的被杀，据我听到的，是因为捉了7个重庆地下分子，陆受了重庆方面的一大笔钱，本已准备释放。想不到被四川路日本海军部知道，一定要移交给日方，陆因日本势力强大，没有办法，只好移交给日方，将收下来的钱还给重庆方面，因此，不久就被枪杀了。[1]

陆连奎死前不到一个月，沪区孙亚兴、朱仲虎、王光才、陈元良等人因郑月波案被捕，桑海定所谓重庆地下分子或指孙亚兴等人，若其说属实，则与军统方面之记载可以相互印证，昔日有关陆案背景之种种猜测当可焕然冰释。

17. 刘谦安案

刘谦安，福建人，时任伪维新政府苏浙皖三省盐务督办公署署长，于8月22日下午4时45分同该署科长刘宏福乘坐自备汽车行经静安寺路成都路口意大利领事公馆附近时，被预伏路畔之沪区行动员3人上前拦住汽车，各持盒子炮向两刘开枪。刘宏福惊觉有变，夺门逃至马路，被一名行动员开枪击中腹部，跌倒于行人道上，血流满地，刘谦安亦被另外两名行动员连开3枪，倒于车中。3名行动员见目的已达，即从容抛弃盒子炮，相率向西撤离。[2]本案据军统方面记载，刘谦安、刘宏福均被击毙。[3]其实刘谦安受伤虽重，但经日方送往虹口福民医院医治后，渐告痊愈，[4]刘宏福是否毙命则未见当时报道。

18. 陈云案

陈云，名云溪，又名江熹，上海南市人。在军阀统治时期，曾任上海警察厅之教练官。后离职，经友人介绍，入四川路东亚银行大楼日籍律师村上处充书记、帮

1　桑海定：《我所了解的陆连奎》（1986年2月1日），《上海文史资料存稿汇编》第12册，第438页。

2　"静安寺路成都路口昨日发生枪杀案"，《新闻报》，1938年8月23日。

3　"国防部情报局"编印：《忠义救国军志》，第98页。

4　"刘谦安伤已告痊"，《新闻报》，1938年9月17日。

办，专办中日诉讼案件。上海沦陷后，经村上介绍，出任伪南市维持会委员长，后改为伪督办公署南市自治会会长。

8月30日晨9时30分，陈云吃完早饭，乘坐自备汽车出门，行至弄口，车夫拟将车头转入新闸路之际，突有两名沪区行动员从路旁窜出，举枪轰击，共开15响，陈云腹股等部中弹，车厢被击穿十余孔，车窗玻璃悉数粉碎，车夫徐吉谭亦被玻璃打破额角，血流满面。时有一名华捕闻声赶来，向两名行动员连发两枪，均未命中，路人见状，纷纷逃避，两名行动员即混入人群中逸去。

出事后，静安寺捕房立派中西探员前往事发地，一面将陈云及徐吉谭送往宝隆医院医治，一面检查行人。陈云送医后，延至9月2日伤重毙命，徐吉谭因未受枪击，由医生简单包扎后即行出院。[1]

19. 姚秋华案

姚秋华，南京人，家住法租界康悌路马浪路口福兴坊8号，其公开身份为上海邮务工会执行委员兼同仁俱乐部主任，但据军统方面记载，他也是伪上海别动队班长，专门协助日军破坏特务处之工作。[2]

9月23日午后1时左右，姚秋华自邮政总局乘电车返家，下车后正拟入弄时，被预伏该处之一名沪区行动员跟踪其至弄口，袖出手枪，击中其臀部。姚秋华奔逃入弄，行动员紧随其后，复连开两枪，一弹击中其颈部，另一弹将某家门牌击穿一洞，姚秋华仍负创狂呼，却因惊慌过度，竟又返身向弄口逃跑。行动员见目的已达，即撤退无踪。[3]姚秋华被送往广慈医院后，延至9月26日上午11时伤重身死。[4]

1 "新闻路上陈云昨晨被枪击"，《新闻报》，1938年8月31日；"南市自治会主席陈云昨伤重毙命"，《新闻报》，1938年9月3日；"国防部情报局"编印：《忠义救国军志》，第98页。
2 "国防部情报局"编印：《忠义救国军志》，第98页。
3 "沪邮务工会执委姚秋华遇刺受重伤"，《新闻报》，1938年9月24日；"法租界亦发生凶案"，《大公报》香港版，1938年9月24日。
4 "姚秋华伤重殒命"，《新闻报》，1938年9月27日。

唐绍仪

20. 唐绍仪案

1938 年 9 月 30 日，沪区制裁了有汉奸嫌疑的唐绍仪，一时舆论震惊，是为沪区在抗战期间影响和争议最大的一次行动案件。唐绍仪为民国元老，曾任第一届内阁总理、国民政府委员等职，上海沦陷后，他留居沪上，与日方有所接触。当时日军极欲利用唐绍仪之声望组织傀儡政权，其阴谋如果得逞，对抗战前途危害甚大。为此，国民政府不断派遣唐绍仪之戚友赴沪，劝其早日脱离敌伪包围，移居武汉，共谋国事前途，唯唐绍仪态度犹疑，始终没有响应，最终竟招致杀身之祸，成为特殊年代与政治环境下的牺牲品。

关于唐绍仪被刺之原因及其晚节问题，学界多有研究，此处不拟赘述，兹仅对沪区刺唐之经过及执行人员之身份略作整理分析。

据沪区助理书记王芳兰及与沪区人员多有来往之沈醉称，唐绍仪与日方接触之事最初是由沪区对外联络员谢志磐报告的。[1]谢志磐，字牲其，别字治盘，广东云浮人。国立中山大学毕业，曾充广东曲江、阳春等县公安局长及第一集团兵站韶关水陆检查处处长。北伐完成后，任广东国际通讯社及广州《新晚报》社社长、上海《申报》驻港粤特约专访、上海永安公司秘书、上海文安桐油公司总经理等职。

1　王方南：《上海沦陷后暗杀大汉奸唐绍仪纪实》，《文史资料选编》第 3 辑（1985 年 8 月），第 60 页；沈醉：《唐绍仪之死》，《文史资料选辑》第 109 辑（1987 年 5 月），第 213 页。

沪战爆发后，参加特务处工作，初派苏浙行动委员会任职，后调沪区内勤兼对外联络员。[1]

上海沦陷后，唐绍仪居住在法租界福开森路 18 号，该处为一座奶色花园洋楼，外围筑有短墙，甚为精美。此楼于 6 年前建造，最初居住者为一西方人，此后居住者为海关官员诸昌年，即唐绍仪之快婿。唐绍仪在此深居简出，不见生客，宅门前之弄堂仅由唐宅中人出入，且有法租界当局所派之外籍警捕在弄口站岗防守，宅内虽有电话，但外界不知，如非唐绍仪之亲戚好友，绝不知其家在何处。[2]谢志磐因与唐家是世交，经常出入唐宅，故对唐绍仪之起居及其与日方接触的内幕有所了解，遂向周伟龙报告，周伟龙以此事关系重大，复向戴笠请示处置办法。

7 月 6 日，戴笠致电周伟龙，转达了蒋介石亲自交代的制裁命令："顷奉领袖面谕，唐绍仪平素反对国民党甚力，此次又复为敌利用，处处破坏中央，应即多方设法予以制裁。"[3]周伟龙奉命后，经与行动工作负责人赵理君及谢志磐等人筹划了两个多月，决定利用唐绍仪收藏古董的嗜好，由行动人员化装成古董商，经谢志磐介绍进入唐宅，相机采取行动。由于本案关系重大，周伟龙决派赵理君亲自执行，且因唐宅附近设有警捕，为免惊动彼等，决定不使用手枪，而以利斧作为武器。[4]

关于沪区暗杀唐绍仪之经过，以上海《时报》《新闻报》及香港《申报》等报的报道最为详细，兹将其内容综合整理如下：

9 月 30 日上午 9 时 20 分左右，突有 4 人驾驶 6132 号黑牌汽车来到唐宅弄口。除车夫外，其他 3 人两穿西装，一穿长衫，衣着整洁，举动大方，下车后从车厢中

---

1 "国防部情报局"编印：《本局殉职殉难先烈事迹汇编》，第 78 页。王方南称谢志磐为"谢子盘"，当时新闻中又有称其为"谢子陪"（上海话谢子陪与谢志磐音同）、"谢志璧"者。

2 "唐绍仪死"，《时报》，1938 年 10 月 1 日。

3 戴笠电周伟龙（1938 年 7 月 6 日），戴笠史料，144-010106-0004-001。

4 王方南：《上海沦陷后暗杀大汉奸唐绍仪纪实》，《文史资料选编》第 3 辑，第 60 页；沈醉：《唐绍仪之死》，《文史资料选辑》第 109 辑，第 213 页。沈醉说："最初是准备利用唐外出时，在路上将其击毙，因谢志磐认识唐家的两个司机，可以作为内线。后因当时法租界的难民太多，比原有人口增加了几倍，马路上到处都是人，要想在马路上进行狙击，凶手很难逃走，而未实行。"

取出一个大纸箱，准备走入弄堂。此时站岗之警捕询问 3 人身份，3 人佯称是向"唐老爷"兜售古玩的，警捕不疑有他，遂带领 3 人来到唐宅大门，经谢志磐向仆役出示名片和古玩，请其通报，唐绍仪见印有"谢志磐"姓名之名片，即欣然请进。

3 人由仆役引进会客室。未几，唐绍仪出来见客，3 人解开包裹，取出一只大花瓶及小件玛瑙等物请唐绍仪玩赏，仆役在敬烟、奉茶之后即行退出，并将会客室门带上。不久，3 人与唐绍仪"交易"结束，谈笑而出，并向会客室内佯称"唐老爷不必远送"等语，至弄口时，3 人犹神态自若，最后坐上汽车向福开森路西面疾驰而去，计其来去时间总共不过 30 分钟。

后唐宅仆役见主人久未外出，乃开门查看，始发现唐绍仪仰坐在沙发上，额间嵌一利斧，血流满面，口张目突，而其左手指间尚夹有一支雪茄。仆役惊极而号，一面奔至门口吹笛报警，一面将唐绍仪送往金神父路广慈医院头等病房医治。唐绍仪一共被砍两斧，一中左脸，一中右额，利斧嵌在额间，深约一寸，当医生将斧取下，顿时脑浆迸流，脉搏贫弱。延至下午 4 时 30 分，终因年迈力衰，气绝身死。[1]

案沪区 3 名行动人员与唐绍仪"交易"时，突从花瓶中取出利斧，猛劈其头部，致其死命，整个经过毫无声息，故唐宅仆役均未察觉。至于参加行动及直接执行者为谁，则颇有异说，兹将各类说法整理如下。

最早披露唐案参加者身份的是法租界警务处，该处于事发不久曾发布通缉谢志磐与王竹轩之两则公告：

查得谢志磐亦名谢彼得，现年廿九岁，广东人，业店伙，住拉都路二七五号 D 字，体高一公尺七五，身材短小，面狭长，发向后梳，或穿西服，能操上海语，但带广东口音，因于一九三八年九月三十日上午九时半在法租界福开森路 18 号内杀死唐绍仪先生（正犯或共犯）案，仰诸色人等一体协缉，有能通风报信因而拿获者，给赏洋三千元。报告处：上海法捕房。

查得王竹轩又名王约瑟，年三十岁，籍贯广东，业商伙，其最后住址为拉都路

1　"唐绍仪死"，《时报》，1938 年 10 月 1 日；"唐绍仪被刺殒命"，《新闻报》，1938 年 10 月 1 日；"沪法租界暗杀案唐绍仪被刺逝世"，《申报》香港版，1938 年 10 月 1 日。

二七五号 D 字，身高约一公尺七五，身躯短小，发长对分，能穿西装，说上海话带广东腔，该犯为一九三八年九月三十日上午九时三十分在法租界福开森路十八号杀死唐绍仪之共犯或主犯，无论何人，如能通知而能擒获该犯者，本捕房当立给赏金三千元，决不食言。倘能获案，请即报告上海法租界警务处可也。[1]

据沈醉称，王竹轩、王约瑟均为沪区工作人员王兴国之化名，此人系谢志磐之同乡，抗战期间曾任水陆交通统一检查处重庆朝天门水上检查所中校所长。[2]沈醉此说确能得到原始档案的印证，查"军事委员会运输统制局监察处现有所、站长一览表"重庆所条载有"重庆所中校所长王兴国，上海工部局高级警官外事班毕业"，此一运输统制局监察处即水陆交通统一检查处之前身。[3]由此可知，法租界当局认为参加唐案的有谢志磐、王兴国二人，对其他参加者则不知为谁，唯谢、王亦未被捕，此案最终不了了之。

最早对沪区制裁唐绍仪经过及执行者身份进行披露的，是投靠日伪的军统要员王天木，他于 1942 年在日伪授意下写了一本名为《蓝衣社内幕》的小册子，内中说：

当年九一八后，蓝衣社决定不使唐氏生存了。他们处置的方法，是由中央电令他的上海秘密机关部——上海区，区长再指令他的暗杀团——行动队，队长最后派出眼线、内线、执行人等，统名之曰行动员，七杀八砍、草菅人命之后，他们仅美其名曰制裁了事。

当时那个区长叫周伟龙，号道三，湘乡人，他就是今日的忠义救国军总指挥。队长叫赵理君，四川人，现调充陕西战区督导组长。内线叫谢志磐，广东人，是唐绍仪的一个至戚。上海区部还兼作苏浙行动委员会的办事处，忠救军集权此地，实力颇厚，这明明是一个杀人机关，在唐绍仪却认为是一家古董老铺。

1　"唐绍仪被刺后法租界警务处悬赏缉拿暗杀者谢志磐与王竹轩"，《新闻报》，1938 年 10 月 2 日。

2　沈醉：《唐绍仪之死》，《文史资料选辑》第 109 辑，第 214 页；沈醉：《再谈唐绍仪之死》，《珠海文史》第 5 辑（1987 年 10 月），第 14 页。

3　"军事委员会运输统制局监察处现有所、站长一览表"，军统局档案，148-010100-0001。

　　谢志磐在这古董案子里可算罪大恶极，唐绍仪寿跻耄耋，当然还是谢的长亲，弑及长亲这是无理由可以解说的。可是在蓝衣社里面却是大功一件，他们正鼓励着"大义灭亲"呢。我们在许多暗杀案子中，体验作内线者，大都是为铜臭所利用，谢志磐不能例外，论报应，讲因果，他以后到了重庆，患了精神病，竟为人所误杀。这且不提。当时唐绍仪为对某大军人将有所馈赠，四处托人物色佳品，谢志磐见有机可乘，遂立使那个杀人犯赵理君摇身一变，手提着古董箱子，两次偕至唐寓，皆以兜揽这批生意为名，唐氏毕竟也就死在这般假古董里。

　　海格路唐寓巡捕逻守，仆妇成群，本不是一个适当的刑场，惟以唐、谢至戚，出入无忌，并且在鉴赏赵理君的古董时，还特别要屏退役从，关紧了房门。这天是细雨西风，沉沉阴霾，蓝衣社上海区发出了一个执行命令，限数小时内即要赵理君带唐绍仪的血迹复命。也怪唐绍仪不够聪明，赵理君本是鹰鼻蜂目，视眈眈而欲逐逐，一见即可晓得不像一个好人，大概是为了贪图他们的小便宜吧，其实人类失败在这种毛病上的比比皆是。

　　这次赵理君所送来的是一项膺古的兵器，他和谢志磐在午后两点钟辰光先等候在客厅里，见唐氏缓步而出，笑容可掬，赵理君略事寒暄，便飒的抽出那项兵器，拥到唐氏面前，口称是戚继光防海时所佩的一把宝剑，唐绍仪总不失为收藏家，略一把玩，表示不甚满意，他的意见，说是明代军人已经佩刀而不佩剑，同时和戚将军锋镝对峙的，也是有名为"日本刀"的人们，撼古拾今，辩口悬河，而不知死之将至。赵理君瞵到机会已临，乘唐又俯身想取其他假古董时，便真的挥出杀人利器，原来这是秘密藏来一把锋刃无比的镜板洋斧头，刻不容缓，照准了唐氏后脑海，磕吃一下，这时候室中仍只有赵、谢两个人，所余的老古董也沉入于寂静。在这凶行里，凶手安然逸出门外恐怕是一件最难能的事，赵理君也有巧计，他们俩把血迹拭干，怀袋里握着手枪，故作镇定一步一步地走出客室，关好了门，回身再向门内深深地鞠上一躬，仿佛尚有唐氏起送在内，互打招呼。人皆不疑，而后才紧一步慢一步地踱下楼梯，向仆人送笑，对巡捕点头，走上汽车，风驰而去。大约他俩把乘来的汽车丢在麦琪路时候，唐宅才发觉主人亡去。在大批探捕赶到唐宅时，蓝衣社总部已经呈报他们领袖，大言消灭了"候补元首"。以上是蓝衣社的原来档卷所记载。

　　实际情形，大谬不然，赵理君对于本案，可谓罪恶之罪恶，因为还有一段秘密情形在内呢。赵理君不过是个杀人骗子，本案在行动时，赵理君并未身历过唐氏的寓所，仅仅在远处参加巡风瞭哨而已，在现场执行的人，另外是有一个姓王的，王某把斧头砍入唐头之内，不及拔出，径自逃去，仓皇未及通知在唐宅左右警戒的李世英等数人，斯时在宅外本是还有一个另外的人担任着指挥。赵理君在事后竟将诸人名字一笔抹杀，独吞奖金，冒了全功。[1]

　　照王天木的说法，参与唐案的有沪区的赵理君、谢志磐、李世英、王某等人，在现场执行的是王某；但赵理君为了独吞奖金，事后向上级谎报是他和谢志磐进入唐宅，由他亲自执行，而将其他诸人名字一笔抹杀，冒了全功。王天木是1938年12月接任沪区区长的，他虽然没有亲历唐案，但以他的地位，有可能看过沪区的原始档卷，也有机会向沪区工作人员了解本案经过，因此他的说法本应具有较大的参考价值。不过考虑到王天木于1939年7月即变节附逆，且其变节的直接原因之一便是和赵理君发生龃龉，故其有关本案的言论又不宜轻信。

　　如王天木所谓"王某把斧头砍入唐头之内，不及拔出，径自逃去，仓皇未及通知在唐宅左右警戒的李世英等数人"云云，就和当时诸报所载大异其趣，查《新闻报》称："来客等见目的已达，即扬长而出，跃登汽车而去。"[2]《时报》也称："三青年旋走出唐宅大门，至弄口时，互相谈话，态度自若，最后坐上汽车，犹回首向唐宅瞻望，转瞬间该车已风驰电闪，向福开森路西面驶去。"[3]由此可知王天木当了汉奸后，极有可能为了迎合日伪而信口雌黄，对于深受日伪忌恨的"杀人骗子"赵理君，更要肆意抹黑。

　　不过王天木所谓谢志磐曾参与唐案、亲入唐宅，且于日后"患了精神病，竟为人所误杀"一节，确有其事。查谢志磐于参加唐案后，为避追捕，经戴笠批准转往

1　陈恭澍：《蓝衣社内幕》，第32—35页。

2　"唐绍仪被刺殒命"，《新闻报》，1938年10月1日。

3　"唐绍仪死"，《时报》，1938年10月1日。

左：谢志磐
右：卓飞

后方休假，却因沿途探捕密布，导致精神分裂，于 1939 年 1 月抵重庆后，即入市民医院医治，"每值月影鸟啼，不免百疑萦心"；3 月 24 日 19 时，军统局随节特务股股员卓飞调查可疑人物，与谢志磐相值，二人竟因言语误会而开枪互击，双双毙命。以上是根据 20 世纪 60 年代军统在台编印的殉职殉难人员事迹的记载。该记载还指出谢志磐为唐案之执行者，原文如下：

> 淞沪既不守，海上群魔乱舞，先烈（笔者按，指谢志磐）益奋发。二十七年（一九三八年）某日，有巨奸某以民脂民膏来沪搜购古玩，将以献媚敌酋，先烈秉戴先生之命，以宋窑古瓶一对挟利斧往，佯称某权威古董商送货者，巨奸不疑有他，延入内室，取放大镜细为考订，先烈亟取斧殪之，从容提瓶而出。[1]

以上短短百余字为军统官书中对唐案仅有之记载，全文以"巨奸"指代唐绍仪，显示此案牵涉太广，不便直书其名，更佐证唐绍仪并无通敌实据，故军统对此案讳莫如深，至于唐绍仪将以古玩献媚日军之说，不知有何根据。要之，此段文字虽属官方说法，似有其权威性，但像刺唐这类具有争议的重大案件，事发多年之后已未必有原始卷宗留存，传闻不免失实，更何况死难人员之事略例有溢美之词，故谢志磐亲杀唐绍仪之说实在未可深信。又上引文字刊于军统内部史籍，流布极稀，素未受到外界注意，今聊志于此以备一说而已。

1964 年，前军事委员会西安办公厅少将参议艾经武撰文称，唐绍仪案是由赵理君亲自动手的。艾经武于 1941 年随西安办公厅主任蒋鼎文到洛阳，与时任第一

---

1 "国防部情报局"编印：《本局殉职殉难先烈事迹汇编》，第 78 页。

战区便衣混城队督导组组长赵理君结识，二人为黄埔同学，时相过从，"有时谈谈日本必败的前景，有时也谈一些彼此的私生活"，艾经武所述赵理君刺唐情形，即"在洛阳听赵理君亲口说的"。[1]

20世纪80年代，始有军统旧人陆续披露刺唐案参与者之身份。据章微寒撰文称，除谢志磐外，相强伟亦参与本案，且为执行者，当唐绍仪欣赏古董时，"相强伟立在旁边，抽出利斧，把唐绍仪砍死在沙发上"。[2] 章微寒并未参与唐案，其说法来源不明。唯抗战期间章微寒曾任军统局浙江站书记，[3] 相强伟曾任军统局浙西行动队队长，二人当有交往，章氏此说极有可能是从相强伟口中听来的。

除章微寒外，史久煜亦称相强伟为唐案执行者。史氏曾于20世纪70年代在相强伟活动过的地区工作多年，"先后调查过相的小老婆裘兰芬及其姐与姐夫，还有相的老部下多人，雅璜村过去给相夫妇进出抬轿的老农多人"，由此不难推知，史氏之说应当也是来自相强伟的口述。[4]

曾在沪区任职的军统旧人王绍谦则针对章微寒的文字，指出唐案执行者为赵理君，相强伟仅负责在车内监视唐宅门口之警捕，接应赵理君撤离。并称赵理君上车逃逸后，"兜了很多路，即弃车先到法租界赫德路（现常德路）正明里36号王蕉梅家（王蕉梅是我的姑妈，王蒲臣的姐姐）"，向正在等候消息的张冠夫详谈了刺唐经过，"以上情况是我1939年从香港到上海，听我姑妈跟我面谈的"。[5]

曾任沪区助理书记的王芳兰亦称参与本案者为赵理君、谢志磐及司机一人，直接执行者为赵理君，与王绍谦之说法吻合，略谓刺唐之际，"赵理君神态自若地一面对唐说明特来送货，一面便乘着递花瓶给唐观看的一瞬间，顺手从花瓶内取去利

1　艾经武：《唐绍仪被暗杀案与赵理君之死》，《河南文史资料》第7辑（1964年1月），第188—189页。

2　章微寒：《戴笠与军统局》，《浙江文史资料选辑》第23辑（1985年6月），第139页。

3　章微寒：《毛万里其人》，《上饶市文史资料》第8辑（1988年6月），第167页。

4　史久煜：《相高老刺杀唐绍仪真相》，《嵊州文史资料》第1辑（1999年12月），第258页。

5　王绍谦：《对〈戴笠与军统局〉一文的订正和补充》，《江山文史资料》第5辑（1985年9月），第48页。

斧，对准唐的头部猛劈下去，当即将唐劈死在沙发上，没有露出一点声息"。[1]

又沈醉称，他与赵理君、王兴国"都是多年同事，而且不止一次谈过有关情况"，他为军统开办的各种训练班编写《行动术》教材时还调阅过唐案档卷。其在撰写《唐绍仪之死》一文时称，参与本案的有赵理君、谢志磐、王兴国、李阿大等人，且因"王兴国和谢志磐都是搞情报的，对杀人不但外行，而且非常害怕"，故由"杀人惯匪"出身的李阿大执行，在唐绍仪观看花瓶时，"李阿大手起斧落，只见唐连'啊哎'都叫不出，便一头栽倒在花瓶附近的地毯上"。[2]

若沈醉之说果如其言，有原始凭证，自然值得重视，唯此后不久，他再撰《再谈唐绍仪之死》一文，又改称李阿大负责在唐宅外面的汽车内等候接应，执行者则为赵理君、谢志磐、王竹轩3人中之一人，与前文自相抵牾，可见无论其根据为何，显然时隔多年，他已记不清了。[3]又所谓李阿大者不知何人，该人仅见于沈醉之各篇回忆文字，[4]如其原系惯匪属实，则与相强伟之出身相合，且沈醉所谓李阿大在车内接应一节亦与王绍谦所称相强伟之任务一致，则李阿大或系相强伟之化名。

又据曾任交通部京沪区铁路管理局上海北站铁路警察所所长的翁养正回忆，唐案执行者为一身材高大的沪区行动员：

我在1947年任两路局上北路所所长时，有一次在两路局警务处督察室和几个督察闲谈中，一个督察名叫杨仁初（浙江遂安人），笑指着在旁的一人介绍说："唐绍仪就是他亲手用斧头干掉的。"此人的姓名记不起了，他是警务处长王兆槐早年任军统局上海特区某行动队长时下属的一个行动员，北方人，高个子，不大识字，颇有膂力。[5]

1 王方南：《上海沦陷后暗杀大汉奸唐绍仪纪实》，《文史资料选编》第3辑（1985年8月），第61页。

2 沈醉：《唐绍仪之死》，《文史资料选辑》第109辑（1987年5月），第214页。

3 沈醉：《再谈唐绍仪之死》，《珠海文史》第5辑（1987年5月），第15页。

4 沈醉最早提到此人是在《杨杏佛、史量才被暗杀的经过》一文，见《文史资料选辑》第37辑（1963年9月），第170页。

5 翁养正：《唐绍仪被刺真相》，《建德文史资料》第8辑（1991年11月），第40页。

交通部京沪区铁路管理局警务处为军统掌握的公开机关，由曾任沪区第一组组长的王兆槐担任处长，故该单位内多有沪区旧人。翁养正提到唐案执行者“不大识字”一点颇值得注意，查唐案4名参与者中，赵理君为黄埔五期出身，谢志磐为记者出身，王兴国为上海工部局高级警官外事班出身，皆不可能不识字，唯有相强伟自幼不喜读书，“出身草莽，不甚识字”，[1]且“人高马大，长得十分粗鲁野蛮”，[2]这些特征皆与翁养正提到者相合，只不过相强伟并非北方人，此或翁养正记忆有误。

通过对上述各种记载的梳理，可以基本确定沪区参与唐案者为赵理君、谢志磐、王兴国、相强伟4人，这与当日报刊所载刺唐人数一致。再综观艾经武、章微寒、王绍谦、王芳兰、沈醉、翁养正、史久煜等人之说，可知唐案执行者当为赵理君、相强伟二人中之一人。值得注意者，艾经武、王绍谦本乎赵理君之自述，故主赵理君说；章微寒、翁养正、史久煜听信相强伟之口谈，则主相强伟说，两说虽异，其以当事人片面之词为根据则一也，这或许说明，早在唐绍仪被刺之初，赵理君、相强伟即各表其功，使此事成为悬案，但如考虑到相强伟身材高大、举止粗鲁等特征并未见诸当时报载，则此案似仍以赵理君执斧之可能性最大。

21. 余大雄案

余大雄，字縠民，安徽休宁人。日本早稻田大学毕业，精通日语，曾创办《晶报》三日刊，后因沪战爆发停刊。上海沦陷后，任伪维新政府行政院秘书、事业部参事，并兼伪中华联合新闻社社长，是伪组织中红极一时的人物。

余大雄在虹口新亚酒店六楼601号房间设有办事处，用以接洽新闻业务，整日躲在房间内，不敢外出一步。1938年10月17日晨4时许，沪区3名行动员来到该房间叩关而入，声称来送电讯，须与余大雄面洽。余逆听到声响，由卧室走出，与3人接谈，3人中之一人即出示一封函件，余逆正拟开启时，另外两人乘其不备，猛砍数斧，余逆即踣地不起。3人见目的已达，乃从容走出酒店，分途而去。

直至9时许，黄道会巡逻队见601号房间沉静无声，乃入内查看，始发觉余逆

1　陈恭澍：《上海抗日敌后行动》（1981年11月），第44页。

2　史久煜：《相高老刺杀唐绍仪真相》，《嵊州文史资料》第1辑（1999年12月），第253页。

已遭砍毙，于是新亚酒店内部人员皆相顾失色，莫知所措。后来日军到场，将该函启封，发现其内容并非电讯，而是"斩奸状"一纸，内称："汉奸余大雄劣迹昭著，奉命执行死刑"，并附有"抗战必胜、汉奸必死"等抗日口号。[1]

22. 曹炳生案

曹炳生为法租界警务处政事部督察长，他成为沪区的制裁目标当与唐绍仪案有关。先是 9 月 30 日唐绍仪被刺后，法捕房即通饬所属中西探捕严密查缉，陆续捕获嫌疑犯 15 名，[2] 其中包括沪区助理书记周子桢、文书王湘苏等人。戴笠获悉后，对营救周、王二人甚为关心，他深知曹炳生对本案之处理具有举足轻重的作用，立刻电令张冠夫转托有关人士探询曹炳生的态度，并电周伟龙指示："如曹要钱，而对本案有力维护者，吾人为营救同志、保守秘密起见，当可酌量报酬也；如此案曹将以邀功，则请兄设法仍须予曹以制裁，借以报复而寒叛逆之胆，吾人为救国不惜任何牺牲也。"[3]

曹炳生对营救周、王之态度，囿于史料不得而知，唯其一向站在法租界当局立场，号称"一本大公，不受人惠"，[4] 日后他更竭力破坏抗日组织，并侦知周伟龙之住所及电话号码，戴笠为此曾于 10 月 21 日电嘱周伟龙谨慎行藏，并应"不惜重赏"，对曹炳生设法制裁。[5] 周伟龙接电后，当对本案有所布置，唯直至其被捕，迄无机会执行。

23. 土肥原贤二案

土肥原贤二为臭名昭著之日军驻华特务机关长，亦为拉拢唐绍仪投日的主要人物，在唐绍仪被刺后，蒋介石即指示戴笠继续制裁土肥原贤二。10 月 23 日，戴笠

1　"虹口新亚酒店内余大雄昨晨被砍死"，《新闻报》，1938 年 10 月 18 日；"汉奸余大雄之死"，《战地》第 3 卷第 12 期，第 22 页；"国防部情报局"编印：《忠义救国军志》，第 99 页。《忠义救国军志》记本案时间为 1938 年 10 月 11 日，据《新闻报》改。

2　"暗杀唐绍仪案获嫌疑男女十五人"，《新闻报》，1938 年 10 月 4 日。

3　戴笠电周伟龙（1938 年 10 月 4 日），戴笠史料，144-010106-0003-041。

4　"西爱咸斯路血案曹炳生突遭枪击伤重殒命"，《新闻报》，1939 年 5 月 7 日。

5　戴笠电周伟龙（1938 年 10 月 21 日），戴笠史料，144-010106-0002-050。

致电周伟龙，告以："奉领袖谕，对土肥原应设法制裁，不惜重赏"，还询问："田象奎现已回沪否？"并嘱周伟龙务必派遣干员与田象奎及由此人介绍之汉奸鲍观澄密切联系，善为运用，即使花费较大，也在所不惜。[1]田象奎化名丁文，与土肥原贤二及另一敌特头目和知鹰二均有关系，此时受戴笠之托由港赴沪刺探土肥原贤二之阴谋，唯其出身、履历及与戴笠建立联系之经过皆不详。[2]

同日，戴笠在武汉接到沪区转来的田象奎以化名"丁文"发出的电报，这封电报早在 10 月 14 日已由田象奎发给沪区，戴笠对于电报迟到甚为不满，电责周伟龙道："吾各级办事之迟缓，甚痛心也！"并再次切嘱："田与土肥原确有关系，在武汉攻取之前后，敌必利用特务阴谋以制吾国之死命也，土肥原之行动吾人应予密切之注意，田象奎虽汉奸，但尚不至完全欺骗吾人，万望吾兄派遣干员密切联系。前电请兄送渠之两千元，如未送去，希立即送三千元去为要，今后田之来电，务请随时收发为盼。"[3]实则田象奎并不真心与沪区合作，日后他虽向沪区报告土肥原贤二之行踪，但其内容"多不实在"，通过他制裁土肥原贤二的行动自然毫无结果。[4]

24.敌仓库纵火案

据军统方面记载，沪区曾于 10 月 23 日派员在杨树浦桂阳路西敌军仓库纵火，焚毁库存来复枪 320 支、子弹 2800 盒、火柴 570 箱、军用汽车 34 辆及机踏车 47 辆，[5]唯此案尚无相关史料可资印证。

25."唐山丸"纵火案

"唐山丸"建造于 1926 年，载重 3090 吨，系日商日清公司最重要之轮船，专开津沪航路。据军统方面记载，沪区于 11 月 22 日派员在杨树浦对"唐山丸"进行纵火，将该船所载米面、纸张、匹头、驼绒、羊毛等全部焚毁，使日方损失约

1　戴笠电周伟龙（1938 年 10 月 23 日），戴笠史料，144-010106-0003-042。

2　戴笠电周伟龙转田象奎（1938 年 10 月 23 日），戴笠史料，144-010104-0004-040。

3　戴笠电周伟龙（1938 年 10 月 23 日），戴笠史料，144-010101-0001-050。

4　郑修元：《一件未完成的锄奸案》，《春秋》第 4 卷第 1 期，第 6—7 页。

5　"国防部情报局"编印：《忠义救国军志》，第 119 页。

二百万元。[1]

当时《新闻报》亦对此一事件有详细报道，据称日军占领南京后，曾大肆搜刮中国之珍宝古玩，南京日军当局并于"唐山丸"被焚毁一礼拜前，通知该轮将这些古玩分别运至天津、大连储藏。"唐山丸"奉命后，即赴南京载运，于11月21日到沪，系泊于浦江第28号及第29号浮筒之间。此时日清公司适有大宗面粉杂货急需运往青岛、烟台、天津各埠，因轮船短少，乃命"唐山丸"暂停出口，将这批面粉杂货彻夜运至该轮。至此，该轮货物除南京方面之古玩外，尚有火油、纸张、洋布、棉纱、桐油、面粉等数万件，合计2500余吨，拟于11月22日10时半起程，运往青岛等地起卸。

当日晨4时3刻许，唐山丸正忙于上货，不料货舱突然起火，由于舱内货物多为易燃物，只见浓烟弥漫，火势马上蔓延全船，一时间火光烛天，浦江两岸居民无不惊起。迨海关救火船及救火车先后赶到，乃奋力灌水施救，并将船中货物设法抛掷水中，然而直至10时后，大火尚未完全熄灭，船内所有之机件、珍玩、墨宝、面粉、疋头、杂货等已完全焚毁，该船"只剩一铁壳而已"。据航业界估计，"唐山丸"之损失至少在百万元上下，又该船本身计值亦在百万元之谱，故预计该船及货物损失当在100万元至200万元之数。此次起火原因，该公司"至晚间尚未查明"。[2]

26. 钱应清案

钱应清，又名钱镜平，江苏崇明人。在北洋军阀袁世凯执政时代，曾任财政司长等要职，炬赫一时。沪战爆发后，寓居沪西赫德路赵家桥64弄10号内，及上海沦陷，出任伪维新政府财政部公债司司长。

1938年11月29日上午9时，沪区3名行动人员一执手枪，两执利斧，突然闯入钱宅，时钱应清尚高卧未起，持利斧之二人即向其猛砍十余下，钱逆猝不及防，头手肩胸等处被砍中六七斧，血溅床榻，不省人事，其妻沈氏亦被砍中二斧。

1　"国防部情报局"编印：《忠义救国军志》，第119页。

2　"昨晨杨树浦底浦面日轮唐山丸大火"，《新闻报》，1938年11月23日。

3 人见目的已达，遂夺门从容而去。事后静安寺捕房得报，立派中西探捕前往出事地点调查，并召救护车将钱氏夫妇送往海格路红十字会医院救治。钱应清因伤在要害，流血过多，延至下午 2 时半身死，其妻亦伤势甚重。[1]

钱应清案为周伟龙在沪区区长任内执行的最后一件锄奸案，此案完成同一天，周伟龙即遭租界当局逮捕，故本案之执行经过是由沪区书记郑修元致电戴笠进行报告的。戴笠对本案甚为满意，先于 12 月 5 日批示将案情专门呈报蒋介石，[2] 并下发奖金 3 千元，[3] 后于 12 月 23 日再次批示，发给眼线程鸣凤奖金 3000 元、"策动有功"之舒子侯 400 元、行动员 4 人 1000 元。唯沪区对此案"未经呈准"，系擅自行动，故戴笠又指示毛人凤"应记负责人大过一次，以重法纪"。[4] 由此可见，沪区行动案件必经戴笠批准方能执行，否则无论该案成败、影响如何，相关负责人皆须承担违犯工作纪律之责。

七、武汉会战前后沪区之情报工作

沪区潜伏上海之工作，可粗略分为情报、行动两大类，当上海沦陷之初，由于工作人员缺乏在敌区工作之经验，情报活动几乎陷于停顿，戴笠曾于 1937 年 12 月 18 日致电留沪处理经费事宜之张冠夫痛责道："月余来上海情报可说完全断绝，如谓电台不通，则弟何以有电来，如谓工作人员均已死了，则经费亦有人员具领，详究原因，想必一班人员怕死不动所致也，兄迭受领袖责备，将无面目做人矣！万希向道三、苏民彻查详复，如再无报告来，经费希勿再发。"[5]

1　"维新财部公债司长钱应清斧下殒命"，《新闻报》，1938 年 11 月 30 日；"钱镜平夫妇昨在沪被斫毙"，《大公报》香港版，1938 年 11 月 30 日；"国防部情报局"编印：《忠义救国军志》，第 99 页。

2　戴笠批示郑永忠来电（1938 年 12 月 5 日），戴笠史料，144-010106-0005-082。

3　戴笠电郑永忠（1938 年 12 月 5 日），戴笠史料，144-010106-0003-012。

4　戴笠批示毛人凤来电（1938 年 12 月 23 日），戴笠史料，144-010106-0004-071。

5　戴笠电张冠夫（1937 年 12 月 18 日），戴笠史料，144-010111-0002-079。

至迟在 1938 年 1 月底，沪区的情报活动已逐渐恢复。1 月 29 日，沪区致电特务处本部，报告曾任日军华北特务机关长松室孝良现已来沪主持华中伪组织事宜，敌陆军方面多主张扶植周凤岐、李思浩、陈中孚、许修直、江庸等人分管军事、财政、外交、内政及司法。1 月 31 日，报告日军驻防无锡、苏州之步炮骑兵共约万余人，于 1 月 27 日开往沪杭线，分驻于嘉兴、嘉善、松江一带，又松江属之华庄驻有敌军 800 人，以及停驻太湖之敌军小炮舰 4 艘近被我军游击队击毁 3 艘等情。以上内容是迄今所见上海沦陷后沪区最早搜集的，并由特务处本部转呈蒋介石之情报，蒋介石接阅后，再批交军令部参考。[1]

由于史料有限，沪区在周伟龙任内从事情报工作的全部情形尚难详知。就现存史料来看，在 7 月以前，沪区少有情报经由特务处转呈蒋介石，7 月至 11 月间亦即武汉会战前后，特务处转呈之沪区情报逐渐增多，内容上系以日军军情为调查重点，此外亦包括敌特活动、伪组织及汉奸活动、外交及经济等方面。

1. 日军军情

早在 1938 年 4 月 13 日，戴笠就曾电嘱周伟龙派遣专员调查上海北站、南站及苏州河之日军运兵情形，随时详报。[2] 至武汉会战前后，沪区开始向武汉特务处本部密集报告日军军情，据军统元老毛钟新说，武汉会战期间国军对日军兵力之掌握，多是根据沪区之调查资料进行估计。[3] 兹将沪区搜集之日军运兵及驻军情形择要列举如下：

7 月 1 日，沪区报告上海附近敌军数量，奉蒋介石批示电告第三战区司令长官顾祝同注意。[4] 7 月 2 日，沪区报告沪郊及苏嘉路一带敌军进袭皖南之计划，奉蒋介石批示电告顾祝同。[5] 7 月 4 日，沪区报告杭州敌军进犯镇海、宁波之计划，奉

---

1 钱大钧呈蒋介石报告（1938 年 2 月 5 日），蒋介石档案，002-080200-00510-007。

2 戴笠电周伟龙（1938 年 4 月 13 日），戴笠史料，144-010104-0002-079。

3 戈士德：《戴笠与周伟龙（上）》，《中外杂志》第 31 卷第 5 期，第 138 页。

4 情报提要（1938 年 7 月 3 日），蒋介石档案，002-080200-00511-001。

5 情报提要（1938 年 7 月 4 日），蒋介石档案，002-080200-00511-002。

蒋介石批示电告顾祝同及宁波防守司令王皞南。[1] 7 月 10 日，沪区报告敌舰在长江上游被我空军炸毁炸伤情形，奉蒋介石批示转交航空委员会慰勉。[2] 7 月 15 日，沪区报告敌军举行各军团参谋长会议之内容，由侍从室抄交军令部参考。[3] 7 月 16 日，沪区报告虹口、杨树浦、闸北等处敌军调动情形，由侍从室抄交军令部参考。[4] 7 月 21 日，沪区报告敌军近由意大利运到坦克车之数量，由蒋介石批交军令部参考。[5] 7 月 26 日，沪区报告敌军运输舰载来意大利造重坦克车、高射炮零件情形，由侍从室抄交军令部参考。[6]

8 月 1 日，沪区报告长江前线敌海军航空队、陆军航空队、舰队、战车队之驻地、数量、指挥官及弹药准备量，奉蒋介石批示抄交航空委员会、军令部研究应战方法。[7] 8 月 4 日，沪区报告敌军十八师团肃清海盐、海宁、乍浦等处我军游击队之任务，奉蒋介石批示抄交军令部参考。[8] 8 月 12 日，沪区报告敌海军陆战队、海军航空队调华增援情形，奉蒋介石批示抄交军令部参考。[9] 8 月 13 日，沪区报告山西、河南敌军增援九江情形，奉蒋介石批示抄交军令部参考。[10] 8 月 15 日，沪区报告敌军月吉丸在沪卸下子弹及载运敌军转开湖口情形，由侍从室抄交军令部参考。[11] 8 月 21 日，沪区报告敌陆海军互相推诿作战不力之责任情形，奉蒋介石批示抄交军令部参考，并电第九战区司令长官陈诚，利用敌海陆军之不一致，对沿江西犯

1　情报提要（1938 年 7 月 6 日），蒋介石档案，002-080200-00511-004。

2　情报提要（1938 年 7 月 12 日），蒋介石档案，002-080200-00511-010。

3　情报提要（1938 年 7 月 18 日），蒋介石档案，002-080200-00511-015。

4　情报提要（1938 年 7 月 18 日），蒋介石档案，002-080200-00511-015。

5　情报提要（1938 年 7 月 23 日），蒋介石档案，002-080200-00511-020。

6　情报提要（1938 年 7 月 29 日），蒋介石档案，002-080200-00511-025。

7　情报提要（1938 年 8 月 2 日），蒋介石档案，002-020300-00011-051。

8　情报提要（1938 年 8 月 5 日），蒋介石档案，002-080200-00511-027。

9　情报提要（1938 年 8 月 15 日），蒋介石档案，002-080200-00284-052。

10　情报提要（1938 年 8 月 16 日），蒋介石档案，002-080200-00511-032。

11　情报提要（1938 年 8 月 19 日），蒋介石档案，002-080200-00511-035。

之敌陆战队或波田旅团于适当地区予以重大打击。[1] 8月22日，沪区报告近由厦门调往长江之敌海军番号及数量，奉蒋介石批示抄交军令部注意参考。[2] 8月23日，沪区报告敌海陆军冲突日趋激烈情形，奉蒋介石批示抄交军令部参考。[3] 8月29日，沪区报告敌军第十八及第二十一两师团留沪部队之番号、人数及驻地，由侍从室抄交军令部参考。[4]

10月3日，沪区报告敌运输舰"东山丸"载运敌军增援长江上游情形，及"敬靖丸"在浦东码头卸存武器情形，奉蒋介石批示"知"。[5] 10月6日，沪区报告敌军攻略武汉之计划，奉蒋介石批交军令部参考。[6] 10月9日，沪区报告敌军积极向武宁推进情形，奉蒋介石批交军令部参考。[7] 10月15日，沪区报告上海鱼市场之敌军兵工厂开工情形，奉蒋介石批交军令部参考。[8] 10月16日，沪区报告敌军出动华南之台湾舰队及陆军航空队数量，奉蒋介石批交军令部、航空委员会参考。[9] 同日，沪区报告进攻华南之敌军数量及番号，奉蒋介石批交军令部参考，并电告第四战区副司令长官余汉谋。[10]

11月2日，沪区报告敌华中军司令畑俊六在沪召开军事会议决定之今后军事方针，奉蒋介石批交军令部、航委会参考。[11] 11月3日，沪区报告敌军大本营决定

1　情报提要（1938年8月22日），蒋介石档案，002-080200-00511-038。

2　情报提要（1938年8月25日），蒋介石档案，002-020300-00011-061。

3　情报提要（1938年8月25日），蒋介石档案，002-020300-00002-026。

4　情报提要（1938年8月31日），蒋介石档案，002-080200-00511-045。

5　情报提要（1938年10月6日），蒋介石档案，002-080200-00512-030。

6　情报提要（1938年10月8日），蒋介石档案，002-080200-00512-032。

7　情报提要（1938年10月11日），蒋介石档案，002-080200-00512-034。

8　情报提要（1938年10月17日），蒋介石档案，002-080200-00512-037。

9　情报提要（1938年10月17日），蒋介石档案，002-080200-00512-037。

10　情报提要（1938年10月19日），蒋介石档案，002-080200-00512-038。

11　情报提要（1938年11月4日），蒋介石档案，002-080200-00286-015。

之今后侵华战略，奉蒋介石批交军令部参考。[1]11 月 6 日，沪区续报敌酉畑俊六等在沪议定之军事方针，奉蒋介石批交军令部参考。[2]11 月 8 日，沪区报告敌军进犯赣湘之计划，奉蒋介石批交军令部参考，并电告第三战区司令长官顾祝同。[3]

11 月 18 日，沪区报告敌军在华分布地点，奉蒋介石批交军令部参考。[4]同日，沪区报告敌华中派遣军司令部自汉口移往南京情形，由侍从室抄交军令部。[5]11 月 20 日，沪区报告敌军准备大举进犯苏北情形，奉蒋介石批交军令部参考，并电告江苏省政府主席韩德勤。11 月 23 日，沪区报告敌华中派遣军司令部现设在乡军人部情形，奉蒋介石批交军令部参考。[6]11 月 24 日，沪区报告敌军大本营现拟动员海军现役士兵两旅团共 3 万人开往洞庭湖参战，奉蒋介石批交军令部参考，并电告第九战区司令长官陈诚。[7]同日，沪区报告敌军经沪回国情形，奉蒋介石批交军令部参考。[8]11 月 27 日，沪区报告敌军向德国订购军械情形，奉蒋介石批交军令部参考。[9]11 月 28 日，沪区报告敌军最近侵华部队之番号与数量，奉蒋介石批交军令部参考。[10]

2. 敌特活动

1938 年 7 月 23 日，沪区报告敌军大本营正式发表土肥原贤二为驻华特务机关长。[11]11 月 24 日，沪区报告敌方近派萱野长知在香港联络国民党老党员从事所谓

1　情报提要（1938 年 11 月 4 日），蒋介石档案，002-080200-00512-043。

2　情报提要（1938 年 11 月 8 日），蒋介石档案，002-080200-00512-044。

3　情报提要（1938 年 11 月 10 日），蒋介石档案，002-080200-00512-046。

4　情报提要（1938 年 11 月 24 日），蒋介石档案，002-080200-00512-051。

5　情报提要（1938 年 11 月 27 日），蒋介石档案，002-080200-00512-054。

6　情报提要（1938 年 11 月 26 日），蒋介石档案，002-080200-00512-053。

7　情报提要（1938 年 11 月 26 日），蒋介石档案，002-080200-00512-053。

8　情报提要（1938 年 11 月 27 日），蒋介石档案，002-080200-00512-054。

9　情报提要（1938 年 11 月 30 日），蒋介石档案，002-080200-00512-055。

10　情报提要（1938 年 12 月 4 日），蒋介石档案，002-080200-00512-057。

11　情报提要（1938 年 7 月 25 日），蒋介石档案，002-080200-00511-021。

"中日和平"活动情形，奉蒋介石批示"知"。[1] 11 月 26 日，沪区报告敌方由国内派遣大批佐治人员到华情形，奉蒋介石批交国民政府行政院参考。[2] 11 月 27 日，沪区报告敌华中派遣军特务部收买湘西土匪情形，奉蒋介石批示抄交军令部并摘电湖南省政府。[3] 同日，沪区报告敌军特务派大批汉奸散播化学毒菌情形，奉蒋介石批交军令部参考。[4]

3. 伪方情报

1938 年 5 月 26 日，沪区报告伪组织内幕及敌伪所拟中日媾和条件。[5] 7 月 13 日，沪区报告汉奸包悦卿奉伪蒙政权头目李守信之命来沪与敌华中军部接洽军务情形，奉蒋介石批示"知"。[6] 9 月 15 日，沪区报告伪维新政府内政、绥靖两部召开治安会议之内容，奉蒋介石批示抄交军令部并电告第三战区司令长官顾祝同。9 月 23 日，沪区报告南北伪组织之动态，奉蒋介石批交军令部。[7] 10 月 13 日，沪区报告临时、维新两伪政府筹设伪中华民国政府议政会情形，奉蒋介石批示"知"。[8] 11 月 20 日，沪区报告第十军团长石友三已向敌特头目喜多诚一提出投敌条件，奉蒋介石批示转电第一战区司令长官程潜密查此情报是否为敌军之反间作用。[9]

11 月 22 日，沪区报告沪江海关监督李建南系因生活所迫出任伪职，今后愿为国尽力。戴笠对此签注："已饬继续探询，如李果有爱国赤忱，嗣后中央有要件出关时，拟由原报人事先密告，以利通行，可否，乞示遵。"奉蒋介石批示由戴笠先

1　情报提要（1938 年 11 月 27 日），蒋介石档案，002-080200-00512-054。
2　情报提要（1938 年 11 月 30 日），蒋介石档案，002-080200-00512-055。
3　情报提要（1938 年 11 月 28 日），蒋介石档案，002-080200-00512-054。
4　情报提要（1938 年 11 月 30 日），蒋介石档案，002-080200-00512-055。
5　情报提要（1938 年 5 月 27 日），蒋介石档案，002-080103-00006-006。
6　情报提要（1938 年 7 月 14 日），蒋介石档案，002-080200-00511-012。
7　情报提要（1938 年 9 月 25 日），蒋介石档案，002-080200-00512-018。
8　情报提要（1938 年 5 月 27 日），蒋介石档案，002-080103-00006-006。
9　情报提要（1938 年 11 月 28 日），蒋介石档案，002-080200-00512-054。

与李某联络，侦察其向背之意再办。[1]

11 月 23 日，沪区报告汉奸李择一宴请英商怡和洋行大班夫妇及 4 名英人，奉蒋介石批示"知"。[2]

4. 外交情报

1938 年 7 月 24 日，沪区报告日本因张鼓峰事件向意大利乞援情形，奉蒋介石批交军令部参考，并转知苏联驻华武官。[3] 8 月 5 日，沪区报告日本陆军省因张鼓峰事件反对外相宇垣情形，奉蒋介石批示"知"。[4] 8 月 11 日，沪区报告张鼓峰事件发生后日军军队之调遣情形，奉蒋介石批交军令部参考。[5] 8 月 13 日，沪区报告苏联对张鼓峰事件之态度，奉蒋介石批示"知"。[6] 8 月 12 日，沪区报告东京在乡军人总会训令伪满各地日本商船协助当地军警对俄作战情形，奉蒋介石批交军令部参考，并转知苏联驻华武官。[7] 8 月 20 日，沪区报告苏联驻沪总领馆汉文参赞诺苏夫谈称苏日边境冲突绝无和平妥协可能。[8] 8 月 22 日，沪区报告上海教育界美英人士对教育部阻止北平燕京大学南迁之措置极表不满情形，奉蒋介石批交教育部查复。[9]

9 月 6 日，沪区报告德国要求日方打通西北路线情形。[10] 9 月 21 日，沪区报告敌方企图乘欧战爆发后攫夺沪两租界及英法当局准备必要之措置，奉蒋介石批示

---

1 情报提要（1938 年 11 月 26 日），蒋介石档案，002-080200-00512-053。

2 情报提要（1938 年 11 月 28 日），蒋介石档案，002-080200-00512-054。

3 情报提要（1938 年 7 月 26 日），蒋介石档案，002-080200-00511-022。

4 情报提要（1938 年 8 月 8 日），蒋介石档案，002-080200-00511-030。

5 情报提要（1938 年 8 月 14 日），蒋介石档案，002-080200-00511-031。

6 情报提要（1938 年 8 月 14 日），蒋介石档案，002-080200-00511-031。

7 情报提要（1938 年 8 月 14 日），蒋介石档案，002-080200-00511-031。

8 情报提要（1938 年 8 月 21 日），蒋介石档案，002-080200-00511-037。

9 情报提要（1938 年 8 月 24 日），蒋介石档案，002-080200-00511-039。

10 情报提要（1938 年 9 月 9 日），蒋介石档案，002-080200-00512-003。

"知"。[1] 10 月 17 日，沪区报告英方对中国之观察及其态度，唯侍从室认为所得情报系"敌方之宣传离间"。[2]

5. 经济情报

1938 年 8 月 11 日，沪区报告敌国经济困难情形，奉蒋介石批示抄交军事委员会政治部公布，并抄交军令部参考。[3] 11 月 24 日，沪区报告敌方限制法币流入沦陷区情形，奉蒋介石批交财政部长孔祥熙参考。[4] 同日，沪区报告华北伪联合准备银行新定使用伪币之办法，奉蒋介石批交财政部参考。[5] 11 月 26 日，沪区据沪伪市府高级职员蔡诚仁谈话，报告日本股票债券暴跌情形，奉蒋介石批示"知"。[6]

八、周伟龙之被捕与获释

自上海沦陷后，日军为摧垮中国人的抵抗意志，无时无刻不在设法镇压租界内的抗日组织，而租界当局为维护其自身利益，亦对抗日活动设法防制，使沪区面临两面作战的严峻考验。早在 1938 年 6 月间，戴笠即获悉日军"索任重（笔者按，周伟龙化名）甚急"，且"任重之住址敌亦明了"，他在致电张冠夫时不无忧虑地表示"谅必有汉奸混入吾方工作"，切嘱张冠夫留心自身安全。[7]

9 月底唐绍仪案发生后，租界当局加紧破坏抗日组织，周伟龙之住所及电话号码均被捕房侦悉，戴笠于 10 月 21 日致电周伟龙，告以："兄在沪之安全，弟无时不以为念"，并切嘱其迁移住址，谨慎行藏。[8] 周伟龙接电后有无措置不得而知，

1　情报提要（1938 年 9 月 23 日），蒋介石档案，002-080200-00512-016。

2　情报提要（1938 年 10 月 19 日），蒋介石档案，002-080200-00512-038。

3　情报提要（1938 年 8 月 13 日），蒋介石档案，002-080200-00511-030。

4　情报提要（1938 年 11 月 26 日），蒋介石档案，002-080200-00512-053。

5　情报提要（1938 年 11 月 27 日），蒋介石档案，002-080200-00512-054。

6　情报提要（1938 年 11 月 30 日），蒋介石档案，002-080200-00512-055。

7　情报提要（1938 年 8 月 13 日），蒋介石档案，002-080200-00511-030。

8　戴笠电周伟龙（1938 年 10 月 21 日），戴笠史料，144-010106-0002-050。

一个多月后，他被法捕房逮捕，使沪区的抗日活动遭遇空前危机。

1. 周伟龙被捕之原因

周伟龙之被捕与忠义救国军上海办事处日文秘书沈则林有直接关系，故此处须先明了上海办事处之来龙去脉。

先是沪战期间，特务处组织苏浙行动委员会别动队，周伟龙以特务处沪区区长兼任该会侦谍组组长，直接受该会书记长戴笠指挥。[1] 上海沦陷后，别动队大部撤离淞沪，而京沪沿线仍有不少溃兵及民间武力，戴笠曾向周伟龙转达蒋介石之意旨，命其多方设法策动上述武力扰乱敌方。[2] 1938 年 3 月 13 日，蒋介石电令戴笠"收容整编流散浦东及京沪、沪杭沿线之军队，期以加强敌后游击工作"，戴笠奉命后，当即派遣别动队重要干部分别潜赴敌区进行收容扩编。[3] 于是周伟龙兼任苏浙行动委员会上海办事处主任，[4] 负责对京沪、沪杭两线所收编之各支队进行接洽、联络、策动、指挥等事项。[5]

同年 5 月，戴笠呈准军事委员会，将别动队改编为忠义救国军，仍隶属苏浙行动委员会。8 月，特务处亦升格改组为军统局，责任更重，戴笠特别电嘱周伟龙："我在京沪沿线各支队，务请多方督促其速遵照委座之命令破坏京沪铁道交通，借以牵制敌军之行动，事关本军之前途甚大，万希吾兄严厉督促为要！"[6] 周伟龙奉命后，除继续打击敌伪外，还曾策反伪苏州水上警察局局长龚国梁，唯戴笠认为时机尚不成熟，指示周伟龙"目前不必促其即行反正"，可先与其保持联络。[7]

由于戴笠对上海办事处之工作异常重视，该办事处遂有相当数量之工作人员与

1　"国防部情报局"编印：《忠义救国军志》，第 8 页。

2　戴笠电周伟龙（1938 年 3 月 6 日），《戴先生遗训》第 2 辑，第 111 页。

3　"国防部情报局"编印：《忠义救国军志》，第 11 页。

4　戈士德：《戴笠与周伟龙（上）》，《中外杂志》第 31 卷第 5 期，第 138 页。

5　戴笠电周伟龙（1938 年 5 月 10 日），《戴先生遗训》第 2 辑，第 29 页。

6　戴笠电周伟龙（1938 年 8 月 5 日），《戴先生遗训》第 2 辑，第 25 页。

7　戴笠电周伟龙（1938 年 11 月 29 日），《戴先生遗训》第 3 辑，第 344 页。关于龚国梁之职务，见曹乃珉编：《沦陷区域的非人生活》，广州，新生书局，1938 年，第 60 页。

办公处所。起初，办事处位于法租界辣斐德路一幢两进三楼洋房，四楼尚有一灶被间，以住家为掩护，楼下住沪区内勤谢志磐一家人，子女众多，谢妻操持家务，甚为辛苦。以后办事处迁到萨坡赛路一幢三楼花园洋房，仍以住家为掩护，家中老太太为特务处元老徐为彬之母亲。再后来，办事处又迁至迈尔西爱路 277 号。

此外已知办事处之人员尚有：书记魏飞，浙江杭州人，私立上海法学院肄业，曾任上海特别市党部干事，素有大志，机警干练，1935 年 3 月参加特务处工作，曾任沪区通讯员。[1]主持机要之毛钟新，浙江江山人，浙江警校正科三期毕业，1935 年 1 月参加特务处工作，曾任南京总台收发员、沪区股长。日文秘书沈则林，江苏海门人，留日学生，其妻为一面貌姣美之江南佳丽，沈氏夫妇曾奉周伟龙之命主持办事处一接头处，用以接待同志。又有译电员多人，其中有一女性潘秀英，上海人，系周伟龙旧属陈子建所介绍，当时特务处全国各区站译电员均由处本部派遣，只有此女系就地雇佣者。另有军需钱信悦为浙江嵊县人，对潘秀英颇有兴趣，当时潘秀英与徐为彬之母合住一房，据徐老太太说，潘秀英睡在床上，钱信悦曾坐在床前与其谈话，还把手伸入被中。[2]由此可见办事处人员之复杂与举止之随便，日后沈则林首先事泄当与此不无关系。

除沈则林外，周伟龙夫妇感情不睦亦为其被捕的原因之一。周夫人名崔曙坤，湖北人，全面抗战爆发后，一度转往周伟龙之家乡湖南湘乡。[3]唯上海沦陷不久，戴笠即电询周伟龙是否可促崔曙坤回沪。[4]3 月 8 日，戴笠再电周伟龙云：

限即刻到，上海，〇密，任重兄勋鉴。1.为兄工作之掩护及精神之安慰计，弟拟请嫂夫人赴沪，如何？盼覆！……3.行动工作人员之生活与行动等，负责者必须随时明了，对于女工作人员之一切尤须随时明了其生活与思想，而负责人本身

1　"国防部情报局"编印：《本局殉职殉难先烈事迹汇编》，第 940 页。

2　戈士德：《戴笠与周伟龙（中）》，《中外杂志》第 31 卷第 6 期，第 143—144 页。

3　戈士德：《戴笠与周伟龙（上）》，《中外杂志》第 31 卷第 5 期，第 138 页。

4　戴笠电周伟龙（1938 年 2 月 13 日），戴笠史料，144-010106-0004-027。

之一切更须注意。……弟涛叩，齐午，汉。[1]

　　此电"对于女工作人员之一切尤须随时明了其生活与思想，而负责人本身之一切更须注意"一句颇值玩味，这番话当与周伟龙的生活作风有关，毛钟新称之为"周伟龙的寡人有疾"：

　　苏浙行动委员会别动队有女生大队，队长邹志英，化名"杨华英"，队员多吸收工厂女工。淞沪沦陷，部队解散了，留下若干人充任交通，沪区内交通多用女性，而且大有来历，但多数为女生大队留下的。这些女孩亦不简单……其中有一个人偷偷和人讲："周伟龙冲动起来像发了疯一样。"戴笠在后方自然亦有所闻，于是派人送周伟龙的太太崔曙坤来上海。[2]

　　《孟子·梁惠王下》云："王曰：'寡人有疾，寡人好色'。"此一好色的毛病为周伟龙的短处，周伟龙如果因此与部属发生矛盾或与闲杂人等多所接触，无疑会给沪区工作带来影响，故戴笠急派崔曙坤经香港转往上海，以为周伟龙"精神之安慰"，他曾于4月9日特电香港工作人员陈质平，询问"道三夫人已赴沪否？"足见其对此事之关注。[3]令戴笠意想不到的是，由于周氏夫妇感情不睦，崔曙坤之赴沪不仅于事无补，反而导致了周伟龙的被捕。

　　周伟龙被捕之经过如下：先是沪区某行动组所属失事，牵连上海办事处接头处负责人沈则林，沈则林被捕后熬刑不住，供出办事处地址，即由公共租界会同法租界巡捕挟往该处搜捕。其时沪区对捕房有一套缓兵之计，即被捕人员乱供一个不重要或不相干的地址，让捕房派人白跑一趟，只要耽搁一二十分钟，沪区在捕房的多名内线即可通知其他人员从容撤退。唯沈则林只是一介书生，未受特务训练，熬刑机变均不在行，供得太快，迨沪区在捕房之内线通知书记郑修元应变时，巡捕已经

1　戴笠电周伟龙（1938年3月8日），《戴先生遗训》第2辑，第26页。

2　戈士德：《戴笠与周伟龙（上）》，《中外杂志》第31卷第5期，第138页。

3　戴笠电陈质平（1938年4月9日），《戴先生遗训》第2辑，第17页。

直奔上海办事处抓人了。[1] 更为糟糕的是，当郑修元设法通知周伟龙撤退时，又遭崔曙坤耽搁，终于酿成大祸，据郑修元回忆：

> 我得到消息，是在当天的下午两点四十分左右，立即以电话抵周兼主任之住所，适值午睡，由其夫人接听。当时请其叫醒周先生，告知情况，速作处理。因非周本人接听电话，我为了稳妥起见，挂下电话，立刻赶去办事处，告诉在该处负责机要之毛钟新同志，一面草就一份书面报告，将所知经过情形留陈周先生，我因为另一外勤同志之约会时间已到，乃又赶忙离去。讵料我离开不过五六分钟，周先生也已赶到处内。他坐下来批阅我所留陈的书面报告，不到十分钟，法捕房大批探警蜂拥而至，搜出了枪支、密电码和全部文件，即将处内一干人等全部拘捕。[2]

郑修元之电话关乎性命，何以周伟龙不来接听？据日后郑修元面告继任沪区区长陈恭澍说，乃是因为"周先生脾气大，他太太怕挨骂"，竟不敢叫醒他。[3] 唯据毛钟新回忆，周伟龙尝与沪区重要人员在餐馆设席宴饮，酒酣耳热，有人和女招待开玩笑，周伟龙也随喜插一两句嘴，不料崔曙坤立即起来，大声说："周道三，无耻！"并左右开弓，打了他两记耳光，周伟龙状甚窘迫，只说："喝醉了，喝醉了。"立即偕妻离席而去，日后更与崔曙坤离婚，"如此夫妻，不能偕老，双方都有责任"。据此，崔曙坤不叫醒周伟龙，并非所谓"怕挨骂"，而是夫妻关系不睦。[4]

2. 周伟龙获释之经过

沪区内线传递之应变情报，一误于沈则林之迅速吐实，再误于崔曙坤从中作梗，终使侦骑登堂入室，拘获周伟龙及办事处书记魏飞以下男女 13 人，时为 11 月

---

1 戈士德：《戴笠与周伟龙（中）》，《中外杂志》第 31 卷第 6 期，第 144—145 页。另据军统旧人王安之回忆周伟龙被捕之原因称："周伟龙住在法租界，经常去跳舞场跳舞，被日本特务机关知道，因而日本特务机关会同法国巡捕房将他逮捕。"查王安之是在 1939 年 6 月以后由渝赴沪担任沪区书记的，并未亲历周伟龙被捕之事，所述不足为凭。见王安之：《我在军统上海区的经历与见闻》，《文史资料存稿选编》第 14 册，第 256—257 页。

2 郑修元：《沪滨三次历险实录》，《畅流》第 41 卷第 6 期，第 11 页。

3 陈恭澍：《上海抗日敌后行动》，第 18 页。

4 戈士德：《戴笠与周伟龙（上）》，《中外杂志》第 31 卷第 5 期，第 139 页。

29 日下午 4 时左右。当巡捕之手枪、手镣环伺之际，周伟龙见是沈则林引领而来，突然飞起一脚，将其踢翻，捕房两人立即左右挟持，不令动弹，英籍包探则上前掌掴，周伟龙怒目而视，哼了一声，并未向洋人示弱。[1]

由于戴笠早先叮嘱过周伟龙，沪区与上海办事处须分别办公，"双方人员不可相互往来，籍易保守秘密"，[2] 故上海办事处被破获后，暂未牵连沪区，但周伟龙毕竟掌握了沪区全部人事与办公情况，他的被捕已使沪区面临巨大风险。11 月 30 日寅时，郑修元急电戴笠报告周伟龙失事的经过，略谓周伟龙在迈尔西爱路办事处被公共租界捕房会同法巡捕房捕去，该处办公人员亦均被捕，并抄去手枪、文件等物，周伟龙已被引渡给公共捕房，其余被捕人员及枪支、文件等尚押法捕房等语。戴笠接阅来电后，立电正在平津活动之军统干员王天木赴沪接任沪区区长，以免该区群龙无首，陷入混乱；再电正在香港之宋子文、杜月笙，请他们转托沪上好友分头设法营救；又于同日申时复电郑修元，令托法捕房华督察长蒋福田帮忙，并切嘱："对此案务达不被敌引渡与不扩大为目的，即所需稍巨在所不惜，沪区工作万希兄竭力维持，转达诸同志不必惊慌。"[3]

由于郑修元来电仓促，戴笠尚未了解沪区事变的详情，他于 12 月 1 日丑时再电郑修元、张冠夫、赵理君 3 人，详细询问各种细节："迈而西爱路之办事处究竟系区之办事处或忠义救国军办事处？被捕者究有若干人？文件被搜去者内容若何？任重兄引渡公共捕房后有无受刑？能否通讯？"并嘱："事已至此，万希兄等不怕难，勿畏险，四出活动，多方营救，务期达到不为敌人引渡，重金在所不惜。"又具体指示可以其私人名义委托公共租界工部局董事、沪上知名律师江一平在租界内活动，以确保周伟龙之安全。[4]

另外，戴笠以本案关系重大，特将周伟龙的被捕经过报告蒋介石，并陈述沪区

1　戈士德：《戴笠与周伟龙（中）》，《中外杂志》第 31 卷第 6 期，第 145 页。

2　戴笠电周伟龙（1938 年 5 月 10 日），《戴先生遗训》第 2 辑，第 29 页。

3　戴笠电郑修元（1938 年 11 月 30 日），《戴先生遗训》第 3 辑，第 325 页。

4　戴笠电郑修元、张冠夫、赵理君（1938 年 12 月 1 日），《戴先生遗训》第 3 辑，第 325 页。

面临的危险："周在沪工作日久，因工作之迭著成绩，已引起敌方之注意，正拟调回，竟遭逮捕，诚恐被敌引渡，沪上工作虽未全部破坏，但已受甚大打击。"蒋介石接阅报告后，对营救周伟龙事也很关心，特别批示由宋子文以私人资格向"美国驻沪有力者"活动，务必使周伟龙不被捕房当局引渡给日本方面。[1]

在营救周伟龙之初，戴笠认为最能发挥直接作用的是蒋福田。他于12月2日晨特电蒋福田致意道：

> 限一小时到，上海，〇密，即抄送蒋福田兄惠鉴。敝处在沪部份工作迭经变故，屡蒙维护，吾兄赤忱为国，感佩万分，弟已将吾兄种种维护之情形报陈委座矣，奉谕奉电嘉奖，并请今后多多匡助。国难至今，所恃以复兴者，吾中华民国之同胞全体团结、精诚爱国也，兄之忠义血性弟虽未晤教，但甚钦仰也。此次王立德同志等一案，务请兄鼎力维护，俾早恢复自由，被搜文件并请兄多方设法秘密交还，或予烧毁，一切请与在沪同志洽商办理，东望沪天，不胜企念！……弟农叩，冬辰，衡阳。[2]

周伟龙本来化名陈任重、宁致远，其被捕后，又编造了一个新化名"王立德"，以隐瞒身份。当时周伟龙被押至公共捕房，戴笠之所以向蒋福田致意，意在借助其在法捕房的势力，将周伟龙提回。与此同时，戴笠已经做好沪区全盘尽墨的最坏打算，他致电郑修元及沪区第一组组长朱啸谷，首先对"修兄之镇静策应"与"啸兄之努力奔走"表示感佩，继而嘱咐应尽快解决周伟龙等被捕人员及被掳文件之问题，此外对于先前因唐绍仪案被捕又释出之人员，"应加发旅费，令其即取道温州、宁波，赴金华保安处谍报股童襄同志处报到，转来衡阳马嘶巷十号，不可再留沪上"，以免多所牵连。[3]

所幸的是，蒋福田在法捕房确实颇有势力，经其活动，周伟龙果于被捕次日即11月30日被提回法捕房候审，且颇蒙优待。12月1日，日军曾以"王立德"等人

---

1 戴笠电蒋介石（1938年12月1日），蒋介石档案，002-080200-00504-174。

2 戴笠电蒋福田（1938年12月2日），戴笠史料，144-010110-0005-043。

3 戴笠电郑修元、朱啸谷（1938年12月2日），《戴先生遗训》第3辑，第325页。

系抗日重要分子，向法捕房要求引渡，法总领事为避免麻烦，一度下令法捕房仍将周伟龙解回公共捕房，此时蒋福田再次多方活动，卒使法总领事撤回成命，使日军引渡的企图未能得逞。[1] 蒋福田还向被押法捕房诸人表明自己与戴笠的关系，要大家安心，且"表明身份时，对属下并不避讳，只瞒住几个洋人而已，此亦当时抗日意识深入各阶层之表现也"。[2] 又周伟龙其人斜视，有"独眼龙"之称，[3] 故毛钟新所谓周伟龙"睥睨一切"非特谓其狂傲，实亦指其面貌而言，[4] 而周伟龙被押公共捕房期间受了一次电刑，经此酷刑，好像做了整容手术，斜视反而矫正许多。[5]

　　周伟龙被提回法捕房后，沪区事变的情势有所和缓，唯周伟龙由法捕房获释以至脱离险境，仍然经历了一个复杂而曲折的过程。12 月 4 日，戴笠致电郑修元指示："任重兄等自移回法捕房后，有无即行开释之可能，此事务请兄多方策划，随时电示。"[6] 12 月 5 日，戴笠接阅郑修元"冬亥"电，得知日军曾向捕房当局交涉引渡周伟龙，遂再电郑修元切嘱："任重兄等无论如何，必须达到不为敌方所引渡，欲期达到此目的，必须第一步做到不让其提回公共捕房也"，"法人多爱钱，此事不妨向蒋福田示意，请其疏通法总巡及政治部主任等，务达到不再解往捕房，并早日开释被捕各人，吾人当予以相当之报酬也"。[7] 同日，戴笠再指示郑修元，自 11 月起每月发给蒋福田津贴 500 元，并发特别费 2000 元，"为营救任重同志等活动之用"。[8] 12 月 9 日，戴笠针对"法人多爱钱"的特点又电郑修元指示："营救王立德兄等，法总领事方面如能疏通，费用可照给。"[9]

1　戴笠电宋子文（1938 年 12 月 5 日），戴笠史料，144-010111-0004-037。

2　戈士德：《戴笠与周伟龙（中）》，《中外杂志》第 31 卷第 6 期，第 145 页。

3　翁养正：《我所知道的忠义救国军》，《建德文史资料》第 8 辑（1991 年 11 月），第 79 页。

4　毛钟新：《骂人与做事的艺术——戴笠别传之七》，《中外杂志》第 31 卷第 6 期，第 122 页。

5　毛森：《往事回忆》，《传记文学》第 77 卷第 1 期（2000 年 7 月），第 126 页。

6　戴笠电郑修元（1938 年 12 月 4 日），戴笠史料，144-010108-0002-009。

7　戴笠电郑修元（1938 年 12 月 5 日），《戴先生遗训》第 3 辑，第 325—326 页。

8　戴笠手令（1938 年 12 月 5 日），戴笠史料，144-010110-0003-012。

9　戴笠电郑修元（1938 年 12 月 9 日），《戴先生遗训》第 3 辑，第 326 页。

除指示沪区外，戴笠继续寻求杜月笙的帮助。杜月笙与戴笠关系密切，自然不能袖手旁观，他曾转托法律界人士张有枢与法总领事商量，使周伟龙设法脱险。12月10日，杜月笙与戴笠在重庆见面，据称此案"已得张来电，在最近期内可办到，移解法院罚歀了事或驱逐出境"，戴笠认为"以驱逐出境为妥"，遂请杜月笙继续委托张有枢办理。[1]

此外，戴笠致电正在香港的宋子文，告以案情进展，并请求帮助："此案拟乞公设法示意法大使，请其转知法总领事从轻发落，对蒋福田亦乞赐电关照，俾其益形感奋，因闻蒋对公甚景仰也。"[2]宋子文与戴笠私交甚笃，接电后即托上海中法工商银行经理刘莐忱由港赴沪，向法总领事疏通"王立德"案，并致电戴笠告知一切。12月14日，戴笠复电宋子文表示谢意："王立德案蒙公派员赴港向法领疏通，想不久定可解决也。"[3]另电郑修元，告以刘莐忱拟于12月16日由香港出发，约18日可到上海，令其前往法租界外滩1号中法工商银行拜访，与刘详商一切。[4]

蒋介石对营救周伟龙的进展也很关注，除亲电宋子文外，还曾面托杜月笙设法。[5]另据毛钟新回忆，蒋介石曾为此事亲自召见法国驻华大使，请法国政府下令上海法捕房方面早日开释周伟龙等被捕人员，以免迁延日久，辗转陷入日军手中。[6]

经上述之多管齐下，周伟龙之获释似已指日可待，但事实上，周伟龙至少在12月底仍被关押。个中原因，囿于史料无法详知，仅据戴笠与沪区往来之电报来看，或与沪区专恃蒋福田之活动而轻视刘莐忱之作用有关。戴笠于12月22日曾告诫新任沪区区长王天木："刘莐忱先生对营救任兄能发生效力，请勿忽视。"[7]12月28日，戴笠再电王天木、郑修元责备道："我沪区迄未派员与刘莐忱先生洽商，

1 戴笠电张冠夫（1938年12月11日），《戴先生遗训》第3辑，第151页。

2 戴笠电宋子文（1938年12月5日），戴笠史料，144-010111-0004-037。

3 戴笠电王云菻转宋子文（1938年12月14日），戴笠史料，144-010199-0004-037。

4 戴笠电郑修元（1938年12月14日），《戴先生遗训》第3辑，第326页。

5 戴笠电王天木（1938年12月18日），戴笠史料，144-010106-0003-060。

6 戈士德：《戴笠与周伟龙（中）》，《中外杂志》第31卷第6期，第145页。

7 戴笠电王天木（1938年12月22日），《戴先生遗训》第3辑，第326—327页。

1939 年前后的周伟龙

兄等胡信蒋福田如此之深？而将宋部长负责介绍之人如此轻视乎？弟深为不解！"
并严令郑修元立即趋访刘茞忱面商一切，将商谈经过复电报告。[1] 12 月 30 日，戴
笠又电王天木嘱咐："任兄之事应求速决，即须活动费用，吾人亦在所不惜，刘茞
忱先生对此事不能说毫无力量，请永忠（笔者按，郑修元化名）兄勿忽视。"[2]

　　法捕房以提篮桥监所二楼监禁周伟龙及办事处被捕人员，周伟龙在被押期间，
仍然痼疾难改，竟与译电员潘秀英暧昧起来。当时每人一室，隔离监禁，只在放
风时有接触，但众目睽睽，不便交谈，于是周伟龙托看守巡捕以文字示意潘秀英，
不料巡捕恶作剧，将其情书传遍各牢房，让众人先睹为快，中有名句："大家养精
蓄锐，出去大干一场。"[3] 周伟龙命在旦夕尚有心情谈情说爱，此又其桀骜不驯之
一例。据毛钟新回忆，周伟龙是在被押 50 天后始得以"秘密驱逐出境"之方式脱
险的。[4]

　　至于对沈则林之处置，戴笠曾于 12 月 9 日指示郑修元："开释沈则林需费千
元，亦可照给，沈释放后，请兄不必责备，可告以不能再在沪工作，优给旅费，令
其速取道定海或温州，到衡阳马嘶巷十号报到，另调工作可也。"[5] 唯王天木接任

1　戴笠电王天木、郑修元（1938 年 12 月 28 日），《戴先生遗训》第 3 辑，第 327 页。

2　戴笠电王天木（1938 年 12 月 30 日），《戴先生遗训》第 3 辑，第 327 页。

3　戈士德：《戴笠与周伟龙（中）》，《中外杂志》第 31 卷第 6 期，第 145 页。

4　戈士德：《戴笠与周伟龙（上）》，《中外杂志》第 31 卷第 5 期，第 138 页。

5　戴笠电郑修元（1938 年 12 月 9 日），《戴先生遗训》第 3 辑，第 326 页。

后，鉴于沈则林出卖组织，又向戴笠建议将其制裁，戴笠对此仍持保留意见，复电指示道："沈则林在沪制裁，如有妥善办法固佳，如无切实把握，请多方安慰，令其赴衡阳。"[1]

按照军统之严酷纪律，沈则林向捕房泄露组织秘密，固当判处死刑，唯其以一未受特务训练之书生，泄露秘密系因不堪威逼，而非有意为之。周伟龙或是有感于此，当沈则林被释回后方时，即一再力保其不死，待其坐了三四年牢，又将其保释出狱，继续核派工作。[2]以此观之，周伟龙虽桀骜刚愎，但其待人尚有宽厚一面，非尽如某些军统旧人所言之残忍滥杀。[3]

九、结语

戴笠与特务处向来重视上海方面的特务活动，早在全面抗战爆发以前，即在上海设有一级外勤单位上海区，简称沪区。1937 年初，特务处本部以情报、行动能力甚强的元老周伟龙接任沪区区长。同年 7 月，沪区因应全面抗战爆发后的紧张情势，扩大组织编制，新设若干通讯组、行动组及电台，并将工作重心由对内转为对外，着重搜集敌我双方军事情报。唯沪区对日工作起步较晚，基础较差，加以特务处本部各单位沟通不畅，其最初的抗日成绩并不理想。

淞沪抗战爆发后，戴笠亲自赶到上海，将沪区与特务处其他在沪单位混合编组，统一指挥，在其严厉督责之下，沪区的抗日活动渐有起色，一面搜集敌军情报及战地情报，一面破获汉奸敌谍、抢运军械，并参与苏浙行动委员会别动队工作，配合正规军作战。这一时期，沪区对敌军在沪之军事行动及日伪汉奸之一般活动均能注意查报，并能注意汉奸之制裁，但也暴露出工作人员欠缺反间谍能力、未能打入伪组织及敌谍机关等缺点，对于敌方军事动态及其侵华计划等项亦未能深

---

1 戴笠电郑修元（1938 年 12 月 18 日），戴笠史料，144-010106-0003-060。

2 戈士德：《戴笠与周伟龙（中）》，《中外杂志》第 31 卷第 6 期，第 145 页。

3 毛森：《往事回忆》，《传记文学》第 77 卷第 1 期（2000 年 7 月），第 126 页。

入侦察。

上海沦陷后，周伟龙奉戴笠之命，率领沪区工作人员及苏浙行动委员会别动队残部继续潜伏沪上，利用公共租界及法租界特殊的政治环境从事地下抗日活动。当时沪区工作人员之数量居全国各单位之冠，年龄上以 26 岁至 35 岁的青年为主力，籍贯上则以熟悉上海社会情形的江苏、浙江人最多，凡此均能看出戴笠及特务处对沪区潜伏活动的用心布置。

按照特务处工作计划纲要之规定，沪区应搜集敌伪情报，提供上级参考，并须针对敌伪从事制裁、突击、破坏行动，以削弱其战力。唯沪区自成立以来，均系在国民政府统治下进行活动，从无在敌区潜伏之经验，当上海沦陷后，沪区以镇压异己之特务机关变成被敌索捕之地下组织，可谓主客异位，形势丕变。因此在潜伏初期，沪区之情报、行动工作均无成绩，而在沪郊活动的别动队残部亦在日军强大的军事压力下全部溃散。

沪区经过一段时间的适应与调整，自 1937 年 12 月底渐次展开抗日活动，在一个月内先后制裁伪组织头目陆伯鸿、范刚、杨福源，有力地打击了上海沦陷初期的投敌逆流。自 1938 年 2 月至 5 月的 4 个月间，由于日伪与租界当局开始镇压抗日活动，沪区工作一度陷入低谷，对汉奸首恶苏锡文、邵式军以及敌特头目楠本实隆、大槻茂等人之制裁行动皆未获成功，但也完成周凤岐锄奸案以及大阪码头纵火案，造成相当影响。而戴笠鉴于沪区成绩低落，立刻调派干员郑修元、赵刚义、孙亚兴、王懋、张圣才等人赴沪，充实沪区力量，使沪区很快又重新振作起来。

自 1938 年 5 月底至 11 月底半年间，沪区一面广泛搜集敌军运兵、敌特活动、伪方活动以及敌国外交、经济方面之情报，为国民政府军政部门提供有力参考；一面武装反抗日伪当局，先后制裁了尤菊荪、任保安、邓少屏、顾馨一、陈德铭、周柳五、范耆生、郑月波、叶纪逢、刘宏福、刘谦安、陈云、姚秋华、余大雄、钱应清等十余名重要汉奸，群丑或死或伤，而毙命之概率极高。沪区出于抗日需要，还制造了轰动一时而争议较大的陆连奎、唐绍仪两案。这种高频率的暗杀案，极大地震慑了大小汉奸及动摇分子，往往一人被刺，即有若干与其身份、处境相类之人在报端刊登启事，表明不与日伪接近的立场与态度，使制裁行动收到杀一儆百之效。[1]
此外，沪区还在"七七事变"及"八一三"抗战周年开展暴动，又在杨树浦敌军仓
库及敌船唐山丸纵火，这一系列行动，不乏未竟全功与成效不彰者，但无一例外均
给日伪造成或多或少的损失以及挥之不去的心理恐慌。

沪区锄奸之方式，起初多由行动员在闹市以手枪执行，此种方式之初衷当系便
于行动员杂入人群撤退，但为避免路人注意，须在事后将手枪抛弃，而开枪之声响
仍然不免招来附近之巡捕，给行动员脱险带来麻烦。更为负面的是，此种方式常常
造成执行目标以外的人物甚至是无辜市民的伤亡，如尤菊荪案中被击毙之白俄保镖
派巴夫及被击伤之爱物林，任保安案中被击毙之妓女双红及被击伤之琴师赵英俗、
向导女梁素英，伍澄宇案中被击伤之茶房丁宝根，陈德铭案中被击毙之车夫阿金及
被击伤之路人钱发发，"七七暴动"案中被炸毙之水上饭店小工及被炸伤之印度籍
司阍捕、陈云案中被击伤之车夫徐吉谭，等等。唯沪区之锄奸案，几乎无一例外是
在捕房警探与敌伪爪牙环伺之下执行的，危急之情间不容发，随时要以牺牲生命为
代价，故此种缺憾应就当时的具体情境加以说明，而不应以坐而论道之姿态过分苛
责。更可注意者，沪区对闹市枪击的弊端应当也有所检讨，故在唐绍仪案中改以入
室斧砍之方式执行，此种方式既能避免引起附近巡捕的注意，又能避免流弹伤及无
辜，可谓一举两得，故刺唐案一经成功，之后余大雄、钱应清等案即沿用之。

沪区这种激烈、持续的抗日活动，使敌伪汉奸直如芒刺在背，而租界当局为保
持中立态度并维护治安，亦加紧对抗日组织的破坏，在上海沦陷后的一年间，沪区
自区长周伟龙以下先后有数十名工作人员被捕。蒋介石与戴笠对营救被捕人员颇为
重视，尤其当周伟龙案发生后，立刻运用各方关系疏通法捕房及法国驻华当局，卒
使周伟龙安全撤离上海。

由沪区营救被捕人员的种种事实来看，国民政府虽然丧失了在上海的统治权，
但其影响仍在，借由宋子文、杜月笙等人广泛的社会关系，可以对租界当局进行相
当程度的渗透，这为沪区的工作提供了某些保障。只不过这种保障是有限、滞后且

1　戈士德:《戴笠与周伟龙（上）》，《中外杂志》第 31 卷第 5 期，第 138 页。

非正式的，沪区在从事地下抗日活动的过程中仍然付出了不小的代价。据不完全统计，在上海沦陷后的一年间，沪区因执行锄奸案当场身亡者有戴祉裕、李树森二人，先被租界当局逮捕再被日军引渡杀害的有周继棠、钱详庆、张玉琨、顾仁元、方家全、杨光兰、韩坤林、赵晨耕、刘裂勇、杨文斌、章学礼、胡荣桂、赵如森、朱仲虎、孙亚兴、郭楚芳等十余人，被租界当局逮捕判刑或下落不明的有周维荣、陈元良、王光才等人，因执行案件导致精神失常、最终殒命者有谢志磐一人。曾有学者研究过 1939 年军统局在上海的锄奸行动，认为"在日伪严密控制的沦陷大城市里，军统特工在严酷的斗争环境里，满怀对中华民族的热爱，对日本侵略者的仇恨，用自己年轻的生命与无畏的鲜血书写了中华民族抗战史上光辉灿烂的一页"，此一结论同样适用于评价 1938 年由周伟龙所领导的沪区抗日活动。[1]

　　1938 年是正面战场不断遭遇挫折、国土大片沦陷的一年，更是抗战前途晦暗不明、投降主义活动日渐猖獗的一年，在这样的背景下，沪区在上海从事地下抗日活动的意义不容忽视。虽然上海这一"地下战场"的规模远不如正面战场与敌后战场，但其斗争的残酷性却丝毫不亚于后者。上海是当时中国第一大都市，为国际观瞻所系，因此沪区对敌伪的打击、对抗战局势的影响，亦非其他战场的抗日活动所能替代。要之，沪区的潜伏既是国民政府有组织、有计划在大城市从事地下抗日活动的最早记录，也是第二次世界大战期间反法西斯阵营针对侵略者开展城市抵抗运动的先声。沪区开辟的地下战场打击了日伪当局的嚣张气焰，遏制了动摇分子的投敌步伐，振奋了沦陷区的民心士气，坚定了后方的抗战信念，为正面战场与敌后战场提供了有力支持，展现了中华民族不屈不挠的反抗侵略的精神。

1　杨芸：《军统上海抗日锄奸活动研究——以 1939 年为中心》，上海师范大学硕士学位论文，第 2 页。

拾伍 戴笠运用"高等淌白" 谋刺丁默邨之谜

1939 年 12 月 21 日，国民党中统局女特工郑苹如在上海设计刺杀汪伪要员丁默邨，不幸事败牺牲。郑苹如本为沪上名媛，其一生传奇经历，经由众多当事人之回忆文字以及后世文学、影视作品之不断演绎，已经广为人知。

笔者通过检视戴笠档案，方知在郑苹如行动前后，军统局也曾试图刺杀丁默邨，且手法与中统局相似，同样是运用女性设法进行。此一刺杀计划尘封多年，相关档案涉及化名较多，尚未见任何著作进行解读，笔者窃喜探得其秘，愿与读者诸君分享。

一、戴笠运用"许小姐"谋刺丁默邨

1939 年，上海处在日伪控制之下，当时军统局布置在上海的潜伏组织上海区（简称沪区），是一个拥有上千特务人员的庞大潜伏单位，负责搜集日伪情报，并对日伪要员进行制裁。

这年 11 月 18 日，身在后方的戴笠致电上海"友松"抄送"淑嫂"密转"励行"：

限一小时到，上海，○密，友松兄，即抄送淑嫂，密转励行弟如见：港岛一别，九个月矣，怀念知己，无时或释！此九个月当中，因为我的上海家里迭遭变故，致与你有时失了联络，并使你生活、活动受了影响，真的对你不起也！现闻你对于工作极其热心，无论为公为私，我实在感佩万分！现对某事已有办法，真是天假予吾人以成功也。此事如能成功，对弟绝无危险，弟不仅可得到重赏，且功在国家，将来历史上可以成名也。万望你不必有丝毫之害怕，速与我在沪同志面商一切，勇敢进行！弟之用费，我已电告送上矣。此祝健康、胜利。农叩，巧巳。[1]

查沪区负责者并无"友松"其人，故"友松"当系化名，因无直接证据可凭，谨据情推测：戴笠曾多次致电沪区区长陈恭澍向"友松"洽取经费，可知"友松"当系沪区会计负责人。[2] 案当时沪区负会计之责者为毛宗亮与陈贤荣，而陈贤荣能力较弱，故戴笠曾命毛宗亮"负沪区会计内部之主责"。[3] 另据戴笠电文之惯例，致电军统局内年资相仿之人员均称"某某兄"，不称"某某弟"，而致电张冠夫、毛宗亮二人则大多称"弟"，较少称"兄"，此因张、毛二人与戴笠有戚谊，且年龄小于戴笠，故戴笠称"弟"以示亲近。查戴笠电文多有称"友松弟"者，由此推断"友松"当系毛宗亮之化名。

戴笠命毛宗亮将电文抄送之"淑嫂"，即田淑君，其夫杨虎即杨啸天，为国民党元老，曾任上海警备司令，与戴笠为异性兄弟。上海沦陷后，杨虎转往后方，田淑君仍留上海，并协助军统沪区进行特务活动，戴笠正是通过田淑君与"励行"进行联络的。

戴笠此电虽称"励行弟"，但据其日后各电改称"许励行小姐""许小姐"，可知"励行弟"实为一名与戴笠年龄、地位相差甚多的许姓女子。此电多用口语，这在戴笠电文中并不多见，可知许励行的文化程度不高。戴笠 9 个月前曾在香港与许励行见面，此后许励行赴沪，戴笠命沪区与她接洽，但沪区迭遭变故，以致"有时失了联络"。

现在许励行"对某事已有办法"，戴笠鼓励她"勇敢进行"。戴笠出于保密考

1 戴笠电友松转励行（1939 年 11 月 18 日），《戴先生遗训》第 2 辑，第 53 页。

2 戴笠电陈恭澍（1939 年 12 月 23 日），戴笠史料，144-010106-0004-038；戴笠电陈恭澍（1939 年 12 月 23 日），戴笠史料，144-010106-0001-027；戴笠电陈恭澍（1939 年 12 月 31 日），戴笠史料，144-010106-0001-022。

3 戴笠电毛宗亮（1939 年 9 月 6 日），戴笠史料，144-010111-0002-003。

左：田淑君
右：戴笠电陈恭澍毛笔原件，"某逆"旁有红铅笔"丁"字

虑，有时在电文中对级别较高的汉奸，如汪精卫、丁默邨等人均称"某逆"，而不称"汪逆""丁逆"，对刺杀"某逆"的行动则以"某事"代称，许励行所称"对某事已有办法"即指此类，只不过"某事"系针对何人，此电并无显示。

接下来 11 月 21 日，戴笠致电沪区区长陈恭澍（化名燕骥）：

限一小时到，上海，○密，燕骥兄亲译：友松所称许对某逆确已能引入其室，如果实在，吾人应先解决某逆，而后再及双木也，因两利相权必取其重。事究如何，盼立即查明电示……[1]

此电显示，许励行对此事的办法是将"某逆""引入其室"，由此推断，"某逆"或是好色之徒，另外细检此电毛笔原件，"某逆"两字旁有一较小之铅笔"丁"字，则"某逆"当指丁默邨无疑。戴笠为此特电陈恭澍，嘱咐暂缓解决"双木"，以免打草惊蛇。从戴笠其他电文可知，"双木"当指投入日伪之军统叛逆林之江。[2]

12 月 21 日，中统女特工郑苹如刺杀丁默邨失败。10 天后，即 1940 年元旦，戴笠获悉案情，即迅速致电陈恭澍：

限一小时到，上海，○密，燕骥兄亲译：顷悉丁逆默村上月廿一日在永安公司之被刺系徐恩曾方面之所为，未予当场击毙，领袖甚为不满。现丁之伤势如何，吾

1　戴笠电陈恭澍（1939 年 11 月 21 日），戴笠史料，144-010106-0003-045。

2　戴笠电陈恭澍转吴安之（1939 年 11 月 19 日），戴笠史料，144-010106-0003-047。

左：丁默邨
右：刺丁殉职之郑苹如烈士

人有无再进行可能，许小姐对吾人之工作情绪如何……盼即详查电示……[1]

军统与中统工作性质类似，双方处于竞争关系，长期以来不睦，故戴笠常称中统为"党方""徐恩曾（中统负责人）方面"，以示不屑与彼等为伍。如今中统刺丁行动失败，蒋介石甚为不满，于是戴笠对沪区"有无再进行可能"及许励行"工作情绪如何"均甚为关切，毕竟刺丁一旦成功，便可显示军统的工作能力优于中统。

1月12日，戴笠续电陈恭澍，告以田淑君要离开上海，询问今后有无其他办法与许励行继续联络：

限一小时到，上海，○密，燕骥兄亲译：灰未电奉悉。1.丁默邨于去年十二月廿一日在沪南京路被刺确系事实……此事系党方所为，因行动人员怕死致失此良机，校座颇不满也，已面谕徐恩曾今后不必再做行动矣。2.昨据杨啸天兄告弟云，淑君夫人已定删日离沪，今后对许小姐联络势必中断，许胆小爱钱，弟所深知，如吾人对许接济不断绝，兄能否有其他方法与取联络。据兄观察许之为人，吾人能否掌握，并盼复及。……[2]

陈恭澍素来对女性从事特务工作不以为然，他于1月19日复电戴笠，表达了

1　戴笠电陈恭澍（1940年1月1日），戴笠史料，144-010106-0004-046。

2　戴笠电陈恭澍（1940年1月12日），戴笠史料，144-010106-0004-050。

对许励行的不信任，甚至觉得许励行由于"浪漫爱钱"，有当汉奸的可能，并询问能否由他亲自与许励行联络。戴笠于次日复电陈恭澍称：

……兄对许小姐之观察甚对，惟许虽浪漫、爱钱，但汉奸似不愿做，加以吾人能按月给与活动费，事成尚有五万元之奖金，基此数点，尚可继续运用也。惟兄之径取联络，殊属不妥！友松亦不可与之往返！派汪芳与取联络如何？……[1]

陈恭澍、毛宗亮均为沪区高级干部，负有重大责任，故戴笠极力反对陈、毛二人与许励行直接联络，以免有失，而令陈恭澍派遣沪区女交通员汪秋芳（化名汪芳）去进行这项任务。

2月13日，戴笠分别致电"邓翠弟"和"许小姐"。其电"邓翠弟"称：

……邓翠弟亲鉴。感、虞两电均已奉悉，请弟赴港，原拟面商上海方面之工作，图有所借重也，今弟屡更行期，我因事须他往，目前已不能待弟赴港或来渝矣……弟在沪能否秘密帮助吾人工作，即由汪小姐与弟密切联络，并盼弟勿往南洋，如何，盼即复……[2]

其电"许小姐"称：

……许小姐励行亲鉴……抗战已近胜利之期，敌军之崩溃、汉奸之消灭为期不远，吾辈中国青年男女在此时期为国努力，俟抗战胜利、大功告成之日，论功行赏，吾辈不至落后。你热心爱国与帮助我工作之热情，无论公私，我均感佩万分，故望你不必计目前金钱之多寡。自二月份起，准每月发给你生活费五百元，你如有必要之需，我当另行设法接济，因我辈救国非为钱也。丁事如能成功，我决给你五万元，你目前有生活费五百元，当可足敷开支。你虽参加工作，但你之与人交际，我方决不至干预，惟希将交游之人、交际情形告知吾人耳。你与人交际，万不可表现你自己有钱之样子，以免为人注意，反有碍工作也。杨太太暂勿回沪，望你与汪小姐密切联系可也……[3]

1　戴笠电陈恭澍（1940年1月20日），《戴先生遗训》第3辑，第317页。

2　戴笠电陈恭澍转邓翠（1940年2月13日），戴笠史料，144-010104-0004-073。

3　戴笠电陈恭澍转许励行（1940年2月13日），戴笠史料，144-010104-0004-071。

除上述两电外，戴笠并专电陈恭澍进行指示：

燕骥兄亲译：田七小姐与许小姐之电，弟已分别答复矣，兹将弟对田、许之观察与吾人运用之目的分别奉告，请注意。1.田颇聪明，对在沪汉奸如周文瑞、尤菊荪等之眷属多系青楼之小姊妹。田生活有相当浪漫，闻曾出入于虹口及极司菲尔路之各赌场，对许小姐亦甚熟悉，自淑君离沪后，弟拟以田代吾人联络许，策动许，惟田较淑君胆小，体又弱，且不如淑君之慷慨仗义，但对弟有相当信仰，故拟约其来渝一谈。现渠屡更行期，足证其意志尚在动摇中也，目前可不必促其来渝，已发之三千元可不必取回。兄可派秋芳与取联络，以观察其究竟。2.许小姐浪漫爱钱，且不懂工作技术，此人实为上海之高等淌白，认识鲍观澄、李鼎士、周文瑞、尤菊荪、丁默邨诸逆，如吾人能切实掌握，运用得法，事成许其重金，平日给与相当生活费，实有用处，因渠尚有爱国心也。惟兄不可与渠直接联络，至秋芳对之有无把握，请详询秋芳电复为盼……[1]

以上三电信息量极大，尤其戴笠致陈恭澍一电将计划和盘托出，最值得重视。田淑君离沪后，沪区改派汪芳与许励行联络，但汪芳与许励行素无渊源，并不能替代田淑君的位置，故戴笠有意运用"对许小姐亦甚熟悉"的"邓翠弟"亦即"田七小姐"帮助沪区"联络许、策动许"。"田七小姐"出身青楼，她之所以和许励行关系密切，系因许励行"为上海之高等淌白"。"淌白"又作"淌牌"，是旧时上海对私娼的称呼，这是许励行真实身份的唯一证明。可惜的是，"田七小姐""较（田）淑君胆小，体又弱，且不如淑君之慷慨仗义"，她对戴笠虽然"有相当信仰"，但对于投身危险万分的抗日工作，"意志尚在动摇中"。

或许正是由于"田七小姐"不愿帮忙，此后戴笠档案中未再出现许励行，沪区最终是否用许励行执行了刺杀丁默邨的任务，已经不得而知。不过可以肯定的是，丁默邨死于1947年，即便当年沪区有所行动，也是以失败告终的。

陈恭澍晚年撰写回忆录《上海抗日敌后行动》时，鉴于"间谍小说中非有女间谍不可"，特有一番现身说法：

---

[1]　戴笠电陈恭澍（1940年2月13日），戴笠史料，144-010104-0004-070。

沪区区长陈恭澍

我任职期间始终不敢寄重于女同志……女同志在执行任务时虽然有些个占便宜的地方，可是一到紧急关头，往往就会败事，检讨其症结，主要是感情脆弱和意志不坚……中外情报史中，有的女性工作人员，固然留下一些英勇有为、多彩多姿的辉煌记录，不过那不是常有和常见的事，不知道要经历多少年代，在多少人当中，才会偶然出现一个人次。[1]

陈恭澍这番感慨，或与他奉戴笠之命策动许励行的经过不无关系。

二、所谓"戴笠不敌美人计"之说不能成立

2017 年，学界前辈邵铭煌先生出版新著《和比战难？八年抗战的暗流》，大量运用新面世之档案资料，颇多创见，唯有"戴笠不敌美人计"一节，其中论及军统、中统刺杀丁默邨事，对若干史料有所误读，值得再作讨论。

1939 年 12 月，中统、军统在上海争相刺杀汉奸头目丁默邨。12 月 21 日，中统女特工郑苹如事败被捕，此后，戴笠有多件函电谈及中统行动工作：

1940 年元旦电沪区区长陈恭澍："顷悉丁逆默村上月廿一日在永安公司之被刺，系徐恩曾方面之所为，未予当场击毙，领袖甚为不满。现丁之伤势如何，吾人有无

1 陈恭澍：《上海抗日敌后行动》，第 122 页。

再进行可能……盼即详查电示。"[1]

1 月 12 日电陈恭澍："丁默邨于去年十二月廿一日在沪南京路被刺确系事实……此事系党方所为，因行动人员怕死致失此良机，校座颇不满也，已面谕徐恩曾今后不必再做行动矣。"[2]

1 月 20 日批示军统局内勤单位呈送之报告云："此案原已面呈委座，拟不再用书面报告，兹中统局既认为此案系彼方所策动，难免其不蒙蔽委座，本局应速将前后经过及策动人吴安之已回来重庆，与杨夫人田淑君已于前天来渝、并不知情等情，详陈委座。"[3]

邵先生征引上述 3 件档案后，曾作如下解读：

刺丁案发，执行者却是国民党中统局的干员，这让戴笠颇觉意外，且有失面子。

……

1 月 12 日，戴笠复电上海区，谓："丁默邨于去年十二月廿一日在沪南京路被刺确系事实，毕高奎所报无误，此事系党方所为，因行动人员怕死，致失此良机，校座颇不满也，已面谕徐恩曾今后不必再做行动矣。"此处点出中统局主导刺丁案失败，归因于行动人员的怕死，恐欠公允。其不反思检讨军统人员行动的不力，而让中统抢得先机，才教人纳闷……

同月 20 日，戴笠再下手令，谓："此案原已面呈委座，拟不再用书面报告，兹中统局既认为此案系彼方所策动，难免其不蒙蔽委座，本局应速将前后经过及策动人吴安之已回来重庆，与杨夫人田淑君已于前天来渝并不知情等情，详陈委座。"其中提到一个人，即策动人吴安之。吴氏曾任军统北平站天津直属情报组组长，后来到上海。这次被指认为策动人，颇耐人寻味。战后丁默邨审讯纪录，针对当年遇刺案，完全未提及吴安之参与其事。由此推测，戴笠可能有作假邀功之嫌，反映他

1　戴笠电陈恭澍（1940 年 1 月 1 日），戴笠史料，144-010106-0004-046。

2　戴笠电陈恭澍（1940 年 1 月 12 日），戴笠史料，144-010106-0004-050。

3　戴笠手令（1940 年 1 月 20 日），戴笠史料，144-010104-0002-045。

痛失先机造成心理上的不平。

从刺丁案后戴笠连串不寻常反应，可见郑苹如暗杀行动之出人意表。遗憾的是，她出色特工表现不仅没有获得戴笠肯定，反而被以"行动人员怕死"一语搪塞了事……[1]

由此可知，邵先生所谓"戴笠不敌美人计"是指在刺杀丁默邨的行动中，中统抢先运用郑苹如展开行动，戴笠"痛失先机"，失去了向蒋介石邀功的机会。邵先生进而提出两个观点：1. 戴笠对于郑苹如出色的特工表现，仅以"行动人员怕死"一语搪塞了事，有欠公允，令人遗憾；2. 戴笠心里不平，不惜向蒋介石作假邀功，称刺丁案的策动人是军统特工吴安之，而非郑苹如。

首先就题目"戴笠不敌美人计"而言，如笔者前文所述，在郑苹如刺丁前后，戴笠也亲自策划高级私娼许励行设法刺丁，许励行已经能把丁默邨"引入其室"，故"美人计"并非中统所独有。且郑苹如刺丁未果，蒋介石"甚为不满"，甚至由此训斥中统负责人徐恩曾"今后不必再做行动"。笔者以为，此让蒋介石丧尽信任的失败行动，似乎不足以令戴笠感到"痛失先机"甚至"心理不平"。

再就戴笠"行动人员怕死"一语而言，邵先生认为这种说法对郑苹如有欠公允，笔者则认为此语并非针对郑苹如而发。案中统方面编印之《本局历年殉职殉难烈士事略》内有《郑苹如烈士事略》一篇，记载刺丁经过如下：

……烈士（笔者按，郑苹如）与丁逆进入西伯利亚皮货公司，丁逆机警，有所警觉，遂即取百元付与柜台，并谓"大衣做好，送至潘三省宅取款"，语毕，匆匆窜入停于门前之保险汽车，指挥人陈彬同志领导行动同志连发数枪，均击中车厢玻璃，未能将丁逆狙杀，是诚可惜……[2]

据此可知，当日刺丁之行动人员乃陈彬及中统行动员数人，而非郑苹如。戴笠所谓"行动人员怕死"，亦是针对陈彬等人而言。当然，戴笠这种说法对陈彬等人是否有欠公允，笔者并无意见。

1　邵铭煌：《和比战难》，台北，政大出版社，2017年，第369—371页。

2　司法行政部调查局编印：《本局历年殉职殉难烈士事略》，第50—51页。

主持制裁叛逆陈明楚案之吴安之

　　最后就戴笠手令而言，邵先生认为戴笠手令内勤人员将"策动人吴安之已回来重庆"等情详陈蒋介石，实则吴安之未参与刺丁案，戴笠有"造假邀功"之嫌。1939 年 7 月，军统沪区区长王天木、书记陈明楚叛变投敌，对沪区造成重大威胁，戴笠致电许励行所谓"我的上海家里迭遭变故"即针对王、陈叛变而言。为此，戴笠迭令沪区铲除叛逆，并调派北方干员吴安之赴沪策动，终于 12 月 24 日将陈明楚击毙于沪西愚园路惠尔登舞场，亦即郑苹如刺丁案发生 3 日后。[1] 由于刺丁与刺陈两案时间相近，邵先生视为一案，进而认为戴笠有造假邀功之嫌，实为误读。

　　综上所述，笔者认为所谓"戴笠不敌美人计"之说不能成立。

1　孙潇潇：《军统对日战揭秘》，第 81 页。

拾陆　章士钊挽戴笠联的
两种版本

　　1946 年 3 月 17 日，戴笠坠机身亡。据军统旧人沈醉于 1961 年的回忆，军统方面为戴笠编写《荣哀录》时，各地寄来的材料中包括挽联 5000 多副，其中"最切合戴笠身份的，一致认为是章士钊先生那一首"，由于事隔 15 年，他"只仿佛记得大致是这几句"：

生为国家，死为国家，平生具侠义风，功罪盖棺犹未定；
誉满天下，谤满天下，乱世行春秋事，是非留待后人评。[1]

　　沈醉的文字刊载于《文史资料选辑》第 22 辑，该文有编者注"据章士钊委员谈，此联系应当时张群再三坚请始为执笔的"。可见沈醉回忆的挽联文字虽无原始文献可凭，且他自己也承认只是一个模糊的印象，但其文字撰成后曾让原作者章士钊过目，章士钊并未就其内容提出异议。于是此一版本的文字流传甚广，不仅坊间的野史杂谈直接抄录，若干军统旧人在回忆文字中进行转述，甚至一些学术论著也

1　沈醉：《我所知道的戴笠》，《文史资料选辑》第 22 辑（1962 年 2 月），第 207 页。

加以引用。[1]

实则核对原始文献，便会发现沈醉的文字与原始版本有出入。沈醉提到的戴笠《荣哀录》全名《戴雨农将军荣哀录》，系军统局后身保密局于 1947 年编印的，该书挽联部分所载之章士钊挽联原文为：

功在国家，利在国家，平生读圣贤书，此外不求成就；

谤满天下，誉满天下，乱世行春秋事，将来自有是非。[2]

笔者曾经设想，或许保密局认为章士钊的挽联未尽褒扬之意，遂在编印《荣哀录》时对其文字有所改动，不过比对两种版本的文字，就知道这种设想不成立。原因有二：一、两个版本的文字均是有褒有贬；二、前《申报》记者、名作家章君穀来台后，曾于 1969 年撰写《戴笠的故事》，回忆公祭戴笠灵堂内悬挂之章士钊挽联为：

誉满天下，谤满天下，生平读圣贤书，此外不求成就；

功在国家，利在国家，乱世行春秋事，身后最有是非。[3]

对比《荣哀录》原文，可知章君穀把上下联文字记得错乱，且将"平生"误为"生平"、"将来"误为"身后"、"自"误为"最"，等等，足见其全凭记忆写出，并无原始文献可供参考，但其文字却与《荣哀录》高度吻合，而无沈醉所谓"平生

1　袁景华：《章士钊先生年谱》（吉林人民出版社 2001 年版），第 261 页；易啸夫：《军统及保密局内幕见闻》，《文史资料存稿选编》（2002 年 8 月），第 728 页；杨者圣：《特工王戴笠》（上海人民出版社 2010 年版），第 434 页；刘会军主编：《寻找真实的戴笠》（团结出版社 2011 年版），第 346 页；陈进金：《戴笠与忠义救国军》，《不可忽视的战场——抗战时期的军统局》（"国史馆"2011 年版），第 143 页。

2　国防部保密局编印：《戴雨农将军荣哀录》，无页码。

3　章君穀：《戴笠的故事（一）》，《传记文学》第 14 卷第 1 期（1969 年 1 月），第 9 页。

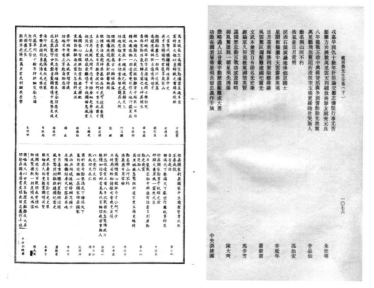

左：《戴雨农将军荣哀录》刊载之章士钊挽戴笠联原文。
右：《戴雨农先生全集》重刊《荣哀录》时，朱世明至中央训练团之间章士钊、王陵基、宋希濂、孙蔚如、陈敢、范汉杰等人之文字已被尽行删去。

具侠义风，功罪盖棺犹未定"等语，可证《荣哀录》未对章士钊联进行改动。

　　由此可见，关于章士钊挽戴笠联，流传颇广的沈醉版本是错误的，反倒是《荣哀录》的原始版本鲜有人知，推究其原因，则与两种版本的发行过程有直接关系：《荣哀录》存世不多，后人得见匪易，1949 年后军统在台编印《戴雨农先生传》《戴雨农先生全集》等书，虽曾重印《荣哀录》作为附录，但把"已改变立场者"之文字删去，章士钊留在大陆，其挽联亦在被删之列，所以这个原始版本，后人就很难见到了。[1] 反倒是沈醉的错误版本，由于刊在《文史资料选辑》上，一版再版，广为流传，造成了后来居上、以假乱真的局面。

1　毛钟书：《戴笠传（再修正稿）》，《忠义会讯》第 10 期（1997 年 5 月 28 日），第 25 页。

参考文献

一、档案

1. 未刊

台北"国史馆"藏国民政府档案。

台北"国史馆"藏蒋介石档案。

台北"国史馆"藏戴笠史料。

台北"国史馆"藏阎锡山档案。

台北"国史馆"藏军事委员会委员长侍从室档案。

台北"国史馆"藏"国防部军事情报局"档案。

台湾"档案管理局"藏"国防部军事情报局"档案。

台湾"档案管理局"藏"国防部史政编译局"档案。

2. 专书

公安部档案馆编注,《在蒋介石身边八年——侍从室高级幕僚唐纵日记》,北京,群众出版社,1991 年 8 月。

中国第二历史档案馆编,《中华民国史档案资料汇编》第 5 辑第 1 编军事类第 2 册,南京,江苏古籍出版社,1994 年 5 月。

南京市档案馆编,《审讯汪伪汉奸笔录》,南京,凤凰出版社,2004 年 4 月。

3. 杂志

杨红译、李雪云校,《1938 年上海公共租界巡捕房关于黄道会等团体活动情况的报告》,上海市档案馆主办,《档案与历史》1989 年第 2 期(总第 16 期)。

重庆市档案馆整理，《军统十年大事记（1932—1941 年）》，重庆市档案馆主办，《档案史料与研究》1993 年第 4 期。

何品整理，《1947—1948 年国民党特务秘密打入中和党活动档案史料选》，上海市档案馆主编，《上海档案史料研究》第 9 辑，上海三联书店，2010 年 11 月。

二、史籍

中央军事政治学校编印，《中央军事政治学校第四期同学录》，1926 年。

中央军事政治学校编印，《方教育长言论集》，1927 年 9 月。

本书编辑部编辑，《海上名人传》，上海，文明书局，1930 年 5 月。

厦门双十中学校编印，《厦门双十中学校十五周季报告册》，1934 年 10 月。

中央陆军军官学校编印，《中央陆军军官学校史稿》，1936 年。

中国国民党中央执行委员会宣传部印，《宁死不屈》，1938 年 4 月。

曹乃珉编，《沦陷区域的非人生活》，广州，新生书局，1938 年 4 月。

伊东部队编，《支那事变纪念写真帖》，1939 年 2 月。

教育部民众读物编审委员会印，《抗日英雄故事集》，1940 年 3 月。

伪中国国民党和平运动殉难同志追悼大会筹备委员会编印，《中国国民党和平运动殉难同志追悼大会专刊》，1940 年 9 月 1 日。

中央警官学校特种警察训练班编印，《息烽训练集》，1941 年 1 月。

军事委员会调查统计局编印，《先烈史略稿》初辑，1946 年 4 月 1 日。

军事委员会调查统计局编印，《先烈史略稿》贰辑，1946 年 4 月 1 日。

钱端升等著，《民国政制史》，上海，商务印书馆，1946 年 7 月。

国防部保密局编印，《戴雨农将军荣哀录》，1947 年。

国防部保密局编印，《戴先生遗训》第 1 辑，1948 年 3 月。

屠诗聘主编，《上海市大观》，上海，中国图书编译馆，1948 年 4 月。

台北"国防部保密局"编印，《戴先生遗训》第 2 辑，1952 年 6 月。

陈训正纂修，《国民革命军战史初稿》，1952 年 7 月。

台北"国防部保密局"编印,《戴先生遗训》第 3 辑,1954 年。

台北"司法行政部调查局"编印,《本局历年殉职殉难烈士事略》,1957 年 3 月。

台北"国防部情报局"编印,《"国防部"情报局史要汇编》,1962 年 3 月。

台北"国防部情报局"编印,《忠义救国军志》,1962 年 6 月。

台北"国防部情报局"编印,《本局殉职殉难先烈事迹汇编》,1965 年。

台北"国防部情报局"编印,《戴雨农先生年谱》,1966 年 3 月。

台北"行政院国军退除役官兵辅导委员会计划委员会"编印,《生命的光辉》,1968 年。

台湾"陆军军官学校"编印,《陆军军官学校校史》,1969 年 6 月。

台北"国防部情报局"编印,《戴雨农先生年谱》,1976 年 5 月。

台北"国民大会秘书处"编印,《第一届国民大会逝世代表传略》第 1 辑,1979 年 4 月。

台北"国防部情报局"编印,《戴雨农先生传》,1979 年 10 月。

上海社会科学院经济研究所编,《荣家企业史料》,上海,人民出版社,1980 年 10 月。

台北"国防部史政编译局"编印,《东路军北伐作战纪实》,1981 年 3 月。

本书编辑委员会编纂,《何应钦将军九五纪事长编》,台北,黎明文化事业公司,1984 年 4 月。

中国国民党中央委员会党史委员会编印,《"总统"蒋公思想言论总集》,1984 年 10 月。

台北"国防部史政编译局"译印,《日军对华作战纪要丛书》第 15 册,1987 年 7 月。

台北"国史馆"编印,《"国史馆"现藏民国人物传记史料汇编》第 7 辑,1992 年 7 月。

台北"国史馆"编印,《"国史馆"现藏民国人物传记史料汇编》第 10 辑,1994 年 2 月。

张友坤、钱进主编,《张学良年谱》,北京,社会科学文献出版社,1996 年12 月。

中国第二历史档案馆编,《中国国民党中央执行委员会常务委员会会议录》,桂林,广西师范大学出版社,2000 年4 月。

周琇环编注,《事略稿本》第 8 册,台北"国史馆",2006 年 12 月。

周美华编注,《事略稿本》第 12 册,台北"国史馆",2006 年 12 月。

吴淑凤编注,《事略稿本》第 14 册,台北"国史馆",2006 年 12 月。

吴淑凤编注,《事略稿本》第 15 册,台北"国史馆",2006 年 12 月。

王正华编注,《事略稿本》第 16 册,台北"国史馆",2007 年 4 月。

高明芳编注,《事略稿本》第 18 册,台北"国史馆",2005 年 10 月。

于达、罗列编纂,叶霞翟、胡为真校订,《胡宗南上将年谱》,台湾,商务印书馆,2014 年 8 月。

吕芳上主编,《蒋中正先生年谱长编》,台北"国史馆",2014 年 12 月。

孙建中,《国民革命军陆军第一军军史》,台北"国防部政务办公室",2016 年 11 月。

孙怡著,陈新林、吕芳上总编辑,《复兴赘笔:蒋介石事略稿本补遗》,台北,开源书局出版有限公司、民国历史文化学社出版,2020 年 1 月。

三、报刊

上海、武汉、香港《申报》。

天津《大公报》。

天津《益世报》。

上海《新闻报》。

上海《大美画报》。

武汉《新华日报》。

国民革命军总司令部办公厅文书科编印,《国民革命军总司令部公报》。

国民政府文官处印铸局编印，《国民政府公报》。

中华国民拒毒会拒毒月刊社编辑，《拒毒月刊》。

太平、安平、丰盛保险公司总经理处编印，《太安丰保险界》。

伪上海市大道政府秘书处编印，《上海市大道政府公报》。

伪督办上海市政公署秘书处编印，《督办上海市政公署公报》。

四、回忆、口述、传记

1. 专书

陈恭澍，《蓝衣社内幕》，上海，国民新闻图书印刷公司，1942 年 4 月。

冯秀雄、陈容子合编，《阿公历险奇迹》，新中国出版社，1947 年 11 月。

刘峙，《我的回忆》，自印本，1966 年 4 月。

朱敬恒，《大树将军陈继承先生传》，台北，七十年代出版公司，1974 年 10 月。

杨明堂，《从无名英雄到有名英雄——戴雨农先生的奋斗历程》，台北，正中书局，1976 年 8 月。

邓文仪，《从军报国记》，台北，正中书局，1979 年 4 月。

程一鸣，《程一鸣回忆录》，北京，群众出版社，1979 年 7 月。

费云文，《戴笠的一生》，台北，中外图书出版社，1980 年 6 月。

唐良雄，《戴笠传》，台北，传记文学出版社，1980 年 7 月。

沈醉、文强，《戴笠其人》，北京，文史资料出版社，1980 年 8 月。

吴嵩庆，《嵩庆八十自述》，自印本，1981 年。

陈恭澍，《北国锄奸》，台北，传记文学出版社，1981 年 11 月。

陈恭澍，《河内汪案始末》，台北，传记文学出版社，1981 年 11 月。

陈恭澍，《上海抗日敌后行动》，台北，传记文学出版社，1981 年 11 月。

徐铸成，《杜月笙正传》，杭州，浙江人民出版社，1982 年 6 月。

干国勋等，《蓝衣社复兴社力行社》，台北，传记文学出版社，1984 年 11 月。

沈醉，《军统内幕》，北京，文史资料出版社，1985 年 2 月。

乔家才，《海隅丛谈》，台北，中外图书出版社，1985 年 3 月。

乔家才，《为历史作证》，台北，中外图书出版社，1985 年 3 月。

乔家才，《铁血精忠传》，台北，中外图书出版社，1985 年 3 月。

乔家才，《戴笠和他的同志》，台北，中外图书出版社，1985 年 3 月。

赖淑卿，《国民政府六年禁烟计划及其成效》，台北，"国史馆"，1986 年 3 月。

沈醉口述，沈美娟整理，《魔窟生涯——一个军统少将的自述》，北京，人民文学出版社，1987 年 4 月。

李士琏编校，《张炎元先生集》，自印本，1987 年 7 月。

王柏龄，《黄埔开创之回忆》，自印本，1988 年 6 月。

李世杰，《调查局研究》，台北，李敖出版社，1988 年 10 月。

居亦侨，《跟随蒋介石十二年》，长沙，湖南人民出版社，1988 年 12 月。

柴夫，《中统兴亡录》，北京，中国文史出版社，1989 年 5 月。

林知渊，《政坛浮生录》，福州，中国人民政治协商会议福建省委员会文史资料委员会，1989 年 10 月。

黄美真编，《伪廷幽影录》，北京，中国文史出版社，1991 年 5 月。

朱学范，《我的工运生涯》，福州，福建人民出版社，1991 年 7 月。

蒋京访问纪录，李云汉校阅，《滕杰先生访问纪录》，台北，近代中国出版社，1993 年 11 月。

陈立夫，《成败之鉴》，台北，正中书局，1994 年 6 月。

潘嘉钊等编，《康泽与蒋介石父子》，北京，群众出版社，1994 年 12 月。

王思诚，《旷世风雷一梦痕》，台北，立华出版有限公司，1995 年 12 月。

刘茂恩口述，程玉凤撰著，《刘茂恩回忆录》，台北，学生书局，1996 年 1 月。

陈三井访问，李郁青纪录，《熊丸先生访问纪录》，"中央研究院"近代史研究所编印，1998 年 5 月。

张霈芝，《戴笠与抗战》，台北，"国史馆"，1999 年 3 月。

邓元忠，《国民党核心组织真相——力行社、复兴社暨所谓"蓝衣社"的演变与成长》，台北，联经文化事业公司，2000 年 2 月。

王蒲臣，《一代奇人戴笠将军》，台北，东大图书有限公司，2003年3月。

王思诚，《瞻园忆旧》，台北，展望与探索杂志社，2003年12月。

张绪心、马若孟编述，卜大中翻译，《拨云雾而见青天：陈立夫英文回忆录》，台北，近代中国出版社，2005年7月。

涂寿眉，《荡荡老人忆旧》，台北，商鼎文化出版社，2005年8月。

万墨林，《谍战上海滩》，台北，秀威信息股份有限公司，2013年8月。

黄康永等口述笔记，朱文楚采访整理，《军统兴衰实录》，杭州，浙江大学出版社，2014年7月。

张学良口述，张之丙、张之宇访谈，《张学良口述历史》编辑委员会整理，《张学良口述历史访谈实录》，北京，当代中国出版社，2014年8月。

劳政武编撰，《从抗日到反独——滕杰口述历史》，桃园，净明文化中心，2015年9月。

张圣才口述，泓莹整理，《张圣才口述实录》，桂林，广西师范大学出版社，2016年5月。

2. 文章

克伦，《李百全司令之死》，《上海一日》，1938年3月10日。

扫荡，《又一霹雳》，《上海一日》，1938年3月10日。

王天木，《我所知道的蓝衣社》，《蓝衣社内幕》，1942年4月。

黄雍，《黄埔学生的政治组织及其演变》，《文史资料选辑》第11辑，1960年11月。

萧作霖，《复兴社述略》，《文史资料选辑》第11辑，1960年11月。

孟丙南，《西北王胡宗南》，《文史资料选辑》第18辑，1961年6月。

沈醉，《我所知道的戴笠》，《文史资料选辑》第22辑，1962年2月。

粟鼎，《戴笠之离开黄埔》，《文史资料选辑》第22辑，1962年2月。

张炎元，《伟大坚强与我们的工作》，《健行月刊》第56期，1962年3月。

赖祖鎏、刘达生，《海圻、海琛、肇和三舰的投粤反粤》，《广东文史资料》第7辑，1962年12月。

康泽,《复兴社的缘起》,《文史资料选辑》第 37 辑,1963 年 9 月。

沈醉,《杨杏佛、史量才被暗杀的经过》,《文史资料选辑》第 37 辑,1963 年 9 月。

唐生智,《关于北伐前后几件事的回忆》,《湖南文史资料》第 6 辑,1963 年 12 月。

刘兴,《回忆国民革命军第八军》,《湖南文史资料》第 6 辑,1963 年 12 月。

王敬宣,《临事而惧好谋而成——戴先生外纪之一》,《健行月刊》第 80 期,1964 年 3 月。

张凤仁,《东北海军的分裂与两舰归还建制》,《(辽宁)文史资料选辑》第 4 辑,1964 年 6 月。

郑修元,《随侍戴雨农先生十三年(上)》,《春秋》第 3 卷第 3 期,1965 年 9 月。

许耀震,《陈济棠统治时期的广东海军》,《广州文史资料》第 15 辑,1965 年 10 月。

郑应时,《潮籍鸦片烟商在上海的活动及其与蒋介石政权的关系》,《广东文史资料》第 21 辑,1965 年 12 月。

郑修元,《一件未完成的锄奸案》,《春秋》第 4 卷第 1 期,1966 年 1 月 1 日。

郑修元,《黄埔同学中最杰出的两位将军——胡宗南与戴雨农》,《春秋》第 4 卷第 2 期,1966 年 2 月。

毛钟新,《戴雨农先生二三事》,《情报知识》第 7 卷第 9 期,1966 年 3 月。

赵龙文,《戴雨农先生》,《中外杂志》第 1 卷第 3 期,1967 年 5 月。

章君榖,《杜月笙传(一六)》,《传记文学》第 12 卷第 4 期,1968 年 4 月。

章君榖,《戴笠的故事(一)》,《传记文学》第 14 卷第 1 期,1969 年 1 月。

陶一珊访问纪录,《健行月刊》第 140 期,1969 年 3 月。

王惠民,《胡国振先生的家世与青年时期事业》,《胡国振先生纪念集》,1970 年 1 月。

王兆槐访问纪录,《健行月刊》第 152 期,1970 年 3 月。

郑修元,《沪滨三次历险实录》,《畅流》第 41 卷第 6 期,1970 年 5 月。

乔家才，《从羊城暴动到西子风波狱》，《中外杂志》第 8 卷第 5 期，1970 年 11 月。

万墨林，《沪上往事》，《中外杂志》第 11 卷第 2 期，1972 年 2 月。

邓展谋，《一代伟人》，《健行月刊》第 176 期，1972 年 3 月。

乔家才，《订正有关戴先生的史料》，《健行月刊》第 176 期，1972 年 3 月。

何芝园访问纪录，《健行月刊》第 176 期，1972 年 3 月。

万墨林，《上海三大亨——沪上往事之二》，《中外杂志》第 11 卷第 3 期，1972 年 3 月。

劳建白，《以平凡的事记伟大的人》，《健行月刊》第 200 期，1974 年 3 月。

王蒲臣，《凡我同志，不可不知》，《健行月刊》第 224 期，1976 年 3 月。

郑孝颖稿，刘绍唐主编，《民国人物小传：戴笠》，《传记文学》第 28 卷第 3 期，1976 年 3 月。

费云文，《戴雨农其人其事（一）》，《中外杂志》第 19 卷第 3 期，1976 年 3 月。

邓文仪，《我的同志好友戴笠（一）》，《中外杂志》第 19 卷第 5 期，1976 年 5 月。

万墨林，《沪上往事》，《中外杂志》第 11 卷第 2 期，1972 年 2 月。

张冠夫访问纪录，《健行月刊》第 236 期，1977 年 3 月。

刘芳雄访问纪录，《健行月刊》第 236 期，1977 年 3 月。

乔家才，《辩诬》，《健行月刊》第 236 期，1977 年 3 月。

郭寿华，《向戴先生学习》，《健行月刊》第 236 期，1977 年 3 月。

喻耀离，《几番历险旧萍踪》，《中外杂志》第 22 卷第 1 期，1977 年 7 月。

乔家才，《抗日情报战（十）》，《中外杂志》第 22 卷第 4 期，1977 年 10 月。

乔家才，《抗日情报战（十三）》，《中外杂志》第 23 卷第 1 期，1978 年 1 月。

乔家才，《铁血精忠传（二）》，《中外杂志》第 24 卷第 3 期，1978 年 9 月。

蔡孟坚，《我与戴笠将军》，《中外杂志》第 24 卷第 3 期，1978 年 9 月。

阮清源访问纪录，《健行月刊》第 260 期，1979 年 3 月。

张严佛，《抗战前后军统特务在西北的活动》，《文史资料选辑》第 64 辑，

1979 年 7 月。

干国勋，《关于所谓复兴社的真情实况上》，《传记文学》第 35 卷第 3 期，1979 年 9 月。

干国勋，《关于所谓复兴社的真情实况下》，《传记文学》第 35 卷第 5 期，1979 年 11 月。

程一鸣，《军统特务组织的真象》，《广东文史资料》第 29 辑，1980 年 11 月。

魏大铭，《评述戴雨农先生的事功（上）》，《传记文学》第 38 卷第 2 期，1981 年 2 月。

魏大铭，《评述戴雨农先生的事功（下）》，《传记文学》第 38 卷第 4 期，1981 年 4 月。

毛钟新，《为戴笠先生白谤辩诬》，《中外杂志》第 30 卷第 2 期，1981 年 8 月。

乔华塘，《十人团中的胡天秋》，《中外杂志》第 30 卷第 4 期，1981 年 10 月。

毛钟新，《为戴笠先生白谤辩诬——质魏大铭先生》，《中外杂志》第 30 卷第 4 期，1981 年 10 月。

干国勋，《力行社与军统局》，《中外杂志》第 31 卷第 1 期，1982 年 1 月。

戈士德，《胡宗南与戴笠（下）》，《中外杂志》第 31 卷第 4 期，1982 年 4 月。

戈士德，《戴笠与周伟龙（上）》，《中外杂志》第 31 卷第 5 期，1982 年 5 月。

戈士德，《戴笠与周伟龙（中）》，《中外杂志》第 31 卷第 6 期，1982 年 6 月。

毛钟新，《骂人与做事的艺术——戴笠别传之七》，《中外杂志》第 31 卷第 6 期，1982 年 6 月。

乔家才，《为戴笠辩诬（下）》，《中外杂志》第 32 卷第 1 期，1982 年 7 月。

毛钟新，《漂泊西南天地间——戴笠别传之八》，《中外杂志》第 32 卷第 1 期，1982 年 7 月。

毛钟新，《九州兵革浩茫茫——戴笠别传之九》，《中外杂志》第 32 卷第 2 期，1982 年 8 月。

张柏亭撰，黎东方注，《八一三淞沪会战回忆》，《传记文学》第 41 卷第 2 期，1982 年 8 月。

乔家才，《为历史作见证——戴笠未参加北伐东路军》，《中外杂志》第 32 卷第 6 期，1982 年 12 月。

章微寒，《戴笠与军统局》，《浙江文史资料选辑》第 23 辑，1982 年 12 月。

黄康永，《我所知道的戴笠》，《浙江文史资料选辑》第 23 辑，1982 年 12 月。

王孔安，《魂兮千古》，《唐乃建先生纪念集》，1982 年。

胡性阶，《中统在鄂汉的概述》，《武汉文史资料》第 11 辑，1983 年 2 月。

邓葆光，《军统领导中心局本部各时期的组织及活动情况》，《文史资料选辑》第 86 辑，1983 年 4 月。

舒季衡，《国民党军统局在天津的特务活动概况》，《天津文史资料选辑》第 26 辑，1984 年 1 月。

郑修元访问纪录，《健行》特刊，1984 年。

乔家才，《黄埔建校简史补正》，《中外杂志》第 38 卷第 1 期，1985 年 7 月。

王方南，《上海沦陷后暗杀大汉奸唐绍仪纪实》，《文史资料选编》第 3 辑，1985 年 8 月。

王绍谦，《对〈戴笠与军统局〉一文的订正和补充》，《江山文史资料》第 5 辑，1985 年 9 月。

申元，《戴笠年谱及其生平事略校勘》，《衢州文史资料》第 1 辑，1986 年 5 月。

方鼎英，《我的一生》，《湖南文史资料选辑》第 22 辑，1986 年 6 月。

郭旭，《杜月笙与戴笠及军统的关系》，《上海文史资料选辑》第 54 辑，1986 年 8 月。

朱学范，《上海工人运动与帮会二三事》，《上海文史资料选辑》第 54 辑，1986 年 8 月。

叶元璜，《翁光辉的一生》，《丽水文史资料》第 3 辑，1986 年 9 月。

邓葆光，《我所知道的戴笠和军统》，《上海文史资料选辑》第 55 辑，1986 年 11 月。

王方南，《我在军统十四年的亲历和见闻》，《文史资料选辑》第 107 辑，1987 年 1 月。

费云文，《七十杂忆（下）》，《中外杂志》第 41 卷第 2 期，1987 年 2 月。

沈醉，《唐绍仪之死》，《文史资料选辑》第 109 辑，1987 年 5 月。

张文，《中统二十年》，《中统内幕》，1987 年 8 月。

陈蔚如，《我的特务生涯》，《中统内幕》，1987 年 8 月。

沈醉，《再谈唐绍仪之死》，《珠海文史》第 5 辑，1987 年 10 月。

张盛吉，《胡靖安的浮沉录》，《江西文史资料选辑》第 26 辑，1987 年 11 月。

黄天迈，《戴笠的生活片段（三）》，《中外杂志》第 43 卷第 1 期，1988 年 1 月。

刘植根，《我所知道的周伟龙》，《湘乡文史资料》第 3 辑，1988 年 2 月。

章微寒，《毛万里其人》，《上饶市文史资料》第 8 辑，1988 年 6 月。

宁向南，《余恨未消话戴笠》，《文史资料选编》第 36 辑，1989 年 3 月。

刘介鲁、吴汝成，《我们所知道的徐恩曾》，《中统头子徐恩曾》，1989 年 4 月。

艾经武，《唐绍仪被暗杀案与赵理君之死》，《河南文史资料》第 7 辑，1989 年 4 月。

乔家才，《再谈戴笠之三》，《中外杂志》第 46 卷第 4 期，1989 年 10 月。

乔家才，《情报珍闻》，《中外杂志》第 47 卷第 6 期，1990 年 6 月。

张钫，《国民二军与镇嵩军之战》，《洛阳文史资料》第 7 辑，1990 年 9 月。

翁养正，《唐绍仪被刺真相》，《建德文史资料》第 8 辑，1991 年 11 月。

王禹廷，《中国调统机构之创始及其经过——专访中国调统机构创始人陈立夫先生》，《传记文学》第 60 卷第 6 期，1992 年 6 月。

张炎元，《工作回忆琐记》，《张炎元先生集续编》，1993 年 10 月。

江山异生（姜超岳），《戴先生雨农传》，《我生鸿雪集》，1994 年 9 月。

温应奔、温云光，《温建刚》，《大埔文史》第 12 辑，1994 年 10 月。

申元，《姜超岳先生访谈录》，《衢州文史资料》第 15 辑，1997 年 4 月。

何志浩，《中外名人传（二十六）——戴笠》，《中外杂志》第 61 卷第 5 期，1997 年 5 月。

毛钟书，《戴笠传（再修正稿）》，《忠义会讯》第 10 期，1997 年 5 月。

史久煜，《相高老刺杀唐绍仪真相》，《嵊州文史资料》第 1 辑，1999 年 12 月。

毛森，《往事回忆》，《传记文学》第 77 卷第 1 期，2000 年 7 月。

沈晓阳、施海根，《陆伯鸿办电轶闻》，《上海文史资料存稿汇编》第 8 册，2001 年 12 月。

桑海定，《我所了解的陆连奎》，《上海文史资料存稿汇编》第 12 册，2001 年 12 月。

夏咏南，《淞沪警备司令部包庇红丸毒品案纪略》，《上海文史资料存稿汇编》第 12 册，2001 年 12 月。

郭旭，《蒋介石禁烟政策的内幕》，《文史资料存稿选编》第 12 册，2002 年 8 月。

陶蔚然，《中统概况》，《文史资料存稿选编》第 13 册，2002 年 8 月。

胡性阶，《中统沿革》，《文史资料存稿选编》第 13 册，2002 年 8 月。

徐远举、郭旭、文强、廖宗泽、岳烛远、章微寒、邢森洲，《军统局、保密局、中美特种技术合作所内幕》，《文史资料存稿选编》第 13 册，2002 年 8 月。

郑大纶，《中统向司法部门渗透点滴》，《文史资料存稿选编》第 13 册，2002 年 8 月。

李邦勋，《情报局和中统、军统前身的错综隶属关系》，《文史资料存稿选编》第 13 册，2002 年 8 月。

康泽、刘嘉树、胡临聪、李帆群、文强、廖宗泽、曹天戈、邢森洲、陈士章、廖耀湘、岳烛远、徐远举，《中华复兴社的内幕》，《文史资料存稿选编》第 13 册，2002 年 8 月。

黄康永，《军统特务组织的发展和演变》，《文史资料存稿选编》第 13 册，2002 年 8 月。

张盛吉，《戴笠早年佚闻二则》，《文史资料存稿选编》第 14 册，2002 年 8 月。

王业鸿，《戴笠的起家》，《文史资料存稿选编》第 14 册，2002 年 8 月。

萧烈，《国民革命军司令部密查组概况》，《文史资料存稿选编》第 15 册，2002 年 8 月。

郭则杰，《汉奸吴念中与闽籍特务》，《文史资料选编》第 4 卷，2004 年 9 月。

吴正春，《李邦勋（国民党少将）》，《武穴文史资料》第 7 辑，2004 年 12 月。

何崇校，《邢森洲传略》，《广州文史资料存稿选编》第 4 辑，2008 年 5 月。

五、著作

多田贞一著、张紫晨译，《北京地名志》，北京，书目文献出版社，1986 年 4 月。

上海市奉贤县县志修编委员会编著，《奉贤县志》，上海，上海人民出版社，
1987 年 9 月。

董献吉总纂，《徐州市志》，北京，中华书局，1994 年 3 月。

本书编纂委员会编，《上海军事志》，上海，上海社会科学院出版社，1994 年
8 月。

陈红民，《函电里的人际关系与政治》，北京，三联书店，2003 年 9 月。

魏斐德著、芮传明译，《上海歹土——战时恐怖活动与城市犯罪 1937—1941》，
上海，上海古籍出版社，2003 年 12 月。

魏斐德著、梁禾译，《特工教父——戴笠和他的秘勤组织》，台北，时英出版
社，2004 年 1 月。

程兆奇，《日本现存南京大屠杀史料研究》，上海，上海人民出版社，2008 年
8 月。

江绍贞，《戴笠和军统》，北京，团结出版社，2009 年 8 月。

刘会军主编，《寻找真实的戴笠》，北京，团结出版社，2011 年 1 月。

邵雍，《中国近代帮会史研究》，上海，上海人民出版社，2011 年 10 月。

马振犊、邢烨，《戴笠传》，杭州，浙江大学出版社，2013 年 8 月。

唐培吉，《上海抗日战争史通论》，上海，上海人民出版社，2015 年 8 月。

孙潇潇，《军统对日战揭秘》，北京，团结出版社，2016 年 6 月。

马振犊、邢烨，《军统特务活动史》，北京，金城出版社，2016 年 10 月。

邵铭煌，《和比战难？八年抗战的暗流》，台北，政大出版社，2017 年 9 月 3 日。

孙雨声，《乱世行春秋事：戴笠与中国特工（1897—1936）》，台北，秀威信
息科技股份有限公司，2019 年 4 月。

六、论文

陈长河，《国民党政府参谋本部组织沿革概述》，《历史档案》1988 年第 1 期。

徐有威，《从徐亮的〈十年前〉看戴笠之早期活动》，《档案与史学》1999 年第 1 期。

金以林，《蒋介石的 1932 年》，《蒋介石的人际网络》，北京，社会科学文献出版社，2011 年 6 月。

萧李居，《戴笠与特务处情报工作组织的开展》，《不可忽视的战场——抗战时期的军统局》，台北，"国史馆"，2011 年 12 月。

陈进金，《戴笠与忠义救国军》，《不可忽视的战场——抗战时期的军统局》，台北，"国史馆"，2011 年 12 月。

岩谷将，《蒋介石、共产党、日本军——二十世纪前半叶中国国民党情报组织的成立与展开》，《蒋介石与现代中国的形塑》第 2 册，台北，"中央研究院近代史研究所"，2013 年 9 月。

杨芸，《军统上海抗日锄奸活动研究——以 1939 年为中心》，上海师范大学硕士学位论文，2014 年 4 月。

范育诚，《国民政府情报组织的诞生与分化（1928—1938）》，《薪传：刘维开教授荣退论文集》，2020 年 7 月。

陈昶安，《蒋经国与"国防部"情报局团体意识之建立——以〈健行月刊〉为中心（1950—1970）》，《"国史馆"馆刊》第 67 期，2021 年 3 月。

后记

2012 年 4 月 1 日，台北"国史馆"对外界开放"戴笠史料"与"军情局档案"全宗，为抗日战争史、民国特工史研究翻开新页。当时我通过网络书店购阅"国史馆"编印的《戴笠先生与抗战史料汇编》，得以首次接触这批金匮石室之书，虽以《汇编》系选刊性质，难窥全豹，仍觉眼界大开，获益匪浅。其后"国史馆"出版《抗战时期的军统局》论文集，吕芳上馆长在序言中呼吁更多学界朋友投入相关研究，我默识其言，常以此自勉。

2016 年，我以军统官书、忆述史料为主要依据，粗略梳理抗战时期军统之组织布建及对日作战情形，出版《军统抗战史稿》，该书虽有创获，终未运用原始档案，且对戴笠事迹着墨较少，私心甚以为憾。同年秋，应好友周渝先生之约，为《国家人文历史》杂志撰文两篇，皆以戴笠与军统为题，嗣经查阅资料，始知现有著作对于戴笠生平之记述尚多缺讹，错漏舛伪，所在皆是，欲求馌钉獭祭之本犹不可得，详赡博洽之作则更无论矣。于是慨然于戴笠史事之诬滥，亟思有以正之，窃闻前人修史用功精密者，多先作长编，因决心纂辑戴笠年谱，便利学界研究。岂料构思过度，耳病大发，乃遵医嘱静养，不复伏案握管，赢卧数月，困不能兴。

2017 年初，忽闻"国史馆"已将"戴笠史料"公开上线，乃力疾而起，检索羽陵酉阳之秘，饱览兰台石渠之遗，兴奋之余，耳病竟瘳。自是竭尽心力，网罗放佚，举凡戴笠之训词、函电、手令、文稿、轶闻、影像，兼及军统情报、行动、组织、人事、电讯、训练诸大端，莫不搜罗整理，铨次本末，审慎考释，以求其备而存其真。另有诸多亟待发覆之处，格于体例，无法在年谱中呈现，遂作专文考述之，今结集成书，颜之曰《戴笠与军统秘档解读》。

拙书撰稿期间，曾得到诸多师友的无私帮助。黄埔后人单补生先生、黄埔史料藏家于岳先生、传记史料藏家谷晓晖先生、军事史料藏家王仕豪先生、陆军军官学校史政顾问丘智贤先生、中国国家博物馆藏品保管部李琮先生、近代影像藏家邹德怀先生、日军战史藏家吴京昂先生、广东民革陈重阳同志、云南民革石智文同志、首都图书馆历史文献中心邸晓平主任、北京泰和嘉成拍卖公司影像信札部主管张远义先生、华东师范大学马雷老师曾提供珍贵史料，使拙书增色不少；民国军事史学者胡博、王戡，腾讯历史频道谌旭彬、杨津涛，抗战史研究者何明敏，浙江民革冯杰诸兄经常为我答疑解惑，匡我不逮；姐夫吴达飞先生长期为我提供互联网技术支持，使我不必面对在线资源徒呼奈何；好友朱喆曾为我指点迷津，让我对生活重拾信心。

最令我感动的，是前中国国民党党史馆副主任、台湾政治大学历史学系教授刘维开老师对我的奖掖关照。2019 年夏，我经岳父郭耕先生之友人林易、刘思彤伉俪介绍，有幸拜识刘老师于北京中关新园。刘老师为民国史权威，享誉两岸，我以晚生后进，于趋谒之先未尝不心有惴惴，及至面聆教益，则为其儒雅平易之风范所感染，遂将编纂戴笠年谱之计划报告，当谬蒙嘉许。古人云："望之俨然，即之也温"，其刘维开老师之谓也。嗣后我常向刘老师讨教问题，或呈阅新入藏之秘本，刘老师不以我性识愚鲁，每不吝指点，训诲不倦，并介绍其高足杨善尧先生代为查阅资料。迨拙稿完成，刘老师复拨冗批阅，指示意见，又向民国历史文化学社推荐，旋承社长吕芳上教授慨允出版繁体中文版，终使我得偿十年前之夙愿。

拙书即将付梓之际，我要特别感谢中国社会科学院荣誉学部委员杨天石先生。先生为学界泰斗，德高望重，我在大学时期经由拜读先生之著作，始对民国史研究有一知半解，自是浸淫其中，乐此不疲；毕业后，我服务于首都图书馆，曾以接待先生来馆讲座，幸获识荆，今蒙先生俯赐序言，真使我倍感荣光。此外，我要感谢有关专家提出很多中肯的学术意见，助我开拓研究思路。感谢团结出版社梁光玉社长、赵晓丽副社长、编辑韩旭老师对我的厚爱，促成拙书简体中文版之发行，使我得以增补一些资料，并修正繁体中文版的若干错误。

最后，我要感谢爱妻郭爽，她是一位热爱生活的女性，也是一位称职的母亲，她对家庭琐事的承担，对爱子嘉则的悉心抚育，均使我没有后顾之忧，若非她的辛劳付出，难以想象拙书得以顺利完成。

孙潇潇

2024 年 11 月 24 日于华腾园